EDUTOPIA 구축을 위한 효과적인

장학의 이론과 실제

SUPERVISION

신재흡 저

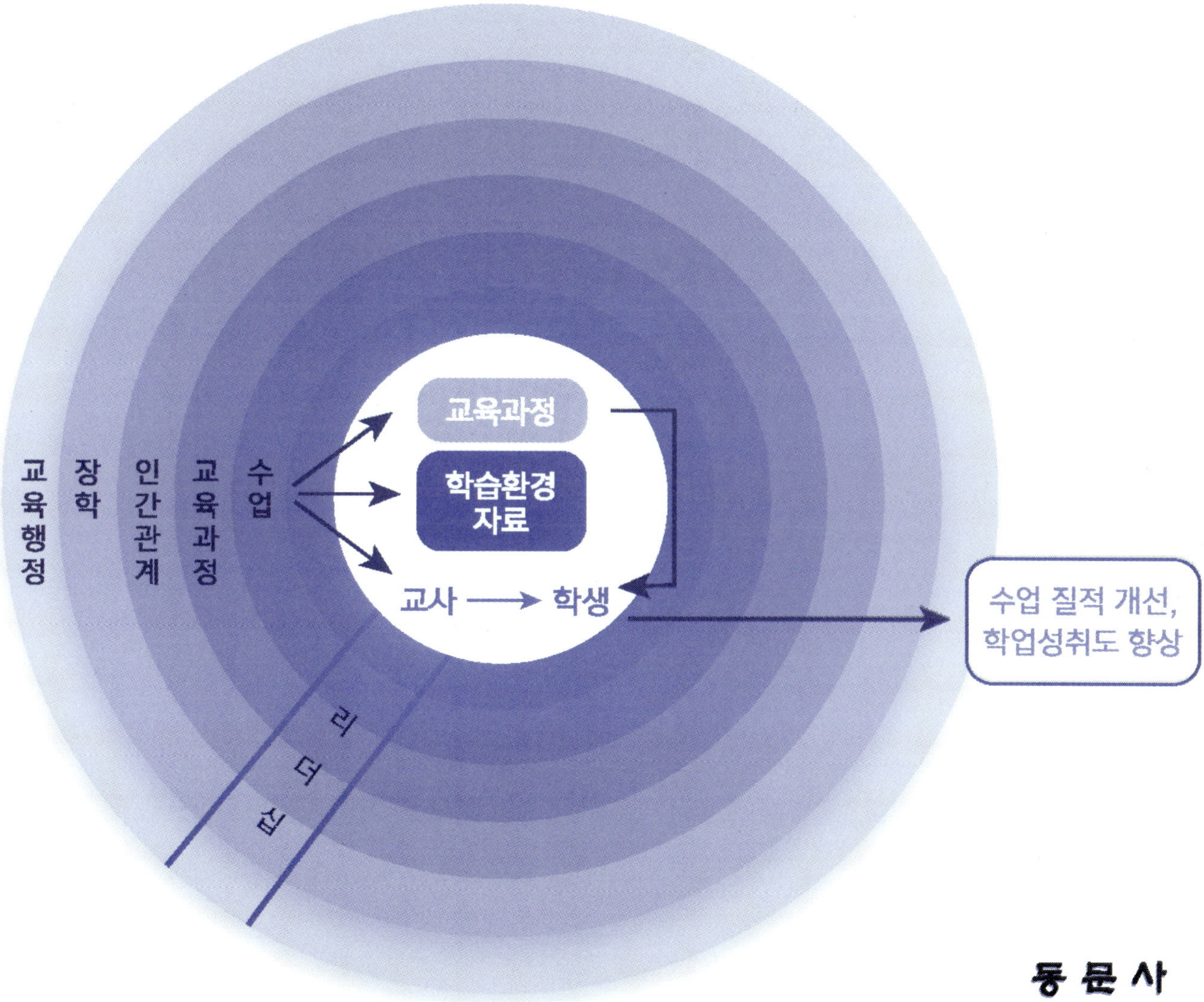

동문사

장학의 이론과 실제

머리말

최근 모든 나라는 교육개혁에 관심을 기울이고 있다. 교육을 경제 발전, 정치 발전, 사회 발전의 중요한 수단으로 보고 있으며, 과학문명이 고도로 발전하고 있는 현대에는 고급 인력의 육성이 필요하다고 인식하고 있다. 교육의 질 관리 및 향상이 국가 발전의 원동력이고 교육력은 바로 국력으로 보고 있기 때문에 교육개혁에 대하여 많은 관심을 기울이는 것은 당연한 귀결이다.

오늘날 우리나라는 학교를 둘러싼 내·외적 요인으로 인하여 총체적 변화를 요구받고 있는 실정이다. 미래사회에 대비한 학교교육의 다양화와 특성화 요구, 학교교육의 책무성 강화, 교육개혁 프로그램의 일방적 제공에서 벗어나 이것의 시행과 정착을 위한 체계적인 지원활동, 새로운 시대에 적합한 학교경영, 학교교육의 위기 극복 등을 위해 학교는 근본적인 변화를 요구받고 있는 실정이다.

이러한 맥락에서 보면, 장학에서 가장 중요한 변인은 교사로 볼 수 있다. 그래서 각 나라마다 우수한 교사를 확보하기 위하여 심혈을 기울이고 있다. 교사교육 기간을 연장하고, 교육의 질을 개선하며, 재직 중에도 지속적인 전문적 성장을 위하여 교사의 능력개발(staff development), 현직교육, 연수에 관심을 보이며, 아울러 교사로 하여금 전문적으로 성장하게 하고, 수업의 질적 개선을 통하여 학생들의 학습을 개선하는 데 집중하고 있다. 이처럼 장학행정 측면에서 볼 때 학교장과 교사, 학생에게 최대한 자율권이 주어져 교내자율장학이 강조되고, 학생 주도의 학습이 강조되고 있는 실정이다. 변화하는 장학활동으로 4차 산업혁명시대의 학교가 되고, 21세기 인간교육을 할 수 있도록 해야 할 것이다.

본 저서는 한국교육의 변화와 발전에 기여함과 더불어 한국교육의 질 관리 및 개선을 위한 장학행정의 다양한 이론과 개념, 전략, 기법 등에 대해 다음과 같이 소개하기로 한다.

제1장 장학의 본질(장학의 개념, 장학의 가정, 장학의 기능과 과업, 장학의 원리와 기술, 장학의 갈등), 제2장 장학의 제 이론(인간행위론, 조직행위론, 행정행위론, 권력과 권위이론, 기타 이론), 제3장 장학의 제 모형(수업장학, 발달장학, 임상장학과 마이크로티칭, 동료장학, 자기장학, 확인장학, 선택적 장학, 인간자원장학, 기타 장학), 제4장 장학담당자의 역할과 장학의 지도성(장학자의 주요 역할별 특성, 교육전문

머리말

직의 역할과 자질, 장학관과 연구관의 역할, 학교장의 역할과 자질, 교감의 역할과 자질, 부장교사의 역할과 자질, 장학담당자의 지도성), 제5장 장학의 실제(교과장학의 모형과 실제, 교내자율장학의 이론과 실제, 지구별 장학협의회 운영, 교육청 장학의 실제), 제6장 교수효과성과 장학(교수효과성의 개념, 효과적인 교수변인, 교수전략의 선택, 효과적인 교수행위, 효과적인 교수와 임상장학, 교수효과성의 평가), 제7장 교원의 전문적 능력개발(질 높은 전문적 능력개발의 정의, 성공적인 교직원개발 프로그램의 특징, 질 높은 전문적 능력개발의 요소, 전문적 능력개발의 조건, 전문적 능력개발의 과정, 교직원개발모형, 교직원개발과 장학지도성의 역할), 제8장 장학의 평가(장학적 평가, 장학자체평가) 등을 다루었다.

본서는 장학론에 대한 다양한 내용을 전달하기 위하여 쉽게 풀어쓰면서 <학습목표>, <Keyword>, <생각해 봅시다> 등을 포함시킴으로써 교육현장의 활용도를 높이고자 하였다. 또한 이 책은 장학론의 이론과 실제에 관심을 갖고 있는 사람들에게 도움을 줄 수 있으리라 기대된다. 교육학을 전공하면서 특히 장학론의 이론적 측면에 보다 관심이 있는 학부생 또는 석박사 과정의 대학원생들 그리고 장학행정을 연구하는 동학들에게 이론적 틀을 정립하는 데 도움이 될 것이다.

아울러 출판계의 어려운 사정을 무릅쓰고 흔쾌히 출판을 맡아주신 동문사 이중수 사장님, 유재영 상무님, 우종현 팀장님과 직원 여러분께 감사드립니다. 그리고 독자 여러분의 기탄없는 지적과 아낌없는 성원으로 이 책이 지속적으로 수정 및 보완될 수 있기를 기대합니다. 아울러 이 책의 내용 측면에서 꼼꼼하게 교정을 도맡아준 큰 딸 신샛별에게도 고마움을 전합니다. 그리고 건강하고 성실하게 자신의 과업을 묵묵히 수행하고 있는 쌍둥이 아들 신현범·신현호에게도 고마움을 전합니다. 지금까지 학문적 탐구여행을 할 수 있도록 묵묵히 기다리고 인내해준 내자 김화영(金花榮)에게 고마운 마음을 전합니다.

2021년 8월
한성대학교 낙산연구관에서
저자 신재흡 識

CONTENTS

차 례

CONTENTS

CHAPTER 04 장학담당자의 역할과 장학의 지도성

CHAPTER 05 장학의 실제

차 례

CHAPTER 01

장학의 본질

학습목표

1. 장학의 개념과 가정에 대하여 설명할 수 있다.
2. 장학의 기능과 과업에 대하여 이해할 수 있다.
3. 장학의 갈등에 대하여 설명할 수 있다.

Keyword

장학, 행정, ASCD, 관리, 학교경영모형, 장학모형, 장학목표, 장학행정, 교육행정, 장학의 목적, 행정의 초가치, HMI, 장학의 가정, 장학의 기능, 협동장학, 장학의 과업, 장학의 원리, 장학의 기술, 장학의 갈등

장학이란 장학을 어떤 측면에서, 어디에 강조점을 두어, 어떻게 보느냐에 따라 여러 가지로 각각 다르게 보인다. 또 역사적으로 보느냐에 따라 장학을 달리 정의하기도 하며, 또 장소에 따라, 그 나라의 역사와 전통, 문화에 따라 다르게 정의하고 해석하기도 한다.

교육이 이루어지는 과정은 매우 복잡하다. 이것에는 기르려는 의도가 있고, 가르치고 배우는 활동이 있으며, 바라는 대로 길러졌는가에 대한 확인이 있게 된다. 여기서 기르려고 하는 의도는 교육목적을 말하는 것이며, 가르치고 배우는 활동은 교육방법을 말하는 것이다. 그리고 바라는 대로 길러졌는가 하는 것은 교육평가를 말하는 것이다. 장학이란 이러한 교육목적, 교육방법적 측면, 교육평가 측면 등의 교육활동에 대하여 장학담당자들로 하여금 그들의 전문적 능력을 발휘하게 한다. 따라서 장학은 학교에서 이러한 교육활동이 제대로 이루어질 수 있도록 지도, 조언, 점검 등 전문적 역할을 수행한다.

전통적으로 많은 나라에서 장학의 의미는 시학과 감독으로부터 출발하였다. 또 행정과 장학을 거의 동일시하고 행정적 차원에서 장학을 보려고 하고, 지금도 장학에는 그런 요소가 많이 남아 있다. 또한 장학을 행정과 비슷하게 관리적 측면에서 보기도 했으며, 계획, 조직, 인사, 재정, 시설, 학

습환경 등의 관리적 요소에 집중하던 때도 있었고, 지금도 그러한 일을 많이 수행하고 있다. 특히 단위학교와 지역교육청의 규모가 확대됨으로써 더욱 관리적 측면에 집중되고 있는 실정이다. 때로는 인간관계에 집중하기도 했다. 즉, 민주장학, 협동적 장학, 수평적 장학, 참여장학 등의 용어는 바로 인간관계 측면을 강조하는 것이었다.

한편 미국에서는 장학을 교육과정과 동일시했던 때가 있었고, 지금은 장학과 교육과정개발을 합쳐 ASCD라는 학회를 결성하고 있다. 특히 스프트니크(sputnik) 충격은 장학에 대한 새로운 교육과정개발에 열을 올리게 되는 계기가 되었다. 앞으로 우리나라에서도 장학에서의 교육과정개발이 중시되지 않을 수 없다. 왜냐하면 교육과정개발이 바로 교육청수준, 학교수준으로 내려오기 때문이다. 미국에서는 1960년대 말부터 임상장학이 개발되면서 수업장학에 집중하게 되었다. 결국 장학을 행정(administration), 관리(management), 인간관계(human relation), 교육과정(curriculum), 수업(instruction) 등 제 측면에서 정의하지만 궁극적인 장학의 핵심이 수업개선이라는 데는 이의를 제기할 사람은 아무도 없을 것이다. 다시 말하면, 시간·공간적 측면과 형편에 따라 강조점이 다를 뿐이라는 것이다.

또한 1980년대 이후에는 장학에서 지도성이 강조되었으며, 장학(supervision)과 지도성(leadership)을 동일하게 보았다.

오늘날 교육활동은 사회의 급속한 변화에 따른 새로운 가치관과 행동양식을 갖도록 해야 하며, 사회 발전에 필요한 지식 및 기술을 가르쳐야 할 것이다. 따라서 학교는 교육과정을 개편하고 새로운 교수-학습방법과 교육공학을 도입 및 활용해야 할 절박한 현실에 처해있다. 이러한 사회 발전에 따른 학교교육의 과제는 교육의 전문성을 향상시켜 교육의 생산성을 증가시키는 일이다. 따라서 교사들은 새로운 교육과정 및 교육방법·공학에 대한 전문적 지식과 기술을 구비해야 할 것이다. 이와 같은 추세에 부합하는 장학활동으로 교사들은 교과지도능력, 학생지도능력, 학교 및 학급경영능력을 향상시키기 위한 노력을 게을리 해서는 안 될 것이다.

따라서 장학은 교육행정학의 중요한 영역이며, 교육행정 실무영역에서도 큰 비중을 차지하고 있기 때문에 장학을 올바르게 이해할 필요가 있다.

본 장에서는 장학에 대한 바른 이해를 위하여 장학의 개념, 장학의 가정, 장학의 기능과 과업, 장학의 원리와 기술, 장학의 갈등 등에 대해서 고찰하고자 한다.

제1절 장학의 개념

오늘날 교육과 관련된 개념 혹은 영역 가운데 장학만큼 다의적이고 다중적인 이미지를 가진 것도 없다. 한마디로 혼란스러운 장학의 개념 때문에 장학을 논하는 많은 연구자들이 그들의 논문이나 저서에서 "장학은 한마디로 정의하기 어렵다"는 진술을 공통적으로 하고 있다. 그러나 이상하게도 장학의 개념 규정에 대한 어려움을 호소하면서 그들은 나름대로 장학에 대한 개념 정의를 내리고 있다.

본 절에서는 장학의 의미, 장학의 개념모형, 장학행정과 교육행정의 관계, 장학의 목적과 필요성에 대해서 알아보고자 한다.

1. 장학의 의미

장학의 개념에 대해서는 학자들 간에 의견이 다양하게 정의되고 있다. 즉, 장학의 강조점, 접근방법, 시간과 공간 또는 강조점을 어디에 두느냐에 따라 달리 정의되기도 한다.

첫째, 국내 학자들의 장학에 대한 견해를 살펴보기로 한다.

김종철(1997)은 장학의 내용을 구명하기 위하여 법규적 접근(Legal Approach), 기능적 접근(Functional Approach), 이념적 접근(Ideological Approach) 방법으로 분류하고 있다. ① 법규적 접근방법은 문교부를 중심으로 행해지는 장학활동으로서 기획, 조사연구, 교육활동 운영의 지도감독, 교육공무원의 지도감독, 학생지도 등 교육활동 전반에 관한 계선조직의 행정활동에 대한 전문적·기술적 조언을 통한 참모활동(Staff Operation)이다. ② 기능적 접근방법은 교사의 전문적 성장, 교육운영의 합리화, 학생들의 학습 환경개선을 위한 전문적·기술적 보조활동이다. ③ 이념적 접근방법은 장학의 개념을 수업(instruction), 즉 학습지도의 개선을 위하여 제공되는 지도 및 조언을 의미하는 것으로, 미국에서 발전한 새로운 장학의 개념이며 교육과정 운영과 학습지도방법의 개선에 초점을 두고 있다.

그리고 강영삼(1994)은 장학을 교육조직 체계와 관련시켜 장학의 개념을 네 가지로 규정하고 있다. 중앙교육 행정조직의 참모활동 중심접근에 의한 문교장학, 지방교육 행정조직의 계선활동 중심접근에 의한 학무장학, 학교조직의 수업활동 중심의 접근에 의한 수업장학, 학교조직의 수업활동 중심접근에 의한 임상장학으로 유형화하고 있다.

윤정일 등(2000)은 교육부 내에서 이루어지는 모든 장학행정을 중앙장학, 시·도교육청과 시·군·구교육청에서 이루어지는 장학행정을 지방장학, 학교에서의 장학활동을 교내장학, 학급 내에서의 장학활동을 임상장학, 여기에 동료장학과 자기장학을 추가하고 있다.

허병기(1997)는 장학의 본질을 교육행위에 근접한 조력적 방식에 의한 교사의 수업개선이라 하고, 좀 더 구체적으로는 교사의 수업행위 혹은 교육행위에 근접하여 그 행위를 전문적으로 조력하는 활동으로 규정하였다. 주삼환(1997)은 장학의 핵을 수업개선에 있다고 하였다. 수업개선을 하려면 교사, 교육과정, 학습환경에 변화를 주어 결국 학생의 학습행위를 변화시켜 학습성취, 학습결과를 높여야 하는데, 이것이 바로 장학의 본질이고 장학의 의미라고 하였다. 이윤식(1993)은 장학이란 교육활동의 개선을 위한 지도 및 조언활동을 의미하는데, 여기서 교육활동의 개선은 교실 내에서 이루어지는 교수-학습활동의 개선을 핵심으로 하여 단위학교에서 설정된 교육목표의 효율적인 달성을 위한 집단적이고 협력적인 모든 활동을 의미한다고 하였다. 김윤태(1995)는 장학을 "교육행정 내지 학교경영의 한 과정으로서, 교수-학습과정을 개선하고 학교의 목표를 성취하기 위하여 장학담당자가 행사하는 교육지도성"이라고 정의했다.

정태범(2002)은 장학을 교수-학습의 효율화를 목적으로 교사의 전문성 신장, 교육과정의 운영 및 학교경영의 효율화를 목적으로 교사의 전문성의 신장, 정보제공, 자원봉사 등 일련의 전문적 · 기술적 활동이라고 정의하였다. 남정걸(1998)은 장학을 학생들의 성장과 발달을 증진시키기 위하여 교사들의 활동을 전문적으로 개선 · 향상시키는 일이라고 정의하였다. 조병효(1995)는 김종철의 장학의 개념을 다음과 같이 부연하여 설명하고 있다. ① 이념적인 접근에 의한 장학은 학생, 교사, 장학담당자, 교육행정가, 학부모, 기타 교육에 관심이 있는 자 등 모든 교육관계자들이 학생들의 성장발달을 위한 교수-학습의 개선을 목적으로 하는 민주적인 활동을 말한다. ② 기능적인 접근에 의한 장학은 교수-학습 사태의 개선을 도모하고 어린이의 성장과 발달을 위해 교사 및 교육종사자에게 제공하는 지도성을 말한다. ③ 법규적인 접근에 의한 장학은 교육활동 전반에 관한 기획, 조정, 연구와 교육활동에 대한 지도 감독, 교원에 대한 인사와 지도 감독, 학생의 지도 등이라고 한다.

둘째, 국외학자들의 장학에 대한 견해는 다음과 같다.

Wiles와 Bondi(1980)는 장학이란 교육행정의 연장으로 발전해서 1980년대는 독립된 개별형태인 행정, 경영, 인간관계, 교육과정, 지도성 교수의 기능을 수행하고 있으며, 이것은 학문적으로 독립한 단계를 의미하는 것이 아니라 교육의 기능면에서의 독립을 의미하고 있다.

Kimball Wiles(1967)는 장학이란 "교사들이 그들의 일을 보다 잘 할 수 있도록 도와주는 봉사활동"이라고 하여 교수-학습태도의 개선 및 향상을 위한 조언을 강조하고 있다. Alfonso, Firth 및 Neville(1975)는 장학이란 학교 내의 상담활동, 수업, 행정, 학생의 행동체제 등과 상호작용하는 수업행동체제로 보았으며, 학생의 학습을 촉진시키고 학교조직의 목적을 달성하기 위하여 교사의 행동에 직접적인 영향을 줄 수 있도록 학교조직에 의하여 공식적으로 지정된 행동이라고 정의하였다.

Cogan(1979)은 "일반장학은 교육과정의 제정과 개정, 수업단원과 자료의 준비, 학부형에게 통지하는 과정과 도구의 개발, 전체적인 교육프로그램의 평가와 관련된 활동을 의미한다"고 하였다. Morsher와 Purpel(1975)은 "장학의 과업은 교사들에게 가르치는 방법을 설명해주는 것이며, 교육과정, 교수, 조직형태 등에 있어서 전문적 지도성을 발휘하는 것"이라고 정의하고 있다. Harris(1985)는 "장학은 학생들의 학습을 돕고자 이용되는 수업과정에 직접적인 영향을 주는 방법으로 학교를 경영해 나가거나 변혁을 가져오게 하는 인적 및 물적 요소를 다루는 일이다. 장학활동은 하나의 단순한 과업이나 일련의 과정이 아니라 수업활동과 상당히 관련된 학교경영의 주기능이라 할 수 있다"고 하였다. 그리고 근대적인 장학의 개념을 처음으로 정의한 Burton(1955)은 장학을 "교수행위의 개선, 현직교사의 성장, 교육과정의 선정과 조직, 교사의 평가와 관련된 제 활동이다"라고 규정하였다.

이상에서 여러 학자들의 장학에 대한 논의를 바탕으로 장학의 개념을 정의하면, 장학은 최소한도로 두 가지의 중요한 요소를 포함하고 있음을 알 수 있다. 하나는 장학을 어떠한 관점에서 보든 궁극적으로 수업의 개선을 목적으로 한다는 측면이고, 다른 하나는 그 대상이 교사라는 점이다. 따라서 이러한 요소를 고려하여 장학을 간단히 정의하면 다음과 같다. **장학이란** 학교에서 교수-학습의 효율화를 극대화하기 위한 제반지도 및 조언 활동으로서 교육과정 운영의 충실화, 학교행정 및 경영의 합리화, 교사의 전문성 신장, 합리적인 지도성의 발휘, 학교조직문화 쇄신 등을 위해 정보를 제공하는 일련의 전문적·기술적인 교육활동이라고 할 수 있으며, 궁극적으로 학생들의 지적·정의적·신체적 성장·발달을 도모하는 데 있는 것이다. 결국 장학이란 "교수행위의 개선을 위해 교사에게 제공되는 장학담당자의 모든 노력"으로 볼 수 있을 것이다.

2. 장학의 개념 모형

앞에서 논의된 장학의 본질에서 고찰한 바와 같이 장학이 교수-학습이나 수업의 질 개선에 있고, 수업이란 학교에서 교육과정을 매개로 하여 이루어지기 때문에 미국의 "장학 및 교육과정개발학회(Association for Supervision and Curriculum Development)"가 대표하듯이 장학을 교육과정개발과 관련시켜 접근하거나, 이 학회에서 발행하는 전문지인 『교육지도성(Educational Leadership)』이라는 책이름이 시사하듯이 학교를 경영하는 행정가나 교장의 역할의 하나로서 수업지도성(instructional leadership)에 장학을 포함시키기도 한다. 대체로 장학의 개념적 모형은 이와 같은 아이디어를 바탕으로 하고 있다.

따라서 장학의 개념모형을 고찰하고자 하는데, Harris(1985)의 학교경영모형, 체제의 개념과 장학모형, Lovell과 Wiles(1983)의 개념모형, Snyder(1981)의 체제모형, 이종재(1997)의 장학, 남정걸(1999)의 개념모형에 대해서 고찰하고자 한다.

첫째, Harris(1985: 1-9)**의 학교경영모형이다.** Harris는 장학을 학교경영 또는 학교행정의 전체적인 국면에서 파악함으로써 장학을 학교경영이나 행정의 전체적인 국면에서 장학의 개념적 위치를 분명히 하였다. 그는 학교경영 혹은 모든 교육체제는 교사의 수업을 통해 학생들의 학습을 성취하기 위한 것이며, 장학을 그와 같은 기능의 일부분으로 개념화하였다. 교수와 학습이 교육의 중핵적인 활동이며 교육체제의 궁극 목표라면 학교경영기능은 교사의 수업과 관련되는 차원과 학생의 학습에 관계되는 두 차원 간의 상호관련성의 정도에 따라 구분할 수 있다. 학생과 직접 관계되는 행위는 학습자와 직접적인 상호작용을 통해서 직접 영향을 주는 것이고, 간접적으로 관계되는 행위는 학생과의 직접 교섭보다는 타인을 통해 학생들에게 우회적으로 영향을 주는 행위를 말한다. 수업에 직접적으로 관계되는 행위는 수업목표를 달성하는 데 직접적 영향을 미치는 행위로서, 목표의 성격, 성취도 및 교수와 학습의 능률과 관계된다. 수업에 간접적으로 관계되는 행위는 수업목표달성에 매우 중요하기는 하지만 간접적 영향밖에 없는 행위를 말한다.

학교경영의 다섯 가지 기능은 [그림 1-1]과 같다.

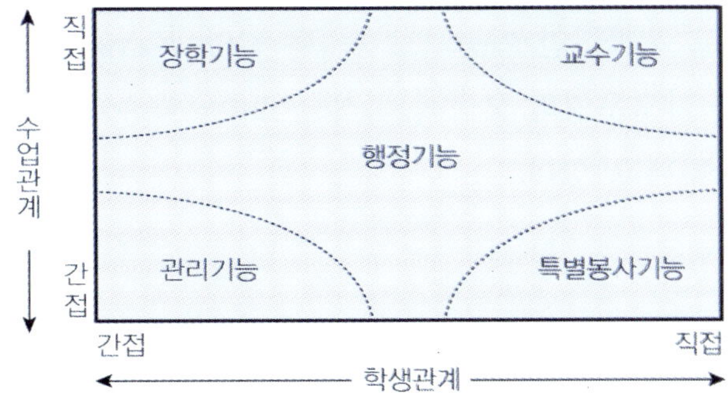

그림 1-1 학교경영의 주요 기능

[그림 1-1]에서 나타난 바와 같이, 학교경영의 주요 기능은 교수기능, 특별봉사기능, 관리기능, 장학기능, 행정기능 등으로 구분하고 있다. 이를 자세히 살펴보기로 한다.

① **교수기능**은 학생과 수업에 직접 관계되는 활동으로 학교경영의 기본 목적이 되며, 수업의 목표를 달성하기 위해 교사와 학생이 공동으로 수행하는 일이다. 여기에서는 교실에서의 수업, 교육상담, 도서관에서의 참고도서 선정을 도와주는 일 등이 포함된다. ② **특별봉사기능**은 학생에게는 직접 관계가 되나 수업에는 간접적 활동으로서 신체검사, 보건, 상담교사의 상담활동 등과 관련된 활동이다. 표준화 검사의 실시는 그 자료가 교육상담에 쓰일 뿐 학생들에게는 직접적으로 관계되나 수업과는 직접 관계된다고 할 수 없다. ③ **관리기능**은 학생과 수업에 간접적으로 관계되는 활동으로 회계・영선・물품구입・시설관리 등 수업과 학생에 관계되는 정도는 낮으나 학교경영의 성패에는 매우 중요한 것들이다. ④ **장학기능**은 학생에게는 교사를 통해서 간접적으로 영향을 미치지만 교사의 수업에는 직접 관계되는 활동으로 학습문제에 대한 교사와의 상담, 교수자료의 선정, 교수기술에 대한 연구 및 조언 등이 여기에 해당된다. 경우에 따라서는 장학사가 직접 수업을 담당할 수도 있다. 그러나 그 목적이 수업 자체에 있는 것이 아니라 교사에게 시범을 보이기 때문에 학생들과 직접 관계를 갖는다고 하더라도 이는 교수기능이라기보다는 장학기능에 속한다고 보아야 할 것이다. ⑤ **행정기능**은 학생과 수업 양차원의 극단(직접 또는 간접)이 아닌 중앙에 위치한 활동으로 정책결정, 자원의 분배・조정 등 모든 영역에 걸쳐 학교의 전체 운영상 통일을 유지하려는 것이다. 따라서 학교경영상 가장 중심적이고 포괄적인 기능으로 볼 수 있다. Harris(1985)는 이상의 다섯 가지 기능을 학교운영의 궁극적 목적인 교수-학습과 관련하여 [그림 1-2]와 같이 나타내고 있다.

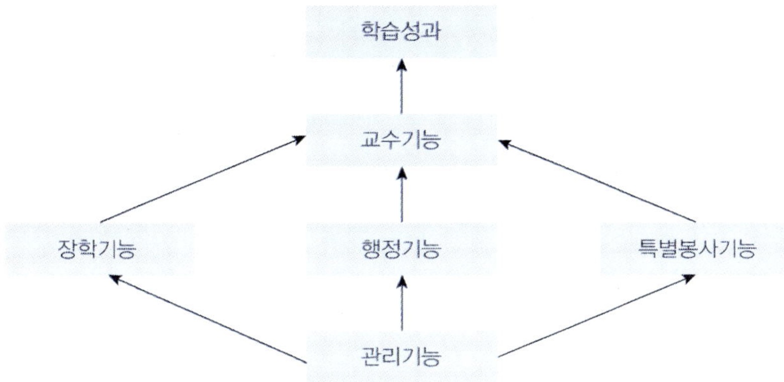

그림 1-2 교수-학습과 관련된 주요 기능

상기와 같은 개념적 틀에서 Harris는 장학을 학교의 주요 수업목표 성취에 직접 영향을 주기 위해 학교운영을 유지 또는 변화시킬 목적으로 교원과 교육과정에 관계되는 행위라고 정의했다. 그리고 그는 현상유지보다는 강조점을 두는 장학을 보수적 장학이라 하고, 변화와 개혁을 위주로 하는 장학을 역동적 장학 또는 창의적 장학이라고 하면서 전자보다는 후자를 매우 강조했다. 우리나라의 장학도 Harris가 주장하듯이 현상유지에서 역동적·창의적·발전적인 장학으로 방향을 전환해야 할 것이다.

둘째, 체제의 개념과 장학모형이다. 장학의 개념적 틀을 개방체제의 모형으로 설명하는 학자가 많다. 따라서 개방체제의 기본적 개념을 살필 필요가 있다. 체제(system)라는 말은 쓰는 사람에 따라 다소 차이가 있지만, 그래도 그 정의에는 상당한 합의가 이루어지고 있다. 체제란 상호 반응하는 요소들의 복합체라거나, 경계선에 의해 둘러싸인 상호 관련된 부분들의 복합체로서 어떤 환경 속에 존재하는 것 또는 두 가지 이상의 상호 의존적인 부분으로 구성된 하나의 종합된 전체이며, 확인이 가능한 경계선에 의하여 환경과 구별되는 것 등으로 정의하는 것이다. 체제를 구성하기 위해서는 부분들은 상호 관련되어 어느 한 부분에 변화가 오면 그 결과가 다른 부분에 영향을 미치게 되어야 한다. 따라서 모든 체제는 주위 환경과 구분할 수 있는 경계선이 있다. 신체라는 체제의 경계선은 피부로서 분명하지만, 학교의 경계선은 그렇게 분명치는 않으나 한계가 있는 것을 부인할 수 없다. 그 경계선을 넘어 환경과 상호작용하는 경우를 개방체제(open system)라 하며, 상호작용 관계가 없는 경우를 폐쇄체제(closed system)라 하고, 그 체제 내에 존재하는 부분이나 요소들을 하위체제(subsystem)라고 한다. 교육조직은 정치·경제·사회 등 환경과의 관련을 고려하지 않을 수 없으므로 사회체제로서의 교육조직은 개방체제로 취급하는 것이 일반적이다. 왜냐하면 학교와 같은 사회체제가 환경과 상호작용을 하지 않는 것으로 생각하는 것은 곤란하기 때문이다.

개방체제의 기본 모형은 [그림 1-3]과 같다.

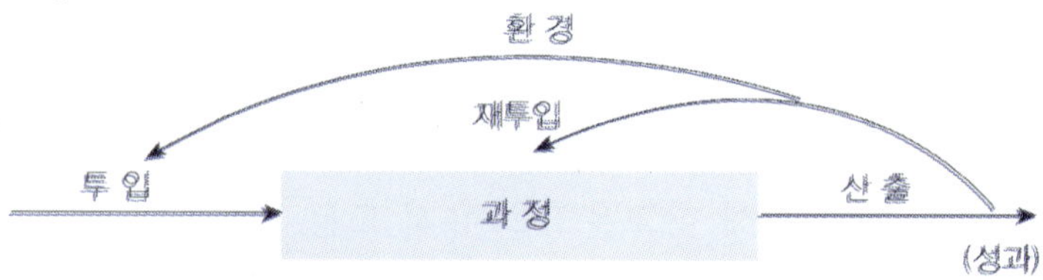

그림 1-3 개방체제의 기본모형

이 모형은 환경으로부터의 투입(input)을 체제활동의 과정(process)을 통해 산출(output)로 처리하는 데 초점을 둔다. 그러므로 과정은 활동자극인 투입과 투입에 작용하는 하위체제인 구조와 과정 및 체제활동의 산출 또는 성과를 다루는 분석적 틀을 제공한다. 이러한 관점에서 한 체제의 광범위한 영역과 속성을 검토할 수 있을 뿐 아니라 체제활동에서 드러나는 연계성과 관련성을 검토할 수 있다. 그러므로 과정이론은 체제를 이해하는 데 종합적이면서도 분석적인 틀을 제공한다. 그런데 투입·과정·산출의 하위 변인은 그렇게 단순한 것이거나 합의된 것이 없고, 연구자의 의도에 따라 달라진다.

셋째, Lovell과 Wiles(1983)의 개념모형이다. 이 모형은 수업장학을 교사-학생체제 밖에서 학생의 학습을 용이하게 하도록 교사의 행위에 직접적, 의도적으로 영향을 주도록 계획된 것이라고 정의했다. 이를 좀 더 분명하게 하기 위해서 장학의 개념의 주요 구성요소를 제시하면 [그림 1-4]와 같다.

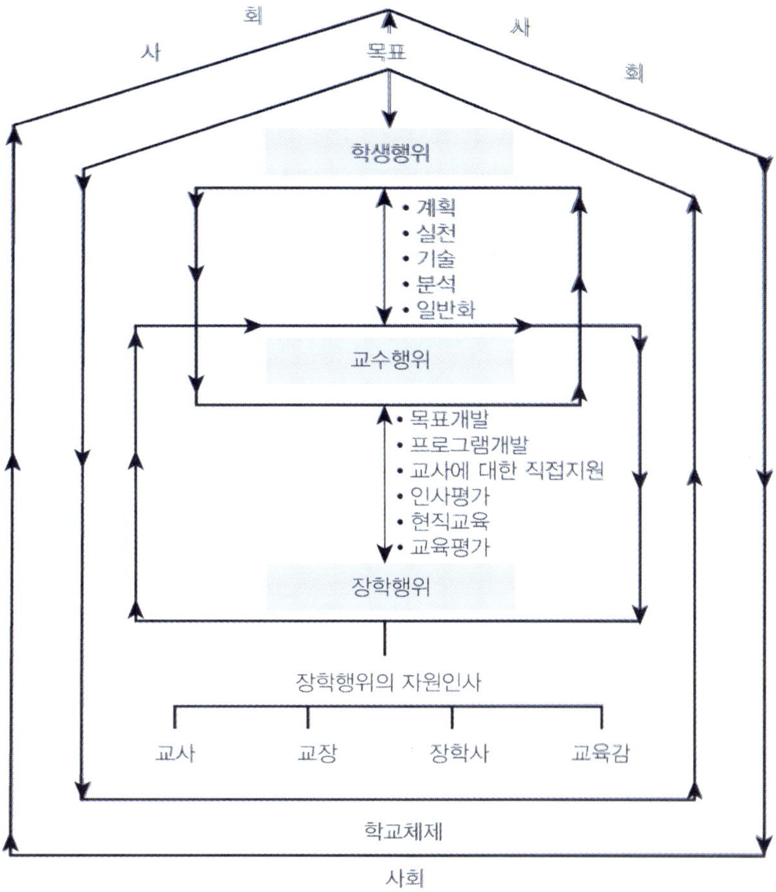

그림 1-4 장학행위의 개념적 틀

[그림 1-4]에서 보는 바와 같이, 학교체제란 변동하는 사회의 하위체제로서 항상 변동상태에 있다. 학교의 하위체제인 교사의 행위는 학생의 목표 성취를 목적으로 학생의 행위와 상호작용한다. 교사의 행위는 이론, 가치관, 지식, 이해, 태도, 사무적 및 인간적 기술을 개념적으로 바탕으로 하여 학생행위의 목표설정과 계획, 그것의 실제 운영과 기술 및 결과의 분석 및 평가 그리고 일반화를 통하여 효과적인 학생행위에 기여하게 된다. 수업장학 행위는 교사와 상호작용할 목적으로 조직에 의해서 공식적으로 부여되는 부가적 행위인데, 수업을 개선하기 위한 조직적 목표는 목표의 설정, 교육과정이나 프로그램 개발, 교사에 대한 직접적 지원과 서비스, 직원

의 평가, 현직연수, 교육성과의 평가에 대한 지침을 제공하는 것이다. 따라서 장학이란 교사와 직접 관계를 가지고 교수의 효과와 능률을 증진하기 위한 것이다. 그러므로 공식적 직함을 가진 장학관이나 장학사만이 아니라 교장 및 교감 또는 동료교사도 교수의 개선을 위해 역할을 수행한다면 장학으로 보아야 할 것이다.

넷째, Snyder(1981)의 체제모형이다. Snyder는 임상장학을 과정으로 보고, 투입을 계획으로, 평가를 산출로 보면서 [그림 1-5]와 같이 임상장학의 연계성을 설명하고 있다.

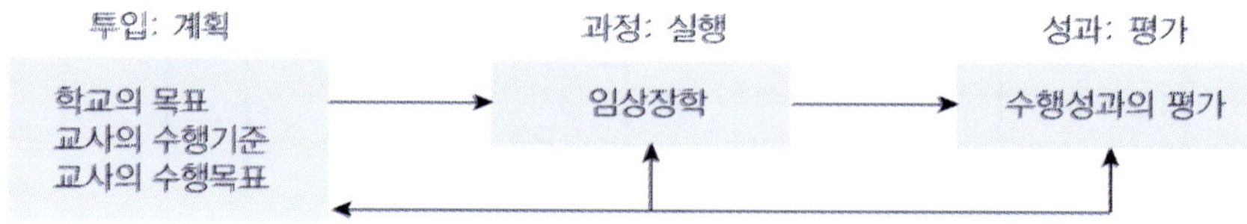

그림 1-5 임상장학의 투입과 산출

[그림 1-5]와 같이 투입요인을 학교의 목표, 교사의 수행기준, 교사의 수행목표를 계획단계에서 확정하여 임상장학의 절차에 투입하여 운영하고, 산출은 교사의 수행성과를 평가하는 것으로 보았다. 따라서 이 모형은 계획-실행-평가의 과정과 일치하는데, 후에 자세히 고찰하게 될 임상장학을 장학의 핵심적 요소로 보고, 보다 폭넓게 임상장학의 운영을 설명하고 있는 것이 그 특징으로 볼 수 있다.

다섯째, 이종재의 장학모형이다. 이종재의 장학의 모형은 [그림 1-6]과 같다.

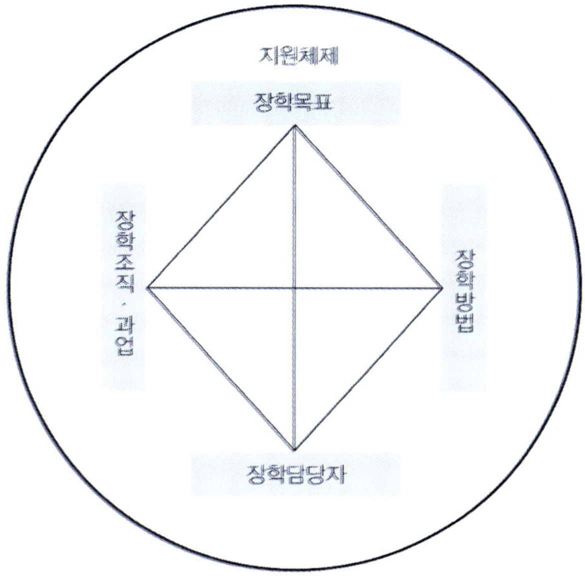

그림 1-6 장학의 모형

자료: 이종재 · 김종철(1997). 교육행정의 이론과 실제. 서울: 교육과학사, p. 116.

[그림 1-6]에서 나타난 바와 같이, 장학의 기본목표는 목표, 장학조직 · 과업, 장학방법, 장학담당자로 구성되어 있다. 장학목표는 교육부의 장학방침과 교육시책으로 되어있다. 장학조직과 과업은 교육부 산하의 각 수준별 조직목표 달성을 위한 과업에 따르는 것이다. 장학담당자와 장학방법은 인적 자원 및 행 · 재정의 지원체제로써 교육조직으로의 궁극적인 목적인 교수와 학습의 질을 개선시켜 학생교육의 질을 향상시키는 것이다. 이와 같은 소기의 성과를 달성하기 위하여 장학의 구성요소인 4개의 영역에서 제각기의 기능을 발휘해야할 뿐만 아니라 상호 연계를 지으면서 교수-학습의 핵을 둘러싸고 있는 모든 교육조직은 학교 수업장학을 중추로 하는 협력 상호보완 및 통합에로의 발전 지향적인 장학의 내실을 기해야 한다. 장학조직은 조직적 활동으로서의 장학활동을 조성하는 활동이며 교육활동 그 자체를 떠나서 말할 수 없다. 장학이란 수업의 개선을 위하여 교사에게 직 · 간접으로 작용하는 교육지도성으로 보았을 때, 하나의 체제로 장학을 개념화하여 교육지도성이 지니는 의미를 밝히는 것이 매우 중요하다. 장학체제의 산출기능을 보면, 장학과업은 장학목표를 달성하기 위한 일의 내용

조직을 이해함이다. 따라서 이러한 과업을 통하여 교육지도성이 형성된다. 이러한 과업수행을 위해 필요한 사람이 장학담당자이며, 이들이 교육의 지도성을 발휘한다고 본다. 장학담당자가 과업, 구조, 방법을 연결함으로써 장학의 기능을 산출하는 것이다. 또한 장학체제의 산출기능으로서의 또 다른 하나는 장학방침의 설정과 학교교육의 운영을 지도·감독하는 교육지도성을 발휘하는 것이라고 볼 수 있다.

따라서 교육조직 내에서의 권력배분이란 장학목표를 달성하기 위하여 장학과업의 내용이 조직되고, 이러한 과업을 통하여 교육지도성이 형성되며 이 교육지도성을 발휘하는 사람이 바로 장학담당자이다. 장학과업을 장학의 구조가 규정하는 역할에 따라 장학의 방법을 적용함으로써 장학담당자는 교육의 지도성을 여실히 발휘하게 된다. 장학체제의 모형이 [그림 1−6]에서 제시된 바와 같이 장학체제를 개념화하고 이러한 개념 모형을 문교장학, 지방장학, 학교장학 수준에서 모두 적용할 수 있다.

여섯째, 남정걸(1999)의 개념모형이다. 남정걸은 개방체제의 투입−과정−산출모형에 의거하여 장학개념모형을 [그림 1−7]과 같이 제시하고 있다. 장학에 대한 새로운 요구나 변화와 혁신에 대한 투입은 상위체제인 행정이나 정책·제도로부터 나온다. 새로운 교육자치제도의 실시에 의해 민선 교육감이 들어서고, 행정조직의 구조가 바뀌고, 7차 교육과정이 실시되는 등 행정·정책·제도의 변화는 장학에 독립변인으로서 영향을 준다. 이에 장학은 7차 교육과정 운영에 필요한 수업자료와 매체 등 교육자료의 개발을 서둘러 정부 수준에서 확정·보급한 교과용 도서와 동시적으로 일선 교육현장에 투입할 준비작업을 한다. 이와 더불어 새로운 교육과정에 대한 현직교육을 실시하여 학교가 요구하는 적절한 교직원을 배치하여 교수−학습활동이 최적의 수준으로 이루어지도록 직접·간접적 노력과 지원을 한다.

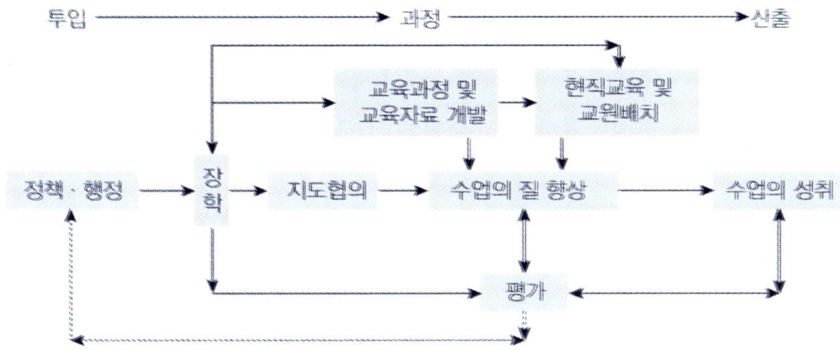

그림 1-7 장학과업의 체제모형

그런데 우리의 장학 개념은 이와 같은 교육과정과 자료의 개발이나 현직교육과 인사배치는 장학이 아니고 교수활동(수업)을 직접 관할하고 지도·조언하는 것만을 장학으로 이해했던 것이다. 그러나 이 분야는 교내 자율장학이나 지구별 자율장학으로 대폭 이양하여 점차 학교장의 책임 영역으로 돌리는 것이 바람직하다. 왜냐하면 교육현장을 떠난 교육청의 장학팀으로서는 시간적·인적 조직 측면에서나, 행정업무를 수행해야 할 업무의 성격상 수업장학을 직접 하기에는 한계가 있기 때문이다. 장학의 기능으로서 강조되어야 할 또 다른 하나는 평가이다. 과거의 장학이 무엇을, 어떻게 해야 한다는 식으로 내용과 방법을 일방적으로 지시하고 감독하여 그 결과를 비판하고 판정하는 평가였다면 오늘날 장학은 장점이나 우수 사례 발굴에 치중한다고 하여 듣기 좋은 이야기나 하여 일선 학교와 교사로부터 인기만 얻으려는 경향이 농후하다. 장학에 있어서 평가의 방향은 형성평가(formative evaluation)의 성격으로 바뀌어야 한다. 교사가 자신의 자질을 계발하여 전문적으로 성장할 수 있도록 격려하여 수업의 질을 향상시킬 수 있도록 조력하고, 그 결과로서의 산출이 학생의 학업성취도의 극대화와 학교경영의 효과를 극대화할 수 있도록 해야 한다. 교수활동의 결과를 측정하고 교정하려는 총괄평가(summative evaluation)의 성격이 아니라 결과에 이르는 과정에서 교사가 성취감과 만족감을 경험하면서 성장할 수 있도록 지원하고 격려하는 형성적 평가가 되어야 한다.

따라서 교육과정의 지역화 영역이 점차 확대되고 학교차원의 선택의 폭이 넓어질수록 교육과정과 교육자료의 개발, 현직연수와 인사배치라는 장학기능과 학교의 책무성을 강조하고 학교경영평가를 실시하고 있는 상황에서 평가의 기능 또한 확대 및 강화되지 않을 수 없다.

3. 장학행정과 교육행정의 관계

일반적으로 장학행정과 교육행정 간의 개념의 구분이 되지 않고 상호교환적으로 혼용되는 것이 사실이다. 따라서 이들 간의 개념을 분명하게 하는 것은 연구자들 간의 의사소통을 명료화하고 업무에서 오는 갈등을 해소하여 실무자들의 역할을 분명하게 하는데 기여할 수 있을 것이다. 우선 장학행정과 교육행정에 대한 의미를 고찰하면서 구분을 시도하기로 한다.

가장 일반적으로 수용되고 있는 교육행정의 의미는 교육활동을 지원하기 위한 수단적·봉사적·전문적 활동을 지칭한다고 볼 수 있다. 이는 교육조직 내에서 조직구성원들로 하여금 공동의 목표를 추구하게 하며, 그것을 성공적 및 효과적으로 성취할 수 있게 하는 합리적이며 집단적인 협동행위를 말하며(김종철, 1985), 학습자의 보다 나은 교육적 경험을 가능하게 하기 위해 교육활동을 지원하고 돕는 광범위한 영역의 활동을 의미한다. 이에 반해 장학은 교육행정 또는 학교경영의 한 과정으로서 교수-학습과정을 개선하고 학교의 목표를 성취하기 위하여 장학담당자가 행사하는 교육지도성(김윤태, 1995), 교수행위의 개선을 위하여 교사에게 제공되는 장학담당자의 모든 노력(윤정일 외, 2000) 혹은 교육활동을 개선하기 위한 모든 지도 및 조언활동(이윤식, 1993) 등으로 정의되고 있다. 이러한 측면에서 볼 때 교육행정과 장학행정은 양자가 모두 교육활동을 지원하고 도와주는 활동이라는 인식을 갖게 된다. 이러한 교육행정과 장학에 대한 개념화를 통해 알 수 있는 하나의 사실은, 장학과 교육행정은 교육활동을 지원해주는 전문적 활동이라는 측면에서 공통점이 있지만, 그 대상으로 보아 장학이 교수-학습활동 개선에 보다 직접적으로 관계하는 활동인 반면, 행정은 수업활동의 지원에 관련된 제반 행위를 총칭하는 측면에서 그 차이가 있다.

다시 말하면, 교육행정은 장학에 비해 훨씬 넓은 범주의 행위체제를 포함하고 있다. 예를 들면, 교육제도의 관리, 교육목표의 정립, 교육정책의 수립, 교육내용의 결정, 기타 제도교육을 위한 다양한 인적·물적자원의 지원, 때로는 그러한 각 요인들의 작용과 상호작용을 통제하고 조정하여 전체 교육의 방향을 잡아주는 매우 광범위한 활동을 의미한다. 한편 장학행정은 상대적으로 협의의 행위체제를 포함한다. 장학의 기능은 크게 교사들의 교수-학습을 전문적으로 지원해주는 수업개선과 학교경영평가 및 인적 지원의 역할을 담당하는 일로 대별할 수 있지만(오영재, 1996), 일선 장학사들은 여전히 장학의 이상적 기능인 보다 향상된 교수-학습을 위한 전문적 지원활동으로서의 참모기능 못지않게 계선조직인 교육행정의 보조적 역할에 몰두하는 것도 사실이다. 이러한 점들이 장학을 연구하는 학자들이나 실무자들에게 장학의 개념에 대해 혼란을 주기도 하고, 때로는 상호 갈등적인 입장에서 교육행정과 장학행정의 관계를 이해하는 측면이기도 하다(김형관 외, 2000).

장학행정과 교육행정과의 관계를 나타내면 [그림 1-8]과 같다.

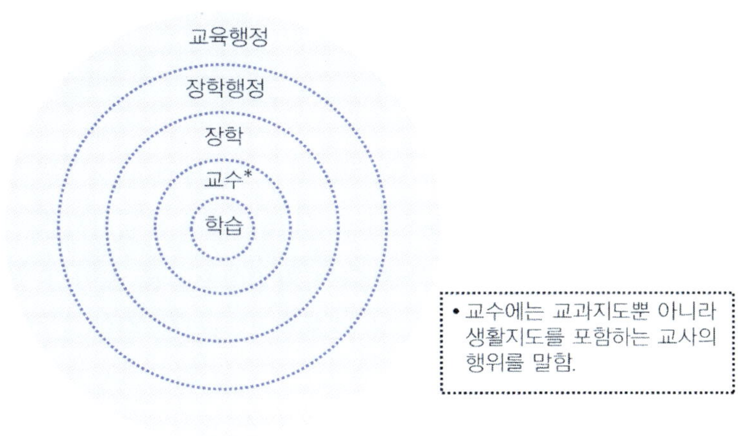

그림 1-8 장학행정과 교육행정과의 관계

자료: 남정걸(1999). 장학의 이론과 실제. 서울: 교육과학사. p. 17.

[그림 1-8]에서 본 바와 같이, 장학의 대상은 고등교육기관을 제외한 초·중등 교육기관이기 때문에 장학행정은 주로 교육부의 교육 전문직과 시·도

교육청의 초등교육국·중등교육국, 시·군·구교육청의 학무국(과)의 소관이다. 따라서 장학사들은 장학행정뿐만 아니라 교육행정의 업무도 겸하고 있는 것이 사실이다. 더욱이 단위학교나 교사들을 상대로 직접 장학활동을 하기 때문에 교육청의 장학담당자들은 중첩되는 과중한 업무에 시달리고 있으며, 관료적 역할과 전문적 역할 간의 상충에서 오는 만성적 갈등을 겪고 있음은 주지의 사실이다. 결국 장학행정과 교육행정을 구분한다면, 교육행정은 제도적 교육활동에 관계되는 모든 수준과 영역에 관심을 갖지만, 장학행정은 주로 단위학교의 경영평가 및 교사들의 교수행위에 직접적인 관심을 갖는다는 점을 다르게 볼 수 있을 것이다.

4. 장학의 목적과 필요성

장학의 목적과 필요성은 장학을 어떻게 정의하느냐에 따라 달라진다. 또 장학의 목적에 따라 필요성도 달라질 것이다. 목적과 필요성으로 분류해서 좀 더 구체적으로 살펴보기로 한다(주삼환, 1999).

1) 장학의 목적

장학의 목적을 수업개선이라고 한다면, 이는 "교사의 교수행위에 영향을 주고, 교육과정을 개발·수정·보완하고, 학습환경과 교육자료를 개선·제공해주고, 학생의 학습행위에 변화를 주어 학업성취도를 높이기 위한 교육활동"으로 볼 수 있다. 그래서 장학의 목적은 한마디로 수업개선이라고 할 수 있다. 그래서 장학은 변화를 의미하며, 결국 교육이 학생을 변화시키려고 하는 것으로 볼 수 있다. 그러나 장학이 모두 변화만 시키는 것은 아니다. 변화를 위해서는 조직을 먼저 정상적으로 돌아가게 하기 위한 일상적인 일도 해야 한다. 이것은 유지라는 목표이다. 이것은 단순한 현상유지로 해석되어서는 안 된다. 수업과 관련된 조직목표를 달성하기 위하여 지원하고 기여하는 기능이 이 유지에 포함된다. 유지는 행정에 있어서 가치 중의 평가, 상위평가이다. 행정가로서 가장 중요한 일은 자기가 담당하고 있는 조직을 유지하는 일이다. 조직이 사라지고 난 다음에는 행정을 하려고 해도 할 수가 없게 된다. 오늘날과 같이 치열한 생존경쟁을 하고 있는 상황에서는 더욱 그렇다. 이것은 생존의 제일 법칙이다. 장학에서도 마찬가지이다.

일단 조직이 잘 돌아가도록 유지 및 관리하되 효과적이고 효율적으로 하여 조직을 성장 및 발전시켜야 한다. 그래서 유지, 효과성, 효율성, 성장을 행정의 상위가치, 초가치라고 한다. 이것을 그림으로 나타내면 [그림 1-9]와 같다.

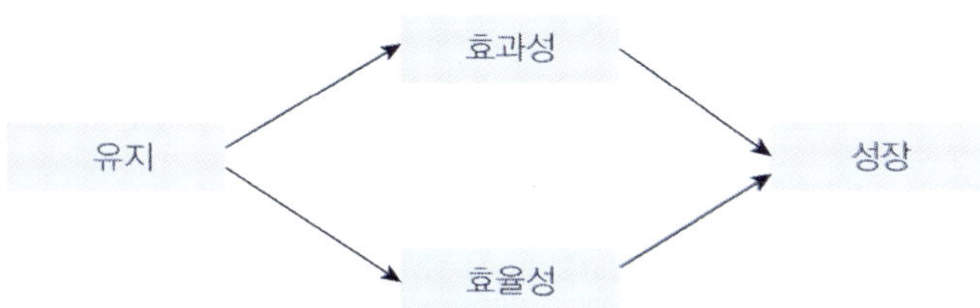

그림 1-9 행정의 초가치

장학에서 궁극적 목표를 수업개선이라고 했는데 [그림 1−9]에서 '성장' 대신에 '개선'을 생각하면 장학의 목적을 '유지'와 '개선'으로 생각하면 좋겠다. 장학의 목적, 참여형태, 장학의 과정, 장학의 산물 등 네 가지 영역에서 유지적 노력을 해야 한다.

장학을 흔히 지킬박사와 하이드씨에 비유하기도 한다. 이것은 장학의 양면성을 의미한다. 교사를 도와주어야 한다고 하면서 동시에 평가해야 하기 때문에 붙여진 이름이다. 어쨌든 장학은 '도와 주어야'하고 또 '평가'도 해야 한다. 이러한 것이 일종의 장학의 목적으로 볼 수 있다. 이것은 전통적 장학의 개념이다. 장학자는 이 두 개의 목적 사이에서 갈등을 일으킨다. 교수−학습모형에서도 목표 → 진단 → 경험 → 평가의 과정을 거치듯이 장학에서도 이와 동일한 장학모형을 생각할 수 있다. 각 교사에게 교사의 필요에 의한 장학을 하기 위해서는 교사가 하는 일의 영역별로 교수 수월성의 표준 달성이라는 '목표'를 설정하고, 다음에 여러 가지 방법으로 '진단'

을 하여 교사에게 알맞은 '장학대안'으로 처방하게 된다. 장학대안의 예를 들면, 집중적 임상장학, 장학자와 교사의 협동적 장학, 교사끼리 하는 동료장학, 자기장학, 전통적 장학 등이 있다. 이때 장학목표는 '교수 수월성의 표준'이 되는데 교사에게 장학을 해야 할 영역은 학급환경, 수업준비, 학생과의 상호작용, 학급관리, 전문직적 노력, 학부모・지역사회화의 상호작용이 되는데 이런 영역별로 수월성의 표준 이상의 목표를 유지하고 달성하기 위해서는 장학을 하자는 것이다.

장학의 목적을 수업개선이라고 할 때 그 하위목표는 교사의 교수행위 변화, 교육과정 변화, 학습환경 변화, 학생의 학습행위의 변화라고 할 수 있다. 어떤 사람은 수업개선의 과정을 교육과정개발, 임상장학, 직원개발(연수), 교사평가라고 하는데, 이 과정을 하위목표로 볼 수 있다(Gordon Gawelti, 1980).

여기서 한 단계 더 밑으로 내려가 임상장학의 목표를 예를 들면, "교사의 교실 수업개선"이라고 할 수 있는데, 더 구체적인 하위목표로 나누면 교사 수업의 현재 상태에 대한 피드백을 교사에게 제공하는 것, 수업의 문제점을 진단하고 해결하는 것, 교사로 하여금 수업전략 사용 기법을 개발할 수 있도록 돕는 것, 교사의 승진 또는 다른 어떤 결정을 위하여 교사를 평가하는 것, 교사로 하여금 계속적인 전문직적 발전에 대한 긍정적 태도를 발전시키는 것이 된다(주삼환 역, 1998).

이렇게 장학의 목적은 장학을 어느 수준에서 어디에 강조점을 두느냐에 따라 달라진다. 장학의 구체적인 목표는 결국 장학의 기능이나 과업, 내용에 해당되기도 한다. 여기서 장학의 목표로 제시된 것 하나를 예시해 본다.

① 수업자료와 도구를 사용하도록 교사에게 조력하는 것
② 수업자료와 도구를 사용하도록 촉진하는 계획을 세우는 것
③ 수업자료와 도구의 사용을 조정하는 것
④ 수업자료와 도구에 대한 예산을 세우는 것
⑤ 수업에 사용 가능한 자료와 도구를 만들어 주는 것
⑥ 사용 가능한 자료와 도구에 대한 정보를 교사에게 제공하는 것
⑦ 수업자료와 도구를 유지 및 관리, 수선해 주는 것

⑧ 교사에게 시청각연수를 제공하는 것
⑨ 수업자료와 도구를 잘 사용할 수 있도록 시범을 보여주는 것
⑩ 교사로 하여금 수업자료와 도구를 사용하도록 동기유발시키는 것
⑪ 수업자료와 도구의 사용기법을 강화시켜 주는 것
⑫ 교사에게 접근 가능한 수업자료와 도구를 만들어 주는 것
⑬ 수업자료와 도구를 많이 사용하여 학습을 개선하는 것
⑭ 수업자료와 도구를 효율적으로 사용하게 하는 것
⑮ 수업자료와 도구의 사용을 통해서 학습을 향상시키는 것
⑯ 수업자료와 도구를 적정하게 공급하기 위한 자원을 제공해 주는 것

이와 같이 장학의 목적과 구체적 목표는 어느 수준에서 어디에 강조점을 두어 장학을 다루느냐에 따라 달라질 수 있다. 교육부, 교육청, 학교 수준에 따라 장학목적과 목표도 달라질 것이다. 교육부 수준에서는 한 나라의 교육의 방향을 설정하고 교육의 질을 유지・관리・개선하기 위하여 평가하는 일이 될 것이고, 교육부 장학은 철학적인 일을 많이 하게 된다. 그리고 시・도, 시・군・구 교육청에서는 행정적인 장학을 많이 하게 되고, 교내장학에서는 교사의 전문직적 성장과 교수기술 향상을 위한 장학을 하게 될 것이다. 따라서 장학의 목적과 목표는 장학을 어느 수준에서 어디에 강조점을 두어 정의하느냐에 따라 달라질 수 있다는 것을 알 수 있다.

2) 장학의 필요성

장학이 필요한가라는 질문은 교육이 필요한가, 수업이 필요한가, 학생에게 교사가 필요한가 하는 질문과 같이 무의미한 질문이다. 교육에 있어서 장학은 당연한 것이기 때문에 여러 장학론 책을 뒤져봐도 장학의 필요성에 대하여 언급한 책은 하나도 없다. 따라서 장학은 교육활동에 있어서 당연하고 필수적인 것임을 알 수 있다.

장학을 행정・경영・인간관계・교육과정・수업・지도성의 어느 측면에서 정의해도 장학은 필요하기 때문에 어느 나라에서나 장학은 지금까지 존재해 왔으며 오히려 최근에는 더 강조되는 경향이다. 중앙의 교육부 수

준에서는 국가 전체의 교육목표를 설정하고 교육의 방향을 제시해야 하기 때문에 장학이 필요하다. 다음에는 이러한 목표와 방향이 현장에서 어떻게 실천되고 있는지 확인하고 정보를 수집해야 한다. 그리고 한 나라의 교육의 질을 관리하고 평가하기 위해서는 장학을 해야 한다. 물론 국가교육과정을 개발하는 것도 중앙장학의 몫이다. 그런데 우리나라에서 전통적으로 내려오던 교육부의 장학실을 없애고 겨우 편수국만 남겨둔 것은 불행한 일이 아닐 수 없다. 교육부의 여러 기구 가운데 교육의 본질을 다루는 기구는 장학실인데, 그 핵심기구를 없애고 주변적인 기구만 비대하게 한 것은 본말이 전도된 현실이다. 예를 들면, 영국에서는 HMI(Her Majesty's Inspectorate; 참모시학관)라고 하여 1839년 이래 지속되어 약 500명의 전문시학관이 있어서 종합대학의 성인교육, 교사교육, 계속교육 부문과 기타 단과대학과 기술대학까지 시학을 하고 있다. 미국도 초(중)등학사, 교과영역 장학사, 초(중)등조정자, 초(중)등자문자, 초(중)등교육과정・수업국장, 교육과정・수업국장, 교육과정・수업부 교육감 등 다양한 이름의 장학담당자가 있다. 물론 교장, 교과부장, 교육감 등도 장학적 책임을 지고 있다. 그리고 일본에서도 지도주사를 두어 장학을 하고 있다.

교육청의 장학은 중앙의 교육목표와 방향을 행정적으로 해석하여 풀어 나감으로써 학교로 하여금 이를 실천할 수 있도록 장학을 해야 한다. 중앙의 정책도 교육청의 행정으로 풀어 나가는 장학을 해야 한다. 이것이 아마도 행정적 장학이 될 것이다. 이것은 교육자치제에서도 필요하다. 장학의 궁극적 목적에 가까운 장학을 하기에는 교내장학이 적격이다. 학생과 교사, 수업이 이루어지고 있는 현장인 학교에서의 장학이 장학의 본 고향이라고 할 수 있다. 그동안 교내장학보다는 상부의 장학이 중시되었으나 앞으로는 교내장학이 더욱 강조되어야 할 것이다. 그러기 위해서는 먼저 교장 및 교감의 장학적 능력을 신장시켜야 할 것이다.

또한 교사양성기관과 연수기관의 장학이 활성화되어야 한다. 교사의 교수기술 향상은 모든 것이 굳어지기 전인 양성기관에서의 장학이 더 중요하다. 기성교사보다는 젊은 교사에 대한 장학이 더 중요한데, 우리나라에서 그동안 이를 장학의 대상으로 생각하지 않았다. 그리고 교수기술을 바꾸기 위하여 연수기관의 장학이 필요하다. 특히 평생교육체제에서 교사는 영원한 학습자가 되어야 한다. 아울러 교사의 계속적이고 전문직으로서의 성장을 위해서는 다른 사람의 도움을 필요로 한다. 다른 사람은 꼭 우수한 사람, 높은 사람, 상급자가 아니어도 좋다. 최근에는 높은 사람보다 동료에 의한 장학, 동료에 의한 코치가 중시되고 있다. 그래서 장학이란 super-vision보다는 'another-vision' 또는 'peer-vision'이 되어야 할 상황이다. 학생에게 교사가 필요하듯이 교사에게는 장학자의 도움이 필요한 것이다. 이런 중요한 일을 일반직이나 정책관이 대체하지는 못한다. 따라서 교육활동에는 장학이 반드시 필요하다. 장학이 필요하기 때문에 장학론이 하나의 학문으로 발전, 성숙할 수 있었다.

제2절 장학의 가정

교사들이나 장학담당자들은 수업개선을 위해 일할 때 그들 마음속에 몇 가지 가정을 수립하게 된다. Hoy와 Forsyth(1989)는 좋은 장학의 특성이 교수-학습 개선을 지향하고 교사를 지원해 주는 것이라면 좋은 장학의 전제는 다음과 같아야 한다고 지적하고 있다.

첫째, 교수-학습을 향상시킬 수 있는 사람은 교사 자신이다. 교사는 가치 있는 목적 달성을 위하여 창의적, 효과적으로 기여하기를 원한다. 대부분의 교사는 주도적으로 책임 있게 직무를 수행할 수 있다. 장학자는 교사가 가진 재능을 발휘하도록 지원하고 자극해 주어야 한다.

둘째, 교사가 자신의 독특한 교수형태를 개발해 나가기 위하여는 자유와 자율이 필요하다. 가르치는 것은 인간 행위 중 가장 복잡한 행위이기 때문에 최선의 교수기능이나 방법이 정해져 있을 수 없으며 자신에게 가장 독특한 교수기능을 개발해야 한다. 교수형태에 대한 통제나 타율에 의한 강요보다는 교사가 경험하고, 선택하고, 실천하고, 책임질 수 있는 자신의 방법을 모색할 필요가 있다.

셋째, 교수행위의 변화를 위해서는 전문적, 지적 자극이 요청되며, 이를 지원해 주는 여건이 조성되어야 한다. 교사들이 초기에는 의욕적으로 일에 임하다가 단조롭게 반복되는 일에 익숙해지면 지루함을 느끼고 근무의욕이 저하된다. 침체된 분위기를 쇄신하고 성장욕구가 살아날 수 있는 자극적 분위기가 필요하다.

넷째, 장학에서 흔히 볼 수 있는 조정, 감독, 강제로는 교수-학습을 개선시킬 수 없다. 장학은 교사를 통하여 수업의 개선을 유도하는 활동이므로 교사의 자발성과 의욕이 장학효과성의 기저가 된다. 교사들은 현실적 조건에 적응하기보다 그것들을 자력으로 개선해 나가기를 원한다. 교사에게 새로운 방법이나 효과적 기술을 활용하도록 지시, 통제하는 것은 교사의 자율성을 저해시킨다.

다섯째, 교수-학습의 개선은 교사와 협력해 일하고 교사의 탐구심과 경험의 세계를 넓혀줄 때 이루어진다. Dewey는 교육을 끊임없는 경험의 재구성으로 보았다. 장학은 새로운 경험에 의미를 부여하고 일 속에서 보람과 기쁨을 가지도록 직무세계를 풍요롭게 해 주는 데 힘써야 한다.

여섯째, 장학활동은 교사의 개인적 요구에 적합해야 한다. 좋은 장학은 개인의 흥미와 능력을 인정하고 개인차를 존중하는 데서 출발한다. 장학이 개인의 전문적 능력을 신장시켜 줌으로써 자아실현을 이룰 수 있도록 도와주는 것이라면 장학에 대한 교사들의 관심과 흥미도 따라서 높아질 것이다. 참여적 의사결정은 조직의 목적과 개인의 목적을 조화시키는 데 중요한 역할을 한다.

상기에서 고찰한 바와 같이, 장학의 전제 조건을 충족시키기 위해서는 장학이란 개방적이어야 하고, 위협적인 것이 되어서는 안 되며 교사나 장학자가 상호 신뢰하고 권한을 위임해 주는 관계 속에서 이루어져야 한다. 그리고 수업문제는 교실방문, 대화, 관찰, 통찰 등을 통해 얻은 다양한 자료를 바탕으로 다루어져야 한다. 장학에 대한 견해들을 명확하게 하기 위하여 Beach와 Reinhartz(2000)는 학자들의 입장을 정리해서 장학의 가정을 다음과 같이 제시했다.

첫째, 교사들은 그들의 행위를 개선하므로 수업상황을 풀어갈 수 있다. 교사가 수업 관련 문제에 부딪쳤을 때 그는 어떤 행동을 보여줌으로써 학생의 학습에 긍정적인 영향을 미칠 수 있는가를 생각하게 된다. 교사의 행위 외에도 학생의 학습에 영향을 주는 요소들이 많으므로 교사와 장학자는 그들이 통제할 수 없는 요소들을 제쳐두고 우선 통제할 수 있는 문제에 초점을 맞춘다. 이러한 상호작용 가운데서 학생들의 성취도를 높일 수 있는 교수행위를 찾을 수 있게 된다.

둘째, 행동변화에 대한 필요성의 인식은 다른 사람의 압력에 의해 생겨나는 것이라기보다 자기 내적인 필요에 의해 만들어진다. 전문적 대화를 통하여 교사들이 자신의 신념들을 검토하게 되고, 변화를 해야겠다는 생각을 하게 된다. 이러한 인식과 각성의 수준과 더불어 장학자의 피드백은 변화의 과정을 촉진시키는 데 기여한다.

셋째, 비형식적 토의, 교실 방문, 체계적 관찰을 통하여 수업행위를 확인하고 검토할 수 있다. 교사의 수업에 대한 정보를 모으는 방법은 여러 가지가 있다. 비공식적으로는 교사와 대화를 하거나 교실에서 교사와 같이 보내는 시간 중에 정보를 얻을 수 있다. 공식적으로는 특정 관찰도구나 기술을 사용하여 정보를 모은다.

넷째, 코치하거나, 교실에서 시간을 함께 보내거나, 토의를 조성해 나감으로써 장학자는 교실에서 다른 전망을 제시할 수 있다. 교사와 장학자가 교수와 학습에 관련된 이야기를 나누는 가운데 특정 문제에 대한 통찰이 생겨난다. 장학자는 수업효과성을 높이는 문제에 대하여 코치가 된다. 우호적이고 지원적 관계가 있어야 하며 과거의 유쾌하지 못한 경험들이 방해가 되지 않도록 해야 한다.

다섯째, 수집된 정보가 정확하다고 느껴질 때 교사는 필요한 변화가 무엇인지를 찾는 데 앞장서게 된다. 수업의 변화는 끝이 없기 때문에 교사는 자신의 교수, 학생에 대한 신념, 인식, 가정 등을 재검토해야 한다. 장학자의 임무는 교사들의 생애를 통한 전문적 발달을 촉진하는 것이며 궁극적으로 교사 스스로 자기성장을 도모해 나가도록 하는 것이다. 교사들은 그들이 지원과 격려를 받고 있을 때 그들 행동을 변화시키려는 자신감과 스스로 하고 싶은 욕구가 생겨난다.

여섯째, 장학자나 교사의 관계나 상호작용이 동료적이고 상호 신뢰, 상호 협력, 상호 존중에 기초하고 있을 때 교육의 생산성 수준도 높아지게 된다. 이러한 협조관계는 학생들을 위한 교육의 질에 대한 생각을 공유하게 한다. 교사와 장학자가 계속 성장하려고 하는 문화를 같이 만들어 갈 때 장학과정의 산출도 높아지게 된다. 교사와 장학자는 활동계획을 협력적으로 만들어 나가는 동반자가 된다.

이러한 가정들은 장학의 이론과 실제를 이해하고 설명하는 데 귀중한 근거를 제공한다. 교사들은 전문성의 정도, 수업능력, 전문적 경험, 발달수준이 서로 다르다. 교사들의 경험과 능력의 차이는 장학자에게 접근방법과 기술의 현명한 선택을 요구한다. 장학자는 교사들의 발달수준에 맞는 도움이나 조언을 제공하기 위하여 장학모형이나 다양한 전략을 활용할 필요가 있다(김정한, 2004).

제3절 장학의 기능과 과업

3절에서는 장학의 기능과 과업에 대하여 고찰하고자 한다.

1. 장학의 기능

장학의 기능이란 장학의 의미를 나타내며, 장학의 정의 및 역할정의에 따라 기능을 보는 시야도 달라질 수밖에 없는 것이다. 장학의 기능문제는 장학의 개념 및 장학의 발달과 서로 연관되어 있다. 그리고 장학의 기능은 장학의 과업(task)이나 역할(role)과도 밀접하게 관련되어 있음을 지적하고자 한다. 또한 장학조직의 수준별로 장학기능을 약간씩 다르게 강조할 수 있다. 즉, 학교에서의 기능과 중앙에서의 기능이 다소 다를 수 있다. 따라서 장학의 기능에 대한 제 학자들의 견해를 살펴보기로 한다.

첫째, Dull(1981)의 장학기능은 ① 전문직화, ② 직원발전, ③ 집단을 통한 장학, ④ 개별적 장학, ⑤ 교육과정개발, ⑥ 방문과 관찰, ⑦ 수업자원, ⑧ 교사평가, ⑨ 장학자체평가 등을 들고 있다.

둘째, Lovell과 Wiles(1983)는 장학의 기능을 협동장학, 교육과정개발, 임상장학 그리고 교원직능 개발 등으로 구분하고 있다. ① 협동장학은 수업 프로그램을 향상하기 위하여 전문가들의 협력을 요구할 뿐만 아니라 교육종사자들의 분화된 역할의 중요성과 교육적 노력에서 협동의 필요성을 강조한다. 따라서 협동장학의 주요 요건은 교육종사자들 간에 능력과 전문지식의 넓은 기반이다. 협동장학은 교육조직에서 수업장학 업무를 추진함에 있어서 조직구성원을 계발하기 위한 체제적 절차라 할 수 있다. 그것은 교사 행동체제, 예를 들면 직원평가, 교육과정개발, 현직연수를 위한 직접적인 지원, 봉사 및 원조를 촉진하는 체제적 방법이라 할 수 있다. 그리고 번식효과 방법(the rifle approach), 비정치 교사지도요원(the cadre of floating teachers), 소규모 교수(micro-teaching) 등이 협동장학을 촉진하고 또 협동장학에 의해 촉진되는 전략으로 확인되고 있다. ② 교육과정개발에 대한 네 가지의 기본 문제는 Tyler가 제시하였다. i) 학교는 어떤 교육목표를 달성해야 하는가? ii) 이러한 목표달성을 위하여 어떤 교육경험이 제공되어야 하는가? iii) 이러한 교육경험은 어떻게 효과적으로 조직될 수 있는가? iv) 이러한 목표가 달성되고 있는지를 어떻게 결정할 수 있는가? 등이다. 이와 같은 문제들은 특정한 상황에 따라 교사, 학교, 시・도 및 시・군・구 교육청, 교육부 수준에서 이루어져야 한다. 장학담당자는 교육과정개발 및 이행을 위한 책임을 맡고 있다. 따라서 그들은 연구집단을 만들어 대규모 교육과정개발 계획이나 새로운 프로그램을 획득할 의무가 있는 것이다. ③ 임상장학은 Cogan이 다음과 같이 정의를 내리고 있다. 임상장학이란 수업의 실제에서 중요한 자료를 얻어서 자료를 분석한 후 교사 및 장학담당자 간의 관계로 교사의 교수행동을 개선하고 학생의 학습을 향상시키려는 프로그램 절차 및 전략의 기본이라고 했다. Goldhammer의 임상장학의 5단계는 i) 관찰 전 협의회, ii) 관찰, iii) 분석 및 전략, iv) 장학협의회, v) 협의회 후 분석 등으로 구분하고 있다. 따라서 임상장학은 교사들의 전문적 직능에 대한 향상을 돕기 위해 협의, 지원 및 봉사를 제공하는데 효과적인 방법일 수 있다. 왜냐하면 교수-학습의 모형이 변하고 교수내용과 학습자료 및 물리적 환경이 변하고 있으므로, 전문가들에게는 새로운 이해, 기능 및 실천의 개발을 요구하고 있기 때문이다. ④ 교육조직은 새로운 아이디어, 새로운 기능, 부단한 교육적인 노력을 요구하고 있다. 교원직능 개발에는 여러 가지 방법이 있겠으나 창의적인 사고력 증진을 위한 현직연수, 프로그램에 의한 현직교육, 일반대학원의 교육학과, 교원연수원 또는 교육대학원에 의한 현직교육, 자기연수 등이 좋은 실례가 되고 있다.

셋째, McNerney(1951)는 장학의 기능을 ① 교수과정에 대한 방향 제시, ② 교수과정에 대한 효과의 평가를 들고 있다.

넷째, McKean과 Mills(1964)는 장학의 기능으로 ① 지도성의 발휘, ② 조정, ③ 자원과 봉사의 역할, ④ 평가 등을 제시하고 있다.

다섯째, 백현기(1964)는 장학지도의 기능으로 ① 교사의 자주성 함양, ② 교사의 문제분석력 함양, ③ 교사의 안정감 유지, ④ 지역사회와의 관계, ⑤ 교사의 건전한 교육철학 발전 등을 제시하고 있다.

여섯째, 강영삼(1994)은 장학의 유형에 따른 장학과 장학의 조직 수준별 기능을 제시하고, 핵심적 기능으로 ① 교육과정개발, ② 평가, ③ 현직교육, ④ 인간적 지원, ⑤ 지도성 등 다섯 가지를 제시하고 있다.

일곱째, 정태범(1996)은 장학의 기능을 행위상의 분류에 의한 기능(감독적인 관리기능, 전문적 지도기능, 협동적 조언기능)과 내용상의 분류에 의한 기능(교과지도기능, 학생지도기능, 학교·학급경영기능)으로 나누고 있다.

전자의 ① 감독적인 관리기능(regulatory function)은 일제 식민통치하의 시학의 의미를 내포하며, 미국에서 1900년대 초 과학적 관리론에 근거를 둔 통제나 규제 위주의 기능과 일맥상통하는 장학의 기능을 의미한다. ② 전문적인 지도기능(professional function)은 학교의 교육활동이나 교과내용에 대한 전문성을 가진 전문가에 의해서 장학이 지도적으로 이루어지는 것을 의미하며, 이것은 학교교육의 문제점을 협의하고 해결방안을 모색하여 지도하는 전문적 입장에서 장학을 실시해야 할 것이다. ③ 협동적 조언기능(advisory function)은 교육활동에서 일어나는 문제점을 교육전문가나 동료교사 등과 상의하여 협동적으로 해결할 때의 장학기능을 말한다. 이러한 기능은 학교

현장에서 장학이나 동료임상장학 및 협동적 연구활동 등에서 구체적으로 나타나며, 교직원의 의사결정에 참여가 확대되고 자유로운 의사소통이 이루어질 때 이 기능은 더욱 촉진된다. 관리기능에서는 행정권위에 의한 과업수행이 강조되고, 지도기능에서는 전문가에 의한 문제해결이 강조되는 데 비하여, 조언의 기능에서는 누가 장학의 역할을 수행하든 동료로서 협동적으로 문제를 해결해 나가는 과정을 강조한다. 교육현장에서는 장학의 협동적 조언의 기능을 중시하고 있다.

후자의 ① 교과지도기능이란 학교가 어떠한 학생을 기르기 위하여 어떠한 교육과정을 마련하고 그것을 어떻게 가르칠 것인가 하는 과제와 관련되는 교과의 전문적 지도기능이며, 이 기능은 교육과정개발, 교수-학습활동, 각종 교재, 교구 및 매체 등을 포함한다. ② 학생지도기능은 학생의 성장발달을 위하여 학생을 어떻게 이해하여, 어떻게 지도할 것인가와 관련되는 학생지도의 전문적 기능을 포함한다. 이 기능에는 학생의 심리 이해, 생활지도, 진로지도 등이 있다. ③ 학급 및 학교경영기능은 학교에서 교육목표 달성을 위하여 어떠한 교육과정을 마련하고, 그 운영에 적합한 교육조건을 마련하여 교원의 교육활동을 가능하게 하는 경영활동의 전문적 지도기술을 의미한다. 이 기능에는 학교교육계획, 교육조직관리, 교육과정관리, 교육조건관리, 교육성과관리 등을 포함한다.

지금까지 장학의 기능을 정리하면 <표 1-1>과 같다.

표 1-1 장학의 기능

학 자	장학의 기능
Dull (1981)	전문직화, 직원발전, 집단을 통한 장학, 교육과정개발, 방문과 관찰, 수업자원, 교사평가, 장학자체평가
Lovell & Wiles (1983)	협동장학, 교육과정개발, 임상장학, 교원직능개발
McNerney (1951)	교수과정에 대한 방향 제시, 교수과정에 대한 효과의 평가
McKean & Mills (1964)	지도성의 발휘, 조정, 자원과 봉사의 역할, 평가

조성일 (2004)	교육의 목적을 효율적으로 달성할 수 있도록 정책적이고 행정적인 측면과 관리적이며 수업적인 측면에서 궁극적으로 교수-학습활동을 도와주는 봉사활동의 한 수단
백현기 (1964)	교사의 자주성 함양, 교사의 문제 분석력 함양, 교사의 안정감 유지, 지역사회와의 관계, 교사의 건전한 교육철학 발전
강영삼 (1994)	교육과정개발, 평가, 현직교육, 인간적 지원, 지도성
정태범 (1996)	행위상의 분류(감독적 관리기능, 전문적인 관리기능, 전문적인 지도기능) 내용상의 분류(교과지도기능, 학생지도기능, 학교경영기능)

상기에서 제 학자의 견해를 종합하면, **장학의 기능**에서 가장 근본적인 기능은 ① 수업(교수-학습)개선과 ② 교육과정개발로 볼 수 있으며, 더 크게 보면 ③ 현직교육, 교수자료와 시설 제공 및 교직원 인사, 홍보에 이르기까지 교사의 전문적 성장을 돕는 모든 교육활동 뿐만 아니라 ④ 학교체제 내의 인적, 물적, 재정적 자원을 효과적으로 유지, 통합, 운영하고, 제반 교육활동 기능을 최적화하도록 도와주는 학교경영의 합리화를 돕는 기능 그리고 ⑤ 교사의 신상 및 인간관계에 이르기까지 그 범위가 대단히 넓음을 알 수 있다. 이러한 다섯 가지 영역은 실제적으로 중복되는 부분이 있으며, 상호 보완적인 관계에 있다고 하겠다.

2. 장학의 과업

장학의 과업은 교수-학습과정에 포함되는 모든 요소를 의미하며, 이것은 교육내용과 수업에 초점을 두는 수업개선과 수업을 직접 책임지고 있는 교사의 전문적 성장과 발달에 초점을 두는 두 가지로 대별할 수 있다.

우선 **장학의 과업**에 대한 여러 학자들의 견해를 제시하면 다음과 같다.

첫째, Kimbrough와 Nunnery(1976)는 **장학의 과업**을 ① 조직 발전과 유지, ② 교육과정과 수업의 관리, ③ 교직원인사, ④ 학생인사, ⑤ 교육재정과 경영관리, ⑥ 학교시설관리, ⑦ 학교와 지역사회와의 관계, ⑧ 평가·연구·책무성 등으로 분류하고 있다.

둘째, Kimball Wiles(1960)는 **장학의 과업**을 다음과 같이 정의하고 있다.

① 수업의 개선을 위한 프로그램의 계획, ② 임명된 교육공무원이 교사와 수업의 개선에 종사하는 직원들에게 지도성을 제공하는 모든 노력, ③ 현직교육과 협동적인 집단의 발전 프로그램, ④ 개인적으로나 집단적으로 교사의 계속적 성장을 격려하고 조정하며 안내하는 노력, ⑤ 교수-학습 상황의 개선과 발전에 대한 조력, ⑥ 현재의 교수 프로그램의 개선뿐 아니라 유지하는 수단 등으로 나타내고 있다.

셋째, Marks 등(1978)은 장학의 역할을 ① 교육과정을 평가하고 개발하기 위한 아이디어와 절차, 자료의 공유, ② 교육과정을 실행하기 위한 자료와 절차의 개발, ③ 현직교육 및 제도, 연구, 워크숍 및 특정 활동을 통한 수업 개선을 위한 계획 세우기, ④ 특수 전문가와 상담자와 같은 요원의 조직화, ⑤ 개인적 및 집단역학적 차원에 근거한 특수한 지시와 지원을 함으로써 민주적 과정을 통한 교사에 대한 목표지향적 지시, ⑥ 교사가 계획수립과 조직화에 참여하도록 허용하고 격려하기, ⑦ 기본적 목표와 과학적 연구결과에 입각해서 교육과정과 자료와 절차를 평가하기 등을 제시하였다.

넷째, Harris(1975)의 장학의 주요 과업은 다음과 같다. ① 교육과정의 개발(developing curriculum)은 누가, 언제, 어디서, 무엇을, 어떻게 가르칠 것인가를 설계하거나 설계를 변경하는 것으로써, 예를 들면, 교육과정 지침의 개발, 기준 설정, 수업단원의 계획, 새로운 과정의 설정 등이 본 과업영역의 보기가 된다. ② 수업을 위한 조직(organizing for instruction)은 개발된 교육과정을 실천하기 위하여 학생집단의 편성, 직원, 공간, 교재를 수업목표와 시간에 알맞게 효과적으로 배치한다. ③ 인사배치(providing staff)는 수업을 촉진하기 위하여 알맞은 교사를 선정 및 배정하는 일을 말하며, 교직원의 충원, 심사, 선정, 전보 등이 포함된다. ④ 시설의 제공(providing facilities)은 수업을 하는 교사가 효과적으로 이용할 수 있는 적절한 시설과 설비를 설계하여 설치하는 일이다. 학교부지 및 설비시방서(education specification)의 개발은 본 과업영역에 포함된다. ⑤ 학습자료 확보(providing materials)는 교육과정계획을 이행하는데 사용하기 위한 적절한 학습자료를 선정하고 구독하는 일을 말하는 것으로, 사전관람, 평가, 설계, 기타 적절한 학습자료를 마련하는 방법 찾기 등이 본 과업영역에 포함된다. ⑥ 현직교육의 준비(arranging for in-service education)는 교직원의 직무수행을 수업관련적 방식으로 개선하기 위하여 학습경험을 계획하고 제공하는 일을 말한다. 이것은 공식적인 교육은 물론이고 연구협의회, 상담, 현장학습, 훈련과정 등을 포함한다. ⑦ 신임교사의 적응지도(orienting staff members)는 신임교사로 하여금 난제를 최소화하면서 초기 단계에서 성공의 기회를 극대화하기 위하여 필요한 정보를 제공하고 이해를 증진시키는 일을 말하는 것으로, 이것은 현직교육과 밀접한 관련이 있다. ⑧ 특별봉사활동을 수업에 관련시키는 업무(relating special pupil service)는 교수과정을 위하여 최적의 조건을 지원하기 위하여 학생에 대한 지원업무를 세심하게 배려하는 일을 말하는 것으로, 이것은 정책개발, 우선순위 배정, 지원업무와 학교의 수업목적 간의 관계를 극대화하기 위하여 지원인사 간의 관계정립을 포함한다. ⑨ 섭외(홍보)업무의 전개(developing public relations)는 수업활동과 관련된 정보와 조력을 일반인들에게서 받고 그들로부터 바람직하지 못한 영향력을 배제하기 위하여 섭외업무를 강화한다. ⑩ 수업평가(evaluating instruction)는 수업과 직접 관련된 모든 교육과정을 평가하기 위한 계획・조직 및 이행하는 일 등으로 나타낸다.

다섯째, Harris(1975)는 10개의 과업을 세 가지의 범주로 구분하였다. ① 1범주는 교육과정의 개발, 시설의 제공, 인사배치는 수업활동을 전개하기 전에 해야 할 준비적 과업으로 보았으며, ② 2범주는 수업을 위한 조직, 신임교사의 적응지도, 학습자료 확보, 특별봉사활동을 수업에 관련시키는 업무, 섭외(홍보)업무의 전개 등은 모두 수업진행과정 중에 하는 운영적 과업으로 보았다. 그리고 ③ 3범주는 현직교육의 준비와 수업평가는 발전적 과업으로 보았다.

여섯째, Lovell과 Wiles(1983)의 장학과업은 장학행위의 목표를 목표개발, 프로그램개발, 교사에 대한 직접지원, 인사평가, 현직교육, 교육평가 등 여섯 개를 제시하였는데, 그는 이를 지역교육청의 입장에서는 장학의 기능으로, 지역학교의 입장에서는 장학의 과업으로 하여 각각 상론하고 있는데, 이는 장학진이나 요원들이 충족해야 할 사명이라고 하였다. 여섯 가지에 대해서 부연하면 다음과 같다. ① 장학의 전 체제를 위한 목표의 결정과 평가과정의 계속적 개발을 위해서는 지역사회의 기대를 조사하여 해석하고, 이를 교육목표로 번역해야 한다. 또한 이 과정에 학교와 지역사회가 참여할 필요가 있고, 이렇게 결정된 체제의 교육목표는 각 학교와 개개 교사 수준의 목표설정을 위한 틀이 된다. ② 교육과정개발과 실행, 조정 및 평가이다. 교육과정개발은 일반적으로 무시되었던 영역이고 그것을 실행하는 데도 범위와 계열성에 대한 배려 없이 주어진 대로 따랐는데, 이를 전체적으로 조정할 필요가 있다. 장학진은 여기에 필요한 자원과 자료, 교재를 선정하여 배부하고, 후속조치로서 교육내용과 교육과정에 대한 평가를 하여야 한다. ③ 교장과 교사에 대한 심리적・기술적 조력, 장학요원의 가장 중요한 기능이 교사와 교장에게 도움이 될 자료의 제공이다. 교장과 교사 간의 행정적 관계나 평가자와 피평가자라는 관계로 인하여 만족스럽지 못한 교사의 수업에 대한 심층적이고 공정하며 개방적인 분석이 제대로 되지 못하였다. 여기에는 교장이나 교사가 수업 상황에 도움을 청하면 도울 수 있는 자원인사를 교육청에서는 확보해야 한다. 교육청은 행정가만이 아니라 교사의 폭넓은 욕구와 관심 및 흥미에 대처할 수 있는 자원인사를 널리 확보해야 한다. ④ 교사의 수행평가이다. 어떤 조직이나 유능한 직원을 선발 및 충원하기 위한 구성원의 수행에 대한 평가는 매우 중요하다. 따라서 교원의 평가는 분권화되어야 하며, 가능한 한 직무 위주로 수행되어야 한다. ⑤ 교사의 전문적 발달이다. 이는 교사의 효과성을 증진하기 위한 현직교육, 적절한 능력과 동기를 가진 신규교사의 채용, 교사의 평가와 재임용을 하는 것으로 교원의 전문적 발달을 위한 노력을 의미한다. 교육청의 장학담당자는 교사들의 현직교육을 지원하고 연수기관과 학교 간의 조정, 연수계획의 수립과 실행 및 프로그램평가에 대한 지원을 하여야 한다. ⑥ 교육결과의 평가에는 교육목표 성취에 대한 학교나 개개 교사의 효과성에 대한 자료가 필요한데, 이에 대한 필요한 정보와 자료를 수집하여 이용할 수 있도록 해야 하며, 단위학교와 교사의 자체평가를 할 수 있도록 하는 것이다.

일곱째, Esposito, Smith 및 Brubach(1975)는 장학의 과업에 대해서 다음과 같이 제시하고 있다. ① 교사에 대한 직접적인 봉사, ② 교사에 대한 간접적인 봉사, ③ 행정가의 과업, ④ 평가자의 과업 등 4개의 범주로 영역화하고, 교사에 대한 직접적 또는 간접적인 봉사를 조력적 역할(helping role), 행정가와 평가자로서의 과업을 행정적 역할(administrative role)로 분류하였다. 먼저 조력적 역할은 현직교육프로그램의 계획과 준비, 교실방문과 관찰, 교사와의 개인적 면담, 교육과정의 운영과 개선의 노력, 새로운 수업매체의 개발과 준비 등이 있으며, 장학사의 행정적 역할은 교수의 질 관리에 책임을 지고 교사의 활동을 관리·통제·조정하여 평가하는 일이다. 예를 들면, 수업활동의 조정, 학교경영의 평가 및 조언, 일상적 행정사무 등이 있다.

여덟째, 남정걸(1999)의 장학과업은 다음과 같이 기술하고 있다. ① 교수활동(수업)에 대한 지도 및 조언, ② 교육과정 및 교육자료의 개발, ③ 현직교육 및 인사의 배치, ④ 교수활동의 평가 등 네 가지를 제시하고 있다.

이상과 같이 여러 학자들의 견해를 종합해서 **장학의 과업**에 대하여 정리하면 다음과 같다. ① 교육과정의 개발 및 교수활동을 위한 프로그램의 계획 및 지도·조언, ② 현직교육과 협동적인 집단의 프로그램 개발 및 적절한 인사배치, ③ 교재개발 및 시설의 제공·공유, ④ 신임교사의 초기 연수, ⑤ 학교조직의 발전과 유지, ⑥ 학교와 지역사회와의 관계 개선, ⑦ 교사의 수행평가활동, ⑧ 수업과 관련된 제 교육과정을 평가하기 위한 계획, 조직, 실시활동 등 여덟 가지로 제시하고자 한다.

제4절 장학의 원리와 기술

4절에서는 장학의 원리와 기술에 대하여 고찰하고자 한다.

1. 장학의 원리

좋은 장학은 과학적인 방법과 태도가 교육의 사회적 과정에 적용될 수 있는 한 그들을 활용한다. 또한 장학은 학습자나 그의 학습과정 그리고 인성의 성질과 발달에 관해 과학적으로 발견된 사실을 구체적 상황에 맞게 채택하여 활용하며, 때로는 이를 위한 순수 연구를 진행시키고자 상호 협력한다. 좋은 장학은 과학적 방법이 적용될 수 없는 상황에서는 장학의 산출과 과정을 연구, 개선, 평가하는 데 역동적 문제해결과정을 활용되어야 한다. 그리고 장학은 독창성의 행사와 창의적인 자기표현 및 기여를 위한 기회를 마련하며, 잠재적 능력을 찾으려고 노력해야 한다. 올바른 장학은 질서 있게 협동적으로 계획하고 집행하는 일련의 활동이며, 장학의 기본 원리는 학자들의 관점에 따라 다양하게 논의되고 있다.

첫째, Burton과 Bruechner(1955)는 『사회적 과정으로서의 장학』이라는 저서에서 장학의 목적을 지배하는 원리와 장학의 운영을 지배하는 원리를 다음과 같이 제시하고 있다.

① **장학의 목적을 지배하는 원리이다.** 장학의 궁극적 목적은 학생 성장을 촉진시키고, 그 결과로 사회발전을 가져오게 하는데 있으며, 장학의 일반적 목적은 장기간에 걸쳐 교육프로그램의 계속성과 재 적응성을 유지할 수 있도록 지도성을 발휘케 하는 것을 도와주는 것이다. 이 지도성은 학교조직 내의 하나의 계층에서 다른 계층으로, 또 하나의 학습경험 및 영역에서 다른 학습경험과 영역으로 변화하는 과정에서 발휘된다.

장학의 직접적 목적은 교수－학습을 위한 바람직한 조건을 협동적으로 개발하는 데 있다.

ⅰ) 장학은 모든 방법을 활용하여 교수－학습방법을 개선한다. ⅱ) 장학은 학습에 알맞은 물리적, 사회적, 심리적 환경이나 풍토를 조성한다. ⅲ) 장학은 모든 교육적 노력과 자료를 조정 및 통합하여 계속적인 교육활동의 장을 마련한다. ⅳ) 장학은 구성원 자신들의 욕구와 상황의 요구에 알맞은 구성원의 협동을 끌어내며, 교수상의 어려움을 타개하고 새로운 책임을 맡은 사람들의 성장을 위한 기회를 제공한다. ⅴ) 장학은 창의성을 마음껏 발휘할 수 있도록 돕고, 격려하고, 조언한다.

② **장학의 운영을 지배하는 원리이다.** 일반적으로 행정은 보통 물자를

공급하고 전반적인 운영에 관여하며, 장학은 특정 학습을 위한 조건을 개선하는 데 관여한다. 기능적 측면에서 살펴보면, 행정과 장학은 분리할 수 없으며 이 양자는 교육제도 운영에 있어서 조정되고 상호 관련되며 보완적으로 분담된 기능이다. 학습에 바람직한 조건의 마련은 양자의 공통적인 목적이다.

좋은 장학은 민주적 철학에 기초하고 있다. i) 장학은 인성과 개인차를 존중하며, 각 개인의 독특한 인성을 가장 잘 표현할 수 있는 기회를 제공한다. ii) 장학은 교직원들이 성장할 수 있다는 가정에 근거하고 있다. iii) 장학은 민주적 의식, 민주주의가 의무인 동시에 권리를 포함한다는 인식을 발달시키려고 노력한다. iv) 장학은 정책 및 계획의 협동적 수립을 위한 충분한 기회를 제공한다. 또 모든 교육활동에서 자유로운 의사표현과 참여를 환영하며 이를 적극적으로 활용한다. v) 장학은 그들의 직무를 수행함에 있어서 장학대상자의 입장에서 개인의 자발성, 자신감, 책임감을 촉진시킨다. vi) 장학은 권위보다 지도성을 발휘한다. vii) 장학은 구성원들이 필요에 따라 집단을 재편하여 기능적 집단을 구성하며, 충고가 필요하면 전문가를 초빙한다. 좋은 장학은 과학적인 방법과 태도가 교육의 사회적 과정에 적용될 수 있는 한 그들을 활용한다. 또한 장학은 학습자나 그의 학습과정 그리고 인성의 성질과 발달에 관해 과학적으로 발견된 사실을 구체적 상황에 맞게 채택하여 활용하며, 때로는 이를 위한 순수 연구를 진행시키고자 상호 협력한다. 좋은 장학이란 과학적 방법이 적용될 수 없는 상황에서는 장학의 산출과 과정을 연구, 개선, 평가하는 데 역동적인 문제해결과정이 활용되어야 한다. 그리고 장학은 독창성의 행사와 창의적인 자기표현 및 기여를 위한 기회를 마련하며, 잠재적 능력을 찾으려고 노력해야 한다. 올바른 장학은 질서 있게 협동적으로 계획하고 집행하는 일련의 활동에 의해 진행되며, 추구하는 결과에 따라 평가된다. 즉 장학은 반드시 전문적이어야 한다.

둘째, Melchoir(1950)는 장학에 적용되는 원리를 다음과 같이 제시하고 있다.

① **태도의 원리이다.** 장학담당자는 장학지도에 관하여 올바르고 건설적이고 진취적인 태도를 가져야 한다. 이 태도의 원리는 모든 원리의

기본이 된다. 장학지도가 이러한 태도를 가질 때 교사들도 건설적이고 진취적인 태도를 갖게 된다. 학교에 대한 태도 중에서 i) 민주적인 교육목표에 대한 태도, ii) 변화하는 학생·학부모·시민 등에 대한 태도, iii) 교육과정 및 학습의 전 환경에 대한 태도, iv) 교수의 실제적 효과에 대한 태도, v) 학교가 지역사회 등에 미치는 영향에 대한 태도 등이 포함된다.

② **창조의 원리이다.** 새로운 것을 창조하고 기존의 것을 개선하여 보다 새로운 것에 도전하려는 원리이다. 따라서 장학담당자는 교사들이 보다 효과적인 지도안과 기술을 발견하도록 격려해 주며, 장학지도계획을 변천하는 사회에 맞도록 창안하는 것이다. 창조적 장학지도에서 강조되어야 할 점은 다음과 같다. i) 창조적 장학지도는 교사들이 자유롭게 교육목표, 교육과정, 학습지도, 교육평가 등에 관하여 사고하게 하고 현실로부터 시작하게 하는 것이다. ii) 창조적 장학지도는 교사들이 다른 직원이나 전문가들과 같이 일을 분담하고 같이 사고를 나누는 것이다. iii) 창조적 장학지도는 교사 자신이 자율적으로 계획하고 실험하게 한다. iv) 창조적 장학지도는 단순히 격려에 그치는 것이 아니라 그 이상의 지도 및 조언을 의미한다.

③ **협력의 원리이다.** 장학지도는 민주사회에서 행해지는 교육의 기능을 이해하고 집단과정을 존중해야 한다. 협력은 사람들이 '함께 더불어 일한다'는 뜻으로 '우리들은 하나'라는 감정이 강하게 작용하는 상태이다. 따라서 집단과정을 통하여 문제점을 해결해 가야 한다.

④ **과학성의 원리이다.** 장학담당자는 장학지도에 있어서 과학적인 방법을 선택하여야 한다. 장학지도에 있어 과학적 방법의 단계는 다음과 같다. i) 먼저 적절한 문제를 선택해서 파악한다. ii) 다음에 필요한 사실을 모으고 분류한다. iii) 각종 해결방법을 모색하여 적절한 방법을 선정한다. iv) 문제해결의 기준을 설정한다. v) 기준이 설정되면 가설을 정한다. vi) 가설을 검증하고 해석을 한다. vii) 추후 연구를 계속한다.

⑤ **효과의 원리이다.** 상기에서 문제 파악의 태도, 창조성, 과학성, 협력

성을 수행하게 될 때 필연적으로 효과가 나타나게 된다. 그러나 효과는 기대했던 것에 대한 문제이므로 정도를 수반하게 되며, 이러한 것은 평가를 전제로 하게 되어 발전을 가져오게 된다.

따라서 Melchoir(1950)는 장학에 적용되는 원리를 태도의 원리, 창조의 원리, 협력의 원리, 과학성의 원리, 효과의 원리 등 다섯 가지로 제시하고 있다.

셋째, Briggs와 Justman(1952)은 실행상의 원리를 소극적 원리, 적극적 원리로 구분하였다. ① 소극적 원리에서 장학지도는 지위나 권력에 기초를 두고 명령이나 권위적으로 이루어져서는 안되며, 교육목적에 관심을 두고 교과의 세부내용까지 관여해서도 안되며, 결과를 성급하게 기대해서도 안된다. 그리나 ② 적극적 원리에서 장학지도는 민주적이며 건설적·창조적으로 이루어져야 하고, 집단과정을 기본으로 하여 좋은 인간관계를 맺고 전문적 성장에 기초를 두어 교육목적을 달성하도록 하고, 현재의 교육 조건과 습관에서 시작하여 결과가 축적되어 자기평가가 되게 해야 한다는 것이다.

넷째, Ayer와 Peckham은 장학의 원리로서 ① 협동의 원리, ② 지도성의 원리, ③ 계획의 원리, ④ 통합의 원리, ⑤ 창의성의 원리, ⑥ 융통성의 원리, ⑦ 사려의 원리, ⑧ 지역사회 오리엔테이션의 원리, ⑨ 객관성의 원리, ⑩ 평가의 원리 등 열 가지를 제시하였다(이윤식, 1999에서 재인용함).

다섯째, 이윤식(2005)은 장학의 원리란 궁극적으로 장학활동이 보다 성공적이고 효과적이 되기 위하여 존중되어야 할 기준이나 지침이라고 하였다. 또한 자율화·민주화·개방화를 지향하는 시대적 변화 추세를 고려할 때, 보다 효과적인 장학이 되기 위하여 다음의 여섯 가지의 원리가 필요하다고 제시했다. ① 학교중심성 존중의 원리이다. 장학은 교육활동이 실제로 전개되는 학교현장의 인적·물적 조건 및 조직적·사회심리적 특성을 존중하는 방향으로 이루어져야 한다. ② 자율성 존중의 원리이다. 장학은 학교의 기관으로서의 자율성과 학교 내 구성원으로서 교직원들의 자율성을 존중하는 방향으로 이루어져야 한다. ③ 협력성 존중의 원리이다. 장학은 장학담당자, 학교관리자, 교직원, 기타 관련되는 외부인사 모두의 협력적이고 참여적인 공동 노력을 조성하고 유도하는 방향으로 이루어져야 한다. ④ 다양성 존중의 원리이다. 장학은 학교현장의 조건과 특성 및 교직원들의 필요와 요구에 기초하여 다양한 내용과 방법을 활용하는 방향으로 이루어져야 한다. ⑤ 계속성 존중의 원리이다. 장학은 장기적인 교육활동의 개선을 위한 기능을 수행하는 바, 일시적·단기적이 아니라 계속적이고 장기적인 방향으로 이루어져야 한다. ⑥ 자기발전성 존중의 원리이다. 장학은 기관으로서 학교의 발전뿐만 아니라 학교 내 구성원으로서 교직원 개인의 발전, 나아가 장학담당자의 발전도 도모하는 방향으로 이루어져야 한다.

상기에서 Burton과 Bruechner, Melchoir, Briggs와 Justman, Ayer와 Peckham, 이윤식 등의 장학의 원리를 종합해서 정리하면 다음과 같다. **장학의 원리**란 ① 교육목적을 달성하기 위하여 학생들에게 제공되는 교육내용 및 교육활동에 대한 개발, 운영, 평가에 있어서 효과를 높이도록 도와주는 교육과정 운영의 효율화를 돕는 원리, ② 교육활동이 실제로 전개되는 단위학교 현장의 인적, 물적 조건 및 조직적 특성을 존중하는 단위학교 중심성의 원리, ③ 교육활동에 종사하는 장학담당자, 학교관리자, 교직원, 기타 외부인사, 학부모 등 모두의 협력적이고 참여적인 공동의 노력을 조성, 유도하는 방향으로 이루어지는 협력성 존중의 원리, ④ 학교체제 내의 인적, 물적, 재정적 자원을 효과적으로 유지, 통합, 운영하고, 제반 교육활동기능을 최적화하도록 도와주는 학교경영의 합리화를 돕는 원리이다. 결국 장학행정이란 인성과 개인차를 존중하면서 전문적인 지도 및 조언을 바탕으로 교사의 전문성을 향상시킴으로써 학생의 성장을 촉진시키며 협동적인 활동을 수행하는 데 중점을 두어야 할 것이다.

2. 장학의 기술

민주적인 장학의 기본이념을 알고 효율적인 장학지도를 하기 위해서는 다음과 같은 기술이 필요하다고 Kimball Wiles(1967)는 제시하고 있다. 자세히 소개하면 지도성의 기술(skills in leadership), 인간관계의 기술(skills in human relations), 집단과정에 대한 기술(skills in personnel administration), 인사관리의 기술(skills in staff management), 평가의 기술(skills in evaluation) 등 다섯 가지의 기술을 들고 있다.

첫째, 지도성의 기술이다. 지도성의 효과적인 흐름은 '효과적인 지도자는 그렇지 못한 지도자와 다른 일련의 특성을 지니고 있다'는 가정에서 지도자와 지도자가 아닌 사람을 구분하고 효과적인 지도자와 비효과적인 지도자를 구분하려는 '특성이론(1940년~1950년)'이다. 또한 '가장 효과적인 지도자의 행동유형이 있다'는 가정에서 지도자의 행동이 부하에게 어떤 반응을 일으키는가를 연구하는 '행동이론(1950년~1970년)'에는 미시건(Michigan)대학의 연구 및 오하이오(Ohio)주립대학의 연구와 Mouton의 관리망이론이 있다. 그리고 '모든 상황에 적합한 최선의 지도성은 존재하지 않는다'는 가정에서 지도자의 행동과 부하의 반응 그리고 상황의 차이에 따른 지도성 효과를 연구하는 '상황이론(1970년~1980년)'에는 Fiedler의 상황이론, House의 경로-목표이론, Hersey와 Blanchard의 이론 등이 있다. 상기의 세 가지 관점은 지도성을 심리학적 현상에만 국한시켰기 때문에 1980년대에 이들 이론에 대한 비판적 입장이 제기되었으며, 더욱 복잡하고 동태적인 환경 하에서 지도성의 역할을 보다 철저히 탐색하게 되었다. 따라서 제4의 지도성이라고 불리는 Conger와 Kanungo에 의해 포괄적으로 제시된 카리스마론, VCM이론(VCM은 Vision, Commitment, Managerial Skills의 머릿글자이며, 조직의 성과 $P=f(V \cdot C \cdot M)$으로 나타낼 수 있다), 지도자와 환경 및 지도자 행동이라는 세 가지 차원을 설정하고 이들의 상호작용으로써 지도성 및 지도자 행동을 설명하는 사회학습적 접근(social learning approach), Burn와 Bass에 의해 제시된 변혁적 지도성이론(transformational leadership theory), Mans와 Sims에 의해 개발된 수퍼리더십이론(superleadership theory) 등이 제시되고 있는 실정이다(신재흡, 2002).

이와 같이 지도성의 유형은 시대와 학자에 따라 분류가 다양하다. Kimball Wiles는 집단 위에 서서 일하는 지도형, 집단을 위해서 일하는 지도형, 집단 속에서 일하는 지도형으로 구분하고, 장학행정에 있어서는 집단 속에서 일하는 지도형이 가장 바람직하다고 하였다. 그의 지도성 분류는 다음과 같다.

① 집단 위에 서서 일하는 지도형(working on a group)이다. 이는 집단을 강제적으로 지배하는 전제적·권위적 지도 유형이다. 지시·명령·권위가 지도성 행위의 특성이 된다. 비민주적이고 강제적이며 강권 발동적 지도성이다. ② 집단을 위해서 일하는 지도형(working for a group)이다. 이 유형은 지도자가 가부장적 위치에서 교사들을 자녀와 같이 보살피는 일종의 온정적 지도형이다. 교사들의 심정을 이해해 준다는 데서 어느 정도 수긍이 가나 이와 같은 학교장의 사려성이 교사들의 창의성과 자립성을 저하시킬 수 있다. ③ 집단 속에서 일하는 지도형(working within a group)이다. 이 지도성 유형은 장학담당자와 교사가 함께 수행해야 할 목적을 세우고 협동적으로 과업을 추진해 나가는 동행적 지도형이다. 이 지도형은 가장 민주적이고 협조적인 유형으로 장학지도에 활용되기를 기대하는 유형이다.

위에서 세 가지 지도성 유형을 살펴보았는데, 이 가운데 장학지도에 적합한 지도성은 집단 내부에서 자연히 싹트는 집단 중심의 자발적인 협동을 본질로 하는 민주적인 지도성이 바람직하다. 민주적인 지도자는 능률적이고 협동적이며 집단의 감정과 의견에 대하여 민감하게 반응할 수 있는 지도성의 소유자이다. 그러나 이러한 것은 상황에 따라 달라질 수 있으므로 유의해야 한다. 지도성의 기술로서는 다음과 같은 것이 고려된다. ① 조직구성원의 자발적 협력을 유도할 수 있도록 동기를 부여한다. ② 조직구성원의 자발적 참여기회를 확대하고 참가를 촉진시킨다. ③ 조직구성원의 태도를 조직목표에 부합되게 변경시킨다. ④ 조직구성원의 상이한 태도를 사전에 얘기하고 그에 대한 대응책을 마련한다. ⑤ 조직구성원이 갖는 심리적 갈등을 해소시켜 준다. ⑥ 조직구성원이 안정감을 갖도록 해 준다.

둘째, 인간관계에 바탕을 둔 대인관계의 기술이다. 인간관계론은 지나치리만큼 능률과 과학화에 집착한 나머지 기업에서의 노동과 학교에서의 교육과정을 표준화함으로써 인간의 사회적 역동성을 무시했던 과학적 관리론의 반발로 나타났으며, 사회가 변화됨에 따라 기업에서도 노동자들을 보다 인간적이고 민주적인 관리방법을 요구하게 되었다. Mayo의 Hawthorne 실험의 결과로 행정에 도입되어 의사소통, 지도성, 사기, 비공식적 조직, 자발적 협동체제 등이 중요시되었다(조성일 외, 2004). 아울러 Griffiths(1956)는 "원만한 인간관계란 적당한 동기유발, 객관적인 상황 파악, 정확 신속한 의사소통, 민주적 권력구조, 합리적인 권위, 앙양된 사기, 역동적이며 효과적인 집단과정, 민주적이며 합리적인 의사결정기능, 민주적 지도성의 요건 구비 등이 필요하다"고 했다.

따라서 장학담당자는 다음과 같은 인간관계의 기본 신념을 가져야 한다. ① 인간은 자기존중을 기하고 방어한다. ② 인간은 합리적 행동만 하는 것이 아니고 그가 행한 행동에 대하여 합리적이라고 생각하는 이유를 잘 알고 있다. ③ 조직의 목표만을 강조하여 개인의 목표를 경시해서는 안 된다는 이러한 기본 신념을 소유하고 있어야 한다. 아울러 인간관계를 개선하기 위하여 다음 사항에 유의하여야 한다. ① 민주적 지도성으로 조직 내의 인화관계를 부드럽게 해주어야 한다. ② 사기조사를 통해 욕구불만을 해소시켜 주어야 한다. ③ 상호대화를 통하여 참여의 기회를 확대하여 주고 정서의 불안을 제거시켜 주어야 한다. ④ 사기의 진작을 위하여 보수의 적정화, 교직에 대한 사회적 평가 향상 그리고 사회심리적인 측면인 안정감, 성공감, 인정감, 귀속감, 친밀감 등이 중요시 취급되어야 한다. 그리고 Kimball Wiles(1967)는 원만한 인간관계 형성은 자기개선을 통한 자기 확립과 타인의 가치에 대한 신임과 타인의 욕구와 감정을 존중하면 비로소 원만한 인간관계가 성립한다고 보았다.

그는 인간관계를 조성하기 위한 원칙을 다음과 같이 제시하고 있다. ① 먼저 상대방에게 친밀감을 보이며, ② 명랑한 미소를 보인다. ③ 상대방의 이름을 기억하여 부른다. ④ 교사의 교외활동에 관심을 가진다. ⑤ 친밀한 장학담당자라는 인상을 주도록 노력한다. ⑥ 특별한 특권을 행사하는 일은 피하도록 한다. ⑦ 친절하고 겸손하며, 사람을 기다리게 하지 말 것이며, 만일의 경우에는 상대방의 양해를 구하고 뒤에 만나도록 한다. ⑧ 교사에게 업무를 맡길 때 먼저 그의 의사를 타진하여 본다. ⑨ 신뢰받는 일은 신속히 행동에 옮긴다. ⑩ 약속한 일은 기록하여 두고 꼭 실천한다. ⑪ 어떤 행동을 취하기 전에 반드시 상대방의 입장을 고려한다. ⑫ 학교가 칭찬을 받은 일에 대해서는 그 일을 맡은 교사에게 돌려준다. ⑬ 교사의 활동업무를 모두 알아둔다. ⑭ 학교의 업무에 대해서 혹은 교외의 활동에 대해서 교사가 생각하고 있는 감정에 관심을 가진다.

그리고 마지막으로 장학담당자가 상담활동에 있어서 유의해야 할 점은 다음과 같다. ① 상대방의 이야기를 조용히 들어 준다. ② 권위자적인 태도로 대하거나, 답변을 알고 있다는 듯한 행동을 삼간다. ③ 교사가 자신의 문제를 알리는 데 불안을 갖지 않도록 하여 준다. ④ 사실을 정확하게 말할 때 칭찬을 아끼지 않으며, 충고하는 일은 피한다. ⑤ 심리적 장애가 있는 교사는 전문가에게 위탁한다. ⑥ 교직원의 사회적 구조에 대한 충분한 이해를 가진다. ⑦ 교직원 간에 서로 충돌하는 집단이 형성되는 것은 불가피한 것이라는 생각을 버리게 한다. ⑧ 교직원 간의 논쟁은 기본적 철학을 넘어서는 것을 시도한다. ⑨ 집단 내에 의견의 차이가 발생했을 때 지도자는 합의를 보려는 제 방법을 강구한다. ⑩ 교직원 간의 문제를 전체 회의에서 중재할 것인가에 대하여 질문한다.

셋째, 집단과정의 기술이다. 집단과정이란 집단구성원들이 공동의 관심사를 확인하고 탐구하며 해결하려고 노력하는 민주적 절차이다. 그러므로 공동의 목표의식과 가치관을 발전시켜 집단의 융화와 단결을 강조하고, 사기를 앙양시켜 집단의 효과성을 높이는 것이 집단과정의 목표이다. 집단과정의 가치는 교사들의 사기앙양, 교사들의 개인적 발전 도모, 의사결정을 상호분담하고 실행하는 등의 가치가 있다.

그리고 효과적인 집단과정에 필요한 조건은 다음과 같다(McKean & Mills, 1964). ① 전 교직원의 공통 관심사이며 그 중요성이 인정되는 중요한 문제가 있어야 한다. ② 문제를 지도하고 해결하기 적합한 비교적 아늑한 물적 환경을 구성한다. ③ 각자의 의견을 자유롭게 공개적으로 표시할 수 있는 분위기를 조성한다. ④ 지도자도 집단의 한 구성원이므로 모든 구성원에게 지도성을 분담하게 한다. 지도성을 공유해야 한다. ⑤ 집단이 단합되고 활력이 있도록 하기 위해서 집단의 목표를 설정한다. ⑥ 집단의 목표에 대한 합의가 있어야 한다. 이와 같은 합의는 의사결정의 중요한 단계이다. ⑦ 집단과정에 참여하는 자들은 과정을 인식해야 한다. 참가자는 공통과제를 해결하기 위해 공동의 노력을 하는 합리적 개인으로서 집단의 생산성에 기여한다는 신념을 가져야 한다. ⑧ 집단과정은 계속적인 평가가 뒤따라야 한다. 평가는 모든 과정에 환류되어 개선·보완되어야 한다.

집단의 단계는 다음과 같다(McKean & Mills, 1964). ① 제1단계는 문제의 확인단계인 동시에 문제의 수용단계이다. 문제의 확인과 진술은 집단작업을 시작하는 데 매우 중요하다. ② 제2단계는 문제해결을 위한 계획수립단계이다. 문제가 확인되고 수용되면 그것을 어떻게 해결할 것인가를 계획하는 단계이다. 따라서 타당한 사실, 관련된 연구자료 및 적용할 수 있는 원리를 찾아야 한다. 이와 같은 자료를 토대로 가능한 여러 가지 대안이 작성되고 이들 대안 중에서 선택된 한 두 가지의 대안이 부각된다. ③ 제3단계는 토의 및 합의 결정단계이다. 민주적 토의를 거쳐 추진해 나갈 행동의 과정에 대한 합의를 모색한다. 문제해결을 위한 가능한 방법이 예상되는 결과에 비추어 분석된다. 이와 같이 문제해결을 위한 토의를 거쳐 합의에 도달하게 된다. ④ 제4단계는 평가단계이다. 집단과정에서 계속적인 평가는 추진 상황을 알려주어 다음의 절차를 개선·보완하는 데 도움을 준다. 이와 같은 평가는 집단의 효율성을 높이고 구성원의 성장을 조장할 수 있도록 계획되고 실시되어야 한다. 평가는 반드시 자체평가뿐만 아니라 제 3자에 의한 평가도 수반되어야 한다.

따라서 집단과정은 공동의 목표의식과 가치관을 발전시켜야 할 점으로 집단역학(group dynamics)을 이용하는 것이다. 집단과정은 공동의 목표의식과 가치관을 발전시켜 집단의 융화와 단결을 강조한다. 사기를 앙양시키는 기술로 집단역학을 이용하는 기술요인은 다음과 같다(김종철, 1997). ① 허용적이며 자유스러운 분위기를 조성한다. ② 집단구성원의 참여에 의한 결정을 중시한다. ③ 집단구성원 전원의 의견을 일치하도록 유도한다. ④ 구성원 간의 정보교환과 밀접한 심리적 교류를 촉진한다. ⑤ 지도성의 공유, 집단중심의 지도성을 발전시킴으로써 민주적이며 협동적인 집단과정을 밟을 수 있다.

넷째, 인사관리의 기술이다. 인사관리란 교육목표를 효율적으로 달성하기 위하여 교육활동에 필요한 인적 자원을 동원하고 관리하는 과정이다. 여기에는 교사의 교육활동의 지도와 교사의 복무에 대한 지도로 나눌 수 있다. 이를 효율적으로 하기 위해서는 먼저 인화를 조성하고 인사관리에 있어서 실적주의가 이루어져야 한다. 그러기 위해서는 먼저 인사의 명랑화를 이루어야 하고, 민주적 직원지도의 방법을 실천해야 하고, 교사들의 후생시설과 고충처리제도 등이 민주적으로 이루어져야 한다. 인사관리기술로서는 다음과 같은 것에 유의해야 한다(이상기 · 옥장흠, 2000). ① 민주적 지도성의 발휘가 선행될 것, ② 민주적 집단분위기를 조성할 것, ③ 민주적 의사소통의 기술을 발휘할 것, ④ 사기를 앙양시킬 것, ⑤ 제안제도, 고충처리제도, 인사상담제도를 활용할 것, ⑥ 교사의 능력발전을 시킬 것 등이 고려된다.

다섯째, 평가의 기술이다. 이것은 장학담당자가 교사들이 자기의 직능을 높이고 효율적인 교수능력 및 성적을 올리는 데 필요한 기초를 제공해 주는 것으로, 평가활동이 없으면 교사들은 어떤 일을 자기 상상력에 따라 행할 수도 있다. 따라서 장학지도는 교사에 대한 평가를 하게 되며 자신에 대한 평가를 해야 한다. 교사의 평가에서는 ① 교사의 성적평가로 교사로서 자질과 조건을 갖추고 있는가 또는 향상시킬 수 있는가를 평가하여 교사 자신이 반성하고 더욱 개선, 향상할 수 있도록 자극하려는 것이다. 아울러 ② 교사의 근무평정은 교직수행에 있어 요구되는 직무를 바람직하게 수행하고 있는가 또는 그렇지 못한가를 교사 스스로 반성하고 개선의 기회를 줌으로써 근무의 능률을 향상시키는 것을 목적으로 한다. 그리고 장학담당자 자신의 평가를 들 수 있다. 장학담당자는 지속적으로 자신을 평가함으로써 자신의 문제점을 개선하여 성장 및 발전할 수 있다.

제5절 장학의 갈등

갈등은 어느 사회조직에서나 발생하는 현상이다. 비록 정상적으로 운영되는 조직이라 할지라도 다소간의 갈등은 일어날 수 있다. 조직에서 갈등은 구성원의 기대와 역할 간의 불균형에서 발생한다. 이러한 갈등은 조직

계층 간에서도 일어나며, 조직구성원 간에서도 일어날 수 있다. 따라서 조직은 갈등현상에 의식적으로 대처하는 활동을 하지 않으면 안 된다. 갈등의 관리는 조직의 존립을 위해 필요한 핵심적인 과정이라고 할 수 있다(정태범, 2005). 학교도 하나의 조직체로서 학교 안에도 갈등이 존재한다는 것은 당연한 현상이며, 장학활동에 있어서도 여러 가지 갈등문제가 내재하고 있다. 장학의 갈등이 조직 내 또는 조직 간에 발생할 수도 있다. 그리하여 장학담당자는 그 업무수행에서 상당한 역할갈등을 느낀다. 또한 같은 행정권에 있는 관리직 직원과 장학직 직원 간에도 상당한 역할 갈등이 있다.

만일 장학이 감독적 기능만을 수행해도 된다면 행정에 경험이 있고 상위직에 있는 사람이 장학의 업무를 감독적 차원에서 수행할 수 있다. 그러나 장학이 전문적 지도기능을 해야 할 입장이라면 장학의 역할은 교육전문가에게 맡길 수밖에 없다. 이러한 장학의 갈등은 다음과 같이 세 가지로 제시된다(Sergiovanni & Starrat, 1979).

첫째, 장학활동에 있어서 전문적 역할(professional role)**과 관료적 역할**(bureaucratic role) **간의 갈등을 들 수 있다.** 교육활동에서 장학담당자는 그 어느 직을 수행하건 관료적 역할과 전문적 역할을 수행할 수 있다. 그리하여 이들간에 갈등은 심각한 교육의 문제를 낳을 수 있다. 대체로 학교행정가들은 학교를 위한 관료적 역할을 견지하는데 비하여 교사들은 그들이 전문적 역할을 수행하기를 바란다. 만일 장학직에 있는 교원이 일선 학교의 장학에서 전문적 역할을 하지 않고 관료적 역할을 할 때, 학교의 교직원은 그 역할기대에 혼선을 빚을 수 있을 것이다. 그러나 장학활동이 전문적 지도기능과 협동적 조언기능을 발휘하게 되면 학교의 교육문제해결과 교과교육수행에 큰 도움을 줄 수 있을 것이다.

둘째, 장학활동에 있어서 장학담당자가 발휘하는 능력(ability)**과 권위**(authority) **간의 갈등을 들 수 있다.** 장학담당자는 그 직을 수행함에 있어서 전문가이기 때문에 전문직에 맞는 전문적 자질과 능력을 가져야 하며, 맡은 바 업무를 수행하는데 필요한 직위의 책임과 권위를 가져야 한다. 장학담당자가 일선학교에 장학지도를 할 때, 전문적 능력으로 지도하느냐 또는 장학직의 권위로 지도하느냐에 따라 심각한 갈등이 일어날 수 있다. 따라서 권위와 능력은 동전의 안과 밖이라고 할 수 있다. 장학행정에서는 능력에서 나오는 권위가 올바르게 행사될 때 장학의 효과가 클 것이다. 능력이 없는 권위만의 행사는 권위주의를 초래하여 장학행정의 형식화를 가져 올 가능성이 크다. 특히 행정이 권위를 위주로 그 업무를 수행하는데 비하여, 학교는 능력을 위주로 교육을 수행하고 있으므로 갈등이 야기될 가능성이 크다고 할 수 있다.

셋째, 장학활동에 있어서 자율(autonomy)과 조정(coordination) 간의 갈등을 들 수 있다. 자율은 조직이 그 규율을 만들어 외부의 간섭 없이 스스로 다스려 나감을 의미하는데 비하여, 조정은 조직이 그 외부의 힘을 빌려 업무를 균형 있게 배분해 나감을 의미한다. 그렇기 때문에 하나의 조직에서 자율을 택하느냐 혹은 조정을 택하느냐 하는 것은 갈등을 초래하는 관건이 될 수도 있다. 학교조직의 특성상 교원들은 전문직이기 때문에 고도의 자율을 요구한다. 교사들은 교수-학습활동과정에서 고도의 자율을 필요로 하며 조정을 요구하지는 않는다. 그러나 교사들이 학교의 교육목표를 달성하기 위하여 교육활동을 전개할 때 정책에 따른 어떤 조정을 가하여 교사의 자율을 원하는 대신, 행정가들은 교육활동에 필요한 조정을 가하려고 하는 데도 갈등이 일어날 소지를 안고 있다.

따라서 상기와 같이 장학에서 나타나는 다양한 갈등을 잘 관리하여, 학교조직문화(school organizational culture)와 교사들의 직무만족도(job satisfaction), 조직 헌신성(organizational committment), 조직 적응성(organizational adaptation)을 고양해야 될 것이다. 아울러 학교교육의 효과성(school educational effectiveness)도 높이도록 배전의 노력을 기울여야 될 것이다.

생각해 봅시다

1. 장학행정과 교육행정과의 관계를 생각해 봅시다.
2. 장학의 목적과 필요성에 대하여 생각해 봅시다.
3. 학교현장에서 발생할 수 있는 장학의 갈등에 대하여 생각해 봅시다.

참고문헌

강영삼(1994). 장학론. 서울: 세영사.

김윤태(1995). 교육행정・경영신론. 서울: 배영사.

김정한(2004). 장학론 -이론・연구・실제-. 서울: 학지사.

김종철・이종재(1997). 교육행정의 이론과 실제. 파주시, 경기도: 교육과학사.

김형관・오영재・신현석(2000). 신장학론. 서울: 학지사.

남정걸(1999). 장학의 이론과 실제. 파주시, 경기도: 교육과학사.

백현기(1964). 장학론. 서울: 을유문화사.

신재흡(2020). 교육행정 및 교육경영 -학교경영의 탐색-. 서울: 동문사.

안영진(1988). 한국장학의 발전방향. 한양대학교 대학원 박사학위논문.

오은경(1991). 장학이론. 서울: 이화여자대학교출판부.

윤정일・송기창・조동섭・김병주(2000). 교육행정학원론. 서울: 학지사.

이상기・옥장흠(2000). 교육행정 및 경영. 서울: 형설출판사.

이윤식(2019). 교원능력개발을 위한 자율장학론. 서울: 학지사.

이윤식・권정호・김동원・이윤희・이재석・이지연(2014). 인간관계와 리더십. 파주시, 경기도: 양서원.

이윤식(1993). 장학론 논고: 교내자율장학론. 서울: 과학과 예술.

이윤식(2005). 장학론 - 유치원・초등・중등 자율장학론. 파주시, 경기도: 교육과학사.

정태범(2005). 장학론. 파주시, 경기도: 교육과학사.

정태범(2002). 교육행정의 발전방향. 파주시, 경기도: 양서원.

조병효(1985). 장학론. 서울: 배영사.

조병효(1995). 현대장학론. 파주시, 경기도: 교육과학사.

조성일(2004). 교육행정과 교육경영. 서울: 재동문화사.

주삼환・유수정・오형문・이기명・진재열(2011). 교원의 전문적 능력개발. 서울: 시그마프레스.

주삼환・정일화 역(2010). 학업성취 향상 수업전략. 서울: 시그마프레스.

주삼환(1997). 변화하는 시대의 장학. 서울: 원미사.

주삼환(1999). 학교경영과 교내장학. 서울: 학지사.

주삼환・천세영・명제창・신붕섭・이석열・이명주(2000). 교육행정 및 경영. 서울: 학지사.

주삼환・김영식(1990). 장학론. 서울: 한국방송통신대학교.

주삼환 역(1998). 장학론(임상장학방법). 서울: 학연사.

주삼환・신익현 공역(1984). 장학론. 서울: 학문사.

주삼환 · 신익현 공역(1987). 인간자원장학론. 서울: 배영사.

한공우(2000). 교육행정 및 교육경영. 서울: 동문사.

한국교육개발원(1995). 장학기능 개선방안 연구. 서울: 방문사.

한국교육행정학회(1995). 장학론. 서울: 도서출판 하우.

허병기(1997). 「장학의 본질 이탈: 개념적 혼란과 실천적 오류」. 교육학연구 제35권 제3호. 서울: 한국교육학회, 183.

橋本勝三(1953). 지도조언. 동경: 유비각.

Alfonso, Robert J., Firth Gerald R. & Neville, Richard F.(1975). *Instructional Supervision: A Behavioral System.* Boston: Allyn & Bacon.

Beach, D. M., & Reinhartz, J.(2000). *Supervisory Leadership: Focus on Instruction.* Boston: Allyn and Bacon.

Biddle, B. J.(1987). "*Teacher Role*". *The International Encyclopedia of Teaching and Teacher Education.* ed. by Michael J. Dunkin, Oxford: Pergamon Press.

Briggs, T. H. & Justman, J.(1952). *Improving Instruction through Supervision.* New York: McMillan Co.

Burton, William H. & Brueckner, Leo.(1955). *Supervision: A Social Process.* 3rd ed. New York: Aplleton Centry-Croft.

Esposito, J. P., Smith, G. E. & Brubach.(1975). "A Delineation of the Supervisory Role". *Education*, 96, 111~116.

Kimbrough R. B., & Michael Y.(1976). Nunnery, *Educational Adminstration: An Introduction.* New York: Macmillan Publishing Co. Inc.

Burton, William H.(1947). *Supervision.* New York: Appleton Century Crofts. Inc.

Getzels J. W., & Guba E. G.(1957). "Social Behavior and the Administrative Process". in *School Review.* 65, 423~441.

Gordon Gawelti.(1980). "Effective Instructional Leadership Produces Greater Learning", *Thurst* 9(January), 8~10.

Griffith, Daniel E.(1956). *Human Relations in School Administration.* New York: Appleton Century Crofts. Inc.

Harris, Ben M.(1985). *Supervisory Behavior in Education.* 3rd ed. Englewood Cliffs. New Jersey: Prentice Hall.

Harris, Ben M.(1975). *Supervisory Behavior in Education.* New Jersey: Prentice-Hall Inc.

Hoy, W. K., & Forsyth, P. B.(1989). *Effective Supervision: Theory into Practice.* New York: Random House.

Jacob W. Getzels, Lipham James M. & Campbell Roald F.(1968). *Educational*

Administration as a Social Process: Theory, Research, Practice. New York: Harper & Row.

John T. Lovell & Kimball Wiles(1983). *Supervision for Better School.* 5th ed. Englewood Cliffs. New Jersey: Prentice-Hall. Inc.

Marks, Sir James Robert, Stoops, Emery & King-Stoops Joyse.(1978). *Handbook of Educational Supervision: A Guide for the Practioner.* 2nd ed. Boston: Allyn & Bacon.

McKean, Robert C. & Mills, H. H.(1964). *The Supervisory.* New York: The Center for Applied Research in Education. Inc.

McNerey, Chester T.(1951). *Educational Supervision.* New York: McGraw-Hill.

Melchoir, W. T.(1950). *Instructional Supervision.* Boston: Health & Co.

Mosher, Ralph & Purpel, David.(1975). *Supervision: The Reluctant Profession.* Boston: Houghton-Mifflin Co.

Snyder, Karolyn J.(1981). "*Clinical Supervision: A Coaching Technology*", in Improving Classroom Practice Through Supervision. ed. by K. J. Snyder, Dallas, Texa: Association for Supervision and Curriculum Development. Nov. recited in Harris, 46.

Wiles, John & Bondi, Joseph.(1980). *Supervision: A Guide to practice.* Columbus, Ohio: Charles E., Merrill Publishing.

Wiles, Kimball.(1967) *Supervision for Better Schools.* 3rd ed. Englewood Cliffs. New Jersey: Prentice-Hall. Inc.

Wiles, Kimball.(1960). "*Supervision*". in Chester W. Harris ed. Encyclopedia of Educational Research. 3rd ed. New York: Macmillian.

02
CHAPTER

장학의 제 이론

학습목표

1. 인간행위론(지도성이론, 집단역학이론, 인간관계론)에 대하여 설명할 수 있다.
2. 조직행위론(조직문화 유형이론, 조직건강이론, 조직효과성이론)을 이해할 수 있다.
3. 행정행위론(동기부여이론, 의사소통이론, 의사결정이론)을 파악할 수 있다.

Keyword

인간행위론, 지도성이론, 집단역학이론, 인간관계론, 조직행위론, 조직문화유형이론, 조직건강이론, 조직효과성이론, 행정행위론, 동기부여이론, 의사소통이론, 의사결정이론, 권력, 권위이론, 사회체제이론, 기획이론, 교육과정이론, 평가이론

장학분야는 장학 고유의 이론과 방법이 정립되어 있을 만큼 발달되어 있지 못하기 때문에 교육행정 및 사회과학의 제 이론과 방법적인 측면을 도입해서 그 기초이론으로 활용하고 있는 실정이다.

Kerlinger(1973)는 "이론이란 현상을 설명하고 예측하기 위한 목적으로 여러 변인들 간의 관계를 명세화 해줌으로써 현상에 대한 체계적인 견해를 제시하려는 일련의 상호 관련된 개념(concepts), 정의(definitions), 명제(propositions)"라고 했다. Hoy와 Miskel은 교육행정에 초점을 두어 정의했는데, 이들은 "이론이란 교육조직 내에서 행동을 체계적으로 기술하고 설명하는 일련의 상호 관련된 개념(concepts), 가정(assumptions), 일반화(generalizations)"라고 하였다.

이와 같은 관점에서 장학행정을 이해하는데 기초가 되는 이론으로 Alfonso, Firth 및 Neville(1981)은 조직이론(organization theory), 지도성이론(leadership theory), 의사소통이론(communication theory), 의사결정이론(decision theory), 변화이론(change theory)을 들고, Harris(1975)는 장학담당자들에게 필요한 장학론의 기초 이론으로 사회-심리적 이론(social-psychological theory), 사회체제이론

(social system theory), 의사소통이론(communication theory), 정신치료 및 학습이론(psychiatric and learning theory)을 들고 있다. Lipham과 Hoeh(1974)는 장학담당자가 역할을 수행하는데 이해하여야 할 기본적인 이론으로 일반체제이론(general systems theory), 사회체제이론(social systems theory), 가치이론(value theory), 조직이론(organization theory), 역할이론(role theory), 의사결정이론(decision theory), 지도성이론(leadership theory)을 들고 있다. Sergiovanni와 Starratt는 다음과 같은 이론들을 장학의 기초 이론으로 활용하고 있다. 먼저 ① 장학의 가정에는 McGregor의 X-Y이론, Maslow의 욕구계층이론, Herzberg의 동기-위생이론, Argyris의 성숙-미성숙이론, ② 장학의 조직풍토에는 Weber, Urwick, Simon, Bennis, Presthus의 권위이론, Etzioni의 수락이론, Miles의 조직건강, Halpin의 조직풍토, Hage의 조직공리이론, ③ 장학의 행동에는 Getzels과 Guba의 사회체제이론, Blake와 Mouton의 관리망, Likert의 4관리체제, Fielder와 Reddin의 상황적 지도성 등을 들고 있다.

상기에서 제 학자들이 장학을 이해하는 데 기초가 되는 이론을 토대로 장학담당자들로 하여금 교사들이 필요로 하는 욕구를 이해하게 하며, 장학활동에 필요한 전문적 지식과 기술을 익히게 하며, 전문적 지식과 기술을 바탕으로 하여 교사의 교수-학습 개선을 도울 수 있도록 하며, 보다 나은 장학실무를 성공적으로 수행할 수 있도록 실제 문제를 분석하고 연구토록 한다. 아울러 필요에 따라 새로운 이론을 이끌어 내도록 하는 근거를 갖게 할 것이다.

따라서 2장에서는 장학의 기초 이론으로서 인간행위론(지도성이론, 집단역학이론, 인간관계론), 조직행위론(조직문화 유형이론, 조직건강이론, 조직효과성이론), 행정행위론(동기부여이론, 의사소통이론, 의사결정이론), 권력과 권위이론, 기타이론(사회체제이론, 기획이론, 교육과정이론, 평가이론) 등에 대해서 고찰하기로 한다.

제1절 인간행위론

인간행위론에는 지도성이론, 집단역학이론, 인간관계론 등으로 나누어서 고찰하기로 한다.

1. 지도성이론

지도성이란 집단이나 조직의 목적을 달성하기 위하여 지도자가 집단에 영향력을 행사하는 과정으로 집약할 수 있다. 이러한 영향력의 행사는 파워를 소유함으로써 가능한 것으로 볼 수 있으며, 학교행정가의 바람직한 지도성은 학교조직의 목적을 효율적으로 달성하기 위하여 교육이념 및 다양한 학문적 식견과 전문성에 근거하여 조직구성원들의 민주적인 참여와 적극적이며 창의적인 의견을 수렴하여 학교구성원들을 위해서 변화 촉진자 및 안정유지자로서의 역할을 슬기롭게 수행하는 것으로 볼 수 있다(신재흡, 2002).

이러한 지도성을 다루는 이론으로는 특성이론(trait theory), 행동이론(behavioral theory), 상황이론(situational theory), 제4의 지도성이론 등이 있다(신재흡, 2020).

첫째, 특성이론(1940~1950년)에서 특성이론가들은 지도자란 추종자가 소유하고 있지 않은 특성을 지니고 있고, 그러한 특성을 소유하고 있는 사람이 어느 집단이나 상황에서도 유능한 지도자가 될 수 있다고 가정하였다. 특성이론에 대하여 구체적으로 언급하면 다음과 같다. ① 신체적 특성이다. 지도자는 신장, 체중, 체격, 정력, 건강, 용모 등에 있어서 비지도자보다 훨씬 우월하다. ② 심리적 특성이다. 지도자는 지능, 판단력, 결단력, 통찰력, 창의력, 적응력, 지배력, 신념, 자신감, 감정억제력, 낙천적 기질, 야심 등에 있어서 비지도자보다 더 우수하다. ③ 사회적 특성이다. 지도자는 사회경제적 지위, 학력, 인기, 사회적 기능 등에서 비지도자보다 앞서 있다(정태범, 2005).

한편 조성일 등(2004)은 특성이론이 지도자의 우수한 자질을 전제로 하고 있다는 점에서 일차원적인 연구라 할 수 있으나, 상황을 도외시한 측면이 있고 역동적인 변화 국면보다 정태적인 동일 상황에서 지도자의 특성을 상정하려 했다는 문제점을 안고 있다. 특히 지도자의 특성을 표현하는 개념 등이 다양하며 제 특성을 정확히 측정할 수 있는 기술도 미흡하다.

둘째, 행동이론(1950~1970년)이다. 1950년대에 진입하면서 지도성에 대한 연구는 일정한 상황 하에서 관찰된 지도자의 행위에 초점을 두는 2차원적 접근방법이 시도되었다. 이 이론은 지도자의 행위가 구성원들의 사기와 조직의 생산성에 어떻게 영향을 주는가에 관심을 두었다. 행동이론은 지도자가 누구인가에 관심을 두지 않고, 지도자가 일정한 상황 하에서 어떤 지도성 유형을 나타내는가를 관찰, 기술하여 이를 구성원들의 반응 및 생산성과 관련시켜 일반화시킨 이론이다. 행동이론에 기초한 대표적인 실증적 연구는 오하이오주립대학교의 지도성연구와 Blake와 Mouton의 관리망연구가 있다. 행동이론은 주로 지도자의 행위가 조직구성원들에게 어떤 영향을 미치는가에 주안점을 둔 반면, 조직구성원과 외부환경이 지도자에게 미치는 영향을 생각하지 못하고 있다. 따라서 Fiedler는 지도자와 조직구성원 및 상황 간의 상호작용을 고려하지 않고, 어떤 특정 지도성유형이 가장 효과적이라고 하는 행동이론에도 한계가 있음을 분명히 했다.

셋째, 상황이론(1970~1980년)이다. 특성이론이나 행동이론은 모두가 어떤 상황에서나 효과적으로 적용될 수 있는 유일하고 이상적인 지도자 유형을 밝혀내려고 하는 것이었다. 그러나 어떠한 연구들은 그 나름대로의 이론적 공헌에는 이바지하였지만 지도성을 조직의 성과나 조직구성원들의 만족도와 같은 효과차원과는 연결시키지 못하였다. 그리하여 지도성을 연구하는 학자들은 지도성의 효과성은 상황에 따라 달라질 수 있을 것이라는 인식을 가지게 되었으며, 상황적 요인을 고려하여 그에 적합한 지도성유형을 찾아보려고 시도한 것을 지도성 상황이론이라고 한다. 상황이론에 의하면 지도성효과는 조직구성원의 인성특성, 과업구조, 공식적인 권위체제, 역할기대, 성숙수준 등의 여러 가지 복합적인 상황변인이 지도자의 행동과 어떻게 적절하게 조합되느냐에 따라서 결정된다고 본다. 다시 말하면, 상황이론은 지도자의 인성특성과 지도자의 행동이 상황요인과 어떻게 적절하게 결합되느냐에 따라 지도성효과가 결정된다는 견해를 취하고 있다. 지도성 상황이론에는 Fiedler의 상황이론, Reddin의 연구, Hersey와 Blanchard 이론이 대표적이다.

넷째, 제4의 지도성이론이다. 여기에는 변혁적 지도성(transformational leadership), 문화적 지도성(cultural leadership), 초우량 지도성(super leadership), 도덕적 지도성(moral leadership) 등을 들 수 있다(신재흡, 2020).

① **변혁적 지도성**은 조직구성원의 가치관, 신념, 목적과 조직문화를 변혁시켜 하위자들로 하여금 기대 이상의 과업을 수행하도록 동기를 유발시키며, 조직구성원의 욕구와 능력을 인정하며, 그들의 잠재력을 상승 및 고양하여 더욱 훌륭한 인물(great man)로 향상시키는 지도성으로 볼 수 있으며, 지도성 과정을 통하여 리더와 하위자 양측이 더 높은 수준의 동기유발과 도덕성을 소유하도록 유도함으로써 지도자와 추종자 모두에게 변혁적 효과(transformational effects)를 가져온다는 것을 의미한다.

Bass와 Avolio(1990)는 지도성의 개념을 명확히 하고, 이를 실증적인 자료로 뒷받침하기 위하여 변혁적 지도성과 거래적 지도성의 하위변인을 설정하고 이 변인들을 포함하는 지도성 측정도구인 MLQ(Multiple Leadership Questionnaire)를 개발하였다. 또한 이 도구를 통하여 변혁적 지도성에 대한 자료수집을 가능케 함으로써 변혁적 지도성 연구에 중요한 계기를 마련해 주었다. 그는 변혁적 지도성의 하위변인으로 카리스마, 지적 자극, 개인적 배려 등 세 가지로, 거래적 지도성의 하위변인으로 상황적 보상, 예외적 관리 등 두 가지를 제시하였다. 이 중 변혁적 지도성의 하위변인을 구체적으로 살펴보면 다음과 같다.

ⅰ) **카리스마(charisma)이다.** Bass는 카리스마적 지도자는 강한 자신감을 지니며, 타인에게 영향력을 행사하고자 하는 욕구가 강하고, 뛰어난 의사소통기술과 자신이 제시한 과업을 달성하도록 하위자의 동기와 정서를 불러일으키는 능력을 지니고 있다. 카리스마

적 지도자는 부하들의 태도 및 행동변화의 저항을 감소시키고, 부하들의 자신감과 기대감을 강화시켜 주기 때문에 카리스마를 "이상적 영향력(idealized influence)"이라고 불렀다. 또한 Trice와 Beyer(1991)의 카리스마의 다섯 가지의 구성요소를 다음과 같이 설명하고 있다. 비범한 재능이 있는 사람, 위기상황, 그 위기상황에 대한 합리적인 해결책, 비범한 인물을 통하여 강력한 권한을 획득한다고 믿으면서 비범한 인물에 매력을 갖는 하위자들, 계속 성공하는 사람의 재능과 수월성의 확인 등이다. 따라서 지도자의 카리스마는 모든 부하들로부터 존경을 받음과 동시에 조직에 정말로 중요한 것이 무엇인지 파악할 수 있는 비범한 재능과 조직의 목표 측면에서 조직구성원들에게 열정, 신념, 충성심, 자부심, 신뢰감을 불러일으키며, 어떤 위기나 절망적인 상황에서도 합리적인 해결책을 제시하면서 성공 가능성의 고양을 통하여 부하들에게 자신의 능력을 보여줄 수 있어야 한다. 카리스마 변인으로는 교사들에게 비전을 제시하며 자부심과 확신감 및 사명감을 심어주며, 존경과 신뢰감 유발, 과업에 대한 동기부여 등이 있다.

ii) **개인적 배려**(individualized consideration)이다. Bass(1985)는 조직에서 발생하는 많은 정보를 소유하는 지도자는 하위자들에게 충분한 정보를 전달해줌으로써 개인적 배려가 이루어질 수 있다고 한다. 지도자가 소유한 정보를 일방적으로 전달하는 것보다는 양방향의 대화를 통해서 이루어지며, 문서화된 형태보다는 직접적인 대면과 같은 방법이 효과적이다. 개인적 배려는 부하와 상사간의 직접적인 접촉, 양방향의 의사소통이 강조된다. 부하들의 자아상을 확립하면서 부하들의 정보화에 대한 요구를 충족시킴으로써 책임의식을 갖도록 만들어 준다. 그리고 부하들에게 개별적으로 배려해 주는 지도자는 조직구성원 각각에 대해 관심을 보이며, 부하들의 욕구와 가치관에 대해 깊은 통찰력을 지니고 부하의 관점에서 사물을 바라보며, 서로 다른 부하들을 그들의 독특한 상황에 맞추어 대하며, 발전적인 경험을 제공하는 것을 포함한다.

이런 개인적 배려는 부하가 지도자에 대해서 느끼는 만족도에 영향을 미치며, 제 상황 속에서 하위자들의 생산성 향상에 공헌할 수 있는 중요한 측면으로 여겨져 왔으며, 변혁적 지도성을 발휘하는 지도자는 부하들로부터 맹목적인 복종을 유도해내기보다는 하위자들의 지도성 역량을 육성하려 한다. 결국 개인적 배려를 통해 지도자가 부하들에게 개별적인 관심을 기울이는 것으로 그들에게 책임감을 갖도록 하고, 발전적인 경험을 제공함으로써 조직구성원들의 생산성 향상 및 지도성을 육성하는데 목적이 있다. 개인적 배려의 변인으로는 교사들에게 개별적 조언 및 고충에 대한 관심, 교사들의 입장 고려, 교사들과 함께 하는 시간 할애, 교사들의 능력 발휘에 대한 도움 등이 있다.

iii) **지적 자극**(intellectual stimulation)은 지도자가 창의적인 관점에서 하위자들을 고무시켜 진취적 의식을 느끼도록 하는 것이며, 어떤 사안에 대해서 문제해결법을 제시함으로써 고정관념에서 벗어나도록 역량을 발휘하며, 문제해결능력의 향상을 촉진시키는 것으로 볼 수 있다. 지적자극 변인에는 사려 깊은 사고력, 지적 능력의 활용, 새로운 아이디어의 획득 요구, 새로운 방식의 업무처리, 다양한 시각의 요구 등이 있다.

② **문화적 지도성**이다. 신재흡(2002)은 학교조직문화에 대하여 다음과 같이 정의를 내리고 있다. "학교조직문화란 학교의 외부환경과 내부적인 문제해결과정에서 일어난 경험을 통해 구성원들이 공유하는 가치, 신념, 지식, 전통, 기술, 태도, 행동, 규범, 기대 및 인식체계, 상징물 등을 포괄하는 개념으로 보며, 학교조직문화의 중요성은 조직구성원들의 의사소통에 영향력을 미치고, 더 나아가 이것은 학교 내에서 교사집단 간 갈등에 영향을 미친다. 아울러 학교장과 교사들이 상호 협동적 문화를 공유한다면, 학교조직효과성에도 영향을 미칠 수 있다는 것이다. 따라서 학교조직문화는 학교를 이끌어 나가는 원동력으로 볼 수 있으며, 학교 전체에 상당한 영향력을 미치면서 학교조직효과성을 결정하는 필수적인 요소가 되는 것이다"라고 했다. 그리고

Sergiovanni는 지도성의 유형과 행동 그리고 고도로 구조화된 관리체제의 개발을 강조하는 낡은 관점이 갖는 중요성을 인정하면서도, 이제는 지도자들이 처신하는 방법보다는 그들이 지지하고 믿는 것과 타인에게 의미와 의의를 제공할 수 있는 방식으로 이러한 가치와 이상을 전달하는 능력이 더 중요하다고 하였다. 그리고 Cunningham과 Gresso(1993)는 지도성에 대한 접근을 구조적·행동적·통제적 접근과 문화적 접근으로 구분하여 제시했다. 구조적 관점에는 조직구조, 조직행동, 조직문화 그리고 조직 내의 직무수행은 서로를 강화시키지만, 그 문화와 직무수행은 구조와 행동으로부터 생겨난다. 그래서 적절한 구조와 행동의 형성을 통해서 효과적인 조직문화가 가능하고 그 결과로 직무수행이 이루어진다. 그러나 "구조적·행동적 구성요소들은 효과적인 학교교육에 필수적이지만, 그러한 요소들의 부재는 비 효과성을 초래하기 때문에 그것들은 학교교육에서 수월성을 조장하기에 충분치 못하다."

결국 문화적 지도성은 인간정신의 실체를 수용하고, 의미와 의의의 중요성을 강조하며, 도덕적 질서를 만드는 가치와 규범에 관련된 전문적·직업적 자유의 개념을 인정함으로써 지도성의 핵심에 상당히 근접하고 있다. 그러나 거시적 관점에서의 문화적 지도성은 일단 확립된 문화가 조직구성원들을 수동적 행위자로 만들고, 능동적인 조직 행위자의 가능성을 제한할 수 있다는 점에서 문제점이 제기되고 있다. 따라서 조직구성원들의 잠재가능성을 계발할 수 있는 거시적 관점을 포함하는 새로운 도덕적 지도성이 요구된다고 하겠다.

③ **초우량 지도성**은 Mans와 Sims(1989)에 의해 제안된 지도성으로 이들은 조직이 공식화된 권력·권위 그리고 직원통제를 강조하는 지도성의 전통적 모형에 따라 관리되기 때문에 비효과적이며, 오늘날의 조직은 직원들의 자율적 지도성(self leadership)을 개발하여 이용하는 새로운 지도성인 초우량 지도성(super leadership)을 필요로 한다고 하였다. 초우량 지도성은 지도성에 대한 전통적 관점과는 달리 추종자의 자기관리를 위한 장기적 잠재력 개발에 초점을 두고 있다. 자세히 말

하자면, 추종자들은 자기지시적이다. 추종자는 그 자신을 스스로 통제할 수 있다. 그리고 관리 및 조직에 대한 통제는 그것이 추종자들에 의해 지각되고, 평가되고, 수용되는 방식에 따라 그 효과가 달라진다. 또한 "추종자들이 그들 자신을 이끄는 방식에 영향을 줄 수 있는 사람이 효과적인 지도자이다"라는 전제에서 지도성이론을 전개한다. 그리고 Mans와 Sims(1989)는 자율적 지도성이 성공을 위한 에너지를 제공하는 엔진이라고 하였다. 초우량 지도성이 지향하고 있는 추종자들의 자율적 지도성은 다음과 같은 신념에 기초하고 있다. 모든 사람은 어느 정도의 자율적 지도성을 실천할 수 있다. 그러나 모든 사람이 반드시 효과적인 지도자가 되는 것은 아니다. 그리고 자율적 지도성은 최고관리자, 관리자, 관리자가 아닌 사람을 포함한 조직 내에서 일하는 모든 사람들에게 적용할 수 있다. 아울러 자율적 지도성은 학습될 수 있다.

이와 같이 초우량 지도성은 자율적 지도성이 포함되어 있으며, 이러한 자율적 지도성은 구성원 각자가 스스로를 지도할 수 있는 능력, 즉 다른 사람에게 영향력을 준다는 전통적 지도성의 개념을 넘어 자율적으로 자신의 지도력을 발휘할 수 있게 하는 것을 의미한다. 결국 초우량 지도자는 부하들이 스스로 생각하여 해결책을 찾고 의사결정을 하도록 도와주는 사람이다.

④ **도덕적 지도성**은 Sergiovanni(1992)가 도덕적 측면에서의 선의(good-will)와 관리적 측면에서의 성공(success)이란 두 가지 차원을 조합한 [그림 2-1]의 학교의 네 가지 유형을 통해서 유추해 볼 수 있다.

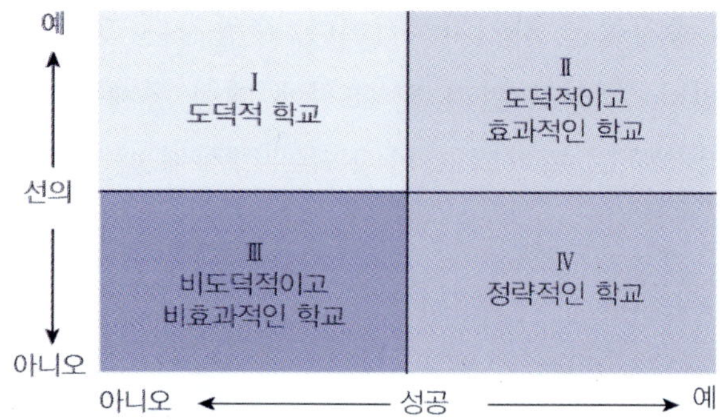

그림 2-1 학교의 네 가지 유형

※ 자료: Sergiovanni, Thomas J.(1992). Moral Leadership: Getting to the Heart of School Improvement. San Francisco: Jossey-Bass Publishers. p. 102.

[그림 2-1]과 같이 Sergiovanni는 학교를 선의와 성공의 두 가지 차원의 조합에 의하여 네 가지 유형의 학교로 분류하였다. I 상한의 도덕적인 학교에서 교직원들은 선의에 의해 동기는 유발되나 목적의 성취에 있어서는 성공적이지 못하다. 여기서 I 상한의 도덕적인 학교는 교직원들의 선의에 기초한 교장의 지도성을 이해하게 되면서 성공할 가능성이 증대될 것이다. 반면에 IV상한의 정략적인 학교에서 교직원들은 선의에 의해 동기가 유발되지 않으나 목적 성취에 있어서는 성공적이다. 단기적으로 성공을 지향하는 IV상한의 정략적인 학교보다는 선의를 강조하는 I 상한의 도덕적인 학교가 장기적으로 II상한의 학교가 될 가능성이 높게 된다. 결국 학교장이 지향해야 할 도덕적 지도성은 성공보다는 선의를 중시하는 I 상한과 II상한의 학교를 만드는 지도성이라고 할 수 있다. 명제창(1998)은 이러한 도덕적 지도성을 "지도성의 과정에서 지도자의 도덕성과 추종자들의 자율성 확보를 통하여, 지도자가 자신의 도덕적 품성과 능력을 바탕으로 추종자의 존경과 신뢰를 획득하고, 나아가 추종자의 능력을 계발하고, 추종자의 자율적 직무수행을 조장하여 추종자들은 자기지도자가 되도록 자극하고, 지도자 자신은 '지도자들의 지도자'가 되어 궁극적으로 효과적이고 도덕적인 조직이 될 수 있도록 하는 지도성 기제"라고 하였다. 결국 도덕적 지도성은 "지도자의 도덕성과 추종자의 자율성 확보를 통하여 지도자는 스스로 '지

도자들의 지도자(leader of leader)'가 되고, 추종자는 '자기지도자(self-leader)'가 되도록 이끄는 지도성"이라고 할 수 있다.

2. 집단역학이론

집단역학은 인간관계론이 대두되는 인화-조화의 시기(1935~1950년)에 미시간대학을 중심으로 나타난 이론으로써, 많은 사회학자와 인류학자 및 사회심리학자들의 실제적인 문제해결을 위한 학문적 관심을 통해 발전하게 되었다. 조직체는 개인으로 구성되어 있고 조직구성원은 집단을 구성하고 있으므로 조직을 효율적으로 운영하기 위해서는 집단과 개인, 소집단과 소집단 사이의 관계에 관한 연구의 필요성이 있게 된다. 현대 장학은 개인과 집단을 비롯해 인간적 요인을 중시하고 개선하는데 보다 역점을 두게 됨에 따라 장학행정에 있어서 집단역학이론은 매우 중요한 위치에 있다고 하겠다.

집단역학이란 사회심리학의 한 영역으로써 집단이 형성되고 변화하는 과정에서 생긴 집단구성원들 간의 심리적 관계를 연구하는 학문이다. 여기서 집단이란 군중, 집합체, 계급과 구별되는 개념으로써 어떤 목표를 달성하기 위하여 2인 이상이 모여 상호작용하는 사회체제를 말한다. 한편, 역동이란 변화와 적응 그리고 이 변화와 적응에 미치는 심리적, 사회적 힘을 강조해서 쓴 말로서 집단구성원들이 접촉해서 서로 영향을 주고받으며 변화하고 적응해 가는 과정을 말한다(박용헌, 1989).

따라서 집단역학이란 집단 내에서 개인 간, 개인과 집단 그리고 집단 간에 생기는 갈등과 부조화를 해결하면서, 집단구성원들이 접촉해서 상호 영향을 주고받으며 원만하게 방법을 찾는 과정으로 볼 수 있다.

집단역학의 특징은 다음과 같다(Cartwright & Zander, 1960). ① 집단의 본질에 관한 연구 중 집단역학이론은 실험적 접근을 강조하여 다양한 연구방법을 발전시켰다. 관찰방법의 표준화, 통계적 분석방법을 활용한 측정의 신뢰도검증, 사회측정방법 등이 그 예이다. ② 집단역학은 역동성을 강조하는데 그 특성이 있다. 집단이 형성되고 변화하는 과정 속에서, 다양한 사회·심리적 요인이 상호작용하여 영향을 미치게 되는 관계에 주된 관심을 둔다. ③ 집단역학은 문제를 중심으로 주로 작은 이론을 수립하려는 점에서 그 특징을 찾을 수 있다. 집단의 변화를 촉진 혹은 저해하는 요인과 그 요인들의 관계에 관한 이론, 사회적 압력, 통제, 권력, 단결, 갈등, 배반, 협력, 경쟁, 안전, 불안, 균형, 상호의존 등 집단생활이나 집단활동의 역동적 현상에 관한 이론을 수립하려 한다. ④ 집단역동은 사회의 실제적인 문제 해결에 보다 강조를 두고 있다는 점에 그 특징이 있다. 또한 집단역동은 집단의 기능을 이해하고 집단활동이 개인이나 사회에 미치는 영향을 파악함으로써 집단활동을 원만히 하고, 그 집단의 목적을 효과적으로 달성할 수 있게 하려는 실제적인 문제에 집단역동은 관심을 갖는다.

집단역학의 이론적 접근으로 장이론(field theory), 상호작용이론(interaction theory), 소시오메트리(sociometry) 등이 있다. **장이론**은 Lewin이 처음 주창한 이론으로 집단을 그 구성원들의 사회·심리적 장으로 이해하고, 그 장을 통해 구성원 개인은 집단과 상호의존적 활동을 하게 된다고 보는 것이다. 이는 집단역학이론이 발달할 수 있게 하는 기초를 이루었다고 할 수 있다. **상호작용이론**은 집단의 공동목표 달성을 위한 개인의 모든 행동이 다른 개인의 역할수행행동과 밀접한 관계를 갖는다고 파악했다. 한편 **소시오메트리**는 학교현장에 널리 알려진 이론으로써 Moreno에 의하여 창안되었으며, Tennings에 의해서 더욱 발전되었다. 소시오메트리를 통해 집단구성원의 역할행동분석과 구성원의 상호작용에 의한 견인과 반발의 형태를 분석함으로써 집단의 구조, 응집성, 안정성, 외부 압력에 대한 저항, 사기 및 구성원 개개인의 특성 등을 알 수 있다.

집단역학의 연구방법으로는 활동연구(action research)와 현장연구(field study)가 있다(정태범, 2005).

첫째, 활동연구는 실제 활동 속으로 들어가 다양한 요인에 의하여 변화하고 움직이는 사태를 파악하고 활용하는 연구방법이다. 이러한 실천연구의 일반적 절차는 다음과 같다. ① 먼저 해결해야 할 문제의 소재를 밝히고, ② 구체적 목표를 설정하여 목표에 도달하기 위한 방법과 절차를 세운다. ③ 설정한 방법과 절차에 따라 실천하여 관찰 사실을 정확히 기술하고,

④ 목표달성 여부를 평가할 방법을 설정하여 검증하며, 실천활동과 개선된 결과와의 관계를 밝혀서 다른 현장이나 상황에서 활용될 수 있도록 일반화하고 검증한다.

둘째, 현장연구는 집단활동의 현상을 연구하는데 많이 활용되고 있는 방법이다. 이는 집단활동이 진행되고 있는 과정을 관찰대상의 눈에 띄지 않게 주의하며 관찰하여, 여러 가지 의의 있는 사실을 발견하려는 것이다. 현장연구는 연구자 및 연구대상, 연구목적 등에 따라 관찰방법과 절차 및 자료의 분석이 달라지게 된다. 이 연구법을 통해 집단활동을 방해하지 않고 자료와 정보가 수집되었다면 이러한 결과들은 실제 문제해결에 도움을 줄 수 있도록 활용할 수가 있다.

3. 인간관계론

인간관계론(human relations)은 지나치리만큼 능률과 과학화에 집착한 나머지 기업에서의 노동과 학교에서의 교육과정을 표준화함으로써 인간의 사회적 역동성을 무시했던 과학적 관리론에 대한 반발로 나타났으며, 사회가 변화되어감에 따라 기업에서 노동자들은 보다 인간적이고 민주적인 관리방법을 요구하게 되었다.

인간관계론에서 주장하는 조직관리의 기본은 인간의 생산력은 보수, 물리적 시설, 환경, 휴식 등의 경제적・물리적・생리적・기술적인 조건들보다 오히려 누구와 같이 일하고 얼마만큼 사람다운 대접을 받고 있으며, 자기 능력을 얼마만큼 인정받고 있는가와 같은 인간적, 사회・심리적인 요인에 의해 결정된다는 것이다. 인간관계론의 가정은 "생산과정에서 인간의 사회・심리적 변인에 작용을 가하면 생산성은 증가하게 될 것이다"라는 것이다.

오늘날 학교조직에 있어서의 인간관계는 다른 어떤 조직보다 중요한 의의를 갖는데, 왜냐하면 그것은 학교의 과업수행이 대부분 학교행정가, 교사, 학생, 학부모 등의 다양한 인간적 요인의 작용에 의해 결정되기 때문이다.

따라서 인간관계는 조직구성원들의 감정, 동기, 가치관, 태도 등에 영향을 주는 요인을 규명하여, 구성원들의 다양한 욕구를 충족시키고, 조직의 목표달성에 기여할 수 있는 상호협력관계를 조성하는 방법이나 기술이라고 정의할 수 있다.

또한 인간관계론은 교육행정에 적용되어 민주적인 교육행정의 원리를 제시해 주었을 뿐만 아니라 교육행정의 민주화 발전에 커다란 공헌을 하였다. 1930년대에 와서 교육과 관련된 대부분의 논문에서 민주교육, 민주교육행정, 민주장학 등이 강조되었다. 1940년대 이후 교육자들이 채택한 인간관계론은 의사결정 책임을 재분배하고 행정가가 교사와 함께 더 효과적으로 일하는 것을 도와주는 방안을 제시하였다. 그들은 학교조직 내의 사기 및 소외문제, 학교 외 기관과의 섭외활동 등 성격상 주로 인간적인 것으로 인식되는 경영문제를 다루는 데 필요한 대인관계기술과 이해력을 학교행정가에게 제공하였다. 한마디로 민주적인 행정철학과 인간관계론은 교육과 학교행정의 민주화에 공헌했다고 볼 수 있다(정태범, 2005; 김윤태, 1994).

인간관계에 대한 이론적 접근으로 Follett의 조직심리연구와 Hawthorne 실험연구 등이 있다(신재흡, 2020; 정태범, 2005; 김정한, 2004).

① **Follett(1924)의 조직심리연구**는 모든 조직에서 갖고 있는 기본문제란 역동적이고 조화로운 인간관계를 발전하고 유지하는데 있다고 보았다. Follett은 조직에서 발생하는 갈등이란 낭비적인 것이 아니라 오히려 정상적인 업무수행과정에서 어쩔 수 없이 발생되는 것으로 간주하였다. 갈등의 해결과정을 통해서 모든 관련자들이 보다 풍족한 결과를 가져오기 위해 사회에서 가치 있는 차이를 드러내는 것뿐이라고 했다. 그리고 Follett은 이와 같은 갈등을 해소하는 데는 지배, 타협, 통합의 세 가지 방법이 있다고 전제하면서 다음과 같이 제시하고 있다. 지배는 한쪽이 다른 한쪽을 이기는 것이고, 타협은 평화유지를 위해 양쪽이 각각 무엇인가를 포기하는 것인데 반해, 통합은 양쪽의 아무런 희생 없이 각각의 요구대로 해결하는 것이라 했다. 그러므로 조직이 과업을 수행하는 데 있어서 발생하는 갈등을 해소하기 위한 방법으로 지배나 타협보다는 통합에 의한 문제해결이 가장 합리적인 방법이라고 하였다.

② Hawthorne **실험연구**는 하버드대학의 교수인 Mayo와 Roethlisberger 및 Dickson을 중심으로 한 연구팀이 시카고 근처에 있는 웨스턴 전기회사(The Western Electric Company)의 호손공장에서 1924년부터 1932년까지 8년에 걸쳐 실시된 실험연구이다(Mayo, 1933). 이 실험은 과학적 관리론에 근거하여 물리적 조건으로서의 작업환경이 생산량에 영향을 줄 것이라는 가정 하에서 출발하였다. 특히 과학적 관리론에서 가정하는 비인간적 합리성과 기계적 도구관에 대한 반발과 인간관리의 민주화를 실현하려는 목적에서 이루어졌다. 이 호손실험들은 조명실험, 전화계전기 조립실험, 면접프로그램, 배전기 배선작업관찰실험 등으로 실시되었다.

Hawthorne **실험연구를 통해 얻은 결과**를 소개하면 다음과 같다(신재흡, 2020). ① 비공식조직과 비공식적인 동료집단이 조직형태와 생산성에 중요한 역할을 한다. ② 인간은 주로 경제적 보수에 의해서만 일을 한다는 노동자에 대한 편파적·경제적 인간관은 부적합한 것이다. ③ 피고용인은 그가 행하는 작업상의 역할뿐만 아니라 전인간적인 인격체로서 인식되어야 하며, 작업환경 이외의 요인들이 직무수행에 상당한 정도의 영향을 미친다. ④ 피고용인의 직무에 대한 만족의 정도는 매우 다양한 욕구, 동기 그리고 보상과 관련되어 있으며, 직무와 작업환경에 대한 만족감은 직무수행 정도를 결정짓는 중요한 요인이 된다.

제2절 조직행위론

교육행정이론과 장학의 기초이론들은 그것들이 조직의 현상이나 조직구성원들의 행위에 관련된다는 측면에서 볼 때, 대부분 넓은 의미의 조직행위론 속에 포함된다고 할 수 있다. 여기서 조직행위의 특성과 조직관리에 대하여 도움을 줄 수 있는 조직문화유형이론, 조직건강이론, 조직효과성이론 등에 관해 고찰하기로 한다.

1. 조직문화유형이론

사회의 문화가 다양하듯이 조직 역시 그 활동을 행하는데 각기 독특한 문화를 가지고 있다. 조직체의 문화유형을 결정하는 것은 조직의 다양한 영향 요소에 의해서 결정되는 것이다. 조직문화유형이란 조직문화를 구성하는 하위문화 요인들의 결합에 의해서 나타나는 총체적인 형태일 것이다. 구태여 이를 구분하는 것은 조직문화에 대한 분석의 틀을 제시함으로써 체계적인 연구를 수행할 수 있으며, 그 결정요소를 파악할 수 있다.

학교조직문화의 유형을 내·외적 지향 차원과 조직의 신축·질서 차원으로 2차원적인 기준을 제시하면서 상호 상반된 가치를 특히 강조함으로써 각 문화유형 간에 구별이 확실하며, 서로 대조적인 것이 조직문화에 대한 이해를 수월케 하고 경험적 분석연구에 활용할 가치가 있는 Quinn(1988)의 모형을 사용하고자 한다. Quinn의 조직문화 유형은 [그림 2-2]과 같다.

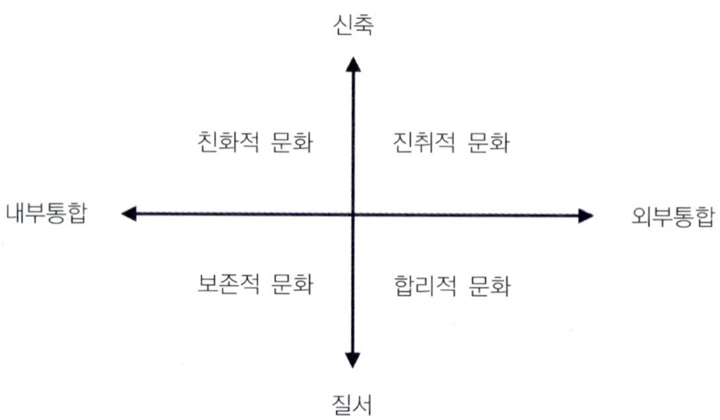

그림 2-2 Quinn의 조직문화유형

자료: Quinn, R. E.(1988). Beyond Rational Management: Mastering the Paradoxes & Competing Demands of High Performance. San Francisco: Jossey-Bass Publishers. p. 51.

[그림 2-2]에서 보는 바와 같이, Quinn의 조직문화유형에서 수직축에서는 신축성과 질서라는 두 개의 상호 상반된 가치가 자리 잡고 있다. 신축성을 강조하는 조직은 구성원의 자발적이고 자유로운 의사결정을 허용하

고, 조직의 권위는 상당한 정도로 분권화되어 있는 상태이다. 반면에 질서를 강조하는 조직은 예측가능성, 확실성 그리고 안정성 등을 가장 우선적으로 추구해야 할 가치로서 이해하여 조직의 통합과 집중화를 조직 관리의 근본으로 하고 있다.

한편 수평축에서는 조직의 주요 관심사가 외부환경에의 적응과 경쟁을 강조하는 외부지향의 가치와 조직내부적인 조정과 균형을 강요하는 내부지향적 가치로 구성되면서, 수직축과 수평축이 결합하여 나타난 학교조직문화의 유형은 친화적 문화, 진취적 문화, 합리적 문화, 보존적 문화로 구체적인 내용은 다음과 같다.

친화적 문화(affiliation culture)는 조직구성원의 상호신뢰감과 화목, 우호적 관계와 같은 인화단결을 강조하며, 대체로 교사들의 개인적 사정을 잘 들어준다. 업적 위주의 경쟁보다는 교사들 상호간의 팀워크나 협동이 우선적으로 지배하며, 교장 및 교감은 지휘, 명령하는 보스라기보다는 오히려 친근한 직장 선배로 느껴진다. 그리고 새롭고 혁신적인 아이디어 및 새로운 기술변화에 대한 적응행동 측면은 대체적으로 소극적으로 대처하는 것이 특징이다.

진취적 문화(progressive culture)는 도전적이며, 적극적인 창의성・적응성・혁신성을 강조하여 문제해결을 위한 부서 간의 융통성 있는 업무처리와 개방적 상호작용을 취함으로써 새로운 조직구조 변화를 유도하며, 도전을 하기 위하여 구성원들의 직관과 통찰력을 중시하며, 새로운 학습자료 개발을 높이 평가하는 것이다.

합리적 문화(rationality culture)는 주어진 여건에서 최대한의 성과를 올리며, 교사들의 직무수행능력과 실적을 중심으로 구성원들을 평가하며, 교육목표의 달성을 우선적으로 강조하여 학교운영과 조직을 편성하고, 최소한의 투입에 최대의 산출인 효율성이 중요한 규범이다. 그리고 인간관계나 주어진 여건보다는 결과의 성공 여부를 중요하게 여긴다.

보존적 문화(maintenance culture)는 조직구성원의 행동성향이 안정지향적이며, 명확한 공식절차의 규정, 표준화, 관습화된 업무처리방법 등의 특징이 강하게 나타난다. 서류화 및 문서화 성향이 강하고 공식적인 지위 신분,

계층적 서열관계에 많은 관심을 보이며, 업무처리에 관련된 절차나 규정이 세심하게 정해져 있어서 변경이 어렵다.

2. 조직건강이론

현대사회의 조직은 급변하는 내·외적 환경의 영향을 수시로 받고 있다. 그리하여 조직의 평가 시 가시적인 결과만을 평가대상으로 함은 미흡하며, 목표 달성을 좌우하는 조직의 내적 기능의 양호도나 외부환경에 대한 적응력 등을 고려하는 조직건강(organizational health)의 문제가 대두되게 되었다.

조직건강에 대한 접근 방법에는 유추적 접근, 효과성 접근, 체제 접근 등 세 가지가 있다(정태범, 2005; 왕기항, 1987).

첫째, 유추적 접근(analogy approach)은 인간 유기체의 건강 개념에서 조직건강 개념을 추론하는 방법이다. Miller와 Friesen(1980)은 "체제를 생물체와 같이 살아있는 유기체로 보면서 조직은 단순히 개개인의 집합체가 아니라 인간이 가지는 생명과 같은 역동적 관계를 가진다"고 했다. Fordyce(1971)는 사교적이며 낙천적이고 책임감이 있으며 변화에 민감한 사람은 건강하다고 보고, 이를 근거로 하여 조직도 일체감, 사명감, 적응력 등을 가질 때 건강하다고 하였다. 이러한 유추적 접근은 인간의 건강 개념에서 조직건강 개념을 유추하기 때문에 인간의 건강을 신체적으로만 보느냐, 아니면 정신적, 지적 영역까지 포함시키느냐에 따라서 조직건강의 개념도 다양할 수 있다.

둘째, 효과성 접근(effectiveness approach)은 조직건강의 개념과 조직효과성의 개념을 동일 개념으로 보거나, 조직건강과 조직효과성의 측정방법을 동일시하는 입장이다. Argyris(1962)는 조직의 유지와 목표의 성취 그리고 외부환경에 적응할 수 있는 능력을 조직효과성으로 정의하였으며, 김창걸(1983)은 "학교조직효과성이란 교사에게 초점을 두어 학교조직효과성을 교직원들이 만족스런 상태에서 노력을 하며 조직이 환경에 적응해 가면서 교육적 성과를 확보하는 것으로 정의"하고 있다. 백승관(1992)은 "학교조직효과성을 목표 달성, 조직 자체의 유지, 외부환경에의 적응이라는 세 가지 활동을 어느 정도 수행했는가를 평가하는 개념으로, 단기적인 측면에서는 조직의 목표 달성 정도를, 장기적인 측면에서는 조직의 유지나 생존과 관련된 능력 및 외부환경에의 적응 등을 평가하는 다차원적인 개념으로 정의"하였다. 학교조직효과성의 개념은 다양하기 때문에 정의를 내리는 것은 참으로 어려운 것이다. 조직에는 단일 목적을 추구하는 조직도 있으나 대부분은 다차원적인 목적을 동시에 추구하며, 단기적 또는 일시적 조직도 있으나 대개는 장기적이며, 영속성을 지닌 발전지향적인 것으로 볼 수 있다. 따라서 조직이 추구하고 있는 어떤 단일 목적의 효과성을 따지기는 쉬운 것이지만, 조직의 설립취지에 맞게 제대로 효과성을 측정하는 것은 그리 간단한 문제가 아니다.

따라서 학교조직효과성이란 학교조직구성원들이 과업을 수행해 가는 과정에서 내·외적 욕구가 충족되어 학교생활에 긍정적인 감정상태에 도달하여 직무에 강한 애착을 가지고, 학교조직의 대·내외적 환경 변화에 어느 정도 신축성 있게 대응하는 조직적응성 및 조직구성원들의 효율성을 높이기 위하여 학교조직의 기능 및 제반 지원에 대하여 구성원들의 지각 정도로 정의한다(신재흡, 2002).

셋째, 체제 접근(systems approach)은 조직을 일종의 체제로 보고, 투입-산출 모형에서 그 과정의 상호의존적 역동성을 조직건강으로 보는 것이다. 이 접근법은 조직에 투입되는 자원, 조직의 과정, 조직의 목표달성 정도 등 조직 전체의 기능상태를 강조함으로써 효과성접근법보다 더 포괄적인 개념이라 할 수 있다. Miles(1965)는 조직의 사회심리적 구성요소들의 상호작용에 의한 목표성취기능, 구성원의 관리기능, 조직의 성장과 변화기능을 조직건강으로 보았다. Carver와 Sergiovanni(1969)는 목표성취, 구성원의 자아실현, 환경에 대한 적응능력을 조직건강으로 보았다. Clark(1977)는 인간 상호 간의 능력, 역할의 명료성, 목적의 인지, 과업의 성취를 위한 조직능력 등을 조직건강으로 보고 있다.

그리고 Miles(1965)는 **건강한 학교로서 묘사하고 있는 특징**을 다음과 같이 제시하고 있다. ① 건강한 조직 내에서는 체제의 목표가 조직구성원들에게 명료하게 인식되고 합당하게 수용되고 있다. ② 의사소통이 적절하게 이루어진다. 체제의 수평과 수직, 경계선에 걸쳐서 주위의 환경에 혹은 환경으로부터 왜곡되지 않은 채 의사소통이 이루어진다. 내부적인 긴장이 생기면 즉시 알아차리게 되고, 체제의 곤란을 진단할 수 있도록 체제의 문제점들에 관한 충분한 정보를 가지고 있다. ③ 조직의 모든 수준에 영향력이 평등하게 분산되어 있다. 권력을 향한 갈등이 집단 간에 있기는 하겠지만 그다지 심하지 않다. 권력의 평등화가 이루어져 있다. ④ 인간자원과 물질적 자원의 투입이 효과적으로 활용되고 있다. 사람들은 일을 하면서 과중한 부담감을 느끼지 않으며 게으르지도 않은 상태를 가리킨다. 건강한 조직 내에서 구성원들은 진정으로 열심히 일한다. 그들 자신의 욕구에 역행해서 혹은 조직에 거슬리게 일하고 있지 않다는 점을 안다. 사람들 자신의 욕구성향과 조직의 역할기대 사이의 적합성이 좋은 편이다. 작업할 때에 기분 좋게 느끼는 것만이 아니라, 조직에 공헌하면서 자신도 진정으로 배우고 성장하며 발전한다고 믿는다. ⑤ 구성원들과 학교 사이의 영향력이 상호 만족하는 방향으로 응집되어 있다. 조직의 구성원들은 조직에 속하고 있는 점을 매력 있게 생각한다. 그들은 조직에 남아 있기를, 조직에 의해 영향을 받고, 그들 자신도 조직에 영향력을 발휘할 수 있기를 바란다. ⑥ 구성원들의 사기가 높다. 사기란 불편함이나 원치 않는 긴장, 불만 등에 반대되는 감정으로 안녕이나 만족, 쾌락의 느낌을 중심으로 하는 개인적인 감정의 총체를 말한다. ⑦ 조직은 스스로 개선할 줄 안다. 건강한 체제는 새로운 절차를 모색하고 새로운 목표를 향해 움직이며, 새로운 산물을 생산하고 다양화시키고, 장기간에 걸쳐서 더욱 분화된다. 이러한 체제는 일상화되어서 정체되기보다는 자라고 발전하며 변화한다. ⑧ 자율성을 지니고 있어서 환경으로부터 일련의 독립성을 지니는 경향을 보인다. ⑨ 자율성을 유지하면서도 조직은 동시에 환경의 변화에 적응할 줄 안다. 환경과 현실적이고도 효과적으로 상호작용한다. 환경의 변화에 지나치게 방어적이거나 수동적이지 않다. ⑩ 건강한 학교는 문제해결능력을 지니고 있다. 건강한 유기체는 항상 문제가 생기고 긴장이 감돌며, 어려움을 겪고, 비효율적인 대응방법을 쓸 때도 있다.

3. 조직효과성이론

조직효과성에 대한 측정 준거를 살펴보면, 일반적으로 기업 및 일반 행정조직에서의 효과성 측정지표는 생산성이나 자원획득과 같은 목적적 차원과 직무만족, 조직적응성, 조직헌신성 등과 같은 심리적 차원으로 구분하고 있다. 이에 반해 학교조직에서의 효과성은 다양한 기준을 사용한 다차원적인 개념이다. 이에 학업성취와 같은 단일변인을 사용하는 것은 학교조직효과성의 하위변인을 축소시키는 경향이 있다. 최근의 연구에서 학교조직효과성을 보다 확대된 측정지표를 사용하는 노력이 국내·외의 많은 연구자들에 의해서 시도되어 온 것이 사실이다.

이처럼 학교조직효과성의 개념은 다양하기 때문에 정의를 내리는 것은 참으로 어려운 일이다. 조직에는 단일목적을 추구하는 조직도 있으나 대부분은 다차원적인 목적을 동시에 추구하며, 단기적 또는 일시적 조직도 있으나 대개는 장기적이며, 영속성을 지닌 발전지향적인 것으로 볼 수 있다. 조직이 추구하고 있는 어떤 단일목적의 효과성을 따지기 쉬운 것이지만, 조직의 설립취지에 맞게 제대로 효과성을 측정하는 것은 그리 간단한 문제가 아니다. 학교조직효과성이란 학교조직구성원들이 과업을 수행해 가는 과정에서 내·외적 욕구가 충족되어 학교생활에 긍정적인 감정 상태에 도달하여 직무에 강한 애착을 가지며, 학교조직의 대내·외적 환경변화에 어느 정도 신축성 있게 대응하는 조직적응성 및 조직구성원들의 효율성을 높이기 위하여 학교조직의 기능 및 제반 지원에 대하여 구성원들의 지각 정도로 정의하며, 교사조직에 한정하여 학교조직효과성을 파악하기로 한다.

여기에서는 교사조직의 효과성에 한정하여 직무만족, 조직적응성, 조직생산성 등을 학교조직효과성의 하위변인으로 한다. **학교조직효과성의 측정의 하위변인**은 다음과 같다(신재흡, 2002; 조남두, 1992).

첫째, 직무만족(job satisfaction)에 관한 연구는 꾸준히 진행되어 온 것이 사실이다. 직무만족이란 조직 내에서 개인의 욕구와 직무의 강화체제 사이에 일치된 정도이며, 욕구가 높고 많은 강화를 하는 집단은 높은 만족도를 나타내며, 욕구가 높으나 강화가 낮은 집단은 불만족으로 보이게 되는 것이다(김동춘, 1997). 교사들이 과업을 수행해 가는 과정에서 내・외적 욕구가 충족되어 학교생활에 대한 긍정적인 감정 상태에 도달하여 직무에 대한 강한 열성, 애착 등과 같은 감성적 태도를 의미한다. 그리고 직무만족도의 하위변인은 업무에 대한 자부심, 업무에 대한 책임성, 학교에 대한 소속감, 업무수행에 대한 만족도, 심리적 안정감, 능력 발휘, 업무에 대한 보람, 행정가와의 인간관계, 근무조건 등이다.

둘째, 조직적응성(organizational adaptability)에 대하여 김학돈(1994)은 "조직의 환경변화에 대한 적응능력으로 조직 전체 또는 종업원의 환경변화에 대한 적응정도를 의미한다"고 했으며, 조남두(1992)는 학교조직이 내・외적 환경 변화에 어느 정도 신축성 있게 대응하느냐에 대한 교사들의 지각 정도"라고 정의를 내리고 있다. 결국 조직적응성을 교사조직에 한정해서 학교가 새로운 환경에 대하여 신축성 있게 대응하고 학교조직구성원들 간의 조화적 관계를 유지함으로써 능률적 성과를 계속 확보해 나가는 정도를 나타낸다. 이런 측면에서 조남두(1992)의 조직적응성이 학교조직에 가장 적합함을 알 수 있다. 조직적응성에 대한 하위변인은 정부시책에 대한 호응정도, 학교교육방침에 대한 적응, 사회변화에 대한 지각 정도, 지역사회의 요구에 대한 지각 정도, 지역사회와의 유대관계 등을 의미한다.

셋째, 조직생산성(organizational productivity)이다. Sergiovanni 등(1987)은 "조직생산성을 학생, 교사, 교내 그룹들 그리고 학교가 의도한 결과와 서비스를 성취한 정도로 제시"했으며, 조남두(1992)는 "조직생산성을 조직구성원의 효율성을 높이기 위하여 조직의 기능 및 제반지원(supporting)에 대하여 구성원의 지각 정도"를 의미한다고 했다.

조직생산성을 학교조직구성원들의 효율성의 향상이라는 측면에서 볼 때 조남두(1992)의 연구가 본서에서는 가장 적합하게 생각되며, 조직생산성의 하위변인은 필요한 자료의 활용, 위원회제도의 활용, 구성원에 대한 응분의 대우, 분위기 개선을 위한 노력, 목표의 인지 및 시간 운영의 적절성, 업무분장 관계, 학습지도, 근무평정에 대한 적절한 반영 등을 나타낸다.

제3절 행정행위론

행정행위론(administrative behavior)은 실제 장학업무를 수행할 때 장학담당자가 지녀야 할 구체적인 능력이다. 장학담당자가 업무수행에 있어서 가져야 할 행정행위에 대한 기초이론으로서 동기부여이론, 의사소통이론, 의사결정이론을 알고 있어야 한다. 이들 이론은 조직구성원의 작업동기를 높이고, 구성원 간의 의사소통을 원만하게 하고 업무수행 및 추진하는 과정에서 합리적인 의사결정을 가능하게 한다.

1. 동기부여이론

장학은 교사들이 스스로 장학의 필요를 느끼고 장학의 도움을 받아서 성장하고자 할 때 효과적이다. 장학담당자는 교사의 동기유발에 관심을 가져야 될 것이다. 동기부여이론들 가운데 Maslow의 욕구계층이론, McGregor의 X－Y이론, Herzberg의 동기－위생이론, Agyris의 미성숙－성숙이론, Vroom의 기대이론 등을 중심으로 고찰하기로 한다.

첫째, Maslow의 욕구계층이론이다. Maslow(1943)는 인간의 행위와 관련된 욕구단계를 보다 분석적이고 체계적으로 연구한 사람이며, 인간의 욕구들은 타고난 것이고, 욕구충족은 일련의 계층을 형성함으로써 인간의 건전한 성장을 돕는다고 하였다. 다시 말하면, 욕구계층이론은 인간의 욕구와 동기형성과의 관계를 개념화한 이론이다. Maslow의 욕구계층이론의 기본적인 가정을 살펴보면 다음과 같다. ① 사람들이 무엇인가를 갈망하고 있는 것이 인간생활의 특징이다. 인간은 욕망에 의해 동기를 갖게 되는데, 특히 불만족 욕구는 인간의 행위에 영향을 미친다고 보며, 만족된 욕구는 동기로서 역할을 상실한다고 보고, ② 인간의 욕구는 음식물, 활동과 잠 등의 기본적인 욕구로부터 자아실현과 같은 고차적인 욕구에 이르기까지 순차적으로 발생한다는 것이다. ③ 각 단계의 욕구가 만족됨에 따라 전 단계는 더 이상 동기부여적 요소로 작용하지 못하고 다음 단계의 욕구가 행위를 동기화하고 조성하는 요인으로 작용한다는 것이다.

Maslow의 욕구계층이론을 자세히 설명하면 다음과 같다.

① **생리적 욕구**이다. 이는 인간의 욕구 중에서 가장 기본적인 것으로 음식물, 물, 공기, 의복, 활동과 수면, 성, 감각적 자극에 대한 욕구 등 생물학적 생존의 욕구를 의미하며, 인간의 활동을 가장 강하게 지배하지만 일단 이 욕구가 충족되면 인간은 이보다 더 높은 욕구의 지배를 받는다.

② **안전의 욕구**는 생리적 욕구가 만족되면 개인은 새로운 것, 안전의 욕구에 관심을 갖게 된다. 왜냐하면 개인은 환경 내에서의 확실성, 정돈, 조직, 예측성을 알맞은 정도로 보장받고자 하기 때문이다. 그리고 이것은 상대적인 무력감과 어른에 대한 의존 때문에 유아와 어린이들에게서 많이 나타난다고 Maslow가 주장하고 있다. 안전의 욕구의 특징은 위험과 위협으로부터의 보호, 불안과 공포로부터의 자유와 같은 욕구로서 정서적·육체적 안전을 요구하는 것들이다.

③ **소속감과 애정의 욕구**는 주로 생리적이고 안전의 욕구가 충족되었을 때 나타나며, 이 단계에서 동기부여된 개인은 타인과의 애정적인 관계, 자기 가족 내에서의 위치, 준거집단 내에서 인식되기를 갈망한다. 즉 개인은 집단에 소속되고 싶어하고, 동료들과 만족스러운 관계를 갖기를 원하며, 우정과 애정을 서로 나누고 함께 지내기를 좋아한다.

④ **존경의 욕구**는 집단의 한 구성원으로 인정받고 타인을 사랑하려는 욕구가 제대로 충족되면 이 동기의 힘은 한 차원 높은 존경받고자 하는 욕구로 발생한다. Maslow의 가장 건전한 존경은 명성, 지위, 아첨보다는 타인들로부터 얻어낸 존경에 근거한다고 강조했다. 존경의 욕구는 개인의 실제 능력에 근거해야지 개인이 통제할 수 없는 외부 요소에 의존해서는 절대 안 된다고 했다.

⑤ **자아실현의 욕구**이다. Maslow는 자아실현을 자기가 성취할 수 있는 모든 것을 성취하려는 욕구로 설명했다. 이러한 가장 높은 단계에 도달한 사람은 그 자신의 재능, 능력, 잠재력을 충분히 발휘하기 위해 노력한다.

따라서 **Maslow의 욕구계층이론을 종합**하면, 다음과 같다. ① 욕구계층이론은 어느 정도 형식적이고 일반적인 하나의 모형을 제시한 것에 불과하기 때문에 이를 너무 엄격하게 적용해서는 안될 것이다. ② 생리적 및 안전의 욕구는 경제적 보상으로 충족되는 것이므로 고전적·과학적 관리론의 경영방식 및 인간관과 상통한다. ③ 소속감, 애정, 존경, 자아실현의 욕구는 인간관계론적 또는 행동과학적 경영방식이나 인간관과 일맥상통한다. ④ 교원의 지식수준과 과업의 전문성에 비추어 교원에게 중요시되어야 하고 충족시켜야 할 욕구는 보다 높은 수준의 욕구임이 분명하다. 따라서 학교경영자는 교원에게 경제적 보수에 의한 동기유발을 넘어서 교직원 상호간, 교원과 교장 간의 인간관계를 원만하게 유지하도록 해야 할 것이며, 사회적 대우를 향상시켜 각자의 전문성과 수월성을 발휘할 수 있도록 하여야 할 것이며, 학생 상호 간 그리고 교사와 학생 간의 원만한 인간관계를 유지하며, 학생들의 보다 높은 차원의 욕구를 올바른 방법으로 충족할 수 있도록 도와주어야 한다.

둘째, McGregor의 X-Y이론이다. McGregor(1960)는 경영을 행하는데 있어서 결정과 행위에 영향을 주는 인간의 본질과 행동에 관한 경영자의 기본 가정을 X이론과 Y이론이라는 두 유형으로 개념화했다. 그의 이론의 핵심은 조직관리자들이 인간에 대하여 지니고 있는 기본 가정을 두 가지 범주로 나누고 어느 범주에 속하느냐에 따라 조직의 관리전략 및 조직구성원에 대한 동기부여법, 지도성의 방향 등이 달라진다고 했다. 그리고 그의 저서 「기업에서 인간 측면(The Human Side of Enterprise, 1960)」에서 인간의 욕구를 성악설적이고 피동적인 행위유발의 측면에서 이해하려는 X이론과 성선설적이고, 능동적인 행위유발의 측면에서 이해하려는 Y이론으로 나눌 수 있다고 주장했다. X이론은 지시와 통제를 강조하던 전통적인 조직에 대한 경향을 나타내며, Y이론은 개인과 조직의 목표를 통합시키려는 경향을 나타내고 있다.

McGregor의 이론을 바탕으로 해서 상황에 따라 변화되는 인간의 태도 또는 어느 극단적인 목표 추구를 위한 인간의 행동이기보다는 개인의 깊은 사고 이후에 설정된 목표와 조직의 목표를 조화시킨 목표지향적인 인간의 특성이론을 통합이론(integration theory)이라고 하여 Lundstedt와 Lawless는 이를 Z이론이라고 하였다.

이러한 **X이론, Y이론, Z이론을 자세히 제시하면 다음과 같다.**

X이론의 의미는 ① 조직활동에 임하는 모든 구성원들이 자기중심적 행동특성을 가지며, 성악설적 및 부정적 시각으로 사고하는 인간의 유형을 말한다. ② 고전적 조직이론, 과학적 관리이론에 적합하다.

X이론적 인간모형은 다음과 같다. ① 평범한 인간은 본질적으로 일을 싫어하며 가능한 한 일을 하지 않으려 한다. ② 일을 싫어하는 것은 인간의 속성 때문에 조직의 목표를 달성시키기 위해 인간을 통제하며 지시하고 벌로 위협해야 한다. ③ 평범한 인간은 지시받기를 좋아하고 책임을 회피하며, 비교적 야망이 적고 무엇보다 안전하다.

따라서 **X이론에서는 인간**이란 금전적 보상이나 처벌의 위험에서 일할 동기를 얻는다고 가정하고 있으며, 경영자나 행정가는 조직의 구성원들로부터 조직의 목표달성을 위해 그들을 간섭하고 지시, 감독해야 한다고 한다. 그리고 일을 회피하려는 인간의 본성을 억제하기 위해서는 보수 및 적절한 작업량을 부여하며, 게으른 사람에게는 벌로 다스려야 한다고 주장했다.

한편 **Y이론의 의미**는 성선설적이고 능동적인 행위유발의 측면에서 이해하는 것이며, Y이론의 가정은 X이론을 부정하고, 사람에 따라서 환경, 상황, 적절한 자극을 통한 조직관리기법을 사용하면 과업에 자율적일 수 있고 창의적일 수 있다고 가정했다.

Y이론이 가정하는 인간관은 ① 일을 행함에 있어서 신체적 및 정신적 노력의 소모는 유희나 휴식처럼 자연스러운 것이다. 평범한 인간은 본질적으로 일을 싫어하지 않는다. 일은 작업상황을 어떻게 통제하느냐에 따라서 인간에게 만족을 주는 원천이 될 수도 있고 불만족을 주는 원천이 될 수도 있다. ② 인간은 자신에게 부과된 목표를 위하여 자기지향적이며, 자기통제적으로 봉사할 수 있다. ③ 목표에 대한 책임은 목표달성과 관련된 보상의 기능이다. 최상의 보상은 자기만족과 자아실현에서 얻어진다. ④ 평범한 인간은 적절한 상황 아래서는 책임지기를 좋아할 뿐만 아니라 책임지는 일을 스스로 찾는다. 책임을 회피하고 야망도 없으며, 지나칠 정도로 자

기 보호를 강조하는 것 등은 인간의 본성이 아니라 경험에서 생겨난 것이다. ⑤ 조직이 안고 있는 문제들을 해결하는데 비교적 높은 수준의 상상력, 탐구력 및 창의력을 가진 사람은 소수가 아니라 많은 사람들이다. ⑥ 현대 산업사회의 상황 아래서는 평범한 인간들의 잠재적 능력들은 부분적으로만 활용되고 있다(McGregor, 1960).

따라서 **Y이론적 인간관**은 인간이란 게으른 것도 아니며 또 신뢰할 수 없는 것도 아니라고 가정한다. 따라서 인간은 적절하게 동기가 부여되면 과업에 자율적일 수 있고 창의적일 수 있다고 가정하고 있다. 그러므로 교육행정가는 지시, 명령, 통제를 줄이고 개개인이 자율적 근무의욕과 동기가 발생하도록 유인해야 한다. 적절히 동기가 부여된 사람은 자신의 노력을 조직목표 달성에 기울임으로써 개인목표와 조직목표의 통합을 이루려 한다.

상기에서 고찰한 X이론이 과학적 관리 및 행정관리의 이론에 입각한 권위주의적 지도형인 반면, Y이론은 인간관계론에 입각한 관리방법으로 민주적 지도형이라 할 수 있다. 그러나 Lundstedt(1972)와 Lawless(1972)는 X이론과 Y이론 이외에 제3의 관리이론이 있다고 주장하면서 이를 Z이론이라 했다. Z이론은 고정화된 획일적 관리이론을 부정하고 조직과 집단, 개인의 특성을 존중해 주는 비조직형의 관리방법에 입각한 자유방임형이라고 할 수 있다.

Lundstedt(1972)의 Z이론에서 ① Lundstedt는 McGregor의 X이론이 독재형 또는 권위형이며, Y이론은 민주형에 해당되며, 자신의 이론을 자유방임형 또는 비조직형 관리체제에 해당한다고 했다. ② 조직 내의 비조직화된 상태 또는 방임된 상태는 부정적일 때도 있지만 긍정적일 때도 있다. 지도력 결여 때문에 자유방임의 상태가 야기되면 집단적 응집력을 약화시키고 조직의 생산성을 저하시키는 경우가 있다. ③ 휴식시간이나 점심시간의 활동은 자발적이고 방만한 것으로서 무정부상태를 방불케 하지만, 개인의 욕구충족을 위해서 최대의 기회를 제공할 수 있다. 뿐만 아니라 업무의 종류에 따라 방만한 조직상태 아래에서 훌륭한 결과를 가져올 수도 있다. 실험실에서 수행되는 업무나 대학에서 수행되는 업무가 그 좋은 예이다.

또한 Lawless(1972)의 Z이론은 조직이 다르면 관리전략도 변화되어야 한다는 것으로 고정적이고 획일적인 경영방법의 절대성을 의심한다. 즉 때와 장소에 따라 또는 조직의 특성에 따라 그 적합성은 변화될 수 있다고 한다.

따라서 그는 변동하는 환경 속에서 존재하는 조직과 집단 그리고 사람은 변화한다는 사실을 객관적으로 파악하여 그에 대응하는 관리전략을 펴야 한다고 주장했다. 결론적으로 Lawless의 Z이론은 X이론과 Y이론처럼 고정적이고 획일적인 관리방법보다는 변화하는 환경 속에서 조직과 구성원들의 변화를 객관적으로 파악하여 여기에 적합한 관리전략을 수립해야 한다는 것이다.

그리고 Ouchi(1983)의 Z이론이다. 그는 미국기업과 일본기업의 경영방식에 차이가 있는 것은 그들의 생활양식과 자연환경의 영향이라 보고 McGregor가 제시한 X이론과 Y이론에 입각한 미국식 기업형태는 일본식 기업형태와 구별된다고 하였다. 다시 말하면, 일본식 기업형태의 조직모델을 Z형 조직이라 명명하였다. Ouchi(1983)가 제시한 미국식 기업조직과 일본식 기업조직의 차이를 살펴보면 다음과 같다. ① 미국기업이 직원의 고용 측면에서 단기적인 고용제를 채택한 반면 일본기업은 종신 고용제를 실시한다. ② 미국기업은 직원의 승진이나 능력평가를 급속히 행하는데 비해 일본기업에서는 완만하게 진행된다. ③ 미국기업이 업무처리 능력 측면에서 전문성 및 특수성의 경력을 중요시한데 비하여 일본기업은 포괄적인 업무 숙달 및 비전문성의 경력을 중요시한다. ④ 책임 측면에서 미국기업은 개인이 지는데 반하여 일본기업은 집단이 공동으로 책임을 진다. ⑤ 미국기업이 경영 통제 측면에서 외형적이고 공식적인 통제인데 비하여 일본기업은 내면적이고 비공개적 통제이다. ⑥ 미국기업은 인간관계면에서 개별적인 관계중심인데 반하여 일본기업은 집단적 관계중심이다. ⑦ 미국기업에서 노사관계는 상호간의 노동력과 보수를 매개로 한 냉정한 계약관계를 형성하지만 일본기업에서는 노사당사자 간 그리고 고용주와 노동자의 부모나 가족 간에도 깊은 결속이 이루어진다.

따라서 Ouchi의 Z형의 조직은 조직내부에서 높은 정신적 조화를 보이는 조직으로 팀워크를 통한 작업을 강조하고 목표설정이 장기적인 안목에서 이루어지며, 상호교류가 밀접하므로 공정한 평가를 받을 수 있다. 또 도덕성이 높고 사회 및 경제적 유대와 공통 친밀성이 확고하다. Z형 조직의 업무 수행상 자율성이 높고 재량의 폭이 넓은 것이 특징이다. 그러므로 누구나 공감할 수 있는 조화로운 목표설정이 가능한 것이다.

Z이론의 가장 큰 특징은 종신고용과 연공서열에 기반을 두고 조직을 운영함으로써 직원들이 회사 일을 내 일처럼 생각하고 회사에 강한 충성심을 갖게 함과 동시에 조직의 의사결정에 있어서 집단적인 의사결정을 함으로써 구성원의 결속과 단결을 도모할 수 있는 경영방식으로 오늘날 경영학적 측면에서 중시되고 있다.

셋째, Herzberg(1966)의 동기위생이론이다. 그는 인간의 양면성(본능적 및 감성적 측면과 이성적 측면)과 같이 인간의 욕구체계도 이원적임을 가정하여 동기・위생이론을 제시했다. Herzberg는 피츠버그에 있는 11개 산업체에서 203명의 회계사와 기술자를 대상으로 면접방법을 통하여 직무수행 과정상 직무만족을 느끼게 하는 요인과 직무의 불만족을 느끼게 하는 요인을 기술하도록 하였다. 그가 연구한 결과는 다음과 같다. 인간행동에 각각 다르게 영향을 미치는 상호 독립적인 두 개의 욕구로, ① 직무에 만족을 느끼는 욕구인 동기요인(motivating factors)과 ② 직무에 불만족을 나타내는 욕구인 위생요인(hygiene factors)으로 분류했다.

우선 **동기요인**(motivating factors)은 종업원들이 일 자체에 관심과 흥미를 갖고 직무에 만족해하는 인간의 내재적인 요인들로서 직무에 대한 성취감(achievement), 승진(promotion), 발전(advancement), 안정감(recognition), 작업 자체(work itself), 책임감(responsibility), 성장(growth), 자아실현(self actualization) 등이 포함되어 있다. 동기요인은 조직구성원들로 하여금 보다 나은 심리적 만족감과 목표 달성을 위한 동기부여에 효과적인 요인이다.

한편 **위생요인**(hygiene factors)은 종업원들이 일 자체에 불만족해 하는 요인들로 대부분 작업과 직접적 관련을 가지는 작업 내적인 요인들보다는 작업과 관련된 작업 외적인 환경요소들로써 회사의 정책과 행정, 감독의 형태, 상사와의 관계, 작업조건과 봉급, 동료들과의 관계, 개인생활, 부하와의 관계, 지위와 안정감 등을 나타내었다. 위생요인은 의학적 측면에서 예방적·환경적 의미의 요인으로서, 조직구성원들의 직무에 대한 불만을 사전에 방지할 수 있는 환경적 요인들이다.

Herzberg의 연구결과는 다음과 같다(조성일 외, 2004). ① 동기 및 위생요인은 개인의 성장과 생산성과의 관계에서 중요한 의미를 갖고 있으며, 과거 전통적인 경영관에 의하면 직무만족의 반대는 직무불만족으로 불만족의 원인을 제거하면 직무에 대한 동기가 유발되어 만족을 느낀다고 하였다. ② Herzberg는 만족의 반대는 만족이 없는 상태이며, 불만족의 요인을 제거한다고 해서 만족상태로 되돌리는 것이 아니라 종업원을 달래고 진정시키며 불만을 감소시킬 뿐이라는 것이다. 따라서 위생요인이 만족되었을 때 불만족과 작업에 대한 제한요인을 제거하는 데에는 기여하지만, 개개인의 작업성과를 높인다거나 능력 자체를 향상시키는 데에는 영향을 미치지 못한다는 것이다. 예를 들면, 종업원들의 봉급, 상여금, 지도성 유형, 근무조건, 직장의 분위기, 행정가의 태도나 정책 등은 불만의 원인이 될 수 있으나, 봉급과 상여금을 올리고, 근무조건을 개선하고, 더 인간적이고 배려 깊은 행정을 한다고 해도 불만을 감소시킬 뿐이지 이러한 요인들이 동기유발을 하지 못한다는 것이다. 또한 동기요인도 동기요인이 만족됨으로써 조직구성원인 개인은 성숙하거나 성장하여 발전하고 능력의 향상을 가져오게 되며 작업의 성과를 높일 수 있지만, 그것이 만족되지 않는다고 하여 불만족요인으로 생산성을 저하시키는 데 영향력을 미치지는 않는다고 하였다.

Herzberg의 동기·위생이론의 비판점 및 시사점은 다음과 같다(신재흡, 2020).

먼저 비판점은 여러 분야에 공헌했지만 만족요인과 불만족요인을 명확히 구분하기가 쉽지 않았으며, 이러한 요인들은 상황과 개인에 따라 다를 수 있는데 개인차를 고려하지 못했다는 점과 만족과 동기를 동일한 것으로 혼돈하고 있다. 반면에 시사점은 이 당시 교육행정가들은 교사들의 결근, 이직 등의 문제가 발생하면 근무조건이나 봉급만을 올려주면 모든 문제가 해결될 것으로 생각했으며, 보다 근본적인 해결방안은 위생요인 또는 불만족요인의 제거만이 아닌 동기요인과 관련되어 있다는 사실은 행정에 대한 새로운 연구방향과 행정가들에게 새로운 시각을 주었다.

넷째, Agyris의 미성숙–성숙이론이다. Agyris(1957)는 조직의 관리방식이 구성원의 행동과 성장에 어떠한 영향을 미치는가를 연구하여 미성숙-성숙이론(immaturity-maturity theory)을 제시하였다. 그는 개인이 과거의 성장을 기반으로 성장해가면서 <표 2-1>과 같이 일곱 가지 차원의 변화를 일으킨다고 했다. 이러한 Agyris의 개인적 성숙과정은 개인의 성장과정에 기반을 두고 미성숙상태에서 성숙상태로 발전해 간다고 보고 있다. 그러나 관료적 피라미드의 가치체계로 이루어진 공식적 조직에서는 개인의 성숙이 미성숙상태에서 고정될 수 있다는 것이다. 다시 말하면, 공식조직은 X이론적인 고전적 원리가 작용하고 있는데, 그것은 과업의 전문화와 지시의 일원화 그리고 명령체계 및 통솔범위에 근거하여 조직구성원의 개개인을 관리자에게 예속시키고 수동적인 상태로 만들기 때문이다(정태범, 2005).

표 2-1 미성숙 · 성숙의 연속성

미성숙	성숙
• 수동적 행동	• 능동적 행동
• 의존성	• 독립성
• 한 두 가지의 단순한 행동	• 여러 가지의 다양한 행동
• 변덕스럽고 천박한 흥미	• 보다 깊고 강한 흥미
• 단기적 전망	• 장기적 전망
• 종속적인 지위	• 대등하거나 우월한 지위
• 자아의식의 결여	• 자아의식과 자기통제

* 자료: 정태범(1996). 장학론. 서울: 교육과학사. p. 114에서 인용함.

한편 이러한 공식조직 하에서는 구성원의 의사결정권 박탈, 심리적 실패감, 개인적 욕구발현의 좌절 등에서 오는 저항의식이 관리자에 대한 갈등을 초래하게 된다. Agyris는 이와 같은 갈등을 제거하는 방안으로 관리자와 구성원 간의 상호관계에서 대인적 능력을 증대시키고 직무를 확대하며, 지시적인 지도성을 참여적 혹은 구성원 중심의 지도성으로 전환시키는 방안을 제시했다. 따라서 조직관리방식에서 지시적이고 과업 중심의 지도성은 필연적으로 구성원을 미성숙한 상태로 묶어두려는 경향이 있다.

다섯째, Vroom의 기대이론이다. Vroom(1964)은 어떤 행위에 대한 동기부여 정도는 그 행위에 의하여 발생할 수 있는 매력과 그 행위를 통해서 획득할 수 있는 기대라는 두 가지 요인에 의해 결정된다고 보았다. 기대이론(expectancy theory)은 다음과 같은 네 가지 가정에 기초하고 있다. ① 행동은 개인의 힘과 환경적 힘의 결합에 의하여 결정된다. ② 사람은 조직에서 그 자신의 행동을 결정한다. ③ 다른 사람은 다른 형태의 욕구, 욕망, 목적을 가지고 있다. ④ 사람은 주어진 행동이 바람직한 결과를 가져올 것인가 하는 기대의 정도에 따라 어떤 행동을 할 것인가를 결정한다.

개인의 힘과 환경의 힘(또는 동기)이 결합되어 행동을 결정한다. 여기서 개인이란 주로 개인의 가치와 태도 등을 말하며, 환경이란 조직의 문화, 풍토 및 역할기대 등을 의미한다. 조직 내에서 개인의 행동은 미래의 일을 생각하고 추론하고 예상하는 자신의 능력을 이용하여 결정된다. 동기는 여러 법칙에 의해 통제되는 의식적인 과정이다. 사람들은 자신의 행동으로부터 생겨나는 개인적 보수 또는 결과에 대한 기대를 주관적으로 평가한 후에 어떻게 행동할 것인가를 결정한다. 따라서 Vroom의 기대이론에서 행동을 위한 동기의 힘은 기대감(expectancy), 수단성(instrumentality) 및 유의성(valence)의 산물이라는 것이다. ① 기대감(expectancy)이란 조직구성원의 노력이 성공적으로 수행되리라는 신념으로 자기 자신에게 가져올 결과에 대한 기대를 의미한다. 그 정도는 수치로 0에서 1까지의 행동과 결과 사이의 관계를 나타낸다. 예를 들면, 행동과 결과가 관계가 없다면 0이고 이와 반대로 행동과 결과가 확실한 관계라면 1이 되는 것이다. ② 수단성(instrumentality)은 일차적 결과와 이차적 결과 간의 관련성을 지각하는 정도를 나타내며, 그것은 일차적 결과가 이차적 결과를 획득하는 수단적 역할을 한다는 것이다. 이러한 수단성은 일차적 결과가 이차적 결과를 가져오게 하리라는 확률치 −1에서 +1까지로 나타낸다. ③ 유의성(valence)은 여러 행동대안의 결과에 대하여 개인이 갖고 있는 선호의 강도로써 개인의 욕구 반영, 보상, 승진, 인정과 같은 긍정적인 유의성(positive valence)과 과업과정에서의 압력과 벌 등의 부정적 유의성(negative valence)으로 구분할 수 있다.

2. 의사소통이론

학교의 교육목표 달성을 위해 조직구성원들은 끊임없이 의사소통을 하지 않으면 안 된다. 교사와 학생 간, 교사 상호간, 학생 상호간, 행정가와 교사 간, 장학사와 교사 간에 직접적인 대화나 질의응답, 전화, 회의, 문서 등 비디오 및 팩스, 전자우편 등의 다양한 방법과 매체를 활용한 의사소통은 일과 시간의 대부분을 차지할 정도로 중요하다.

따라서 여기서는 의사소통의 의미, 의사소통의 유형, 의사소통의 절차, 의사소통의 장애요인, 의사소통의 촉진 등에 대해서 알아보고자 한다.

1) 의사소통의 의미

의사소통에 대한 제 학자의 견해를 들면 다음과 같다.

① Katz와 Kahn(1978)은 "의사소통(communication)이란 정보의 교환과 의미의 전달이며, 사회시스템 혹은 조직의 본질"이라고 말하고 있다. ② Lewis(1975)는 "의사소통이란 발신자와 수신자 사이에 상호이해할 수 있는 메시지, 생각, 태도를 나누어 가지는 것"이라 했다. ③ Schramm(1971)은 의사소통이란 "한 사람이 다른 사람에게 영향을 줄 수 있는 모든 절차"라고 규정지었다. ④ Lasswell(1948)은 의사소통의 요소로서 누가(who), 무엇을(what), 어떤 경로를 통하여(in which channel), 누구에게(to whom), 어떤 효과를 주는가?(with what effect)의 다섯 가지를 들고 있다.

상기에서 의사소통에 대한 제 학자들의 견해를 살펴보았다. 의사소통이란 단순하게 개인 간에 정보를 교환하는 과정이라고 할 수 있고, 조직에 있어서는 상위자와 하위자 간, 동료 간, 조직의 내부와 외부 등에 있어서의 의사소통 또는 정보의 전달을 의미한다. 여기서 주의할 점은 한 행정가가 말을 하거나 글을 쓰는 행동으로 곧 의사소통이 이루어졌다고 단정지을 수는 없다는 사실이다. 왜냐하면 그가 보낸 메시지는 상실(loss) 또는 왜곡(distortion)으로 인해 수신되지 않을 수가 있기 때문이다. 따라서 의사소통이란 보내진 메시지가 수신된 한도 내에서만 발생한다고 볼 수 있다. 따라서 지도자는 자신의 의사를 구성원에게 전달하고, 자신의 입장을 이해시키는 과정에서 정보를 획득하기도 하며, 의사소통을 통하여 구성원들에게 동기를 부여하거나 영향을 미치기도 한다.

2) 의사소통의 유형

의사소통의 유형에는 기준에 따라서 다양하게 분류되고 있다. 그 기준에는 목적, 메시지의 기호, 매체의 종류, 환류 및 정보소통의 방향, 조직의 성격 등이 있다. 의사소통의 유형에 관해 남정걸(1999)은 의사소통의 방법에 따라 언어적 의사소통과 비언어적 의사소통으로, 의사소통의 방향에 따라 하향적, 상향적, 수평적, 대각선적 의사소통으로 분류하고 있다. 또한 공식적 조직에서의 의사소통과 비공식적 조직을 통한 의사소통으로 분류했다. 김윤태(1994)는 공식·비공식적 의사소통, 수직적·수평적 의사소통, 언어적·비언어적 의사소통으로 분류하고 있다. 여기에서는 남정걸(1999) 및 김윤태(1994)가 제시한 의사소통의 유형을 토대로 삼고자 한다.

첫째, 의사소통의 방법에 따라서 언어적 의사소통과 비언어적 의사소통으로 분류된다. ① 언어적 의사소통(verbal communication)은 언어를 써서 사상과 감정 및 의도를 서로 소통하는 방식을 말하는 것으로 여기에는 음성언어와 문자언어가 있다. ② 비언어적 의사소통(nonverbal communication)은 언어 이외에 자세, 몸짓, 얼굴표정, 복장, 감정, 태도 등을 통해서 의사를 전달하는 방법이다.

둘째, 의사소통의 방향에 따라서 하향적 의사소통, 상향적 의사소통, 수평적 의사소통, 대각선적 의사소통으로 구분되고 있다. ① 하향적 의사소통(downward communication)은 조직 계층이나 명령계통에 따라 상급자가 하급자에게 그의 의사와 정보를 전달하는 것이다. 상의하달 방법으로는 보통 구두, 문서에 의한 명령과 일반적 정보가 있다. ② 상향적 의사소통(upward communication)은 계층의 하부에서 상부로 정보와 의사가 전달되는 것을 말한다. 하의상달의 방법으로는 보고, 제안제도, 의견조사, 면접 등이 있다. 한편 ③ 수평적 의사소통(horizontal communication)은 동일계층상의 부문 간이나 상하관계에 있지 않은 사람들 사이에서 이루어지는 의사소통을 말한다. 여기에는 사전심사제도, 회의 및 위원회, 회람 및 통보 등의 방법이 있다. ④ 대각선적 의사소통(diagonal communication)은 조직표상의 의사소통의 경로를 밟아서는 원활하고 신속한 의사소통이 어려울 경우에 이루어진다. 예를 들면, 교육부에서 필요한 자료를 교육감－교육장－교장을 통해 이첩·하달하고, 다시 교장－교육장－교육감을 통해 교육부에 보고할 것이 아니라 교육부에서는 가장 필요한 지위에 있는 사람들만 대각선으로 연결하여 시간을 절약할 수 있다. 시·도교육청의 시설과에서 중학교의 시설에 관한 자료가 필요할 경우 직접 지역교육청의 중등교육과장을 통해 중학교의 교장에게 공문을 전달하고, 그 지역으로 상향적 보고 공문이 회신되면 의사소통의 경로를 단축하게 되어 신속하게 의사소통이 이루어진다. 다시 말하면, 동일한 조직의 상·하계층에서 서로 다른 부서의 상사나 부하에게 협조나 지시 등을 주고받는 것으로 대각선적 의사소통을 의미한다.

셋째, 공식적 의사소통과 비공식적 의사소통이다. ① 공식적 의사소통(formal communication)은 공식 조직 내에서 공식적 의사소통의 경로와 수단을 통해서 정보가 유통되는 것을 말한다. 이는 조직구성원에게 조직의 목표와 방침 및 지시사항을 알리고, 다시 의견이나 보고내용을 수렴하는 데 그 목적이 있으며, 주로 공문서, 서면, 구두명령, 보고 등의 방법을 취한다. ② 비공식적 의사소통(informal communication)은 자생집단 내에서 비공식적 방법으로 이루어지는 의사소통을 말한다. 이는 공식적 직책을 떠나 친분, 상호신뢰 등 인간관계를 기초로 하여 의사소통을 하는 것이다. 이러한 비공식적 의사소통은 풍문, 유언, 전화 및 접촉 등의 형태를 띤다.

상기에서 의사소통의 유형을 살펴보았다. 의사소통의 유형은 의사소통의 방법에 따라서 언어적 의사소통(verbal communication)과 비언어적 의사소통(nonverbal communication)으로, 의사소통의 방향에 따라서 하향적 의사소통(downward communication), 상향적 의사소통(upward communication), 수평적 의사소통(horizontal communication), 대각선적 의사소통(diagonal communication)으로, 공식적 의사소통(formal communication)과 비공식적 의사소통(informal communication)으로 대별할 수 있다. 결국 의사소통 없이 장학을 할 수 없다.

공문기안, 장학협의, 각종 회의의 조직과 운영, 세미나, 워크숍, 직원연수 등 모든 것이 의사소통에 의하여 이루어진다. 따라서 어떤 결정을 할 때 이제 혼자서 독단으로 하는 일은 거의 사라지고 있다. 그러므로 집단과정을 거쳐서 어떤 결정을 하려면 반드시 의사소통의 기술과 능력이 있어야 할 것이다. 그 동안 장학에서 의사소통에 등한히했던 점을 고려하여 앞으로 더욱 더 많은 노력을 기울여야 할 것이다.

3) 의사소통의 절차

의사소통의 절차에 대해 Griffiths(1979)는 교육조직에 보다 유용한 의사소통의 사회적 모형을 두 가지 형태로 제시하고 있다.

① 발신자가 환류를 받아 볼 수 없는 일방적 의사소통과정은 [그림 2-3]과 같은 과정을 따라 행해진다고 한다. 예를 들면, 신문, 방송, 서적 등과 같이 수신자의 내적 반응만 일으킬 뿐 그 반응이 발신자에게 되돌아가지 않는 경우를 말한다.

발신자 (sender) → 메시지 (message) → 매체 (medium) → 수신자 (receiver)

그림 2-3 일반적 의사소통모형

자료: Francis Griffiths(1979). Administration Theory in Education: Text and Readings. Midland, Mich.: Pendell Publishing Co., p. 298.

② 또 다른 하나의 형태는 환상선을 이루는 것으로 [그림 2-4]에서 보는 바와 같이 발신자는 메시지를 얻어 언어, 몸짓, 그림, 기호 등으로 기호화하여, 그것을 대기파나 유인물 등의 메시지를 통해 수신자에게 전달하면 수신자는 전달된 메시지를 해석하여 발신자에게 반응하게 된다. 이때 기존의 발신자는 수신자가 되고, 수신자는 발신자로 역할이 전환되는데, 이와 같은 반응 또는 피드백은 환상선을 통해 이루어지게 되어 일련의 의사소통이 순환과정을 거친다고 한다.

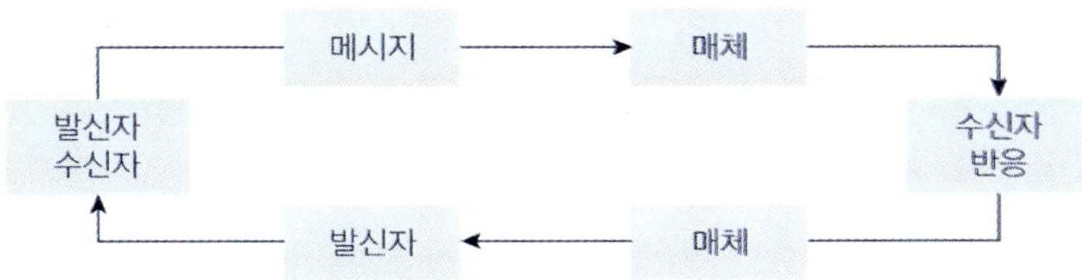

그림 2-4 환상선을 통한 의사소통 모형

자료: Francis Griffiths(1979). Administration Theory in Education: Text and Readings. Midland, Mich.: Pendell Publishing Co., p. 298.

이 밖에도 의사소통의 절차에 대한 제 학자의 다양한 견해들이 있으며, Knezevich(1984)의 경우는 의사소통의 절차를 발신자 → 상(메시지, 정보) → 도구(음성, 문자) → 경로(전달매체) → 수신자 → 영향 등으로 제시했으며, Shannon과 Weaber는 정보원 → 발신자 → 전언(경로 또는 매체 ← 소음) → 수신자 →목적지 등으로 주장하고 있다(조성일 외, 2004: 150 재인용).

4) 의사소통의 장애요인

의사소통이 잘 되려면 조직은 결속되고 조직이나 경영자의 의도를 구성원들이 충분히 알고 과업에 임해야 한다. 또한 경영자는 조직의 상부에서 하부에 이르는 여러 계층과 부서에서 일어나고 있는 일을 알고 조직을 이끌고 나간다. 그러나 이미 여러 가지 원인에 의해서 의사소통은 영향을 받으며, 비효과적으로 이루어지는 것이 상례이다(신재흡, 2020; 남정걸, 1999).

Bennett(1991)는 **의사소통의 문제점**을 다음과 같이 제시하고 있다. ① 정보전달과정에서의 왜곡, 발신된 정보와 수신된 정보가 일치하지 않는다. ② 특정 문제에 대하여 자신들이 가지고 있지 않은 정보를 다른 사람들은 알고 있으리라고 가정한다. ③ 무능력이나 태만 혹은 무관심 때문에 사람들이 중요한 정보를 간과하거나 차단한다. ④ 때로는 상대방이 현 사태에 대해서 충분히 알 필요가 있는 것보다 의사소통을 덜한다. ⑤ 비밀 정보체제가 잘못된 정보를 퍼뜨린다.

한편 발신자가 수신자에게 의사를 전달하는 의사소통과정의 어느 단계에서나 의사소통이 방해되거나 차단 또는 왜곡될 수 있는데, 이를 의사소통의 장애(barriers to communication) 또는 소음(noise)이라고 한다.

의사소통의 장애물을 열거하면 다음과 같다(Wiles & Lovell, 1975).

① 사람들이 각각 다른 의미를 갖는 기호나 단어를 사용한다.
② 집단구성원들이 다른 가치를 갖고 있다.
③ 문제에 대하여 각각 다르게 지각한다.
④ 각각 다른 신분을 가지고 있는데 신분을 강조하면 의사소통은 막힌다.
⑤ 이해관계에 갈등이 있다.
⑥ 의사결정이 합의가 아니라 다수결에 의하여 이루어진다. 다수결에서는 상호이해보다 숫자를 따지게 한다.
⑦ 토의 시 감정을 제거하려고 노력한다. 그래서 진정한 의사소통을 하기가 어렵다.
⑧ 사고를 하지 못하게 하는 말을 사용한다.
⑨ 다른 사람의 관점, 감정, 가치, 목적을 이해하려는 노력이 부족하다.
⑩ 다양성을 수용하려고 하지 않는다.
⑪ 일방적인 협조를 요청하는 경향이 있다. 특히 상급자가 이러한 경향이 강하다.
⑫ 상급자 의식이 장애가 된다. 상급자 의식을 가진 송신자는 자유로이 개방적으로 말하지 못하고, 상급자 의식의 수신자는 정확하게 들으려 하지 않는다.
⑬ 자기 이익을 방어하려는 사람은 완전히 개방적이고 정직하게 의사소통하기 어렵다.
⑭ 개인적 불안정감을 가지고 있으면 의사소통이 어렵다.
⑮ 분명한 설득의도가 나타나면 의사소통하기 어렵다.
⑯ 수신자, 송신자의 역할을 엄격히 구별하면 자유스런 의사소통이 어렵다. 상호보완적이어야 한다.
⑰ 상황이나 환경을 부정적으로 보면 의사소통이 어렵다.

이상에서 살펴본 의사소통의 장애요인 외에도 다음과 같은 것을 들 수 있다(남정걸, 1999).

① 의사소통 당사자 간의 문제에 대한 인식의 차이
② 어떤 의사결정의 결과에 대한 이해의 상반
③ 설득이나 합의보다는 다수결에 의한 의사결정
④ 다양성을 수용하지 않고 일방적인, 획일적인 의사의 강행
⑤ 지방·종교·직업·단체 등 그가 속한 사람들에 대한 어떤 유형의 고정관념에 의한 선입견
⑥ '하나를 보면 열을 알 수 있다'는 편견에서 오는, 즉 특정인의 오직 하나의 특성만을 가지고 그 사람의 전체적 성격을 일반화하는 후광효과(halo effect)
⑦ 상대방에 대한 불신이나 자신의 우월감, 경청하는 성의의 결여 등이 있다.

상기에서 의사소통의 제 장애요인을 살펴보았는데, 우선 전달자와 피전달자에 관련된 장애요인에는 사고기준의 차이, 직위상의 차이, 교육 정도의 차이, 전달자의 의식적 제한, 전달자의 방어 등이 있다. 또 의사소통과정이나 수단에 관련된 요인에는 언어, 지리적 위치, 타부서의 압박 등이 있을 수 있다. 이러한 장애요인으로 발생하는 대표적 요인으로 생략, 왜곡, 증폭, 확산 등이 있다.

5) 의사소통의 촉진

학교에서 정확하게 개인적이고 조직적인 의사소통을 한다는 것은 어렵다. 그러나 의사소통을 계획하고 의사소통에 관한 지식을 활용한다는 것은 행정적 의사소통의 능률성과 효율성을 증가시킬 수 있다. 개인의 의사소통 능력을 증가시키기 위하여 사회·심리적 의사소통과정으로부터 그 지침을 도출할 수 있다. Sayles(1966)는 의사소통의 일반적 지침을 다음과 같이 제시하고 있다. ① 의사소통의 흐름에 따라 정보를 전달하기 위한 목적을 결정한다. ② 메시지를 왜곡할지도 모르는 청중과 그들의 특성을 파악한다.

③ 수신자에 의한 왜곡을 감소시키기 위하여 송신자와 수신자 간의 관계에 맞는 메시지를 결정한다. ④ 미디어와 전달 채널을 결정한다. ⑤ 심리적 영향을 크게 할 수 있는 적당한 시간에 메시지를 전달한다. ⑥ 의사소통의 양을 고려한다. ⑦ 피드백을 이용하여 결과를 측정한다.

또한 Hoy와 Miskel(1991)은 학교의 의사소통을 증가시키기 위하여 다음과 같은 제안을 했다. ① 의사소통체제에 대한 조직설계를 평가한다. ② 의사소통과정을 촉진하기 위한 기제를 발전시킨다. ③ 정보의 저장과 재생체제를 발전시킨다. ④ 좋은 의사소통기술을 가진 인사를 선발한다. ⑤ 의사소통기술을 향상시키기 위한 현직연수 프로그램을 발전시킨다.

위에서 의사소통의 촉진에 대한 제 학자의 견해를 고찰하였다. 교육현장에서 적극적이고 효과적인 의사소통을 하기 위해서는 상대방의 입장을 이해하면서 감정이입을 하지 않으며, 항상 피드백을 주고받아야 할 것이다. 또한 가능한 한 타인의 말을 경청하고, 권력과 조직에 의한 전달을 피해야 될 것이다. 그리고 자기 자신과 상대방을 신뢰하면서 타인의 입장을 수용하려고 노력하는 것이 의사소통 촉진의 첩경임을 알아야 할 것이다.

3. 의사결정이론

의사결정이론은 1940년대부터 점차 관심의 초점으로 부각되었으며, 교육행정학에서는 1950년대부터 관심을 갖게 되었다. 의사결정(decision-making)은 모든 장학담당자가 수행하는 가장 중요한 기능 가운데 하나이다. 왜냐하면 장학조직 역시 다른 공식조직과 마찬가지로 의사결정구조이기 때문이다.

1) 의사결정의 의미

의사결정에 대한 제 학자의 견해를 살펴보면 다음과 같다. Sergiovanni와 Carver(1980)는 "의사결정이란 행정활동의 핵심이고 교육활동의 중심이며, 행정의 효과성을 이해하는 중추개념"이라고 했다. Griffiths(1959)는 "의사결정이란 조직의 심장이요 행정의 과정이다." 그리고 Livingston(1953)은 "결정에 도달하는 과정이요, 일반적인 사건이 아닌 계속적이고 역동적인 과정"이라고 정의하고 있다. 또한 Barnard(1962)는 "의사결정은 조직이 목적달성을 위해 여러 대안 중에 최적의 것을 선택하는 논리적 과정"으로 보고 있다. Jones(1962)는 "목표에 도달하기 위해서 행정가가 임의로 가장 효과적인 수단으로 선택한 행동의 진로"를 의사결정으로 보고 있다.

위에서 의사결정에 대한 여러 학자들의 견해를 고찰했다. 의사결정이란 그것을 연구하는 학자들의 접근 방법에 따라 정의를 다르게 내리고 있으나, 의사결정이란 행정활동의 중핵적인 문제이며, 교육활동에서 중추적인 기능으로 여러 대안 가운데서 조직의 목표달성을 효과적으로 수행하기 위해 제시된 대안들 중에서 최적의 것을 선택하는 일련의 행위로 볼 수 있다.

2) 의사결정의 과정

의사결정을 연구하는 학자들은 편의상 의사결정의 과정을 몇 개의 단계로 구분하는 것이 상례이다. 그것은 의사결정이란 시간선상에 순서적으로 배열된 제 과정을 거쳐서 이루어진다고 보기 때문이다.

의사결정의 과정에 대한 여러 학자들의 입장을 정리하면 다음과 같다.

첫째, Simon(1960)은 ① 의사결정에 필요한 조건을 탐색하는 정보활동(intelligence activity), ② 가능한 행동 대안을 고안하고 개발하며 분석하는 설계활동(design activity), ③ 여러 대안으로부터 특정한 하나의 대안을 선택하는 선택활동(choice activity) 등 3단계로 구분하고 있다.

둘째, Hoy와 Miskel(1982)은 의사결정과정으로 [그림 2-5]와 같은 5단계 순환과정을 제시했다.

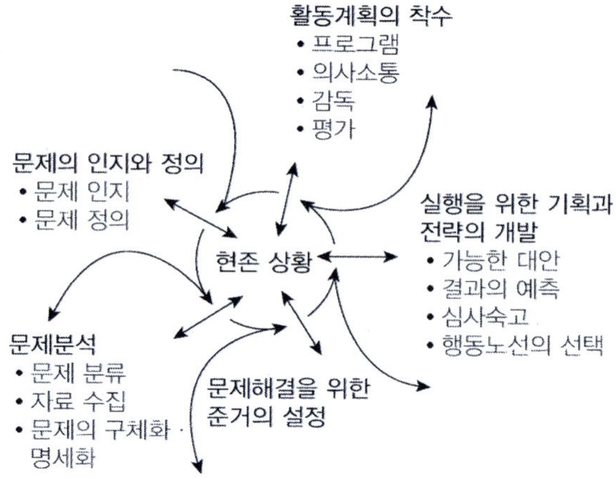

그림 2-5 의사결정의 순환과정

[그림 2-5]에서 본 바와 같이, ① 문제의 인지와 정의, ② 현존 상황에서의 문제 분석, ③ 문제해결을 위한 준거의 설정, ④ 실행을 위한 계획과 전략의 개발, ⑤ 활동계획의 착수 등으로 의사결정의 활동적 순환(action cycle)을 이룬다고 제시하고 있다.

셋째, Griffiths(1959)는 의사결정과정을 문제인식과 한정, 문제분석과 평가, 기준의 정립, 정보수집, 해결방안의 설정과 사전검토, 최선의 방안선택과 시행을 들고 있다.

상기에서 제 학자들의 견해를 종합해볼 때, **의사결정과정**은 문제인식단계, 현황분석단계, 최적의 대안 탐색단계, 활동계획 수립단계, 실행 및 평가의 단계 등 5단계로 볼 수 있다. ① **문제인식단계**는 문제해결을 위해서 우선 당면과제를 파악하고, 그것을 바탕으로 하여 구체화된 내용으로 목표를 설정한다. ② **현황분석단계**는 객관적이고 정확한 자료와 정보를 수집하고 과학적인 분석을 통하여 합리적인 대안 탐색을 한다. ③ **최적의 대안 탐색단계**는 수집 및 분석된 정보를 바탕으로 하여 문제해결에 영향을 미치는 변인과 그 상호작용 결과를 예측 및 평가함으로써 가능한 대안을 창출한다. ④ **활동계획 수립단계**는 각 대안의 장단점이 분석되어 합리적인 대안이 선정되면, 대안의 투입을 위해 과업의 특성을 고려하여 구체적인 활동계획을 수립한다. ⑤ **실행 및 평가의 단계**는 수립된 활동계획에 따라 계획을 실행하며, 문제해결 및 목표달성이 만족할 만한 것인지를 평가하여 그 결과는 재투입한다.

3) 의사결정의 유형

의사결정의 유형은 학자들의 관점에 따라 다소 다를 수 있다. 일반적으로 널리 알려진 **의사결정 유형**을 고찰하기로 한다(신재흡, 2020; 한국교육행정학회, 1995).

첫째, 단독 결정과 집단 결정이다. 단독 결정(one-man decision)은 다른 사람들의 참여 없이 최고책임자가 단독으로 결정함을 말하고, 집단 결정(group-decision)은 조직의 모든 계층의 사람들이 참여하여 이루어지는 결정이다.

둘째, 사적 결정과 조직 결정이다. 사적 결정(personal decision)은 개인의 목표 성취를 위한 결정인데 비해서, 조직 결정(organizational decision)은 조직의 목표를 달성하기 위한 결정이다. 그런데 이 두 결정이 때로는 모순되지 않고 상호 목표달성을 조장할 때도 있지만 상충되어 다른 쪽의 목표 달성을 방해하기도 한다.

셋째, 정형적 결정과 비정형적 결정이다. 정형적 결정(programmed decision)은 일상적으로 반복적이며, 결정을 위한 명백한 절차가 정형화되어 있는 것으로서, 대개는 기존의 법령이나 선례에 따라 기계적으로 이루어진다. 이러한 결정을 일상적 결정(routinized decision)이라고도 한다. 비정형적 결정(non-programmed decision)은 선례가 없고 새롭고 비구조적인 것으로, 그 문제를 다루는 상투적인 방법이 없을 정도로 비정형화된 결정이다. 이런 결정을 문제해결결정(problem-solving decision)이라고도 한다.

넷째, 위임 결정과 창의적 결정이다. 위임 결정(intermediary decision)은 상위자가 하위자에게 결정할 수 있는 권한을 위탁했을 때의 결정 등이 있다. 위임 혹은 위탁 결정은 결정의 문제가 외부로부터 발생하기 때문에 그 결정을 할 권한의 위임에 따라 결정하게 된다. 한편 창의적 결정(creative decision)은 의사결정자가 독자적이고 주도적으로 하는 결정이다. 창의적인 결정은 때때로 결정과정에 참여한 사람들 간에 분담하는 수는 있어도 결코 다른 사람들에게 위임될 수 없는 결정이다.

다섯째, 합리적 결정과 비합리적 결정이다. 합리적 결정(rational decision)은 오랜 기간 동안 심사숙고한 다음에 내려지는 결정이기 때문에 유목적적이고 자유재량적이다. 비합리적 결정(non-rational decision)은 즉흥적이고 육감적인 결정으로서, 결정과정에 지적인 활동이 없이 되는 대로 내려지는 결정이다.

4) 의사결정의 제한 요인

의사결정을 제한하는 요인을 그것의 발생 근거에 따라 구분하면, 결정자인 인간이 지니는 다양한 속성, 의사결정이 이루어지는 조직구조상의 특성, 의사결정에 영향을 미치는 환경적 요인 등을 들 수 있다(신재흡, 2020; 정태범, 2005; 김정한, 2004; 한국교육행정학회, 1995).

① 결정자 요인이다. 의사결정은 결국 인간이 행하는 것으로 결정자인 인간이 지니는 여러 가지 속성이 의사결정의 제약요인으로 작용하게 될 수 있다. 그 속성으로는 가치관, 태도, 인지, 권위주의적 결정, 인간의 비전지 전능성 등이 있다. ② 조직구조상 요인이다. 의사결정은 조직 내의 여러 요인의 상호작용 속에서 이루어지므로 조직구조상의 요인이 의사결정을 제약하는 결과를 가져온다. 그러한 요인으로는 집권화, 문제와 목표의 다기성, 선례, 정보 및 자료, 의사소통의 실태, 시간 부족 및 희소자원 등이다. ③ 환경적 요인이다. 의사결정을 저해하는 환경적 요인은 결정체의 외부로부터 생기는 것이다. 환경은 항시 변하고 있으며, 결정체와 상호의존과 상호작용의 관계를 갖는다. 결정에 있어서 제한의 예로는 투입기능의 취약성, 사회적 규범, 관습의 영향 등이 있다.

제4절 권력과 권위이론

행정도 그렇지만 장학은 다른 사람으로 하여금 가지고 있는 능력을 최고도로 발휘하게 하여 본인도 행복하고 학교조직도 발전하게 하자는 것이라고 하였다. 그렇게 하기 위해서 어떤 형태로든 다른 사람과 조직에 영향력을 줄 수 있어야 한다. 장학에서 중요한 요소가 장학적 영향력을 교사의 교수행위에 미치게 하여 궁극적으로 학생의 학습행위에 변화를 주는 것이라고 했던 점을 상기하면 이 장학적 힘이 얼마나 중요한 것인가를 짐작할 수 있다. 여기서는 이 장학적 힘에 해당하는 권력(power)과 권위(authority)를 중심으로 살펴보고자 한다.

먼저 권력과 권위의 개념, 교원의 권력 강화, 장학사의 권위에 대해서 알아보고자 한다(조성일 외, 2006; 김정한, 2004; 남정걸, 1999; 한국교육행정학회, 1995; 김영식·주삼환, 1990; 주삼환, 1990).

1. 권력과 권위의 개념

권력과 권위는 엄격히 구별되는 개념이면서 흔히 상호교환적으로 쓰이는 인접 또는 유사개념이다. 그런데 구태여 구별하려고 한다면, 우선 권력은 힘을 행사하는 쪽에 비중이 주어지고 권위는 영향을 기꺼이 받고자 하는 사람 쪽에서 보는 것이다. 자세하게 말하자면 권력은 행사하는 쪽에서 본 것이고 권위는 받아들이는 쪽에서 세워주는 것이다. 그래서 권력은 의사결정과정에 영향을 미칠 수 있는 개인의 능력이라고 정의할 수 있는데, 이 능력은 학교사회의 階序的인 공식적 지위에서 나오는 경우도 있지만, 전혀 다른 원천에서 나오는 경우도 있다. 예를 들면, 공식적 지위에 부합되는 권위는 없는데 실제로 학교의 의사결정과정에 강한 영향력과 권력을 행사하기도 한다. 그런데 권위란 다른 사람으로 하여금 학교목적 달성을 위하여 행동하도록 하는 힘을 말한다. 권위란 지도자가 조직구성원에게 자신의 의지를 행사하는 것이 적절하다고 믿는 바에 의하여 구성원이나 추종자가 자발적으로 순응하는 것이라고 할 수 있는 것으로 지위와 결부된 지위에 따른 내재적 권리이다.

권위의 유형이나 형태에 대해서 여러 학자들이 분류하고 있으며, 교육행정학계에 널리 적용되고 있는 것들을 예로 들면 다음과 같다.

Weber는 권력의 합법성·정당성의 근거에 따라 권위를 카리스마적 권위, 전통적 권위, 합법적 권위의 세 가지로 구분했다. ① **카리스마적 권위**(charismatic authority)는 부하가 상사의 명령을 상사의 인품에 공감하고, 그가 가지고 있는 감화력 때문에 정당한 것으로 수락하는 경우를 말한다. 이는 상사나 지도자의 비범한 개인적 마력 때문에 추종하는 것으로, 비합리적이고 정의적이며 감정적인 것이 특색이다. 또한 ② **합법적 권위**(legal authority)는 부하가 상사에게 복종하는 것은 그 사람이나 직위 그 자체 때문이 아니라 그것이 합법적이라고 생각하는 일련의 추상적인 규칙과 일치하고, 그 규칙에서 도출된 것이기 때문에 합리적이고 정당한 것으로 받아들이는 경우이다. 이를 관료적 권위라고도 한다. ③ **전통적 권위**(traditional authority)는 상사의 명령을 과거로부터 인습적으로 언제나 그러했기 때문에 정당한 것으로 받아들이는 것을 말한다. 흔히 상사의 지위는 관례적으로 세습되는 것이 일반적이다. 학생들이 교사의 권위를 당연시하는 것은 그들의 부모들도 과거에 그러했기 때문이다.

Peabody(1962)는 공식적 권위를 둘로 나누어 ① 합법적 권위와 ② 지위권위, 다시 기능적 권위를 둘로 나누어 ③ 능력 권위와 ④ 개인적 권위의 4개의 권위 유형에서 어떤 권위를 존중하는가에 대하여 경찰, 복지단체직원, 초등학교 교사를 대상으로 조사한 결과를 <표 2-2>와 같이 나타냈다.

표 2-2 3가지 공적 봉사조직에서의 권위의 기초 인식분류

구 분	권위의 기초	경찰부서	복지단체	초등학교
		(N=23)	(N=23)	(N=23)
합법적 권위	일반적 합법성	12%[1)]	9%	10%
	법규 등	15%	17%	15%
	행정적 판례, 규칙, 지침	0	17%	0
	지도위원회, 위원회의 정책	0	0	10%

지위로부터의 권위	최고위층의 외부적 실행과 전체로서의 조직[2]	0	17%	15%
	최고위층의 내부적·실행적·개선적 위치, 전체로서의 행정[3]	27%	13%	30%
	중간조정적 장학담당자	9%	39%	0[4]
	지위나 직무특성의 전수	30%	26%	15%
능력으로부터의 권위	전문적·기술적 능력과 경험	15%	22%	45%
개인적 권위	권위가 행사되는 개인적 특성이나 방법	42%	13%	15%
	기타 요인	6%	4%	0
	관련요인 없음	18%	22%	15%

주) 1. 어느 경우 권위의 기초를 하나 이상 응답하였기 때문에 전체 %가 100이 넘는 경우도 있음.
2. 최고위층의 외부적 실행자는 예를 들어 군의 관리자, 시의 관리자, 학교의 교육감 등 상부조직의 주요 직책도 포함함.
3. 최고위층의 내부적 실행자는 경찰서장, 책임자, 교장을 가리킴.
4. 초등학교의 경우 최고위층의 내부적 실행자로서 표시된 경우임.

자료: Robert L. Peabody(1962). "Perceptions of Organizational Authority: A Comparative Analysis". Administrative Science Quarterly. Vol. March. p. 477.

<표 2-2>에서 초등학교 교사들의 경우 전문적 능력의 권위에 다소 중요성을 두고(45%), 복지단체에서는 22%, 경찰부서에서는 15%가 능력권위에 근거를 두고 있다는 사실을 알 수 있다. 중·고등학교 교사에 대한 자료는 없으나 교사들이 전문적 능력권위를 존중할 것이라는 것은 거의 분명할 것이다. 그렇다면 장학담당자는 전문적 능력에 의한 권위에 기반을 두고 장학하지 않으면 장학에서 신뢰를 받기 어려울 것이라는 짐작을 할 수 있다. 특히 인간자원장학에서는 권위의 기초로서 능력과 개인적 측면을 중시한다는 점을 고려해야 한다.

따라서 장학담당자의 권위의 근거가 바뀌고 있으며 또 경우에 따라서는 약화되고 있다. 학교장의 권위도 변화하고 있으며, 아울러 약해지고 있는 경향이 있다. 교육의 전문성이 강조되면 될수록 학교장과 장학담당자의 역할에 대한 인식은 전통적·관료적 권위에서 전문적 능력권위가 강조될 수밖에 없을 것이다.

대부분의 교육행정가들은 그 기관의 대표이며 동시에 장이라는 이유로 그 기관의 권력을 갖게 마련이다. 권력의 유형에 대하여 제 학자들의 견해를 들면 다음과 같다.

첫째, French와 Raven(1968)은 O라는 개인이 P라는 개인에게 행사하는 사회적 권력의 기초를 다섯 가지로 분류했다. ① **보상적 권력**(reward power)은 O가 P에게 보상을 제공할 수 있는 능력을 가지고 있다고 P가 지각할 때 생기는 권력이다. ② **강제적 권력**(coercive power)은 O가 P에게 벌을 줄 수 있는 능력을 가지고 있다고 P가 지각할 때 생기는 권력이며, ③ **합법적 권력**(legitimate power)은 O가 P의 행동을 규정할 수 있는 합법적인 권력을 가지고 있다고 P가 지각할 때 생기는 권력을 의미한다. ④ **참조적 권력**(referent power)은 O가 P를 동일시하는데서 생기는 권력이다. 마지막으로 ⑤ **전문적 권력**(expert power)은 O가 특별한 지식이나 경험을 가지고 있다고 P가 믿는데서 나오는 권력을 말한다. 그리고 French와 Raven의 권력을 구체적으로 살펴보면 다음과 같다. **보상적 권력**(reward power)은 특정한 성격의 호의적인 경향을 나타내는 것이지만 동시에 학교 내의 가부장적 행정과 장학환경의 독특한 성격을 나타내 주는 실례이다. 물론 여기서 보상은 교사들이 수용하고 갖고 싶어하는 것이어야 한다. 봉급인상, 인정감, 온정, 좋은 학교라는 생각, 긍정적인 직무수행 및 계획, 보다 많은 비품구입비 등은 행정가들이 줄 수 있는 보상조건들이다. 보상적 권력은 만족스럽지 못한 환경에서 돌파구를 제공해 줄 수 있다.

강제적 권력(coercive power)은 교사들에게 제재를 가할 수 있는 힘이다. 강제적 권력은 보상적 권력의 반대 측면이다. 그래서 이 둘은 같이 존재할 수 있다. 예를 들면, 학과의 예산은 교장이 원하는 바에 부응하면 증가될 수 있지만, 학교장의 뜻에 어긋나면 학과의 예산은 감소될 수 있다. 그리고 **전문적 권력**(expert power)은 능력에 근거한 권위체제와 비슷한 개념인데, 전문적 지식정보와 기능에 근거하여 순종을 유발할 수 있는 힘 또는 능력을 말한다. 다른 사람의 존경이나 선망을 통제할 수 있는, 즉 교사들로부터 전문적 권위를 인정받고 있는 장학담당자는 지시적 권력에 근거하여 행동을 해도 먹혀 들어간다. 이 권력은 때때로 숙련가의 권력, 개인의 능력에 대한 존경과 선망에 바탕을 둔 것이다. 하지만 **참조적 권력**(referent power)은 숙련자의 전문적 권력과는 다르다. 많은 장학담당자들이 개인적으로 존경을 받기 때문에 다른 사람들의 지지를 받을 수 있어야 한다. 존경의 대상, 동일시의 대상이 될 때 장학력은 강해질 수 있다. 또한 **합법적 권력**(legitimate power)은 공식적인 지위에서 나오는 권력으로서, 통제하고 영향력을 행사하는 행정적 특징을 갖는 측면을 말한다. 신규교사가 직무교육 장소에서 교육장을 대할 때, 신규교사는 교육장의 합법적 권력의 의미를 충분히 이해하고 있거나 아니면 이해하는 척하게 될 것이다. French와 Raven의 다섯 가지 권력은 크게 두 범주, 조직의 권력과 개인의 권력으로 묶을 수 있다. 보상적·강제적·합법적 권력은 조직의 지위에서 오는 것이고, 지위가 높을수록 권력도 강력해진다. 이와 달리 준거적·전문적 권력은 지도자나 행정가의 성격 및 지도성 유형, 지식, 대인관계 기술과 같은 개인적 속성에 의해서 크게 좌우될 수 있을 것이다.

둘째, Armstrong(1995)도 권력이란 반드시 어떤 사람이나 어떤 일 위에 존재하며, 반대로 그 사람(아래 있는 사람)이 권력의 범위를 한정하게 된다고 한다. 그러므로 권력이란 상하의 의존관계 속에 존재한다고 할 수 있다. 이런 의미에서 권력은 권력이 없는 사람들의 의존이 있는 경우에 있어서만 의미가 있을 따름이라는 것이다.

2. 교원의 권력 강화

어느 조직에서나 권력이나 권위의 배분관계에서 집권(centralization)과 분권(decentralization)의 문제가 제기된다. 크게는 국가권력의 중앙정부와 지방자치단체 간의 배분에 있어서 전자에 대부분의 권력을 장악하게 하는 중앙집권과 후자에 권력을 분산시키는 지방분권이 있다. 이는 정치적 의미에서 국가 통치권의 배분인데 비하여 행정적 의미에서도 학교와 같은 단위기관에서 신속한 의사결정과 능률적인 과업수행을 위해 학교장에게 권력을 집중시킬 수도 있고, 이를 하부 부서나 교사들에게 분산하여 그들에게 참여기회를 제공하고, 민주적 운영으로 사기를 높이며, 동기를 유발하는 분권적 형태를 취할 수 있다.

그런데 최근 새로운 개념으로서 교사에게 권력부여 또는 교사의 권력강화(teacher empowerment)라는 용어가 널리 쓰이기 시작하였다. 권력을 더 이상 부하에게 제재를 가하는 힘으로 생각할 것이 아니라, 행정가가 권력을 부하에게 나누어주고 그들이 건설적인 방향으로 의사결정을 할 수 있도록 함으로써 자기들 스스로에게 영향력을 행사하도록 하여 과업 수행을 촉진하는 과정을 권력부여라고 한다. 권력이 행정가의 전유물이 아니라 모든 조직체 구성원들이 공유해야 할 것으로 보는 것이다. Campbell 등(1990)은 교사의 권력강화란 교사가 교육과정결정에 더 많은 영향력을 행사해야 하고, 학교운영에 더 많은 통제력을 가져야 하며, 자신들의 교직생활을 통제하는 데 더 많은 권력을 행사해야 함을 의미한다고 한다. 이와 같은 움직임은 1980년대 교육개혁의 물결과 더불어 교수조건과 교사양성을 강화하려는 경향과 더불어 직무수행의 평가와 책무성의 문제를 제기하고, 학교운영에 학부모 참여 폭을 더 확대하려는 제안과 일치한다.

Tracy(1990)는 권력이란 애정과 같은 원리(love of principle) 하에 작용하는 것이어서 남에게 더 많이 베풀수록 더 많이 얻게 된다고 한다. 지도자가 자신의 권력과 성공의 기회를 극대화하는 길은 그들이 관리하는 종업원들의 권력감과 성공감을 성취할 수 있도록 해주는 것이다. 진정한 권력이란 상부에서 하부가 아니라 하부에서 상부로 흐르는 것이다. 그는 **권력부여에 대한 열 가지의 원리를 다음과 같이 제시하고 있다.** ① 교사들에게 그들의 책임이 무엇인가를 알려 주라. ② 교사들에게 부여된 책임과 동등한 권위를 부여하라. ③ 수월성의 수준을 설정하라. ④ 필요한 훈련을 제공하라. ⑤ 교사들에게 지식과 정보를 제공하라. ⑥ 교사들의 수행에 피드백을 해주라. ⑦ 교사들에게 그들이 성취한 것을 인식시켜라. ⑧ 교사들을 신뢰하라. ⑨ 교사들이 저지른 실수를 인정하라. ⑩ 교사들을 위엄과 존경으로 대하라.

Sergiovanni와 Starratt(1988)는 권력부여라는 개념이 교직단체, 학교행정가, 교육개혁자들에 의해서 다양하게 쓰이고 있지만 교사의 자율성과 전문성을 위한 장학의 도덕적 기반을 지시하는 개념으로 쓰이고 있다고 말한다. 따라서 장학담당자는 교사를 신뢰하고 지원적인 관계를 형성하여 교사의 행동반경을 넓혀주도록 노력하여야 한다. 권력부여의 과정은 양자간의 상호존중, 대화 및 상호방문이나 초대를 통해서 가능하다. 이런 과정은 학생의 학습성취를 위해서 책임을 지고 각자가 가지고 있는 재능, 수행능력, 잠재력을 발휘할 수 있다는 것을 인정한 것이 된다. 권력은 상사와 부하와의 관계에서 위에서 아래로 행사하는 'power over'가 아니라 권력을 공유하는 수평적인 'power with' 그리고 창의적으로 자율권을 행사할 수 있는 'power to'를 의미하며 그것이 권력 부여인 것이다.

3. 장학사의 권위

Sergiovanni와 Starratt(1988)는 장학과 관련하여 권위를 논하고 있다. 권위란 장학의 유형을 이해하는데 뿐만 아니라 변동의 문제를 다루는데도 중요하다. 왜냐하면 권위란 타인의 사고와 행위에 영향을 주는 권력을 말하기 때문에 권위의 근거와 현실 상황 간의 조화 여부가 장학 실제의 변화전략의 성패를 결정하기 때문이다. 현장의 변화를 가져오자면 장학에 대한 권위의 근거를 변화시켜야 한다는 것이다. 그리하여 그들은 장학정책이나 실제에서 다음과 같은 다섯 가지의 권위를 제시한다.

첫째, 관료적 권위(bureaucratic authority)이다. 관료적 권위는 법에 의해서, 조직의 계층이나 규칙 및 규정에 의해서 위임된 것으로 교사가 따르기를 기대하고 있다. 관료적 권위는 다음과 같은 사실을 가정하고 있다. ① 교사는 계층구조(hierarchy)상의 부하이다. ② 장학사는 신뢰할 수 있으나 교사는 별로 신뢰할 수 없다. ③ 교사와 장학사의 목표와 관심은 같지 않다. 그러므로 장학사는 방심해서는 안 된다. ④ 계층제는 전문적 식견과 대등하다. 그러므로 장학사는 모든 일에 대하여 교사보다 더 많이 알고 있다. ⑤ 외적인 책무성이 가장 잘 작용한다.

상기와 같은 가정 하에서 장학사로서 중요한 것은 교사들에게 무엇을, 언제, 어떻게 가르쳐야 할 것인가를 지시해 주는 것이며, 기타의 학교생활을 관리하는 일이다. 장학방침에서는 교사가 이런 기대에 따르는가를 감독하는 것이 중요하다. 교사가 해야 할 일을 모르면 그것을 알도록 장학사는 어떤 방식으로든지 현직연수를 하는 일이 중요하다. 교사의 일을 직접 확인하고 미시적 감시를 하는 것이 장학의 중요한 기능이다. 따라서 효과적인 감시를 통해서 복종을 시키게 되면, 교사의 행위는 예정된 각본대로 움직이게 되고, 일상적인 업무를 기계적으로 처리하게 된다. 그러나 이런 직접적이고 강경한 장학은 피곤한 활동이 되어 버린다.

둘째, 인간적 권위(personal authority)이다. 인간적 권위는 그 근거가 장학사의 전문적 식견이기 때문에 인간적 지도성, 동기유발의 기술, 인간관계 기술의 형태를 취한다. 그 결과 교사는 장학사가 원하는 대로 따르려고 한다. 인간적 권위에서는 인간관계기술이 중요한데, 여기에는 다음과 같은 가정이 성립된다. ① 교사와 장학사의 목표와 관심은 같지 않다. 그 결과 각자는 교섭해야 하며, 양자는 상대편이 원하는 바를 줌으로써 그들이 원하는 바를 획득한다. ② 교사는 욕구가 있으며, 만일 이런 욕구가 근무 중에 충족된다면 그 대가로 업무가 요청되는대로 성취된다. ③ 의기투합한 관계와 조화로운 대인관계의 풍토 때문에 교사는 만족하고 함께 협동적으로 일하기가 더 쉬워진다. ④ 교사의 복종과 수행능력을 증가시키기 위한 교섭을 성공시키기 위해서 장학사는 교사의 욕구를 읽고 사람을 조정하는 전문가가 되어야 한다.

상기에서와 같이 장학의 실제는 기대되는 교사의 행동을 유도하기 위해서 보상을 잘 해주어야 한다. 그리고 장학사는 교사 간, 교사와 장학사 간의 고도의 동질적 관계를 형성하는 학교의 풍토를 조성해야 한다. 인간적 권위의 장학에서는 인간자원론적 지도성에서도 중요하다. 그러나 인간자원론적 장학에서는 교사의 사회적 욕구충족보다 교사가 성취, 도전, 책임, 자율 및 존경에 대한 욕구를 충족할 수 있도록 근무조건을 제공하는 데 더 관심을 가져야 한다. 장학사의 인간관계기술보다는 교사가 업무 그 자체에서 오는 내면적인 심리적 충족감을 얻도록 해야 한다. 인간적 권위에 대해서 교사들은 일반적으로 보상이 가능할 때만 반응을 보이고 수행능력은 점차 낮아지지만, 직업 그 자체에서 오는 심리적 충족감은 교사들의 내적인 동기를 유발하여 수행능력이 점차 높아진다.

셋째, 기술-합리적 권위(technical authority)이다. 이것의 근거는 논리와 교육의 과학적 연구에서 도출된 증거의 형태를 취한다. 기술적 합리성에 바탕을 둔 권위의 장학에서는 진리라고 생각되는 바에 따라 교사들이 반응하기를 기대한다. 여기에서의 장학은 다음과 같은 가정이 성립된다. ① 장학과 교수는 응용과학이다. ② 과학적 지식은 실제보다 우월하다. ③ 교사는 숙련된 기술자이다. ④ 가치, 선호, 신념은 종속적이며 덧없는 것이다. 중요한 것은 사실과 객관적인 증거이다.

기술적-합리적 권위 하에서 장학의 전략은 가장 좋은 교수법과 장학 방법을 확인하기 위해 연구를 이용하는 것이다. 일단 그것이 확인되면 교수와 장학은 그 방법을 반영하기 위해 표준화된다. 그 다음 단계는 최선의 방법을 연수시키는 것이다. 왜냐하면 학교가 순조롭게 운영되려면 교사들이 연구결과대로 자진해서 따르는 것이 최선의 방법이기 때문이다. 교사들은 연구결과에 따르기보다는 자기신념에 따라 행동하기를 좋아하기 때문에 교사에 대한 영향력을 행사하는 방식은 관료적 권위의 장학과 비슷한 형태를 취한다. 교수와 장학이 응용과학이고, 그 실제에 있어서 최선의 방법을 확인하기 위해 연구를 이용한다는 것은 매우 합리적인 것 같다. 그러나 교수-학습과정이 매우 복합적이기 때문에 그렇게 간단하지 않고 실제에서는 그 어느 가정이나 그렇게 잘 들어맞는 것이 아니다. 표준화된 교수법을 적용하기에 교수의 실제는 개별적이고, 직선적이 아니며, 느슨하게 연결되어 있다. 다른 전문직과 마찬가지로 교수는 각본대로 따르면 효과적일 수 없다. 교사는 가르치면서 실용적인 지식을 창출할 필요가 있다. 여기에서는 기술적 합리성이 요구하는 것보다 훨씬 고차적인 반성적 사고와 이해력 기술이 요구되는 것이다. 기술적 합리성의 권위는 다음에 언급할 전문적 권위의 장학과 전문적 식견을 중시한다는 점에서 유사한 측면이 있으나, 과학적 지식만을 유일한 근거로 한다는 점에서 다르다.

넷째, 전문적 권위(professional authority)이다. 이는 교사의 전문적 식견을 가장 중요시한다. 다른 전문직과 마찬가지로 교사는 언제나 교직의 기반이 되는 지식이 많다. 전문직은 지식을 실제의 처방으로서가 아니라 무엇인가를 알려주는 것으로 여긴다. 또한 중요한 것은 교사들이 직면하는 구체적 상황에 입각한 결정을 할 수 있는 능력이다. 교사는 무엇이 적절한 것인가를 결정하여야 한다. 무엇이 옳고, 정당한 것인가를 결정하여야 한다. 예를 들면, 교사는 교직에 이용할 수 있는 전문 지식을 창출하여야 한다. 전문적 권위가 장학의 근원이 되려면 다음과 같은 가정이 성립된다. ① 어느 상황이나 특이하다. 그래서 실제 최선의 방법이란 존재하지 않는다. ② 과학적 지식과 전문적 지식은 다르다. 전문적 지식은 교사가 실제에서 만들어낸 것이다. ③ 과학적 지식의 목적은 교사와 장학사의 실무에 처방을 내리는 것이 아니라 정보를 제공하는 것이다. ④ 전문적 권위는 외면적인 것이 아니라 교사의 내면으로부터 나오는 것이며, 교수의 실제에 발현되는 것이다. ⑤ 상황에 적절한 권위는 교사의 연수와 경험에서 나온다. ⑥ 내면에서 나오는 권위는 교사의 전문적 사회화와 내면화된 지식 및 가치로부터 나온다.

전문적 권위를 바탕으로 한 장학은 전문적 가치와 수용된 현실의 주의를 분명히 하기 위한 교사 간의 대화를 활성화하려고 한다. 그러면 이들이 전문직의 표준으로 인정되고, 이를 바탕으로 교사들이 원하고 필요로 하는 자율권을 행사하게 된다. 장학사의 일은 교사를 도와주고 지원해 주며 전문적으로 발전할 기회를 제공하는 것이다. 교직을 전문직이라고 말하면서도 전문적 권위에 대한 관심은 별로 많지 않았다. 이에 대한 관심이 높아지면 교사의 전문적 식견을 더욱 강조하게 될 것이다.

다섯째, 도덕적 권위(moral authority)이다. 이것은 교사들이 보편적으로 공유하는 가치, 아이디어 및 이상과 관련하여 느끼는 책임과 의무로부터 도출된다. 도덕적 권위에 입각한 장학에서는 교사들이 자기관리를 할 수 있는 공동의 사명감과 상호의존감에 반응하기를 기대한다.

도덕적 권위가 장학의 주된 근원이 되면 학교는 조직에서 공동체로 바뀌게 된다. 공동체에서는 옳고 선하다고 생각되는 것은 일하는 것과 효과적인 것이나 마찬가지로 중요하며, 교사들은 자기 이익에 의한 것과 마찬가지로 정서와 신념에 의해서 동기가 유발되고, 동료의식은 전문적인 덕으로 이해된다. 공동체에서 장학사는 공유하는 가치와 신념을 확인하고 분명히 하는 데 노력을 경주한다. 그리하여 이들 가치와 신념이 행동을 지배하는 비공식적 규범으로 바뀌어 자리 잡게 되면 동료의식을 증진하게 되는데 동료의식은 내면적으로 느끼는 것이며, 상호 의존의식에서 도의적으로 도출되는 것이다. 그렇게 되면 장학사는 외적 통제를 덜하게 되고 공동체의 일원으로서 교사가 느끼는 책임과 의무감에서 스스로 일하기를 더 바라게 된다. 전문적 권위나 도덕적 권위에서 나오는 규범과 가치는 장학사의 직접적인 장학을 점차 교사의 자기관리능력으로 대치하게 된다.

상기에서 언급한 다섯 가지 권위는 정당하게 사용되어야 하지만 교사와 교수-학습과정에 미치는 영향은 어느 권위를 중요시하는가에 따라 다르다. Sergiovanni와 Starratt(1988)는 오늘날의 장학은 관료적, 개인적 및 기술-합리적 권위의 조합인데, 그들은 학교를 개선하려면 전문적 권위와 도덕적 권위를 더욱 확대해야 한다고 제안하고 있다.

제5절 기타 이론

기타 이론에는 사회체제이론, 기획이론, 교육과정이론, 평가이론 등이 있다(신재흡, 2020; 조성일 외, 2006; 강영삼, 1994).

첫째, 사회체제이론은 일반체제이론 가운데 사회적 관점에 특별히 초점을 두고 있다. 사회체제이론에서는 학교를 하나의 복합적이고 상호작용하는 역동적 체제로 보고 학교구성원의 사회적 행동은 조직·규범적 측면과 인간·개인적 측면에 영향을 받아 나타난다고 본다. 장학담당자인 학교행정가의 행동은 학교조직의 상하 지위관계, 그 역할에 대한 기대에 따라 달리 나타나기도 하지만, 한편 그 지위를 차지하고 있는 개인의 인성과 욕구 성향에 따라 영향을 받기도 하는 것이다. 사회체제이론에는 Getzels과 Guba(1957)의 사회과정 모델이 대표적이다. 이 모형을 통해 학교와 지역사회, 학교 내의 역할과 개인 간의 갈등을 이해하는데 활용되고, 효과·능률·만족·사기 등의 중요 개념을 포함하여 조직 내지 개인의 행위를 평가하는 데 도움이 된다.

둘째, 기획이론이다. 장학담당자는 기획하는 일이 많다. 기획이 단순한 문제해결의 과정이든 관리기능의 한 단계이든, 국가발전의 도구이든 간에 중앙장학, 학무장학, 수업장학 등에 있어서 중요한 기능을 한다. 장학담당자는 기획의 수립과정을 익히는 것이 실제에 크게 도움이 될 것이다.

셋째, 교육과정이론이다. 장학의 주요 기능 가운데 하나가 교육목표를 설정하고, 그 목표에 맞게 교육내용을 개발하고, 자료를 개발하는 일을 돕는 일이다. 예를 들면, 중앙장학에서는 교과서를 개발하고, 학무장학에서는 지역사회에 적합한 교육자료를 개발하고, 수업장학에서는 시간에 맞게 자료를 선정하고 개발하는 일을 장학담당자들이 직접 담당하거나 교사를 돕는다. 따라서 어느 조직수준에서 장학기능을 수행하든 장학담당자는 교육과정이론에 밝아야 한다.

마지막으로 평가이론이다. 평가는 장학활동의 기능 중에 중요한 과업임에 틀림없다. 장학활동에서는 학습결과의 평가뿐만 아니라 교사에 대한 평가도 중요하고 나아가서 학교프로그램의 평가도 중요하다. 따라서 장학담당자는 학습결과의 평가, 교사평가, 학교프로그램평가에 대한 지식이 충분해야 한다.

생각해 봅시다

1. 학교조직효과성의 하위변인에 대하여 생각해 봅시다.
2. X이론과 Y이론이 가정하는 인간관에 대하여 생각해 봅시다.
3. 장학사의 권위에 대하여 생각해 봅시다.

참고문헌

강영삼(1994). 장학론. 서울: 세영사.

구광현(1995). 교육학개론. 파주시, 경기도: 양서원.

김동춘(1997). "교사가 지각한 유아 교육기관의 조직문화와 조직효과성과의 관계연구". 서울여자대학교 대학원 박사학위논문.

김세기(1994). 교장=전문직론. 서울: 배영사.

김영식 · 주삼환(1990). 장학론. 서울: 한국방송통신대학교.

김윤태(1994). 교육행정 · 경영 신론. 서울: 배영사.

김정한(2004). 장학론 －이론 · 연구 · 실제－. 서울: 학지사.

김학돈(1994). "리더쉽과 조직문화의 결합유형에 따른 조직유효성". 동아대학교 대학원 박사학위논문.

남정걸(1999). 장학의 이론과 실제. 파주시, 경기도: 교육과학사.

노종희(1994). "교육행정가의 변혁지향적 리더십의 개발연구". 교육행정학 연구 제12권 제1호 pp.142～143.

노희정(2010). 학교장의 장학행동, 교사의 장학신념, 장학교과 간의 상호관련성 탐색. 인천대학교 대학원 박사학위논문.

명제창(1998). 학교조직에서의 도덕적 지도성 측정에 관한 연구. 충남대학교 대학원 박사학위논문.

박상호(1999). 최신 교육방법 · 교육공학. 서울: 집문당.

박숙희(1999). 교육방법 및 교육공학. 서울: 학지사.

박용헌(1989). 학교사회. 서울: 배영사.

백승관(1992). 학교조직 효과성 준거설정을 위한 연구. 연세대학교 대학원 박사학위논문.

변영계(2001). 교육방법 및 교육공학. 서울: 학지사.

변영계(1997). 수업장학. 서울: 학지사.

성기산(1998). 위대한 교사들. 서울: 문음사.

신재흡(2020). 교육행정 및 교육경영 -학교경영 탐색-. 서울: 동문사.

이강호(1987). 실기교육방법론. 파주시, 경기도: 교학연구사.

이윤식(2019). 교원능력개발을 위한 자율장학론. 서울: 학지사.

이윤식 · 권정호 · 김동원 · 이윤희 · 이재석 · 이지연(2014). 인간관계와 리더십. 파주시, 경기도: 양서원.

이윤식(2007). 학교경영과 자율장학. 파주시, 경기도: 교육과학사.

이윤식(2005). 장학론 －유치원 · 초등 · 중등 자율장학론－. 파주시, 경기도: 교육과학사.

임창제(1999). 수업심리학. 서울: 학지사.

오은경(1991). 장학이론. 서울: 이화여자대학교 출판부.

정태범(2005). 장학론. 파주시, 경기도: 교육과학사.

정태범(2002). 교육행정의 발전방향. 파주시, 경기도: 양서원.

조남두(1992). 학교조직의 환경·문화와 효과성간의 연구. 고려대학교 대학원 박사학위 논문.

조병효(1995). 현대장학론. 파주시, 경기도: 교육과학사.

조성일·신재흡(2006). 조직행위론의 탐구. 서울: 동문사.

조성일·안세근(2004). 교육행정과 교육경영. 서울: 재동문화사.

조성일·신재흡(2002). 교육방법과 교육공학. 서울: 동문사.

조성일·최혜영(2001). 실기교육방법론. 서울: 재동문화사.

주삼환·유수정·오형문·이기명·진재열(2011). 교원의 전문적 능력개발. 서울: 시그마프레스.

주삼환·정일화(2010). 학업성취 향상 수업전략. 서울: 시그마프레스.

주삼환(2005). 임상장학. 파주시, 경기도: 한국학술정보(주).

주삼환(1999). 학교경영과 교내장학. 서울: 학지사.

주삼환(1997). 변화하는 시대의 장학. 서울: 원미사.

주삼환·김영식(1990). 장학론. 서울: 한국방송통신대학교 출판부.

한국교육행정학회(1995). 장학론. 서울: 도서출판 하우.

Alfonso, Robert J., Gerald R. Firth & Richard F. Neville(1981). *Instructional Supervision.* 2nd ed. Boston: Allyn and Bacon, Inc.

Argyris, Chris.(1962). *Interpersonal Competence and Organizational Effectiveness,* Homewood Ⅲ. New York: Irwin, Inc.

Armstrong, Derrick(1995). *Power and Partnership in Education: Parents, Children and Special Educational Needs.* London: Routledge.

Barnard, Chester I.(1962). *The Function of the Executives.* Harvard.

Bass, B. M., & B. J. Avolio(1990). *Transformational Leadership Development : Manual for the Multifactor Questionnaire.* Palo Alto, C. A.: Consulting Psychologist Press.

Bass, B. M.(1985). *Leadership and Performance Beyond Expectation.* New York: Free Press.

Bigge, M. L.(1964). *Learning Theories for Teacher.* New York: Harper & Row.

Campbell, R. F., et al.(1990). *The Organization and Control of American Schools.* Columbus, Ohio: Merrill Publishing.

Cartwright, D., & A. Zander.(1960). *Group Dynamics: Research and Theory.* Evanston Ⅲ: Row, Petterson.

Carver, Fred D., & Thomas J. Sergiovanni.(1969). *Organizations and Human Behaviors: Focus on Schools.* New York: McGraw-Hill Books Co.

Clark, Terry Ann.(1977). *Organizational Health and The Small Task Group.* University of Pennsylvania.

Corey, S. M.(1971). *The Nature of Instruction.* New Jersey: Prentice-Hall.

Cunningham, W. G., & D. W. Gresso.(1993). *Cultural leadership: The culture of excellence in education.* Boston: Allyn & Bacon.

Fodyce, J., & R. Weil.(1971). *Managing with People.* Mass.: Addison, Wesley Publishing Co.

Follett, Mart P.(1924). *Creative Experience.* London: Longmans, Green & Co.

French J. R. P., Jr. & B. H. Raven(1968). "*The Bases of Social Power*". in D. Cartwright and A. F. Zanders(eds.), Group Dynamics: Research and Theory. 3rd ed. New York: Harper & Row.

Gage, N. L.(1963). *Handbook of Research on teaching.* Chicago: Rand McNally & Co.

Gagnė, R. M.(1975). *Essentials of Learning for Instruction.* Expanded Rd. Hinsdale, I. L.: The Dryden Press.

Griffiths, Daniel E.(1959). *Administrative Theory.* New York: Appleton-Century-Crofts, Inc.

Harris, Ben H.(1975). *Supervisory Behavior in Education.* Englewood Cliffs. New Jersey: Prentice-Hall. Inc.

Herzberg, Frederick.(1966). "*The Motivation-Hygiene Theory*", Work and the Nature of Man. Cleveland, Ohio: World Publishing Co.

Hilgard, E. R.(1966). *Theories of Learning*. 2nd ed. New York: Appleton-Century Crofts.

Hosford, P. L.(1973). *An Instructional Theory: A Beginning.* Englewood Cliffs. N.J.: Prentice-Hall.

Hyman, R. T.(1974). *The Ways of Teaching.* Boston: Lippincott Company.

Jacobsen, D., et al.(1985). *Methods for Teaching: A Skill Approach.* Columbus: Charles E. Merrill Publishing.

Jones, Manely H.(1962). *Executive Decision Making.* Homewood.

Katz Daniel & Robert L. Kahn(1978). *The Social Psychology of Organizations.* 2nd ed. New York: John and Sons, Inc.

Laswell, Harlod D.(1948). "*The Structure and Function of Communication in Society*". in The Communication of Ideas, de. by L. Bryson, New York: Harper

& Row, Publishers.

Lawless, David J.(1972). *Effective Management: Social Psychological Approach.* Englewood Cliffs. New Jersey: Prentice-Hall, inc.

Lewis, Philip V.(1975). *Organizational Communications: The Essence of Effective Management.* Columbus, O. H.: Grid.

Lipham, James M., & James A. Hoeh.(1974). *The Principalship: Foundations and Functions.* New York: Harper & Row, Publishers.

Livingston, Robert T.(1953). *The Theory of Organization and Management: Transaction of ASME.* May.

Lundstedt, S.(1972). "Consequence of Reductionism in Organization Theory". *Public Administration Review*, Vol. 32. No. 4(July/August). pp. 328~333.

Mans, C. C., & Sims, H. P. Jr.(1989). *Superleadership.* New York: Berkley Books.

Maslow, Abraham H.(1943). "A Theory of Human Motivation". *Psychological Review.* Vol. 50(July), 370~396.

McGregor, D.(1960). *The Human Side of Enterprise.* New York: McGraw-Hill Book Co.

Miles, M. B.(1965). "*Planned Change and Organizational Health: Figure and Ground".* in Richard O. Carson et al(ed.) Change Process in The Oubkic Schools, Oregon: The Center for the Advanced Study of Educational Administration, University of Oregon.

Miller, D., & P. H. Friesen.(1980). "Momentum and Revolution in Organizational Adaptation". *Academy of Management Journal* Vol. 23, 591~614.

Morgan, C. T., & King, R. A.(1966). Instruction to Psychology. 3rd ed. N.Y.: McGraw-Hill.

Olsen, E. et al.(1954). *School and Community.* N.Y.: Prentice-Hall.

Ouchi, William G., & Ratmond L. Price.(1983). "*Hierarchies, Clans, and Theory Z: A New Perspective on Organization Development*". in J. Rich et al. eds. Perspective on Behavior in Organizations. 2nd ed. New York: McGraw-Hill Book Co.

Ouinn, R. E.(1988). *Beyond Rational Management: Mastering the Paradoxes & Competing Demands of High Performance.* San Francisco: Jossey-Bass Publishers.

Peabody, Robert L.(1962). "Perceptions of Organizational Authority: A Comparative Analysis". *Administrative Science Quarterly.* Vol. March, 477.

Reigeluth, C. M., & Stein, F. S.(1983). *The Elaboration Theory of Instruction.* In C.

M. Reigeluth(ed.) Instructional Design Theories and Models: An Overview of their Current Status. N.J.: Hillsdale, Lawrence Erlbaum Associates.

Schramm, Wilbur(1971). "*The Nature of Communication Between Humans*". in The Process and Effects of Mass Communication. rev. ed., Wilbur Schramm and Donald F. Roberts, Urbana, Ⅲ. : University of Illinois Press.

Sergiovanni, Thomas J., & Robert J. Starratt.(1988). *Supervision: Human Perspectives.* 2nd ed. New York: McGraw-Hill Book Co.

Sergiovanni, Thomas J., & Fred D. Carver(1959). *The New School Executive: A Theory of Administration.* 2nd ed. New York: Harper & Row, Publishers.

Sergiovanni, Thomas J.(1992). *Moral Leadership: Getting to the Heart of School Improvement.* San Francisco: Jossey-Bass Publishers.

Sergiovanni, Thomas J., & Others.(1987). *Educational Goverance and Administration.* Englewood Cliffs. New Jersey: Prentice-Hall Inc.

Skinner, B. F.(1938). *The Behavior of Organism: An Experimental analysis.* Englewood Cliffs. N.J.: Prentice-Hall.

Slavin, R. E.(1990). *Cooperative Learning: Theory, Research, and Practice.* Englewood Cliffs. N.J.: Prentice-Hall.

Trice, H. M., & J. M. Beyer(1991). "Charisma and its Routinization in Two Social Movement Organization". in B. M. Staw & L. L. Cummings(ed), *Research in Organizational Behavior*. Greenwich, C. N.: JAI Press Inc. No. 8, 62.

Wiles, K., & Lovell, J.(1975). *Supervision for Better Schools.* 4th ed. Englewood Cliffs. New Jersey: Prentice-Hall Inc.

Woodridge, R. L.(1964). "The Development of Cooperative Education in the United States". *Journal of Cooperative Education*. Nov, 189～201.

03 CHAPTER

장학의 제 모형

학습목표

1. 수업장학의 기능과 수업장학 담당자의 주요 업무에 대하여 설명할 수 있다.
2. 교사의 발달단계별 효과적 장학의 형태에 대하여 설명할 수 있다.
3. 임상장학과 마이크로티칭을 파악할 수 있다.
4. 동료장학의 형태와 발전과제에 대하여 제시할 수 있다.
5. 자기장학의 성격, 방법, 모형에 대하여 이해할 수 있다.

Keyword

수업장학, 수업장학의 기능, 발달장학, 임상장학, 마이크로티칭, 동료장학, 자기장학, 확인장학, 선택적 장학, 인간자원장학, 과학적 장학, 예술적 장학

장학지도의 제 유형에는 인간자원의 개발, 전문능력의 개발, 학교경영능력의 개발, 수업지도능력의 개발 등을 이론적인 토대로 간주할 수 있다. 장학의 지도활동은 학자들에 따라 다양하게 주장되고 있다. 이 장에서는 수업장학, 발달장학, 임상장학과 마이크로티칭, 동료장학, 자기장학, 확인장학, 선택적 장학, 인간자원장학, 기타 장학 등에 대해서 고찰하고자 한다.

제1절 수업장학

우리가 갖는 관심은 학생들의 전인적 성장 혹은 행동의 변화가 학교에서는 주로 수업을 통하여 이루어지고 있다는 점이다. 수업이란 교사가 학생들의 어떤 변화를 전제로 하는 가운데 특정의 교육목적과 방법을 가지고 학생들과 공식적·계획적인 상호작용을 전개하는 과정을 말한다. 학생들은 수업을 통하여 새로운 행동의 변화를 경험하게 되고, 그러한 경험이

총체적으로 결집되어 개인의 전면적 변화 혹은 다면적 성장과 발달이라는 소기의 교육목표를 효과적으로 달성하게 하는 것이다. 따라서 교사들은 자신이 관장하는 수업활동에 대한 지식과 전문적인 수업기술을 익히는 것은 매우 중요하다. 이러한 측면에서 장학이 수업활동에 관심을 갖는 것은 지극히 당연한 것이다.

따라서 본 절에서는 수업장학의 개념, 수업장학의 기능, 수업장학 담당자의 주요 업무, 수업장학의 실시방법, 수업장학의 문제점과 발전과제 등을 살펴보기로 한다.

1. 수업장학의 개념

장학에 관련된 문헌이나 자료를 살펴보면 장학의 유형이 다양하게 나타나고 있음을 알 수 있다. 하지만 각 장학의 유형마다 나름대로의 관점과 강조점이 있다. 따라서 수업장학에 대한 개념 정의가 다소 혼란스러움을 알 수 있다. 그러나 그것은 각각의 개념을 사용하는 학자들의 관점이나 용어 선택의 차이에서 비롯되는 경우가 많다. 원래 수업장학에 대한 개념은 미국을 중심으로 발달하였으나, 우리나라에서도 그 영향을 받아 최근에 학교현장에까지 영향을 미치고 있다. 우선 수업장학에 대한 개념 정의를 외국 및 우리나라 학자들의 견해를 살펴보고 나름대로 수업장학의 개념 정의를 내리고자 한다.

외국학자들의 견해를 살펴보면 다음과 같다.

첫째, Harris(1975)는 수업장학(instructional supervision)은 "학생의 학습을 향상하기 위하여 수행되는 교수과정에 직접적으로 영향을 줄 수 있도록 학교운영을 유지 또는 변화하기 위하여 교직원이 인적·물적 자원을 다루는 일"로 정의하고 있다. 수업장학은 매우 수업 관련적이나 학생 관련적인 것은 아니다. 수업장학은 학교운영의 주요 기능이며, 특정한 직무나 일련의 기법은 아니다. 수업장학이 지향하는 것은 학교의 교수-학습과정을 유지하며 개선하는 것이다.

둘째, Lovell과 Wiles(1983)는 학교조직이 교사-학생체제, 상담행위체제,

수업장학행위체제, 교수행위체제, 관리행위체제 등과 같은 여러 개의 하위 행위체제를 가지고 있는 개방체제로 보고, 수업장학행위체제는 교사-학생체제의 목적 달성을 용이하게 하기 위해서 교사행위체제에 영향을 줄 목적으로 학교조직에 의해서 공식적으로 제시되는 행위체제로 보았다. 이러한 개방체제적 관점에서 수업장학을 학생의 학습기회의 제공과 실현을 유지·변화·개선하는 방법으로 교사행위체제와 상호작용할 목적으로 조직에 의해서 공식적으로 제공되는 부가적인 행위체제라고 정의하였다. 이들 정의들에서 비교적 뚜렷이 드러나는 사실은 학교조직이 수업장학 행위를 제공하는 이유는 학습환경을 개선하기 위한 것이라는 점이다. 또한 수업장학행위의 초점은 학생들로 하여금 적절한 학습결과를 성취할 수 있도록 어떤 학습조건들을 정의, 계획, 조작하는 확률을 개선하는 방법으로 교사행위체제와 상호작용하는 데 있다고 말할 수 있다.

셋째, Cogan(1973)은 학급을 중심으로 하여 장학의 유형을 둘로 나누는데, 하나는 학급 내에서 이루어지는 장학활동으로 임상장학(clinical supervision)이라 하고, 다른 하나는 학급 밖에서 이루어지는 장학활동으로 일반장학(general supervision)이라고 한다. 이 중에서 일반장학은 교육과정의 작성 및 수정, 수업단원과 교재준비, 성적통지, 교육활동평가 등 수업을 위한 활동을 주 대상으로 하고 있어 수업장학과 같은 개념으로 볼 수 있다.

넷째, Eye, Netzer 및 Krey(1971)는 수업장학을 "학교의 적절한 수업성과를 성취하는 일에 주로 초점을 두는 학교경영의 한 양상(a phase)"으로 정의하고 있다. 이는 경영과 장학을 교육기능의 단일영역 내에서 밀접한 관계 속에서 존재한다는 가정이 제시되어 있다. 다시 말하면 ① 수업장학은 경영의 한 양상이다. ② 수업장학은 수업성과의 적절성과 관계가 있다. ③ 수업장학은 학교의 성과에 대하여 각별한 관련성을 갖는 경영의 한 양상 등과 같은 세 가지 가정에 근거하고 있다.

다섯째, Alfonso, Firth 및 Neville(1981)은 수업장학을 "학생의 학습을 촉진하고 학교의 목적을 달성할 수 있도록 교사행동에 직접적으로 영향을 주기 위하여 학교가 공식적으로 지정한 행동"이라고 했다.

국내연구자들의 수업장학에 대한 견해를 살펴보면 다음과 같다.

첫째, 백현기(1961)는 "장학"이란 용어를 규정함에 있어 "교사가 문제를 가질 때 집단적 또는 개인적 활동을 통해서 교사 자신이 해결할 수 있는 실력의 배양이 필요하며, 이들 문제를 그들 자신의 노력으로 해결해 나가도록 도와 주는 어떠한 조력이 필요한데 이러한 능력의 배양이나 조력 및 조언"을 장학이라고 했다. 이 장학의 개념은 교사에게 직접적으로 관심을 갖고 있기 때문에 교내에서 이루어지는 장학에 더 큰 비중을 두었다고 볼 수 있으며, 이는 곧 수업장학과 관련된 개념정의라고 할 수 있다.

둘째, 조병효(1995)는 수업장학을 "학생의 학습을 향상하고 학교의 교수－학습과정을 유지 또는 개선하기 위하여 교사의 교수행위에 직접적으로 영향을 줄 수 있도록 학교가 공식적으로 제공하는 제반활동, 즉 학교장을 중심으로 한 교내장학"이라고 했다.

셋째, 이윤식(1993)은 수업장학을 "교사들의 수업기술 향상을 위한 체계적이고 개별적인 과정"이라고 정의하면서 새로운 장학유형으로 "교내자율장학"을 제시하고 있다. 이것은 "단위학교에서 교육활동의 개선을 위하여 자율적으로 교장·교감을 중심으로 하여 전체 교직원들이 공동으로 노력하는 과정"이라고 규정하고 있다. 교내자율장학은 단위학교의 자율성뿐만 아니라 학교조직 내 구성원의 자율성까지도 존중하면서 교육활동의 개선을 목적으로 하기 때문에 수업장학의 한 형태라고 할 수 있다. 교내자율장학이 일반 수업장학과 다른 점은 학교 내의 교육활동 개선에 장학사나 장학관을 되도록 관여시키지 않고 장학활동을 수행하는 것이다.

넷째, 강영삼(1994)은 수업장학이란 "학교조직의 핵심인 교수－학습활동의 질을 개선하여 궁극적으로는 학생교육의 질을 향상시킬 수 있도록 직접적으로 교사의 교수활동을 돕고, 지원하는 활동"이라고 했다.

상기에서 국·내외 학자들의 수업장학에 대한 견해를 고찰하였다. 수업장학에 대한 정의를 검토해 보면, 몇 가지의 하위요인들을 추출할 수 있다. ① 수업장학의 행위는 공식적으로 볼 수 있다. ② 수업장학은 교장 및 교감, 장학요원 혹은 전문가들의 도움과 지원에 의하여 이루어지지만, 교사들과의 직접적인 접촉과 그 관계를 통해 이루어진다. ③ 수업장학 행위는 학교관리, 상담, 교사행위, 교사－학생관계, 교수행위 등과의 관계 속에서 이루어진다. ④ 학습자의 학습조건과 기회를 개선하고 향상시키는 데 일차적인 목적이 있다. ⑤ 교육활동에 필요한 지식과 정보가 빠르게 변화하는 시대에는 어떤 교사든지 효과적인 수업을 위해 전문적 도움과 지원을 필요로 하기 때문에, 모든 교사들이 수업장학의 대상이 된다. 이상과 같이 수업장학에 대한 제 하위요인들을 토대로 수업장학에 대한 개념 정의를 다음과 같이 내리고자 한다. **수업장학이란** 학교조직 내에서 교사와의 직접적인 상호작용을 통해서 교사들의 수업행위와 수업기술을 개선시켜 줌으로써 학생들의 학습개선을 겨냥한 공식적 행위로 볼 수 있으며, 이는 궁극적으로 학습자 교육의 질을 향상시킬 수 있도록 직접적으로 교사의 교수-학습활동을 돕고, 지원하는 활동으로 규정할 수 있다.

2. 수업장학의 기능

Lovell과 Wiles(1983)는 수업장학의 기능으로 ① 목표개발(goal development), ② 프로그램 전개와 실행(program development and actualization), ③ 조정(coordination), ④ 동기부여(motivation), ⑤ 문제해결(problem solving), ⑥ 전문성 개발(professional development), ⑦ 교육결과의 평가(evaluation) 등을 들고 있다. 이러한 기능은 모두 직접적으로는 교사들을 돕는 기능이며, 아울러 간접적으로는 학습자들의 학습활동을 도와주는 것이다. 결국 수업장학은 학교장, 교감, 부장교사, 동료교사들로 하여금 위의 여러 기능을 발휘할 수 있도록 바람직하게 리더십을 발휘하여 협동적으로 노력을 촉진하는 일이라 하겠다.

Lovell과 Wiles(1983)의 수업장학의 기능을 고찰하면 다음과 같다.

첫째, 목표개발(goal development)이다. 교육체제는 사회의 한 하위체제이기 때문에 사회는 학교에 대해 인적·물적 자원을 제공하고, 그에 상응하는 기대되는 목표를 달성해 주기를 요구한다. 아울러 사회는 지속적으로 변화하기 때문에 사회의 요구도 변화하고 학교에 기대하는 세부적인 교육목표도 바뀌게 된다. 따라서 교육기관은 교사와 장학담당자들이 교사-학습자 행위체제의 목표를 지속적으로 검토·평가하고, 수업장학 행위를 통해서 이러한 변화하는 기대에 부응해야 한다. 수업장학 행위의 최초의 기능은 목표 전개에 있어서 교사와 장학담당자들의 협동적 노력을 용이하게 하는 것이다.

둘째, 프로그램 전개와 실행(program development and actualization)이다. 교사-학습자 체제를 위해 개발되는 목표는 프로그램의 계획과 실행을 위한 전제가 된다. 학습자 집단에 대한 프로그램의 계획과 실행에 대한 책임은 특정의 교사 혹은 교사집단에게 있다. 따라서 상담이나 지원의 형태로 교수행위에 대한 기술적인 지원을 제공하는 것이 수업장학의 한 기능이 된다.

셋째, 조정(coordination)이다. 교사집단은 고도로 전문화되고 유능한 개인으로 구성된 집단이다. 그리고 이들은 개인의 전공과목을 통해 교육목표를 수행하고 있으며, 결코 독립적으로 행동할 수 없고 학교체제의 조정된 일부분으로서 개인의 능력을 최대한 발휘하지 않으면 안 된다. 학교조직의 목적을 달성하기 위해서는 교사집단의 조정이 필요하다. 조정은 의사소통을 통해 이루어질 수 있기 때문에 장학담당자는 개별 구성원이 공동 목표 달성을 위해 적극적으로 참여할 수 있도록 광범위하고도 자유로운 의사소통의 채널을 마련해야 한다.

넷째, 동기부여(motivation)이다. 조직목표를 달성하기 위한 조직구성원들의 의지는 조직의 성과에 큰 영향을 미치고 이것은 교육조직의 경우에 있어서도 예외가 아니다. 교육조직의 기본적인 과업은 동기화된 교수행위체제를 통해서 이루어지며, 수업장학 행위체제는 교수행위체제와 상호작용한다. 그러한 상호작용의 결과로서 교사와 장학담당자들이 조직목표의 성취를 위해 동기유발될 것으로 생각된다.

다섯째, 문제해결(problem solving)이다. 수업은 학습자들에게 어떤 학습결과를 가져올 것이라는 가정 하에 교사가 학습자에게 학습조건을 제공하기 위하여 공식적으로 마련된 하나의 과정이다. 따라서 수업은 예상된 학습결과와 실제 학습과의 관계를 지속적으로 검토할 것을 요구한다. 바람직한 결과를 얻지 못한 경우에는 그 원인에 대한 검증과 해명 그리고 새로운 아이디어와 시도를 요구하는 것이다. 이러한 문제해결과정은 교육조직에 있어 교수-학습개선의 초점이며, 이는 수업장학의 중심적 기능이 된다.

여섯째, 전문성 개발(professional development)이다. 교육조직에 근무하는 교사들은 고도로 발달되고 전문화된 전문인들이다. 그들은 일정한 수준의 준비기간을 거쳤다. 그러나 교육에 대한 사회의 기대는 변화하기 때문에 교사들은 변화해야 한다. 교육이 점차 복잡해짐에 따라 좀 더 전문화될 것을 요구한다. 기술의 발달, 행동과학연구, 교과과정의 개발 등은 모두가 교사 행위에 시사점을 갖는 것들이다. 교사들은 전문인으로서 지속적으로 배우고 발전할 기회를 갖는 것은 피할 수 없는 현상이다. 이와 같은 변화에 필요한 조정과 지원을 하는 것이 수업장학의 한 기능이다.

일곱째, 교육결과의 평가(evaluation)이다. 교육적 필요가 어느 정도 충족되고 있는지를 지속적으로 알기 위해서 평가의 과정이 필요하다. 교육목적은 교사－학생체제를 통해서 이루어지고, 수업장학 행위는 이들 체제들과 상호작용하기 때문에 수업장학 행위체제가 교사－학습자 체제의 결과를 평가하는 것은 논리적이다.

3. 수업장학담당자의 주요 업무

수업장학담당자의 주요 업무는 과업적 측면과 인간적 측면으로 구분하여 설명할 수 있다(강영삼, 1994). 과업적 측면과 관련된 업무는 ① 교육목표 설정, ② 교육과정개발, ③ 교수기술 향상, ④ 현직교육, ⑤ 평가, ⑥ 의사소통을 통한 조정, ⑦ 현장연구 등이 있으며, 인간적 측면과 관련된 업무로는 ① 동기유발, ② 민주적 인간관계의 유지 등이 있다.

첫째, 교육목표 설정이다. 수업장학에서 장학담당자는 교사가 단위수업 시간의 목표를 바르게 설정하도록 도와주어야 한다. 단위수업 시간의 목표는 단원의 목표, 교과목의 학년목표, 각 교과목의 목표, 각급 학교의 교육목적 및 목표, 국가의 교육목적 및 교육방침, 국가의 교육이념을 꿰뚫도록 설정되어야 하는데, 이를 위해 필요할 때 장학담당자가 도와주어야 한다. 따라서 장학담당자는 교육과정이론을 잘 알고 있어야 한다.

둘째, 교육과정개발이다. 장학담당자는 교사가 교육목적 내지 교육목표에 맞게 교육과정을 개발하고 운영할 수 있도록 도와주어야 한다. 교육과정은 교육목표를 달성하기 위한 수단이다. 학교에서의 교육과정은 학교의 교육목적을 달성하기 위한 교육내용이며, 수업시간 중의 수업내용은 구체적인 시간목표를 달성하기 위한 것이다. 그런데 학교에서의 교육내용은 같은 목표를 달성하기 위한 것이라 해도 교사들의 아이디어와 운용능력에 따라 달라질 수 있다. 아울러 장학담당자의 능력과 도움에 따라 달라질 수 있다.

셋째, 교수기술 향상이다. 수업장학담당자는 교사들이 수업기술을 향상할 수 있도록 지원해 주고 도와주어야 한다. 교사에게 가장 중요한 것은 학생들을 잘 가르치는 것이다. 잘 가르치기 위해서는 교수기술을 익혀야 하는데 교사들의 교수기술은 이미 교원양성기관에서 교육과 훈련을 통해 익히게 된다. 그럼에도 불구하고 양성기관에서 교수기술의 교육과 훈련을 소홀하게 다루어 교사들의 기본적 수업기술이 미흡할 수도 있고, 새로운 교수기술방법 및 프로그램이 개발될 수도 있다. 따라서 교사들은 새로운 교수기술을 익히는데 노력해야 하며, 이를 위하여 수업장학담당자는 교사들의 수업기술이 향상될 수 있도록 도와주고 지원해 주어야 한다.

넷째, 현직교육이다. 수업장학담당자는 교사들이 교직전문성을 신장시키도록 교사를 자극하고 동기를 유발시켜 주어야 한다. 사회의 급격한 발달에 따라 교사에게는 종래보다 더 새로운 지식과 기술이 요구되고, 더 투철한 사명감과 윤리의식이 요구되고, 더 철저한 봉사정신이 요구되고 있다. 이에 대처하기 위하여 현직교육이 필요하다. 이러한 현직교육은 학무장학, 수업장학, 교내자율장학 등을 통해서 수행되어야 한다. 또한 장학담당자는 교내연수의 내용 및 방법 등을 계획할 때 교사들의 필요와 요구를 참고하며, 필요에 따라 교사들을 참여시키고, 자기연수의 기회를 최대한 부여하여 교사 개개인이 교직전문성을 제고할 수 있도록 하여야 한다.

다섯째, 평가이다. 수업장학담당자는 교사들의 실적을 평가하고 또 교사들이 수업의 결과를 제대로 평가할 수 있도록 조언해 주어야 한다. 장학과 관련된 평가에는 학교경영평가, 학교프로그램평가, 수업결과의 평가, 교사에 대한 평가, 학교행정가에 대한 평가 등을 들 수 있다. 이러한 평가들은 학교 자체가 주관하여 실시할 수도 있지만 대체로 학교경영평가, 학교프로그램평가, 학교행정가에 대한 평가는 교육부장학이나 학무장학에서 담당할 수 있다. 하지만 수업결과의 평가와 교사에 대한 평가는 수업장학에서 담당할 수 있다. 이러한 경우에 교사에 대한 평가는 교사의 수업기술, 인성, 실적 등의 평가를 통해 교사가 개인적으로 개선해야 할 부분에 관심을 갖게 된다. 또 학습결과에 대한 평가에서는 교사들이 측정방법, 측정도구 등 평가에 대한 바른 이해를 가지고 학습평가에 임할 수 있도록 수업장학 담당자가 도와주어야 한다.

여섯째, 의사소통을 통한 조정이다. 수업장학담당자는 원만한 의사소통을 통해서 조직 내 구성원들의 상반되고 다양한 견해를 조정해야 한다. 전문직에 종사하는 교사들은 그들의 담당 전공과목이 다르고, 가치관이 다르고, 역사의식이 다르고, 성장배경 등이 다르기 때문에 학교조직의 동일한 목표 달성을 하는데 있어서 서로 다르게 접근할 수가 있다. 이런 다양한 접근이 서로 상반될 때 조직 내 갈등이나 불협화음이 생기고 그 결과로 조직의 목적을 효율적으로 달성하기가 어렵다. 조직 내의 갈등과 불협화음은 구성원들 간의 원만한 의사소통을 통하여 조정이 가능하기도 한다. 이와 반대로 의사소통이 잘못되면 구성원 상호 간의 이해 부족과 오해 또는 불신을 초래하게 된다. 따라서 수업장학담당자는 교사와의 의사소통뿐만 아니라 교사들 상호 간의 의사소통도 잘 이루어질 수 있도록 노력해야 한다.

일곱째, 현장연구이다. 교육전문가인 교사들은 스스로 현장의 문제들을 발견하고 그 해결방안을 찾는데 있어 과학적 접근방법에 익숙해 있어야 한다. 그러나 일부 교사들은 이런 과학적 현장연구방법에 익숙하지 못하기 때문에 수업장학담당자의 지도 및 조언이 필요하다.

여덟째, 동기유발이다. 학교의 교육목적을 효율적으로 달성하기 위하여 장학담당자들은 교사들의 사기를 북돋아 주고, 교사들이 심리적 만족감을 가지고 자율적으로 교수활동을 할 수 있도록 동기화시켜 주어야 한다.

아홉째, 민주적 인간관계의 유지이다. 민주적 인간관계는 공적인 관계를 형성시키는 직위의 고하를 막론하고 인간적인 면에서 상급자는 말이나 행동에서 하급자를 존중하고, 하급자는 상급자를 존경하고, 상호간의 입장이나 생각, 행동을 긍정적으로 수용하여 이해하려고 노력하면서, 개인의 인간적 가치나 존엄성을 인정함으로써 형성되고 유지되는 인간적 관계이다. 학교에서의 교사 간 또는 장학담당자와 교사 간의 좋은 인간관계는 민주적 인간관계에 의해서만 가능하다.

4. 수업장학의 실시방법

수업장학이란 학생들의 학습을 촉진하는 교수과정에 직접적으로 영향을 미치는 방법으로, 인적·물적 자원을 유지 및 변화시키는 활동을 말한다. **수업장학에는 두 가지의 기본적 가정**이 있다(변영계, 2000).

① 교실에서 수업하는 교사의 행동은 규칙적인 어떤 형태를 형성하고 있을 것이며, 이 형태는 고찰되고 감지될 수 있을 것이다. 이 관찰 및 분석된 자료가 해당 교사에게 피드백되었을 때 교사는 자기의 수업 행동을 변화시키려고 할 것이다. 이러한 수업행동은 통제가 가능하며, 교사의 수업행동의 통제를 통해 개선이 가능하다는 것을 가정할 수 있다.

② 장학을 하는 사람과 장학을 받는 사람(흔히 장학사와 교사)의 관계가 상호협조적 관계를 형성할 때 그 효과가 높아질 것이라는 점이다. 교사는 장학담당자와 대등한 관계 속에서 자기의 일에 자부심을 갖고 자기의 수업능력을 개선하기 위해 능동적으로 장학을 요청할 수 있는 분위기와 인간관계가 형성되지 않으면 수업장학이 형식에 치우치게 될 것이다. 따라서 수업장학의 과정이나 모형도 이러한 두 가지 기본 가정에 기초하여 이루어지고 있다.

변영계(2000)는 수업장학을 위한 실제의 과정은 많은 사람들이 다양한 입장에서 여러 가지로 나누고 있으나, 기본적인 과정은 [그림 3-1]과 같이, 관찰 전 협의회-수업의 관찰·분석-관찰 후 협의회 등 3단계로 나눌 수 있다.

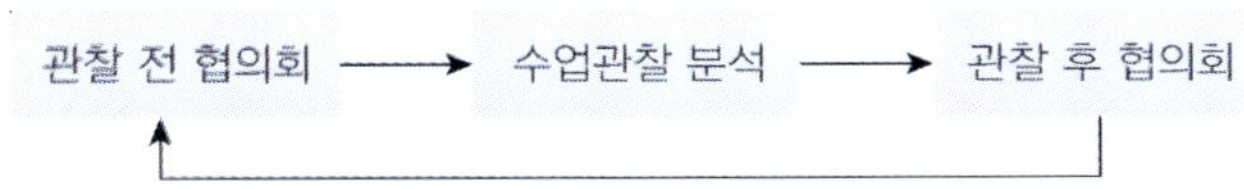

그림 3-1 수업장학의 기본모형

첫째, 제1단계(관찰 전 협의회)이다.

① 제1단계의 주요 기능과 활동내용은 다음과 같다. i) 수업자와 수업장학담당자 간의 상호 신뢰로운 관계를 형성하는 일, ii) 수업자로 하여금 수업장학을 이해하고, iii) 수업장학을 긍정적으로 생각하게 하는 일, iv) 수업장학의 과제(무엇을 변화 혹은 개선시킬 것인가)를 확정하는 일, v) 관찰할 수업에 대한 수업관찰자의 이해를 높이는 일, vi) 수업관찰을 위하여 '언제', '어떠한 점을', '어떠한 방법'으로 할 것인가에 관하여 합의하는 일 등이 있다.

② 제1단계의 주요 기법 및 요령은 다음과 같다. i) 수업과 관련한 수업자의 관심과 문제점을 수시로 확인한다. ii) 수업자의 관심사항을 관찰 가능한 진술문으로 표현하게 한다. iii) 수업자 자신이 자기의 개선방법을 선택 결정하게 한다. iv) 수업관찰에 있어서 때와 상황 그리고 방법은 쌍방 간의 합의가 이루어진 다음에 한다. v) 수업관찰의 계획에 있어서 관찰대상을 명세화하고 필요한 것만 관찰 기록한다. vi) 관찰 기록을 위한 도구의 선택은 획득될 정보나 자료가 무엇인가에 따라서 선택되어야 한다. vii) 장학담당자는 수업관찰 기록에 숙달되어 있어야 한다. viii) 학교는 수업장학을 위한 연간계획을 수립하고, ix) 교사들에게 수업장학의 이해와 방법을 위한 오리엔테이션을 계속적으로 실시한다.

③ 제1단계의 유의사항은 다음과 같다. i) 관찰 전 협의회는 대개 20~30분 정도로 하며, 협의회 장소는 서로가 부담을 느끼지 않는 곳이면 가능하다. ii) 관찰 전 협의회를 통해 수업장학을 계획할 때, 단 한 번으로 모든 문제를 해결하려고 해서는 안 된다. iii) 외부로부터 내방하는 장학보다는 동학년 중심 또는 같은 교과목 중심의 동료교사에 의한 장학으로 점진적 변화를 시킨다. iv) 처음부터 완벽한 수업

장학을 기대하지 말고, 점차적으로 수업장학을 하는 방법을 개선시키도록 해야 한다. v) 수업장학은 수업자와 장학을 담당하는 자가 1대 1의 관계가 될 때가 더욱 효과적이다.

둘째, 제2단계(수업의 관찰분석)이다.

① **제2단계의 주요 기능과 활동내용은 다음과 같다.** i) 수업에 참관하여 관찰 기록하는 일, ii) 수업의 관찰과 기록을 분석하고 정리하는 일, iii) 관찰 후 협의회를 위한 자료와 기기를 준비하는 일 등이 있다. 그리고 ② **제2단계의 주요 기법과 요령은 다음과 같다.** i) 수업의 관찰이 일상적인 수업을 다른 모습의 수업으로 변화시켜서는 안 된다. ii) 수업의 관찰과 기록은 '관찰 전 협의회'에서 수업자와 합의한 내용이나 대상에 관심을 두고 관찰해야 한다. iii) 수업의 관찰과 기록을 위해서는 다양한 방법과 기법이 고려되어야 하나, 최종적인 기법의 선택은 획득될 정보나 자료의 성격에 따라서 결정되어야 한다. iv) 수업의 관찰기록에 있어서는 수업자의 수업언어뿐만 아니라, 비언어적 수업행동도 관찰의 대상이 되어야 한다. v) 수업의 관찰기록은 가능한 수업상황을 그대로 재생시킬 수 있는 방법이면 관찰 후 협의회를 위해 효과적이다.

③ **제2단계의 유의사항은 다음과 같다.** i) 일상적인 수업관찰을 위해서 수업관찰자는 관찰대상 학급의 학생들과 친숙해지는 일이 중요하다. ii) 장학담당자는 수업자의 수업언어 관찰에는 질문, 피드백 요령, 설명의 내용과 방법, 교사와 학생의 상호작용 등이 관찰 기록될 수 있는 분석법에 숙달되어 있어야 한다. iii) 관찰 시에는 선입견을 배제한 사실 중심의 자료가 수집되어야 한다. iv) 관찰 후 협의회를 위해서 장학담당자는 가능한 객관적이고 사실 중심의 정보나 자료를 준비하여야 한다.

셋째, 제3단계(관찰 후 협의회)이다.

① **제3단계의 주요 기능과 활동내용은 다음과 같다.** i) 수업장학의 과제를 수업의 관찰분석자료로 활용하여 개선 방안을 탐색하는 일, ii) 수업방법 개선을 위한 대안적 방안을 탐색하고 결정하는 일, iii) 차기의

수업장학을 위한 협의를 하는 일, iv) 수업장학 자체의 평가와 수업장학 기법에 대하여 평가하는 일, v) 수업관찰자는 수업관찰분석의 결과를 평가나 비판 없이 사실 중심으로 제시한다. vi) 수업관찰분석의 결과로 나타난 특징은, 그것이 일어난 원인을 분명히 밝혀 해석하고 통제하려고 해야 한다. vii) 수업관찰자는 관찰결과를 분석하여 수업자에게 제시하고, 문제의 규명과 대안의 탐색은 수업자 자신이 하도록 한다. viii) 수업장학은 수업자의 입장을 이해하려고 노력함과 동시에 수업장학의 과정에 수업자가 만족과 기쁨을 더 많이 느끼도록 해야 한다. ix) 수업을 담당한 교사는 자기의 수업장학 기법을 개선시키기 위해 상대방으로부터 솔직하고 객관적인 정보를 얻도록 해야 하며, 이를 자기의 장학기법 개선에 피드백시켜야 한다. x) 관찰 후 협의회를 통해서 수업자는 가르치는 일에 대한 전문성이 성장되고 있음을 확신할 때, 이 수업장학에 계속적으로 참여하려고 하게 된다.

② **제3단계의 유의사항은 다음과 같다.** i) 관찰 후 협의회는 대개 30~40분 정도가 적당하며, 장소는 두 사람만이 이야기할 수 있는 곳이면 된다. ii) 본 협의회에서는 수업자가 자기의 수업에 대한 소감을 먼저 이야기하게 하고, 수업장학의 과제를 객관적인 자료에 비추어 비교하는 활동이 뒤따라야 한다. iii) 장학을 담당한 사람의 개인적인 주장이나 선호하는 방법을 요구하는 일은 지양되어야 한다. iv) 수업기술의 개선에 있어서 객관적이고 양적인 변화를 제시했을 경우, 수업자는 자기의 수업개선에 더 강한 관심을 가지며, 수업장학을 계속해 보려고 할 것이다.

5. 수업장학의 문제점과 발전과제

강영삼(1994)은 일선학교 초·중등학교 교감들을 대상으로 한 연구에서 수업장학의 문제점으로는 ① 장학담당자의 수업개선에 대한 이해 부족, ② 전시효과적인 장학, ③ 장학담당자의 지도성 개발 부족, ④ 교사의 교직 전문성 개발을 등한시했으며, ⑤ 비민주적인 점 등을 지적하고 있다.

첫째, 수업개선에 대한 부족이다. 이는 수업장학담당자인 장학사, 교장, 교감, 부장교사, 교사들의 자질에 문제가 있다. 다시 말하면 수업장학담당자의 자질이 부족하다는 것은 대개 장학담당자의 노력 부족에서 오는 것이겠지만, 전공과목에 대한 자신감의 결여, 전문적 지식의 부족, 장학력의 부족, 장학지도 요령에 대한 부족, 경험 위주의 수업방법, 사명감의 부족, 안일한 정신자세 등에서 나타난다고 보고 있다. 그리고 수업개선에 대한 수업장학 요원의 이해 부족은 이들의 수업개선에 대한 연수활동의 미약이나 학교장의 연구 부족, 교원양성기관에서 수업지도기술에 대한 이론, 실기, 실습을 충분히 익히지 못한데 그 원인이 있기도 하다. 또한 수업개선에 대한 장학요원의 이해 부족은 업무성격에서 나타난다. 수업장학담당자의 업무 중에는 일반적인 공문지시나 관리행정에 치중할 일이 많을 뿐 아니라 업무량이 과중한데다 이를 담당할 요원들이 부족하기 때문에 장학요원의 본연의 업무를 소홀하기도 한다. 그리고 수업장학요원의 수업개선에 대한 이해 부족은 학교의 분위기라고 할 수 있다. 특히 입시 위주의 주입식 교육을 강조하는 분위기나 연구에 대한 관심을 가진 풍토가 조성되지 않는 상황에서 수업개선에 대한 이해 부족은 계속될 것이다.

둘째, 과업중심의 전시효과적인 장학을 들 수 있다. 이것이 문제가 되는 이유는 전시효과적일 때 형식적인 것, 외부에 나타나는 것만 평가하는 경향이 생기고, 바로 효과가 나타나지 않는 수업 측면에 등한시하게 되고, 교육재정상 비효율적인 투자가 되고, 인간관계의 중요성을 가볍게 볼 수 있기 때문이다. 이러한 문제의 원인으로 지각된 것은 ① 평가의 목적이 수업개선보다 행정적인 중점을 두는 데 있다고 하겠다. ② 과업중심의 전시효과적 장학의 원인은 학교장의 자질과 관계된다. 학교장이 교육에 대한 철학이나 신념이 부족한데서 문제가 있다고 보고 있다. ③ 수업장학이 과업중심의 전시효과적이라는 문제는 장학지도방법이 지시일변도이기 때문에 이에 맞추려는 노력이 크게 작용하는 것으로 보고 있다.

셋째, 수업장학담당자의 지도성개발 부족이다. ① 장학담당자의 자질부족에 있다고 하겠다. 수업장학에 대한 전문적 지식이 부족하거나 장학담당자로 사명감이 부족한 사람이 있다고 볼 수 있다. ② 수업장학담당자의 지도성

개발이 잘 안 되는 원인은 이들의 과다한 업무에 둘 수 있다. 관계관청의 지시 및 명령이 폭주하고, 장학의 본래 업무 이외의 업무가 과다하여, 사무적인 측면에 치중하게 되고, 공문 위주의 현장장학에 치중하다보니 업무가 과다하다고 지각하고 있다. ③ 수업장학담당자의 지도성개발이 부족한 것은 연수 및 연구 부족에 기인한다고 하겠다. 학교 자체에서는 자체 연수나 연구가 부족하고, 새로운 학습이론이나 자기연수를 위한 시간이 부족한 형편이어서 이 문제점이 야기될 수 있다. ④ 수업장학담당자의 지도성개발문제는 의식이나 의욕에 기인한다고 할 수 있다. 장학담당자는 권위의식이 강하고, 지도성을 개발하려는 의욕이 부족하고, 종래의 시학적 장학개념을 버리지 못하는 데 문제가 있다고 본다. ⑤ 수업장학담당자의 지도성을 개발하지 못하는 데는 학교의 분위기를 들 수도 있다. 학교운영이 자율적으로 이루어지지 못하는 풍토에서 수업장학담당자의 지도성개발이란 어려운 것이다.

넷째, 교사의 교직전문성개발을 등한시하는 것이다. ① 교사 자신의 부족한 점에 있다고 하겠다. 교사들의 사명감 부족, 전문성에 대한 의식 부족, 전문성개발을 위한 노력 부족, 교육에 대한 철학 부족, 무사안일주의에서 오는 나태 등은 교사 자신의 부족한 점을 대표하고 있다. ② 교사의 전문성개발이 미흡하게 되는 다른 원인은 장학담당자에게 있다. 장학담당자의 지도 및 조언의 부족, 편견, 자질 부족, 수의 부족, 관료적 자세 등이 장학담당자와 관계되는 문제라고 지적하고 있다. ③ 교사의 전문성개발을 미흡하게 해주는 또 다른 원인은 비전문적 업무를 다루어야 하는 데서 나타난다. 교사에게도 공문처리를 요청한다든가 교수 이외의 잡무가 많은 것은 전문성개발을 저해하는 요인이 된다고 보고 있다. ④ 교사의 전문성 개발을 방해하는 기타 원인으로서 연수의 부족, 수업공개의 기피현상, 사회적 지위저하에서 오는 사기저하, 구태의연한 수업방법 등을 들고 있다.

상기에서 수업장학의 문제점에 대해서 살펴보았다. 수업장학이 우리의 장학발전을 위해 매우 시사적인 장학유형이라면, 이와 같은 수업장학의 문제점들을 극복하는 데 많은 노력을 기울여야 할 것이다. 그러나 일시에 모든 문제를 해결하기는 어렵기 때문에 시급한 발전과제를 간단히 정리해보면 다음과 같다(김형관 외, 2000).

첫째, 수업장학을 담당하게 될 요원들의 전문성이 제고되어야 한다. 수업장학은 장학사, 학교장, 교감, 부장교사 및 동료교사 누구나 주체가 될 수 있다. 수업장학의 실시 범위가 주로 학교 내이기 때문에 학교장이나 교감들의 교수-학습개선에 대한 전문적 지식과 이해를 높이는 일이 중요하다. 특히 교장이나 교감은 학교조직의 풍토와 효과성을 좌우할 수 있는 법적 권한을 거의 독점하고 있다. 따라서 그들이 갖는 권한을 행정적이고 평가지향적인 측면에서 지시 및 감독하는데 사용할 것이 아니라, 수업개선에 활용될 수 있도록 교장이나 교감들의 의식 전환과 전문성 제고 노력이 병행되어야 할 것이다.

둘째, 교육부와 광역교육청, 시 · 군 · 구교육청 중심으로 이루어져 왔던 장학의 기능이 단위학교를 중심으로 하는 장학으로 바뀌어야 한다. 정부는 1995년 5.31 교육개혁을 통해 단위학교를 중심으로 하는 학교운영을 제시한 바 있다. 실제로 1996년 이후부터 많은 학교에 학교운영위원회가 설치되었고, 교장이나 교사들의 초빙제도도 실시되고 있다. 이러한 정부의 시책에 따라 교육부의 장학기능이 지방, 특히 단위학교로 위임되는 경향이 강해지고 있다. 그러나 아직도 시 · 도교육청 중심의 장학이 이루어지고 있음을 볼 때, 단위학교가 주체가 되어 자율적이고 학교 실정에 맞는 다양한 장학을 실시하기가 어려운 실정이다. 상부기관에서 학교수업활동 및 운영 전반에 대한 평가권을 가지고 있고, 그 평가의 결과에 기초하여 교장, 교감, 부장교사 및 평교사들의 승진이나 전보가 이루어진다면 수업개선을 일차적 목표로 하는 장학활동은 쉽지 않을 것이다.

셋째, 장학활동에 대한 교사들의 인식의 변화와 적극적인 참여가 있어야 한다. 교사들은 장학을 귀찮고 부담스럽게 생각해서는 안 될 것이다. 물론 지금까지의 장학활동이 교사들로 하여금 그러한 인식을 갖게 한 것이 사실이다. 그러나 이제 장학이 새롭게 자리매김되어야 한다는 목소리가 높고, 장학의 새로운 방향을 모색하는 다양한 연구와 노력들이 이루어지고 있음을 생각할 때, 교사들의 장학에 대한 인식 변화는 장학의 변화가 가능할 수 있는 출발점이라고 해도 과언이 아니다. 아울러 교사들도 자신들의 전문적 성장과 발달을 위해 지속적으로 노력해야 함에는 재론의 여지가 없다. 따라서 그들의 전문적 성장과 발달을 위해 이루어지는 장학활동에 능동적으로 참여하는 것이 바람직하다.

제2절 발달장학

발달장학은 Glickman(1981)이 개발한 것으로 교사의 발달 정도와 장학방법에 맞게 장학하여 교사의 발전 수준을 높인다는 원리에 근거하고 있다. Glickman은 상이한 발달단계에 있는 교사들에 대한 장학의 방법으로서 발달적 장학(developmental supervision)을 제시하였다. 그는 교사의 발달유형을 교사의 추상적 사고능력(abstraction)과 헌신도(commitment)의 높음, 낮음을 기준으로 하여 교사탈락자, 분망한 행동가, 분석적 관찰자, 전문가 등의 네 가지로 구분하였다.

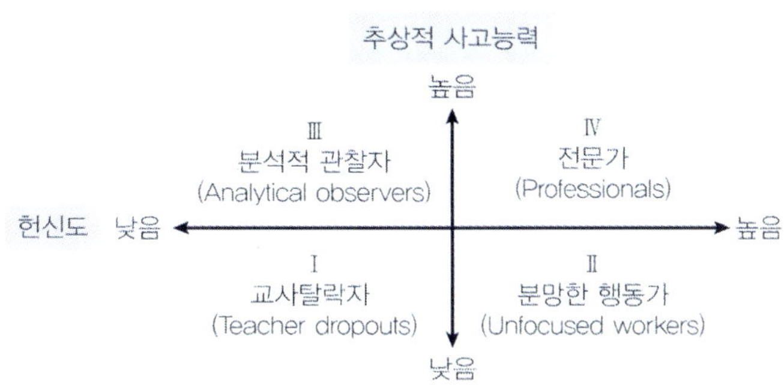

그림 3-2 Glickman의 교사발달 유형

자료: Glickman, C. D.(1981). Developmental Supervision. Alexangria, VA: ASCD, p. 48.

그리고 교사발달 유형에 따라 장학에 있어서 지시적 접근(directive approach), 상호협동적 접근(collaborative approach) 그리고 비지시적 접근(non-directive approach) 등 세 가지 방법 중 적절히 맞추어 사용하는 것이 효과적이라고 주장하였다.

장학행동	보강	표준화	시범	절충	문제해결	제시	격려	명료화	경청
장학의 책임	교사-적음 장학담당자-많음							교사-많음 장학담당자-적음	

장학의 특징 변화	지시적 →	상호협력적 →		비지시적
교사발달 유형	교사 탈락자	분석적 관찰자	분망한 행동가	전문가
교사의 특징	낮은 추상적 능력 낮은 헌신도	높은 추상적 능력 낮은 헌신도	낮은 추상적 능력 높은 헌신도	높은 추상적 능력 높은 헌신도

그림 3-3 교사발달 유형에 따른 장학담당자의 행동특성

자료: Glickman, C. D.(1981). Developmental Supervision. Alexangria, VA: ASCD, p. 49.

Burden(1983)은 Glickman의 개념을 자신이 확인한 교사의 발달단계와 결합하여 <표 3-1>과 같이 교사의 발달단계별로 효과적이라고 생각되는 장학의 형태를 제시하였다.

표 3-1 교사의 발달단계별 효과적 장학의 형태

구분	생존단계 (1차 년도)	조정단계 (2, 3, 4차 년도)	성숙단계 (5차 년도 이후)
장학의 특징	지시적	상호협동적	비지시적
장학담당자의 행동	제시 · 지시 · 시범 · 표준화 · 보강	제시 · 명료화 · 경청 · 문제해결 · 절충	경청 · 격려 · 명료화 · 제시 · 문제해결
장학의 기본방법	장학담당자가 표준을 제시함	장학담당자와 교사 간에 상호협약이 있음	교사가 자기평가를 함
장학에 있어 장학담당자의 책임	많다	보통이다	적다
장학에 있어 교사의 책임	적다	보통이다	많다

자료: Burden, P. R.(1983). Implication of Teacher career Development: New Roles for Teachers, Administrators, and Professors. Action in Teacher Education, 4(4), pp. 21~25.

<표 3-1>에서 고찰한 바와 같이, 생존단계에 있는 교사들은 구체적이고 기술적인 교수기능에 관해 도움이 필요한데, 장학담당자가 제시 · 지시

·시범·표준화·보강 등의 행동특성을 보이게 되는 지시적 방법이 효과적이라고 한다. 조정단계에 있는 교사들은 장학담당자 주도의 지시적 방법보다는 양자 간에 상호협동적인 장학방법이 유익하다는 것이다. 이때 장학담당자는 장학에 대한 책임을 교사와 공유하게 되며, 상호협의를 기초로 제시·명료화·경청·문제해결·절충 등의 행동특성을 보이게 된다. 그리고 성숙단계에 있는 교사들은 교사 스스로가 주도적인 역할을 담당하며, 장학담당자는 경청·격려·명료화·제시·문제해결 등의 행동특성을 보이는 비지시적 방법이 효과적이라는 것이다.

상기에서 살펴본 바와 같이, 발달장학은 교사의 발전 정도에 따라 알맞은 장학방법을 결정한다는 데 "발달"이란 말이 의미가 있으며 또 그렇게 해서 교사를 이상을 향해서 발달시키는데 "발달"이란 말은 의미가 있다. 그리고 각 교사에게 알맞은 장학을 한다는 의도는 좋으나 여기에도 문제가 있다(김영식·주삼환, 1990). ① 복잡한 교사들을 발달 정도에 따라 이렇게 분류하기가 그렇게 쉽지 않다는 점이다. 아마 정확하게 분류하자면 장학보다는 분류에 더 많은 시간을 보내야 할지도 모른다. ② 바쁜 장학담당자나 교장이 각 교사를 평가하고 각 교사에게 독특하게 반응을 줄 수 있을 만큼 충분한 시간과 정력을 가질 것이라고 기대하기는 현실적으로 어렵다. 하지만 특이한 각 교사에 알맞은 장학을 시도하였다는 것은 큰 공헌이라 할 수 있다.

제3절 임상장학과 마이크로티칭

임상장학(clinical supervision)은 학급 내에서 학생과 교사 사이에 이루어지는 상호작용과정에 초점을 두고서 학생의 학습 상태를 향상하도록 하는 것이다. 임상장학의 내용이 수업과정 중 교사의 지각, 신념, 태도, 지식을 분석하여 교사의 수업행동을 개선하고, 학생의 학습효과를 향상시키려는 데 있기 때문에 임상장학은 수업장학의 한 방법이라고 할 수 있다.

이러한 임상장학에는 Cogan(1973)은 8단계로, Goldhammer, Anderson 및 Krajewski(1969) 등은 5단계로, Acheson과 Gall(1980)은 3단계로 <표 3−2>와 같이 제시하고 있다.

표 3-2 임상장학의 단계

Cogan	Goldhammer	Acheson and Gall
제1단계: 교사 장학담당자 관계 확립	① 관찰 전 협의	① 계획회의
제2단계: 교사와 공동으로 수업계획		
제3단계: 교사와 공동으로 수업관찰계획		
제4단계: 교실 수업관찰	② 수업 관찰	② 수업관찰
제5단계: 교수–학습과정 분석	③ 분석과 전략	
제6단계: 협의 전략계획	④ 관찰 후 협의	③ 환류협의
제7단계: 협의		
제8단계: 후석계획	⑤ 협의 후 계획	

자료: 정태범(2005). 장학론. 서울: 교육과학사. p. 331.

한국교육개발원에서는 임상장학의 방법으로서 ① 계획회의, ② 수업관찰, ③ 환류협의 등을 포함하였다. 계획협의에서는 신뢰로운 관계조성, 수업연구 과제선정, 학생수업에 대한 정보교환, 수업관찰계획 등이 있으며, 수업관찰에는 수업지도 검토, 수업관찰, 수업관찰결과 정리 등이 있으며, 환류협의에는 수업관찰결과 논의, 수업연구과제 해결 및 방안 설정, 적용 및 평가 등을 포함한다.

이상의 **임상장학의 모형**을 토대로 연구자는 ① 1단계(수업 전 협의), ② 2단계(수업관찰), ③ 3단계(수업분석), ④ 4단계(수업 후 협의), ⑤ 5단계(새로운 계획수립; 협의회 후 단계) 등 5단계를 제시하고자 한다.

첫째, 1단계(수업 전 협의)는 장학담당자와 교사 간의 신뢰관계를 조성하며 교사가 학급구성과 학습과제를 제시하고, 교수목표와 그 달성방법을 설명하며, 수업장면과 관찰계획장면을 설명하고, 수업관찰시간을 협의하는 단계이다.

수업 전 협의단계에서는 장학담당자와 교사 간의 상호협조적인 분위기를 만들기 위해서 신뢰관계를 구축해야 되며, 수업계획 등에 대해서 활발한 의사소통이 이루어져야 하며, 교사는 자신이 계획한 수업과 수업행동을 연습할 기회를 가져야 하며, 학생의 학습활동 조절, 교수－학습지도안의 흐름 등을 구체적으로 협의하며, 이때 장학담당자는 교사의 수업방법에 대한 비판을 하지 말아야 할 것이다.

둘째, 2단계(수업관찰)에서 장학담당자는 분석할 자료를 수집하고 수업형태를 확인하는 단계로서 교사의 발문, 교수－학습 상황의 흐름에서 교사의 진술 및 학생들의 반응, 언어적 상호관계 등을 파악하여 교사의 교수법에 대한 지각과 판단을 검증・시험하는 기회가 되게 한다. 수업관찰의 방법에는 ① 교실에서 발생하는 수업진행과정과 수업에 대한 코멘트나 발문을 기록하며, ② 교사와 전문가는 사전관찰에 대한 학생들의 출발점행동과 목표의 도달도의 파악과 기대하지 않은 학습결과 등을 확인하기 위한 관계자료나 기록을 얻기 위하여 각종매체를 활용한다. ③ 장학담당자는 교수－학습활동의 줄거리를 파악하면서 수업관찰을 해야 하며, 학생활동에 참여하여 교사의 보조역할을 할 수 있다. ④ 수업을 관찰 후에 장학담당자는 교실에서 발생한 전반적인 상황을 고려하여 수업방법에 대한 모형을 고안할 것이 요청된다.

셋째, 3단계(수업분석)에서 수업분석의 궁극적 목적은 교사의 교수행동에서 나타나는 주요 특성, 즉 장점과 단점, 수준, 독특한 내용과 구조 등을 알아내기 위한 것이다. Cogan(1973)은 수업분석의 목적을 다음과 같이 제시하고 있다. ① 학생들이 수업상의 목적을 어느 정도 달성했는지를 평가하기 위하여, ② 예기되지 않은 학습내용을 확인하기 위하여, ③ 교실에서 일어났던 중대한 일들을 확인하기 위하여, ④ 학생들의 행동에 관한 자료를 정돈하기 위하여, ⑤ 교사행동에서 눈에 띄는 현저한 유형을 알기 위하여, ⑥ 교사가 계획안에서 사용한 중요 용어를 학급에서의 그의 행동과 연관짓기 위하여, ⑦ 장학프로그램개발에 필요한 기초자료를 개발하기 위하여 등 일곱 가지를 제시하고 있다.

수업분석은 장학담당자 자신, 교사 자신, 두 사람이 공동으로 할 수도 있다. 교사 자신이나 장학담당자 혼자서 분석할 경우에는 학급에서 일어났던 교사와 학생 간의 상호작용에서 본 개인의 직관을 충분히 설명할 수 있는 메리트를 갖고 있다. 그리고 임상적 분석에서 중요한 요소는 다음과 같다. 학급에서 일어난 중요한 사건들을 발견해서 분석해야 하며, 교사의 교수유형 및 행동유형을 분석하는 것이 무엇보다도 중요하다.

넷째, 4단계(수업 후 협의)에서는 장학담당자가 교사의 추리, 의견, 느낌을 듣고, 교사로 하여금 대안적 수업목적, 수업방법 등을 고려할 수 있도록 도와주어야 한다. 그리고 장학의 방침을 알려 주면서 교사의 기능적 능력을 숙달하는 과정을 평가해야 한다. 수업후 협의방법은 다음과 같다. ① 4단계에서는 교사, 전문가, 교실 상황에 따라 다양한 의견이 있을 수 있으므로 상당량의 설명적 회의록을 요구한다. ② 장학이 실제적인 것이 되기 위해서는 수업연구에 대한 전문가의 관찰 요점이 있어야 하고, 전문가의 분석과 전략에 대한 요점이 있어야 한다. ③ 수업 후 협의를 위해서 장학담당자가 준비해야 할 사항은 교사의 수업종료 후 전문가와 함께 그 의미와 개선점을 탐색하고, 양자는 수업자료를 분석하여 교수활동을 진단하고, 그 진단에 따라서 교사, 전문가는 차시 수업계획 및 목표를 정하고, 수업결과 평가에 요구된 데이터 수집을 해야 한다. 그리고 협의를 위한 교사의 준비는 자신의 수업을 분석하면서 실제수업에서 발생할 수업장면을 가정하며, 발문을 준비하고, 학습 향상을 위한 전략 및 전술을 개발하는 것이 급선무이다. ④ 수업 후 협의회의 구체적인 전략으로는 교사의 비판적 사고나 수업유형으로부터 시작되며, 전문가가 교사의 유형에 동의하면 장학담당자는 분석을 끝내고, 계획하여 다음 단계로 넘어가고, 그렇지 않을 경우에는 다시 협의를 해야 하며, 학생행동에 초점을 맞추어야 한다. 그리고 수업에 관한 전략과 비지시적 전략을 사용한다.

다섯째, 5단계(새로운 계획수립)는 협의회 후 단계라고도 한다. 협의회까지의 전 단계를 검토하고 평가하는 단계가 된다. 새로운 계획수립단계는 장학담당자가 동료의 입장에서 함께 일하는 단계로서 얻는 결과를 검토하는 것이다. 따라서 이 단계는 다음과 질문에 따라서 폭넓은 토론이 이루어진다.

① 교사는 그의 교수행동을 바꾸기 위하여 그 의사를 명확히 구두로 표현하고 있는가?

② 협의회의 목적이 교사를 위한 장학프로그램의 장·단기 목적과 관련

되는가?

③ 장학담당자는 적절한 때 리더십을 발휘하는가?

④ 협의회는 한 단계 한 단계가 완전하게 넘어가고 있는가?

⑤ 협의회의 일반적 경향은 부정적 비평인가 아니면 건설적 제언인가?

⑥ 협의회 중에 교사와 장학담당자 사이의 상호관계는 어떠한가?

⑦ 교사는 자기의 업적을 평가하는가?

⑧ 장학담당자는 자기의 업적을 평가하는가?

⑨ 다음 교수시간에 대한 계획이 되었는가?

⑩ 교사는 스스로 학급행동을 변화시키려는 의도를 가지고 있는가? 등 열 가지를 제시하고 있다.

따라서 임상장학단계를 수업 전 협의, 수업관찰, 수업분석, 수업 후 협의, 새로운 계획수립 등 5단계를 제시했으며, 임상장학은 의사가 환자를 보듯이 장학담당자가 전문성 신장과 수업개선이라는 이중목적을 가지고, 주로 교실에서 교사들과 대면적 관계를 가지는 것을 말한다. 그러나 우리의 교육현실은 임상장학의 본래 목적을 실현하기 어려운 상황에 있다. 전문성을 가진 장학사가 매우 부족하며, 경비가 많이 소요되는 임상장학을 실현하기에는 더욱 어렵다. 장학의 개별화를 지향해서 생겨난 임상장학의 정신은 선택적 장학(differentiated supervision) 속에서 교사의 기호 및 자율성을 존중하고 교장, 교감, 장학사, 동료교사들의 영향력을 장학의 본래 목적에 적합하게 실현할 수 있도록 지원조치가 필요하다. 임상장학의 제안자들에 의하면 학급의 수업개선을 장학의 목적으로 하는 장학사는 학급의 수업문제에 대하여 학급교사와 함께 일하기를 원해야 한다고 한다. 이러한 장학활동을 수행하기 위하여 장학담당자는 수업의 계획, 자료수집 및 분석, 인간관계 등의 전문적 기술을 구비해야 한다. 임상장학은 모든 교사를 대상으로 수업기술을 향상시킬 수 있는 장학방법이라고 할 수 있다. 그러나 이를 실시하기 위해서는 많은 시간이 필요하기 때문에, 교사 자신이 임상장학을 요구하거나 교장이 특별히 문제가 있어 임상장학이 필요하다고 생각되는 교사에게 임상적인 경험을 하게 함으로써 효과적인 장학활동이 되게 할 수 있다. 특히 전문가와 교사 간의 임상적 관계에서 형성되는 래포(rapport)와 개방성은 임상장학의 성패에 결정적인 영향을 미치며, 이러한 관계에서 이루어지는 임상장학은 교사의 수업지도기술을 향상시키는 데 큰 영향을 미쳤다(정태범, 2005).

한편 **마이크로티칭**은 임상장학의 원리와 비슷하고 원래 교원양성기관에서 교수기술 향상 훈련을 위해서 개발되었다는 점에서 비슷하다. 우선 "마이크로"라는 말이 의미하듯이 축소된 수업이다(정태범, 2005; 김정한, 2004; 주삼환, 1997; 김영식 · 주삼환, 1990). 이는 실제 상황의 수업이 아니라 시간을 4~20분간으로 축소하고, 학생을 3~10명의 소집단을 대상으로 축소하고, 학습주제도 한두 주제로 축소하고, 교수기술도 한두 특정 교수기술에 초점을 둔 하나의 연습수업이다. 축소된 수업을 하는 동안 녹화 또는 녹음하면서 관찰하고, 이 녹화 및 녹음을 보거나 들으면서 피드백을 해주고 비평하고, 이 피드백과 비평을 참작하여 다시 수업계획을 세워 재수업을 하고 다시 비평하는 식으로 반복하면서 교수기술을 향상시키는 방법이다. 즉, 계획(plan) – 교수(teach) – 관찰(observe) – 비평(critique) – 재계획(replan) – 재교수(reteach) – 재관찰(reobserve) – 재비평(recritique)의 과정으로 반복된다. 마치 복싱선수가 동작 하나하나를 녹화하였다가 되돌려 보면서 동작을 수정해 나가는 과정과 비슷하다.

마이크로티칭도 최선의 방법은 될 수 없지만 주먹구구식 장학을 하던 우리나라의 풍토에 많은 시사점을 주고 있어 부분적으로 활용할 필요가 있다고 본다. 마이크로티칭은 1963년 스탠포드(Stanford)에서 실제 교실수업 책임을 맡기기 전에 교사교육을 받고 있는 학생들에게 현실적이고 기능적인 경험을 주면서 하나씩 하나씩 수업기술을 향상시키기 위하여 개발되었다.

1968년의 한 연구에 의하면, 미국 교사교육프로그램의 44%의 대학에서 소규모 수업방법을 사용하고 있으며 현직교육과 장학에서도 보편화되었다. 이 방법은 수업자의 강점과 약점을 금방 발견할 수 있고, 즉각 피드백을 줄 수 있고, 새로운 교수자료와 기술을 시험적용하는 데 사용될 수도 있으며, 경험 있는 교사가 경험이 적은 교사를 지도하는 동료장학에서 사용하기 좋으며, 교사 혼자서 자기분석(self-analysis)하기에도 좋다. 또한 장학자 자신의 장학기술 향상 방법으로도 사용할 수 있는 이점을 가지고 있다. 특히 교원양성기관에서는 학생들을 현장에 직접 내보내기에 이러한 소규모수업을 꼭 거쳐야 할 것이며, 교육실습 중에도 실제 학생들을 가르치기 전에 소규모 수업으로 충분한 장학을 받은 후 실제 교단에 서게 해야 할 것이다.

제4절 동료장학

동료장학은 협력적 장학(cooperative supervision), 협동적 전문성 개발(cooperative professional development) 등으로 표현되고 있다. 동료장학(peer supervision)이란 일반적으로 둘 이상의 교사가 서로 수업을 관찰하고, 관찰된 사항에 대하여 상호 조언하며, 서로의 전문적 관심사에 대하여 토의함으로써 자신들의 전문적 성장을 위해 공동으로 연구하는 것이다.

동료장학의 동료관계는 세 가지 측면에서 살펴볼 수 있다(조병효, 1995).

① 장학담당자들이 팀을 이루어 함께 일하는 동료장학, ② 장학담당자와 교사가 공동 협력하는 동료장학, ③ 교사와 교사가 서로 협력하는 동료장학 등 세 가지가 있다. 주로 학교현장에서 교사와 교사 간의 동료장학이 이루어지고 있다. 이것은 수업향상이라는 목표달성을 위해서 교사들 간의 동료장학이 직접적으로 친근감을 주며, 만족스러운 도움을 주기 때문에 많이 사용하고 있다.

동료장학의 형태는 ① 수업연구중심 동료장학, ② 협의중심 동료장학, ③ 연수중심 동료장학 등 세 가지로 구분하면서, ④ 동료장학의 추진과정에 대해서 언급을 하고자 한다.

첫째, 수업연구중심 동료장학은 경력교사와 초임교사가 짝을 이루어 상호간에 수업을 공개관찰하고 이에 대한 의견을 교환함으로써 수업연구과제의 해결 또는 수업방법의 개선을 도모하거나, 팀 티칭을 위해 서로 도와 협력하는 일들이 동료장학의 전형적인 형태이다.

둘째, 협의중심 동료장학은 동료교사들 간에 공식적이거나 비공식적인 일련의 협의를 통하여 어떤 주제에 관해 서로 경험, 아이디어, 도움, 충고 등을 교환하거나 서로 공동의 관심사를 협의하거나, 공동과업을 추진하는 활동을 의미한다. 구체적인 예를 들면, 학교현장의 동학년협의회, 동교과협의회, 동부서협의회 등이 대표적인 형태이다. 협의중심의 동료장학은 교과지도 이외에 학교교육계획, 생활지도, 특활지도, 행사지도, 시청각기자재 활용, 학급경영, 학교평가, 학부모・동창회・지역사회와의 유대 등 협의내용이 다양한 것이 특징이다.

셋째, 연수중심 동료장학이란 교과별・학년별・교육영역별 소집단 연수, 연구・시범・실험영역연수, 당면 연구과제별 연수 등 각종 자체 연수를 계획 및 추진, 평가함에 있어 공동연구자로서 상호경험 및 아이디어 그리고 정보를 교환하며, 때로는 강사나 자원인사로서 공동으로 협력하는 동료장학을 의미한다.

마지막으로 **동료장학의 추진과정**은 다음과 같다. 동료장학의 구성에는 학년부장교사를 중심으로 한 동학년교사, 교과주임을 중심으로 한 동교과교사 또는 전공 분야에 뛰어난 교사를 중심으로 한 동교과교사, 특정 분야에 조예가 깊은 교사를 중심으로 한 관심분야 동일 교사 등으로 구성된다.

한편 운영방법 측면은 계획수립단계, 수업관찰단계, 관찰 후 협의회단계 등 3단계로 구성된다. ① 계획수립단계는 차시 연구과제 혹은 수업개선 과제를 확인 및 선정하고, 이의 개략적이고 잠정적인 해결・개선방안에 대하여 논의하며, 수업상황에 대한 정보를 교환하고, 그 후 수업관찰 이전까지 상호간의 사전 교재연구를 진행하고, 수업지도안에 대한 공동협의를 기초로 수업지도안을 작성하며, 객관적이고 능률적인 관찰을 위하여 수업관찰 계획을 수립한다. 이와 같은 과정은 원칙적으로 동료장학에 참여하는 전체 교사들 간의 공동작업으로 진행하며, 교장과 교감은 필요한 경우에 동료장학의 계획수립에 참여할 수 있다. ② 수업관찰단계에서는 교사들이 작성된 수업지도안을 다시 한 번 확인하여 전개될 수업활동의 전반적인 과정에 대한 이해를 높이며, 수업공개교사 또는 연구발표교사는 수업지도안에 따라 수업을 실시하고, 수업관찰교사는 이미 계획된 수업지도안에 따라 연구과제해결 또는 수업개선을 위한 구체적이고 객관적인 자료를 수집한다. 그리고 수업관찰교사들은 수업관찰 결과를 분석 및 정리하여 차후 협의회를 위한 자료를 작성한다. ③ 관찰 후 협의회단계에서는 수업관찰결과를 중심으로 하여 동료장학에 참여한 교사들 간에 상호협동적이고 동료적인 분위기에서 자유로운 논의를 하며, 이러한 논의를 통하여 수업연구과제의 해결·개선 또는 수업개선을 위한 방안을 설정한다. 그리고 설정된 방안을 실제수업에 적용·평가해보기 위하여 추가적인 수업관찰을 계획하거나, 설정된 방안을 일반화하기 위한 노력과 교사들 스스로 자기적용·자기평가의 노력을 하도록 하며, 수행된 장학활동의 전 과정에 대한 반성·평가가 실시된다. 그리고 관찰 후 협의회는 가능한 한 수업실시 관찰의 기억이 생생한 수업관찰 직후에 개최한다. 교장과 교감은 관찰 후 협의회에 참석하여 동료장학에 참여한 교사들로부터의 건의사항을 청취하고 적절한 격려·지원과 조언을 제공하도록 한다.

상기의 내용을 종합하면, **동료장학**은 교수-학습의 제반과정에 전문적 안목과 능력을 소유한 교사들이 상호간의 전문적 성장과 발전을 위해 협동하는 장학의 한 유형이다. 더군다나 공식적으로든 비공식적으로든 교사들 상호간에 교사의 전문적 발달과 개인적 발달 그리고 학교의 조직적 발달과 관련하여 정보·아이디어·도움·충고·조언을 주고받는 행위들도 넓게 보아서 동료장학에 포함된다고 할 수 있다. 특히 동료장학은 능력있고 협동심과 동료의식이 강한 교사가 중심이 되어 교사집단을 이끌면 대단히 효과적이다. 이는 교사들에게 자신의 학급에서 시도할 수 있는 새로운 아이디어를 주며, 교사들 사이에 전문적인 교육활동 풍토와 대화의 분위기를 조성해 의사소통을 원활히 할 수 있다. 그러나 교사들이 장학사나 교장 혹은 교감과 같은 상급자로부터 자신들의 고유한 영역인 수업활동에 대해 지도와 조언을 받는 사실에 부담을 갖는 경우가 많은 점을 고려하면, 오랜 세월동안 교직생활을 한 선배교사나 동료교사로부터 자신들의 성장과 발전을 위한 조언과 지원을 받을 수 있는 동료장학은 비교적 거부감 없이 수용될 수 있는 장학이 될 것이다. 이러한 분석에 기초하여, **동료장학의 발전과제**는 다음과 같다(김형관 외, 2000).

첫째, 교사들의 전문적 성장을 위한 열린 마음과 노력이 요청된다. 동료교사들의 경험과 능력을 존중하고, 그들로부터 자신의 수업개선을 위한 진솔한 도움과 지원을 받고자 하는 준비가 되지 않고서는 동료장학이 효과를 거둘 수가 없을 것이다.

둘째, 해당 학교의 환경과 여건에 맞는 동료장학의 형태가 필요하다. 모든 학교조직에 적용될 수 있는 일반적인 풍토와 문화적 특징이 있지만, 각 학교는 독특한 전통과 풍토를 가지고 있다. 또한 학교의 지역적 환경요인도 고려되어야 한다. 동료장학을 실시하는 방법에는 여러 가지가 있기 때문에 선택의 여지가 있다. 실시 대상 학교의 조직풍토와 인접학교와의 관계 등을 고려하여 동료장학의 방법을 결정할 필요가 있을 것이다.

셋째, 전시적인 동료장학에서 벗어나 자율적인 동료장학이 되도록 해야 할 것이다. 시・도교육청이나 지방교육청에서 자율적인 교내장학을 강조하니까 마지못해 실시하는 경향이 있다면, 이는 마땅히 지양해야 할 것이다. 교육의 변화는 교육현장에서부터 시작되지 않으면 불가능하다. 교사들이 좀 더 좋은 교육 혹은 개선된 교육서비스를 학습자들에게 제공하고자 하는 의욕을 강화할 때 동료장학은 뿌리를 내릴 수 있다고 본다.

제5절 자기장학

자기장학(self-supervision, self-directed supervision)이란 임상장학을 필요로 하지 않거나 원하지 않는 교사가 혼자 독립적으로 자신의 전문성 성장을 위하여 연구하는 과정이다. 자기장학은 원칙적으로 교사 자신의 필요와 요구를 존중하여 다양한 방법으로 전개되어야 한다. 자기장학의 영역은 담당교과의 수업지도뿐만 아니라 교육계획, 생활지도, 특활지도, 시청각기자재 활용, 학급경영, 각종 교육문제 등 제반 영역이 포함된다.

자기장학의 성격은 ① 교사 개인이 성장의 프로그램에 의거 독립적으로 연구한다. ② 교사 개인이 목표지향적인 전문적 개선프로그램을 개발하고 추구한다. ③ 교사 개인은 그러한 목표를 달성함에 있어서 다양한 자원에 접근하며, 설정된 목표의 성격에 따라 지도자와 교사는 하나 또는 그 이상의 다음 자원과 경험이 적절한지를 결정한다. ④ 자기장학프로그램의 결과는 교사의 직무평가에 사용되지 않는다. 자기장학프로그램은 평가와는 완전히 분리된다.

자기장학의 방법으로는 ① 자신의 수업을 녹음 또는 녹화하여 이를 스스로 분석・평가, ② 자신의 수업이나 생활지도, 특활지도, 학급경영 등과 관련하여 학생들과의 만남이나 학생들을 대상으로 한 의견조사, ③ 교직・교양・전공과목과 관련된 서적 및 잡지, 연구논문 등 문헌연구와 다양한 정보자료 활용, ④ 야간대학, 방송통신대학 등 과정 또는 대학원 석・박사과정의 수강을 통하여 전공교과 영역 또는 교육학 영역의 전문성 신장, ⑤ 교육연구기관, 교원연수기관, 교직전문단체, 학술단체 등 전문기관 또는 교육청 등을 방문하여 교육전문가나 교육행정가・장학담당자들과의 면담을 통한 지도・조언과 정보입수, ⑥ 각종 연수, 교과연구회, 학술발표회, 강연회, 연구・시범수업 공개회 그리고 학교 상호방문 프로그램에 적극 참석, ⑦ 텔레비전, 라디오 등 방송매체가 제공하는 교원연수와 관련된 프로그램이나 비디오테이프 등의 시청 등 일곱 가지의 자기장학의 방법이 있다.

자기장학의 모형은 1단계(자기장학의 계획수립), 2단계(자기장학의 실행), 3단계(자기장학의 결과 협의) 등으로 구성되어 있다(한국교육행정학회, 1995).

첫째, 제1단계인 자기장학의 계획수립에서는 교사가 자신의 필요와 요구에 기초해서 독립적으로 제반 전문적 영역에서의 자기발전의 목표 또는 자기발전을 위한 연구과제를 설정하고, 이의 달성 및 해결을 위한 수단과 방법 및 일정을 포함한 구체적인 활동계획을 수립한다. 또한 자기장학을 보다 효과적으로 실천하기 위해서는 요구되는 지원사항을 추출・확인한다. 그리고 교사가 나름대로 자기장학의 계획을 수립한 후에는 교장이나 교감과의 협의를 통하여 자기장학의 계획을 보완・발전시키며, 성공적인 자기장학을 위하여 요구되는 지원사항을 확보하도록 노력한다.

둘째, 제2단계인 자기장학의 실행에서는 교사가 정해진 기간동안(1학기 또는 1년간) 수립된 월별 또는 주별계획에 따라서 자기장학활동을 전개한다.

수업지도의 핵심적인 영역(예: 교사의 언어, 자세, 동기유발, 설명, 지시, 발문, 교사의 학생에 대한 환류방법, 판서를 포함한 제반 영역)에서 자기발전의 목표달성 또는 연구과제의 해결을 위하여 자기장학을 하는 경우에는, 자기장학 초기에 녹음이나 녹화를 이용하여 자기수업을 분석해 보고 이를 토대로 계속적인 자기발전의 노력(전문서적자료의 탐독, 전문가 및 동료 장학담당자로부터 아이디어 수집, 각종 연수 및 모임으로부터 정보수집)을 경주하고 정기적으로 자신의 수업을 녹음 및 녹화하여 분석해봄으로써 자기장학 초기와 비교하여 자기발전의 정도를 확인할 수 있다. 연구과제의 해결을 위해서 자기장학을 실시하는 경우에는, 선정된 과제와 관련하여 전문서적 및 자료의 탐독, 전문단체·기관 방문 및 전문가 면담, 각종 연수·모임 참석 등을 통하여 얻어진 아이디어나 정보를 기초로 연구과제의 해결에 관한 보고서를 작성할 수 있다. 그리고 장학담당자인 교장이나 교감은 교사가 자기장학을 실천해 나가는 과정에서 지원이나 도움을 필요로 하는 경우에는 수시로 협의를 요청할 수 있도록 지원적인 분위기를 조성해 주어야 한다.

셋째, 제3단계인 자기장학의 결과협의에는 교사가 실행한 자기장학의 과정과 결과에 대하여 교사 스스로 분석 및 반성하는 활동이 이루어진다. 그리고 교사와 장학담당자인 교장 및 교감 간에 협의를 통하여 교사의 자기장학활동의 과정과 결과에 대한 상호이해를 높이고, 교사의 계속적인 자기장학 노력을 유도·격려한다. 자기장학을 통하여 얻어진 유익한 아이디어나 정보를 일반화하거나 동료교사들에게 전파하기 위한 노력과 자기장학의 발전을 위한 반성·평가도 시도된다.

자기장학의 모형을 살펴보면서 모형을 제시하면 [그림 3-4]와 같다.

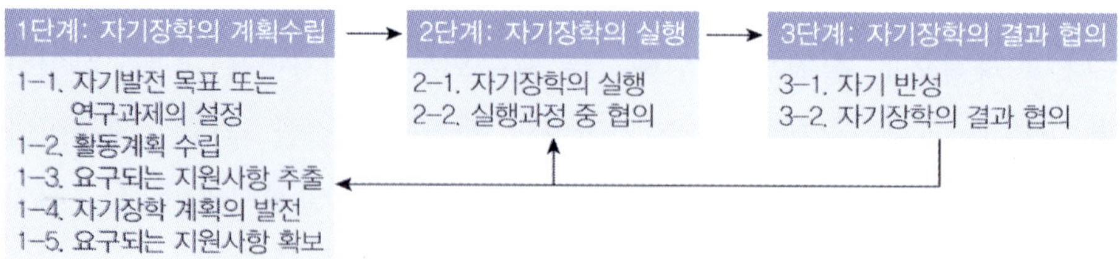

그림 3-4 자기장학의 모형

자료: 한국교육행정학회(1995). 장학론. 서울: 도서출판 하우, p. 159.

제6절 확인장학

확인장학(administrative monitoring)은 교장이나 교감이 잠깐 동안 비공식적으로 학급을 순시하거나 수업을 관찰하는 불시 방문장학(drop-in supervision)을 통하여 교사들에게 지도·조언을 제공하는 과정을 말한다(Glatthorn, 1984). 다시 말하면, 약식장학이라고도 한다.

한편 행정가에 의한 잠깐 동안의 비공식적 방문은 관찰 전에 계획이 수립되지 않은 상태에서 관찰자가 교사의 행동 형태를 기록할 수 있을 만큼 충분히 오랫동안 머물지 않으며, 사후협의회도 따르지 않으므로 장학담당자들은 이를 비효과적이라고 한다.

하지만 경험 있는 행정가들은 **불시 방문장학**을 매우 효과적이라고 한다. 그 이유를 살펴보면 다음과 같다(Glatthorn, 1984). ① 학교경영의 모든 영역에 걸쳐 학교를 전체적으로 파악하는데 필요한 정보를 수집할 수 있고, 문제점을 찾는 법을 알게 된다는 것이다. ② 미리 준비한 수업활동이나 학급경영활동이 아닌 평상시의 자연스러운 수업활동이나 학급경영활동을 관찰할 수 있어 이에 대한 의미 있는 지도 및 조언을 할 수 있다. ③ 교장 및 교감이 수업활동과 학급경영활동의 개선을 위하여 적극적인 장학적 노력을 하고 있다는 것을 교사들이 알 수 있기 때문이다.

선택적 장학방법 중에서 확인장학은 임상장학에 참여하지 않는 교사들을 위한 하나의 대안(option)이 되거나, 선택적 장학방법을 보완해주는 것으로 모든 교사들에게 제공될 수 있다. 어떤 교장은 만약 교사들이 임상장학이나 동료장학 또는 자기장학을 원하지 않으면 확인장학을 받아야 한다고 주장하고 있다. 또한 다른 교장은 모든 교사는 확인장학을 받고 이에 더하여 선택적 장학방법 가운데 하나를 선택해야 한다고 말한다. 이 두 가지 형태는 모두 실행이 가능한 것 같다. 다만 선택은 학교규모, 행정직의 숫자, 교장의 지도성 유형에 달려 있는 것 같다(Glatthorn, 1984).

확인장학의 특징은 다음과 같다.

첫째, 확인장학은 공개적이어야 한다. 관찰받는 교사들과 관련이 되는 중요한 문제들을 교사들과 함께 공개적으로 토의해야 한다. ① 누가 확인할 것인가? ② 확인을 목적으로 불시에 방문하는 교장 및 교감으로부터 교사는 상징적으로 어떤 종류의 행동을 기대할 수 있는가? ③ 불시 방문 후 교사는 교장 및 교감으로부터 어떤 종류의 피드백을 기대하는가? ④ 확인한 사항에 대하여 어떤 기록을 해두어야 하는가? ⑤ 확인 관찰에서 나온 자료를 평가과정의 한 부분으로 사용할 것인가? 이것은 아주 민감한 문제로 솔직하게 토의할 필요가 있다. 교사의 직무수행에 관한 평가는 본래 주의 깊게 조직되고 시행된 관찰에 근거를 두어야 하지만, 확인 방문에서 얻은 자료는 어쩔 수 없이 행정가의 판단에 영향을 준다는 사실을 인정해야 한다. 어느 교장의 말씀을 들어본다.

> "확인장학에서 저는 원래 나날의 교수－학습에 대한 정보를 얻기 위하여 여러분의 교실을 잠깐 방문하게 될 것입니다. 저는 여러분의 교수에 대하여 공식적인 평가를 하지는 않을 것입니다. 공식적인 평가는 평가 방문 시에 할 것입니다. 그러나 저는 여러분의 수업에 대한 인상을 받게 되므로 방문에 관한 간단한 메모를 할 것입니다. 만약 잠깐 동안의 방문에서 어떤 심각한 문제가 있음을 느낄 때는 어느 때라도 여러분에게 직접 알려 줄 것입니다."

둘째, 확인장학은 아무렇게나 비체계적으로 이루어지는 것이 아니고, 계획적으로 예정표에 의하여 시행되어야 한다. ① 많은 유능한 교장은 학교 일과 중에 학교 시작시간, 점심시간, 일과가 끝나는 시간 등 중요한 시간에 확인한다. ② 어떤 교장은 학년 단위로, 예를 들면 일정한 주일 내에 6학년 학급을 모두 방문 확인한다. 그러므로 며칠 사이에 특정 학년에서 무엇이 일어나고 있는지에 대한 개요를 알게 된다. ③ 다른 교장은 과목별로, 예컨대 일정한 주일 내에 모든 수학수업을 방문해서 확인한다. 이와 같이 학교 전체에 걸쳐서 수학 교수－학습의 단면을 알게 된다. 또한 ④ 어떤 교장은 일련의 대조적 순간 방문을 좋아한다. 즉 천재를 다루는 영어수업은 대학입시 준비학생을 다루는 영어수업과는 어떻게 다르며, 아울러 그것은 능력이 좀 부족한 학생을 다루는 영어수업과는 어떻게 다른가를 대조하여 알아보는 것이다.

셋째, 확인장학은 학습 중심적이어야 한다. 확인장학은 짧기 때문에 학습의 중요한 측면에만 초점을 두는 것이 필수적이다. ① 교사는 어떠한 교수-학습모델을 적용하려 하는가? 이 수업은 발견학습인가 탐구학습인가, 아니면 지시적 수업제시인가 혹은 창조적·예술적 워크숍인가? ② 몇 명의 학생이 과업에 집중하고 있고, 몇 명의 학생이 과업에서 이탈하고 있는가? 교사는 이탈행동을 어느 정도 잘 알고 있고 이에 대응하고 있는가? 다른 학생과 교사의 어떤 행동이 이탈행위를 조장하고 있는가? ③ 학생들은 어느 정도 학습목표를 알고 참여하고 있는가? 학습시간 중에 일정한 시점에서 몇 명의 학생이 학습에 적극적으로 참여하고 있는가? 그러한 참여를 교사가 촉진하거나 방해하고 있는 것은 무엇인가? ④ 학생들은 그들의 학습에 관하여 어떤 종류의 피드백을 받고 있는가? 학생들은 진보와 문제점에 대하여 충분히 알고 있는가? 그렇게 알도록 하기 위하여 교사는 무엇을 하고 있는가?

넷째, 확인장학은 두 차원(two-dimension)을 통하여 상호작용할 때 가장 효과적인 것 같다. 교장 및 교감이 교사에게 피드백을 제공해 주고, 또 진행 중인 교수프로그램과 학교풍토에 대한 평가의 부분으로 관찰자료를 사용할 때 가장 효과적이다. 그리고 현명한 행정가는 나날의 학교분위기를 확인하는 데 관찰을 활용한다. ① 하루 동안 학생들이 수업 중에 집중이 안 되고 분열되는 일정한 시간이 있는가? ② 학교 내에 학생들이 쉽게 정신이 쏠리는 일정한 장소가 있는가? ③ 학년, 능력 수준 그리고 교과목에 따라 얼마만큼 지시적 수업이 진행되고 있는가? ④ 그러한 지시적 수업이 과도하게, 불충분하게 또는 부적절하게 사용되고 있는가? ⑤ 비판적 사고와 고도의 사고과정에 교사들이 어느 정도 주의를 기울이고 있는가? ⑥ 학생집단에 따라 교사들은 지도내용과 방법을 얼마만큼 달리하고 있는가?

그리고 **확인장학의 실제**는 다음과 같다(조병효, 1995).

첫째, 계획수립단계이다. ① 교장 및 교감은 학급순시·수업관찰을 위한 대상교사 및 학급, 일정과 시간, 주요 관찰사항 등을 포함하는 개괄적인 계획을 수립한다. 교장과 교감 간에 동일 교사에 대하여 필요 이상으로 중복되지 않도록 한다. 확인장학의 일정을 예시하면 <표 3-3>과 같다.

표 3-3 확인장학 일정(예시)

일 정	교 장	교 감
1주	1학년 학급/교사(또는 수학과 교사)	3학년 학급/교사(또는 체육과 교사)
2주	2학년 학급/교사(또는 과학과 교사)	2학년 학급/교사(또는 영어과 교사)
3주	3학년 학급/교사(또는 사회과 교사)	1학년 학급/교사(또는 미술과 교사)

* 초등학교와 중등학교 각기 학교형편에 따라 학년별 또는 교과별 요인을 고려하여 다양한 방법으로 서로 중복되지 않도록 교장과 교감이 확인장학 일정을 수립할 수 있음.

② 교장 및 교감은 학급순시 또는 수업관찰을 받을 교사이거나 전체 교사들을 대상으로 확인장학의 취지와 방법에 대하여 사전지도를 실시하여 교사들로 하여금 확인장학에 대한 이해를 높인다. ③ 교장 및 교감은 수립된 학급순시·수업관찰에 대한 개괄적 계획을 교사들에게 전달하고, 앞서 언급한 중요한 문제, 즉 책임자(확인자), 방문자로서의 관찰자 행동, 피드백 과정의 성격, 보존해야 할 기록, 평가와의 관련성 등을 토의하고 결정해야 한다. 자세한 일정표를 교사들에게 알릴 필요는 없다고 본다. ④ 교장 및 교감은 진행중인 수업을 방해하지 않고 교실에 출입할 수 있는 조치, 예컨대 교실 뒷문 개방 등에 대하여 교사들의 협조를 구한다.

둘째, 실행단계이다. ① 교장 및 교감은 수립된 계획에 따라 선정된 교사나 학급을 대상으로 학급순시·수업관찰을 실시한다. 순시 또는 관찰의 시간은 5~10분 정도가 적절하다. 다만 어떤 교수-학습이 진행되고 있는지 직감하기에 충분한 시간이면 된다. ② 교장 및 교감은 교수-학습의 주요 요소인 목표의식, 교사의 태도, 판서의 요령, 학습형태 및 학생활동, 학습자료 활용, 형성평가 등에 초점을 둔다. ③ 교장 및 교감은 진행 중인 수업에 방해가 되지 않도록 각별히 유념한다. 그리고 방문의 기회를 주어서 고맙다는 비언어적 신호를 보내고 교실을 떠난다. ④ 교실을 떠나자마자 아직 그 수업에 대한 인상이 생생할 때 교장 및 교감은 관찰사항에 대한 간단한 기록을 해두는 것이 유용하다. 적절한 크기의 카드를 사용하여 관찰일시, 관찰학급과 교사명, 수업내용 및 형태, 관찰한 특이한 내용 등을 간단하게 기록하게 된다.

셋째, 결과활동단계이다. ① 교장 및 교감은 교사에게 관찰사항에 대하여 즉각적인 피드백을 주어야 한다. 가능하다면 대면하여 수업시간과 시간 사이, 점심시간, 일과가 끝날 무렵 간단한 토의를 통해 피드백을 주어야 한다. ② 만약 구술 피드백이 불가능할 경우에는 간단한 메모로 대신할 수 있다. 상호작용의 형식과는 관계없이 교장 및 교감은 항상 논평에 긍정적인 점을 발견하고 노력해야 한다. 그리고 만약 문제점이 있다면 피드백은 단 하나의 문제 또는 관심으로 제한해야 할 것이다. ③ 만약 간단한 협의회가 열린다면 시간의 제약 때문에 보다 직접적인 피드백이 요청된다. ④ 교장 및 교감은 교사의 계속적인 자기발전·자기장학의 의지를 유도·촉진시키기 위하여 노력해야 하고, 자신의 수업을 관찰받는 것에 대한 거부감과 부담감을 줄여 주어야 한다. ⑤ 훌륭한 교장 및 교감은 항상 확인장학을 해왔다. 확인장학은 지금까지 제시된 지침이 지켜진다면 보다 더 효과적인 실천이 될 것이다.

제7절 선택적 장학

일반적인 장학의 형태에 관한 연구물을 분석해 보면, 대부분의 연구물에서 장학의 형태 및 방법에 있어서 다양화 및 개별화의 필요성에 대한 인식이 증대되고 있는 것으로 나타났다. 장학의 효과성을 높이기 위해서는 장학의 수혜자인 교사들의 요구나 특성에 맞게 장학의 형태 및 방법이 개별화되어야 한다는 것이다.

다양하게 제시된 장학의 형태 가운데 Glatthorn(1984)이 제시한 선택적 장학(differentiated supervision)은 그 좋은 예라고 할 수 있다. 선택적 장학은 교사들에 대한 효과적인 장학의 방법을 선택하는 데 있어서 교사의 경험이나 능력을 포함한 개인적 요인에 대한 고려가 있어야 함을 시사하고 있다. Glatthorn(1984)은 교사들의 경험과 능력에 따라 임상장학(clinical supervision), 협동적 동료장학(cooperative professional development), 자기장학(self-directed development), 전통적 장학(administrative monitoring)의 방법을 선택적으로 사용할 수 있음을 제안하였다.

① **임상장학**은 교사들의 전문적 성장을 촉진하기 위한 체계적이고 계획적인 장학프로그램으로서, 특히 초임교사 그리고 경험 있는 교사 가운데 특별한 문제가 있는 교사들에게 유익하다고 한다. ② **동료장학**은 소수의 교사들이 모임을 만들어 그들의 전문성 향상을 위하여 공동적으로 노력하는 과정으로서 대체로 모든 교사들에게 활용될 수 있다고 한다. ③ **자기장학**은 각 교사가 자신의 전문성 신장을 위하여 스스로 체계적인 계획을 세워 이를 실천해 나가는 과정을 의미하는 것으로서, 경험이 있고 능숙하며, 자기분석 및 자기지도의 기술을 갖고 있으며, 혼자 일하기 좋아하는 교사들에게 적합하다고 한다. ④ **전통적 장학**은 학교장을 비롯한 학교행정가가 간헐적으로 교사들의 교수활동을 관찰하고, 그에 대해 교사들에게 피드백을 제공하는 비공식적인 과정을 의미한다. Glatthorn(1984)에 의하면 모든 교사들이 전통적 장학의 대상이 되나, 학교행정가들은 임상장학이 필요치 않은 경험 있고 능숙한 교사 그리고 다른 장학방법을 원치 않는 교사들을 대상으로 전통적 장학을 사용할 수 있다는 것이다. 따라서 선택적 장학의 모형은 장학에 있어서 교사 자신의 요구와 필요를 존중하여 다양한 방법들을 제시하고 있다는 데 그 의의가 크다.

Katz(1972)는 교사의 경력주기(career cycle)를 다음과 같이 제시하고 있다. ① 생존기(survival stage), ② 정착기(consolidation), ③ 3, 4년 후의 갱신기(renewal stage), ④ 5년 후 마지막 단계에 성숙기(maturity stage)로 나누고 있는데, 제 1기에 있는 교사에게 임상장학, 제 2기에 있는 교사에게 동료장학, 제 3기에 있는 교사에게 전문학회 참가, 전문학술지 구독, 교사센터 이용, 비디오에 의한 자기분석 등으로 수업개선을 자극하고, 제 4기는 대학원 수강, 자기장학에 의한 선택적 장학이 좋을 것이다. Glatthorn은 50명의 교사로 구성된 학교라면 5명은 임상장학, 10명은 동료장학, 5명은 자기장학, 30명은 전통적 장학을 예시하고 있는데, 교사 개인에게 맞는 장학을 위하여 좋은 시사가 된다. 이를 요약하면 <표 3-4>와 같다.

표 3-4 선택적 장학의 대상

선택적 장학대안*(비율)	대상교사(교사의 희망에 따르지만 적절한 대상 선정 기준)
1. 임상장학(5)	초임교사(생존기, 첫 3년 계속, 그 후 3년마다), 경력교사(갱신기) 3년마다
2. 동료장학(10)	높은 동료의식을 가지고 있는 경험 있고 능력 있는 교사(정착기)
3. 자기장학(5)	혼자 일하기를 좋아하는 경험 있고 유능한 교사(성숙기)
4. 전통적 장학(30)	모든 교사 또는 1, 2, 3을 선택하지 않는 교사(모든 단계의 교사)

* 선택대안은 학교형편에 따라 더 늘릴 수 있음.

선택적 장학체제를 그림으로 나타내면 [그림 3-5]와 같다.

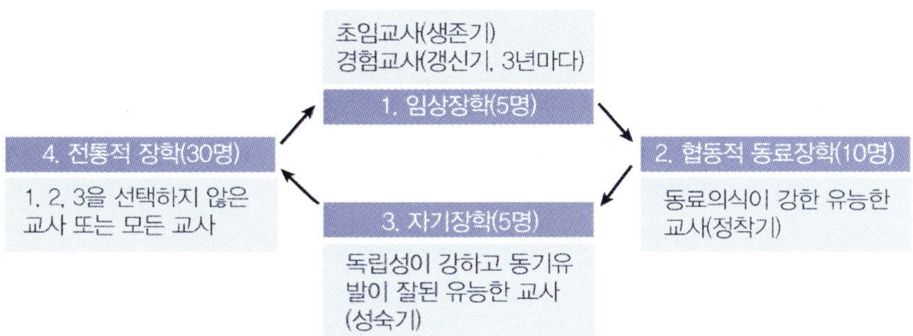

그림 3-5 선택적 장학체제

이러한 선택적 장학체제를 시·도교육청이나 시·군·구교육청에서 이를 응용하여 [그림 3-6]과 같이 실시할 수 있다.

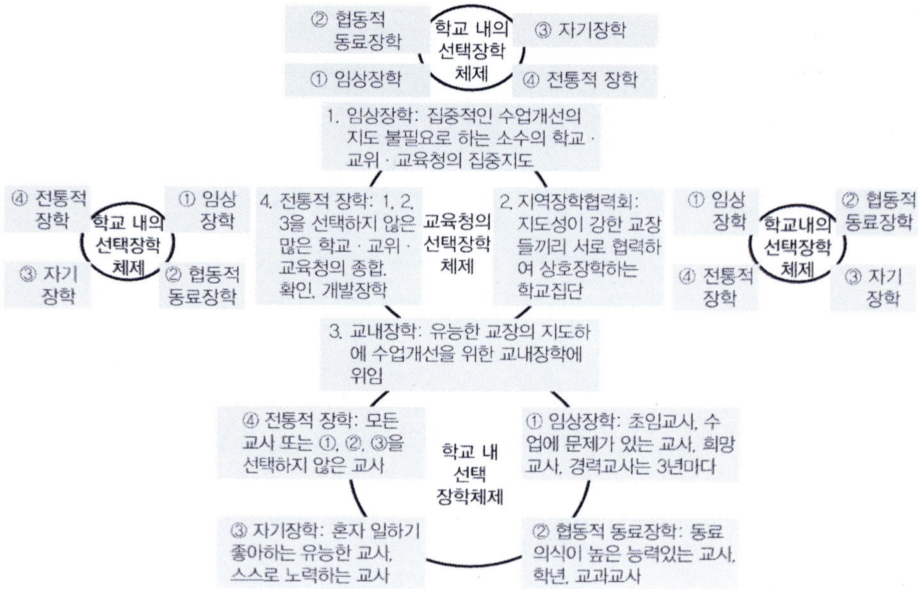

그림 3-6 선택적 장학체제의 교육청 응용

자료: 김영식 · 주삼환(1990). 장학론. 서울: 한국방송통신대학교출판부, p. 146.

[그림 3-6]에서 본 바와 같이, ① 몇 학교에서는 집중적으로 임상장학을 실시하고, ② 몇 학교는 지역 장학협력회를 구성하여 교장 · 교감들이 상호장학을 하게 하고, ③ 또 능력있는 교장이 맡고 있는 학교는 교장 · 교감에 의한 교내장학에 맡기고, ④ 나머지 학교는 전통적 장학을 실시하되 수업에 좀 더 초점을 맞추도록 노력한다. 그리고 그 다음 해에서 이러한 선택과 배분을 바꾸어서 실시하면 모자라는 장학인력을 분산시키고, 장학의 효과를 거둘 수 있을 것이다(김영식 · 주삼환, 1990).

학습에 있어서 1대1의 개별화학습이 요구되듯이 장학에서도 1대1의 개별화장학(individualized supervision)이 바람직하다. 그런데 적은 장학인력을 가지고 개별화장학을 하기에는 거의 불가능하다. 그래서 비슷한 필요 · 욕구를 가지고 있는 교사들은 집단으로 하여 장학하는 집단장학(group supervision)을 할 수밖에 없다. 결국 몇 개의 장학대안을 마련해 놓고 교사가 필요로 하는 장학대안을 선택하게 하자는 것이 선택적 장학체제이다.

이러한 선택적 장학체제는 획일적인 장학에서 벗어나 장학의 개별화로

가기 위한 노력이며, 또 개인에게 선택권을 주는 민주화를 위한 노력의 일환으로 보아야 할 것이다.

제8절 인간자원장학

장학은 과학적 관리장학에서 인간관계장학을 거쳐 신과학적 장학이라는 외적 권위에 의한 장학의 형태로 발달해 왔다. 그 이후에 수정주의운동의 한 부분으로 나타난 새로운 장학형태가 인간자원장학이다. 인간자원장학(human resources supervision)은 인간의 무한한 잠재력을 중시하여 인간의 활동성과 책임감 그리고 인간적이고 전문적인 성장에 기반을 두고 있으며, 학교에서의 교육과정계획과 교육활동은 인간조직 내에서만 이루어질 수 있다는 기본적인 가정을 하고 있다. 특히 인간자원장학에서는 직무만족에 대한 중요성을 강조하고 있다. 이러한 직무만족에 대한 관심은 인간관계장학에서도 같은 맥락으로 중시하고 있는데, 인간관계장학에서의 직무만족은 학교운영의 효율화를 위한 수단적 의미로 본다는 점에서 인간자원장학과 다르다. 다시 말하면, **인간관계장학**에서는 교사들을 의사결정에 참여시킴으로써 교사들의 직무만족을 증가시키고, 이로써 조직목표달성을 위한 효과성을 증가시킬 수 있다는 가정을 하게 된다. 그러나 **인간자원장학**은 학교의 효과성을 증대시킬 목적으로 교사들을 의사결정에 참여시키고, 그 결과 교사들은 중요하고 뜻 있는 일을 성취하는 경험을 통하여 직무만족을 느끼게 된다고 보고 있다. 이러한 교사의 성취감이나 직무만족감은 학교의 효과성 증대에 중요한 요소가 된다고 본다(이상기 외, 2000). 이러한 인간자원장학을 그림으로 나타내면 [그림 3-7]과 같다.

그림 3-7 인간자원장학

자료: Sergiovanni, Thomas J., & Starratt, Robert J.(1983). Supervision: Human Perspective. 3rd ed. New York: McGraw-Hill Book Co., p. 6.

한편 인간자원장학에서의 장학담당자와 교사 간에는 개인적인 힘, 재능, 관심에 대한 공유된 지각을 기초로 하여 행동지향적인 개선과 발전 그리고 효과성을 추구하는 관계성을 갖고 있다. 그러므로 장학담당자는 이러한 교사의 인간적이고 전문적인 요구를 다루어 나가야 한다. 그러므로 인간자원장학은 ① 개인에 대한 것으로 그 개인이 지니고 있는 독특한 개성과 재능 그리고 개인의 과업 속에서 인간적인 힘을 완전히 표현할 수 있는 방법을 추구하고, ② 장학담당자가 교사집단과 함께 하는 상황에서 전개되는 관점으로 교사에 대한 발전적 관심이 전달되며, ③ 프로그램 개선에 관한 것으로 장학담당자와 교사는 학교가 지니고 있는 전반적인 효과성을 증진시키는 방법을 추구해야 한다.

따라서 인간자원장학은 하나의 인간 조직환경 내에서 조직의 목표달성을 위한 효과성과 직무만족 및 인간 성장을 인간의 무한한 잠재력으로 최대한으로 발휘하게 함으로써 추구하려고 하는 것이다.

제9절 기타 장학[1)]

기타 장학모형으로 과학적 장학(scientific supervision), 예술적 장학(artistic supervision)을 예시로 들고자 한다.

1) 김영식 · 주삼환(1990). 장학론. 서울: 한국방송통신대학교, pp. 148-152에서 인용 및 정리함

1. 과학적 장학(scientific supervision)

과학적 장학의 장점은 과학적 연구에 의해서 분명히 지지되었는데, 과학적 장학은 교사의 행위에 초점을 둔 임상장학이다. 가장 널리 알려진 과학적 접근은 Madeline Hunter의 접근이다. Hunter는 교수와 학습에 관한 연구를 고찰한 후 9개의 구체적 구성요소로 된 교수모형을 만들었다(Russel and Hunter, 1980).

① **진단**(diagnosis): 일반목표를 확인하고, 그 목표와 관련된 학생들의 현재의 성취도를 확인한다.

② **구체적 목표**(specific objectives): 진단에 근거하여 당일 수업의 구체적 목표를 설정한다.

③ **예상**(anticipatory set): 주의를 집중하고, 선행 학습상태를 검토하며, 학습에 대한 준비성을 개발한다.

④ **목표인지**(perceived purpose): 학생을 위한 학습목표를 명료화하고, 그 목표의 중요성을 설명하며, 그 목표와 선행학습을 관련지어 준다.

⑤ **학습기회**(learning opportunities): 학습자가 학습목표를 달성하는 데 도움이 되는 학습기회를 선택한다.

⑥ **모형제시**(modeling): 학습되어야 할 목표의 언어적 예와 시각적 예의 양 측면을 제공해 준다.

⑦ **이해도 확인**(check for understanding): 학생들의 목표성취도 정도를 평가한다.

⑧ **교사의 지도활동**(guided practice): 학생들이 성공적으로 수행하는지를 확인하면서 학생들의 학습을 지도한다.

⑨ **학생의 개인적 활동**(independent practice): 학생들 스스로 새로운 기술을 연습할 수 있는 기회를 학생들에게 제공해 준다.

Hunter 모형 및 이와 유사한 모형들은 다음과 같은 분명한 이유 때문에 전문가들에게 널리 받아들여지고 있는 것 같다.

① 이러한 모형은 교사중심(teacher-centered)이기 때문에 호응을 얻는 것 같다. 이 모형들은 세부적인 면에 있어서는 각각 다르지만 핵심은 근

본적으로 지시적 수업(direct instruction)과 비슷하다. 대부분의 교사들에게 일반적으로 호응을 얻고 있는 교사중심의 교수방법의 종류들이다.

② 이 모형들은 연구에 기반(research-based)을 둔 것이기 때문에 또한 교사들의 호응을 받고 있다. 그 지지자들의 주장이 의하면 과학적 모형들은 교육의 효과성에 관한 연구들에 의하여 지지를 받고 있다. 이들 연구에 의하면 교사들이 신봉하는 교수방법을 사용할 때 학생들의 성취도는 향상된다는 것이다.

③ 과학적 모형은 그 단순성(simplicity) 때문에 호응을 받고 있다. 이 주창자들은 한마디로 "성공적인 교수에는 단지 9단계 처방이 있다"고 말한다. 물론 과학적 모형이라고 전혀 비판점이 없는 것은 아니다. Fenstermacher(1978)는 과학적 모형을 지지하는 지시적 수업연구가 교사들에게 충분한 주의와 관심을 얻지 못하고 있다고 지적하였다. Peterson(1979)도 지시적 수업을 지지하는 연구가 설득력을 갖고 있지 못하다는 점에 주목하였다. Hunter는 지시적 수업을 지지하는 것으로 생각되는 많은 연구를 고찰한 다음, 단지 일부의 효과만이 지시적 수업에서 나온 것이라고 지적하였다. Hunter는 지시적 수업방법과 비교해볼 때 오히려 "개방교실(open classroom)"방법이 더 높은 창의성을 길러주고, 학습에 대하여 보다 더 긍정적인 태도를 길러 준다는 것을 연구가 보여주는 경향이 있다는 데 더 주목하였다. Calfee(1981: 53)는 과학적 모형의 편협성에 대하여 다음과 같이 비판하였다.

> 지시적 수업모형이 나오게 된 연구는 경험적이고, 행동적이며, 상관관계적이고, 처방적인 경향을 갖고 있다. 대개의 연구에 이론적 기초가 부족하고, 사고력보다는 행동에 초점을 두고 있으며, 정밀하게 통제하지 못하고 거칠게 통제된 매개변인을 가지고 있다. 그러나 교실수업을 어떻게 행하느냐에 대하여 교사에게 충고하는 효과는 있다.

하지만 Hunter 모형 및 이와 유사한 모형들의 최대 약점은 이 모형이 마치 유일한 것처럼 하나의 교수모형만을 제공한다는 점이다. Hunter의 9단계 처방을 과학과의 연구수업이나 산업미술과의 창조적인 과제수업에 적용하려 할 때 얼마나 곤란한가 생각해 보라. Joyce와 Weil(1980)처럼 교수를 다양하고 다채로운 것으로 보는 것이 보다 타당할 것이다. Joyce와 Weil의 저서에 대하여 잘 아는 사람은 이들이 23개의 교수모형에 대하여 기술하고 있으며, 단지 하나의 모형만을 기술하고 있지 않다는 것을 기억할 것이다.

2. 예술적 장학(artistic supervision)

예술적 장학은 주로 Eisner(1982)가 개발한 장학적 접근이다. Eisner는 예술적 장학을 다음과 같이 정의하고 있다.

> ……교실에서 일어나는 중요한 미묘한 장면들을 감상하는 하나의 방법으로서 장학자의 지식과 예민성, 지각에 의존하는 장학의 한 접근 또는 학교에서 진행되고 관찰할 것을 결정하는 교사나 다른 사람에게 전달하고자 하는 표현적이고, 시적이며, 흔히 은유적(metaphorical) 언어의 가능성을 이용하는 장학의 한 접근

Eisner는 장학자를 교수 수행의 전반적인 질적 성격과 특징적 성격 양면을 감상하려고 하는 일종의 교수감식가(connoisseur of teaching)로 보고 있다. 그리고 장학자는 수업에서 지각한 것을 교육비평(educational criticism)이란 언어로 보고 한다. Eisner는 이것을 영화비평, 음악비평에 비유하고 있다. 즉 창조되고 연출된 것을 다른 사람들이 감상할 수 있도록 도와주는 언어에 비유한 것이다.

이 장학의 효과성에 대한 보고서는 없으나 Eisner 자신의 저서 「교육적 상상력(The Educational Imagination, 1974)」에 보고된 예술적 장학에 대한 설명은 이 접근이 유용하다는 증거를 제공해 주는 것 같다. 예술적 장학으로 훈련받은 사람들은 임상장학자의 표준적, "객관적" 보고를 보완해 주는 교수에 대한 설명을 해줄 수 있다. Eisner의 제자들이 쓴 이러한 설명은 객관적 시도라기보다는 인상적이다. 또 교사의 행동에만 초점을 두기보다는 교실의 전체 분위기를 포착하려고 애쓴다. 이들의 언어는 전적으로 문자에 의존하기보다는 은유적이고 감각적 이미지로 충만되어 있다. 그리고 가장

중요한 것은 Eisner를 따르는 예술적 장학지지자들은 그 수업세계에 참여한 사람들의 행위를 평가하거나 변화시키기보다는 교실세계의 의미를 해석하려고 한다는 점일 것이다.

예술적 장학은 여러 다른 형태의 장학을 대체하는 것으로 생각되기보다는 과학적 장학과 책임장학의 접근을 보완해 주는 것이라고 할 수 있다. 이 예술적 장학의 주요 가치는 Sergiovanni(1979)가 지적한 것처럼 지식에 이르는 이론적-규범적(theorretical-normative) 통로를 제공하는 데 있다. 이 장학은 교사의 신념체제를 검토함으로써 학급의 의미를 해석한다.

우리가 임상장학이라고 하면 흔히 객관적이고 과학적인 정확한 자료에 근거하여 수업분석을 하는 것으로만 생각하기 쉬우나, 우리가 예술을 주관적으로 감상하듯이 수업도 육감으로 감상할 수 있다고 본다. 수업을 많이 감상한 사람은 잠깐 동안 교실에 들어서기만 해도 거의 정확하게 느낄 수 있다. 그래서 임상장학방법 중 과학적 장학과 예술적 장학은 상호보완적으로 활용될 수 있다.

생각해 봅시다

1. 수업장학의 문제점과 발전과제에 대하여 생각해 봅시다.
2. 마이크로티칭이 우리 교육현장에 주는 시사점에 대하여 생각해 봅시다.
3. 선택적 장학을 교육현장의 적용에 대하여 생각해 봅시다.

참고문헌

강영삼(1994). 장학론. 서울: 세영사.

경기도교육정보연구원(2004). 교단 가꾸기 - 기획주제: 장학의 활성화 방안 -. 현직연수 자료 119호. 수원: 경기도교육정보연구원. 63~96.

경기도교육청(2003). 2003년 컨설팅장학 계획. 수원: 경기도교육청.

경기도교육청(2004). 2004년 컨설팅장학 계획. 수원: 경기도교육청.

김영식 · 주삼환(1990). 장학론. 서울: 한국방송통신대학교 출판부.

김정한(2004). 장학론 —이론 · 연구 · 실제—. 서울: 학지사.

김종철(1965). 교육행정의 이론과 실제. 서울: 교학사.

김형관 · 오영재 · 신현석(2000). 신장학론. 서울: 학지사.

남정걸(2000). 교육행정 및 교육경영. 파주시, 경기도: 교육과학사.

남정걸(1999). 장학의 이론과 실제. 파주시, 경기도: 교육과학사.

노희정(2010). 학교장의 장학행동, 교사의 장학신념, 장학효과 간의 상호관련성 탐색. 인천대학교 대학원 박사학위논문.

백현기(1961). 장학론. 서울: 을유문화사.

서울특별시 강서교육청(1993). 1993학년도 장학협의 계획. 서울: 강서교육청.

송미섭(1991). 교육행정 및 교육경영론. 서울: 형설출판사.

신재흡(2020). 교육행정 및 교육경영 —학교경영 탐색—. 서울: 동문사.

오은경(1991). 장학이론. 서울: 이화여자대학교 출판부.

유현숙 · 김홍주 · 양승실(1995). 장학기능 개선방안 연구. 서울: 한국교육개발원.

윤은기(1991). 컨설팅이란 무엇인가? 서울: 도서출판 아이비에스(Cohn, William A. How to Make It Big as a Consultant?).

윤정일 · 송기창 · 조동섭 · 김병주(2000). 교육행정학원론. 서울: 학지사.

이상기 · 옥장흠(2000). 교육행정 및 교육경영. 서울: 형설출판사.

이윤식(2019). 교원능력개발을 위한 자율장학론. 서울: 학지사.

이윤식 · 권정호 · 김동원 · 이윤희 · 이재석 · 이지연(2014). 인간관계와 리더십. 파주시, 경기도: 양서원.

이윤식(2005). 장학론 —유치원 · 초등 · 중등 자율장학론—. 파주시, 경기도: 교육과학사.

이윤식(2007). 장학론 논고: 교내자율장학론. 서울: 과학과 예술.

이의준(1999). 컨설팅, 컨설턴트. 서울: 이문사.

장이권(1989). 임상장학의 이론과 실제. 서울: 형설출판사.

정태범(2005). 장학론. 파주시, 경기도: 교육과학사.

조병효(1995). 장학론. 서울: 배영사.

조성일 · 안세근(2004). 교육행정과 교육경영. 서울: 재동문화사.

주삼환 · 유수정 · 오형문 · 이기명 · 진재일(2011). 교원의 전문적 능력개발. 서울: 시그마프레스.

주삼환 · 정일화(2010). 학업성취 향상 수업전략. 서울: 시그마프레스.

주삼환(2005). 임상장학. 파주시, 경기도: 한국학술정보(주).

주삼환(1997). 변화하는 시대의 장학. 서울: 원미사.

주삼환(1990). 장학 · 교장론: 교육의 질 관리. 서울: 도서출판 성원사.

주삼환 · 신익현 공역(1984). 장학론. 서울: 학문사.

주삼환 · 천세영 · 명제창 · 신붕섭 · 이석열 · 이명주(2000). 교육행정과 교육경영. 서울: 학지사.

진동섭(2003). 학교 컨설팅: 교육개혁의 새로운 접근방법. 서울: 학지사.

진동섭(2003). "경기도교육청 컨설팅장학의 개선 방향". 수원: 경기도교육청.

한공우(2000). 교육행정 및 교육경영. 서울: 동문사.

한국교육행정학회(1995). 장학론. 서울: 도서출판 하우.

Acheson, Keith & Gall, D.(1980). *Technique in Clinical Supervision: Preservice and Inservice Application.* New York: Longman.

Alfonso, Robert J., Firth, Gerald R., & Neville, Richard F.(1981). *Instructional Supervision.* Boston: Allyn & Bacon, Inc.

Burden, P. R.(1983). Implication of Teacher career Development: New Roles for Teachers, Administrators, and Professors. *Action in Teacher Education, 4*(4), 21~25.

Cogan, M.(1973). *Clinical Supervision.* Boston: Houghton Mifflin, Co.

Eisner, E. W.(1982). "An Artistic Approach to Supervision", In *Supervision of Teaching,* ed. T. J. Sergiovanni, Alexandria, Va.: ASCD.

Eye, Glen G., Netzer, Lanore A., & Krey, Robert D.(1971). *Supervision of Instruction.* New York: Harper & Row Publishers.

Fenstermacher, G. D.(1978). "A Philosophical Consideration of Recent Research in Teacher Effectiveness", in *Review of Research in Education* 6, D. C. Berliner(ed.), Washington, D. C.: American Educational Tresearch Association.

Glatthorn, Allan A.(1984). *Differentiated Supervision.* Alexandria, VA: Association for Supervision and Curriculum Development.

Glickman, C. D.(1981). Developmental Supervision. Alexangria, VA: ASCD, 48-49.

Goldhammer, R., Robert H. Anderson & Krajewski, Robert J.(1969). *Clinical Supervision.* New York: Holt, Rinehart and Winston.

Harris, Ben M.(1975). *Supervisory Behavior in Education.* New Jersey: Prentice-Hall, Inc.

Joyce, Bruce R., & Weil, M.(1980). *Models of Teaching(*3rd ed.). Englewood Cliffs, New Jersey: Prentice-Hall Inc.

Katz, Robert L.(1972). "Developmental Stages of Preschool Teachers". *Elementary School Journal.* 73. October, 43~52.

Lovell, John T., & Wiles, K.(1983). *Supervision for Better Schools.* New Jersey: Prentice-Hall, Inc.

Peterson, P. L.(1979). "Direct Instruction Reconsidered", in *Research on Teaching*, H. J. Walberg(ed.), Berkely, Calif.: McCutchan Publishing co.

Russel, D., & Hunter, M.(1980). *Planning for Effective Instruction.* Los Angeles: University Elementary School.

Sergiovanni, Thomas J., & Starratt, Robert J.(1983). *Supervision: Human Perspective.* 3rd ed. New York: McGraw-Hill Book Co.

Sergiovanni, Thomas J.(1979). *Supervision: Human Perspectives*(2nd ed). New York: McGraw-Hill Book Co.

04
CHAPTER

장학담당자의 역할과 장학의 지도성

학습목표

1. 장학자의 주요 역할별 특성에 대하여 이해할 수 있다.
2. 교육전문직의 역할과 자질에 대하여 설명할 수 있다.
3. 학교장의 역할과 자질에 대하여 파악할 수 있다.
4. 교감의 역할과 자질에 대하여 파악할 수 있다.
5. 부장교사의 역할과 자질에 대하여 파악할 수 있다.
6. 장학담당자의 지도성에 개하여 설명할 수 있다.

Keyword

교육전문직, 장학관(사), 연구관(사), 장학담당자의 자격기준, 교장의 법적 자격기준, 교감, 부장교사

장학은 교육활동의 개선을 위하여 교원을 대상으로 하여 이루어지는 제반 지도·조언활동을 의미한다고 볼 수 있다. 장학담당자의 장학력이란 간단히 말해서 장학담당자가 교육활동의 개선을 위하여 교원을 대상으로 하여 어느 정도 효과적으로 제반지도 및 조언활동을 할 수 있는가를 의미한다. 장학활동의 주체인 장학담당자가 그 역할을 효율적으로 수행하기 위해서는 직무에 적합한 역할 및 자질과 장학적 지도성을 구비해야 될 것이다. 장학담당자란 장학행정조직에서 장학업무를 수행하는 교육전문직, 즉 장학사(관), 연구사(관)뿐만 아니라, 교육행정조직의 장인 교육감 – 교육장 – 교장(감)을 포함해서 일선학교의 부장교사, 교과부장, 동료교사까지도 모두 포함하여 장학적 역할을 담당하는 자라고 할 수 있다. 이들은 행정조직의 각 단계에 따라 그 기능이 다소 차이가 나기는 하지만, 장학담당자는 장학사(관)의 직명을 가진 사람뿐만 아니라 교사의 전문적 성장과 수업개선을 도와주는 역할을 담당하는 사람 모두를 의미한다.

따라서 본 장에서는 장학자의 주요 역할별 특성, 교육전문직의 역할과 자질, 장학관과 연구관의 역할, 학교장의 역할과 자질, 교감의 역할과 자질, 부장교사의 역할과 자질, 장학담당자의 지도성 등에 대해서 고찰하기로 한다.

제1절 장학자의 주요 역할별 특성

장학자의 역할은 일반적으로 넓은 범위의 행위를 지칭하는데, 장학자는 그 직위에 관계없이 다음과 같은 역할을 수행한다. Beach와 Reinhartz(2000)는 장학자의 주요 역할을 지도자, 계획자, 조성가, 평가자, 동기부여자, 의사소통자, 의사결정자, 변화촉진자, 코치로 제시하고 역할의 특성들을 다음과 같이 기술하고 있다.

첫째, 지도자이다. 장학자는 지도자로서 구성원들이 팀 학습을 통하여 비전을 공유하며, 협력적으로 일을 해나가도록 지도한다. 장학자는 수업목표를 성취하도록 교사와 더불어 일하고 모든 학습자들에게 평등성과 학습의 수월성이 보장되도록 수업을 개선해 나가는 데 앞장서야 한다. 교사들이 새로운 수업모형이나 교육프로그램을 채택하도록 이해시키는 것도 장학지도자의 역할이다.

둘째, 계획자(조직자)**이다.** 기획은 어떤 일들이 이루어져야 하며 어떻게 성취되어야 할 것인가를 예상하는 능력이다. 장학자는 교직원개발 프로그램을 계획, 조직하는 거시(macro)계획으로부터, 교직원 개개인의 시간별 프로그램을 짜는 미시(micro)계획을 수립하는 것까지를 성공적으로 이끌어 나가야 한다. 단기, 중기, 장기계획을 수립하고 목적들을 열거하고, 우선순위를 정하는 것이 장학자의 역할이다.

셋째, 조성자이다. 장학자에게 우선시되는 목표는 교사들이 가진 지식과 기술을 보다 더 넓게 전문적으로 성장시켜 가는 것이다. 장학자는 조성자, 지원자로서 각기 다른 요구와 자질을 가진 교사들과 함께 일해야 한다. 장학자는 교사들과의 접촉을 통하여 그들이 사고를 재구성하고 재구조화하도록 격려하고 준비시켜야 한다. 장학자는 코칭을 통해 직접 조력을 제공할 수도 있고, 간접적으로 교사가 필요한 자원이나 재료를 확보해 주고, 동료적인 관계를 증진시키고, 교사들의 이야기를 들어 봄으로써 그들의 관심이나 강・약점을 알게 되고, 거기에 필요한 적절한 조력을 제공해 줄 수 있다.

넷째, 평가자이다. 자문이나 조정적 역할을 수행하는 장학자가 교사를 평가하는 일에는 논란의 여지가 없는 것은 아니지만, 장학자와 교사가 신뢰로운 관계를 가지고 있다면 평가는 교사의 성장을 위해 유익한 도구가 될 수 있다. 역사적으로 장학자는 교사발달을 돕는 위치에서 일해 왔으므로 앞으로도 장학자가 교사를 평가하는 경향은 그대로 지속될 것으로 보여진다. 교사의 행동을 평가하는 장학자의 능력은 코치나 조력자로서 교사가 수업개선을 해 나가도록 도와주는 중요한 요인이다.

다섯째, 의사소통자이다. 장학자는 훌륭한 의사소통자로서 교사의 말을 잘 이해하고 적절히 반응할 수 있는 능력을 가져야 한다. 장학자는 그의 아이디어와 정보를 조직 내 모든 관련된 사람들에게 잘 전달해야 할 뿐 아니라, 학교 밖의 일반인들에게도 잘 이해시킬 수 있어야 한다.

여섯째, 동기부여자(격려자)이다. 장학자는 교사들이 생산적인 조직의 구성원이 되도록 그들을 동기화시켜야 한다. 동기는 교직원들의 일하는 의욕을 북돋우고 사기를 진작시키는 요인이 된다. 장학자는 격려와 인정을 통해 개인이 자아존중감과 자기신뢰, 가치의식을 가지도록 해 준다.

일곱째, 의사결정자이다. 장학자는 수업, 교육과정, 교직원개발에 대한 삼차원적인 의사결정을 신속하고 효과적으로 내릴 수 있어야 한다. 장학적 과정은 교사, 학부모, 학생, 행정가들과 함께 일하면서 모든 참여자들에게 가장 유익한 의사결정을 계속해 나가는 것이다. 수업의 질적 차이를 가져오게 하는 능력은 정확한 정보에 근거하여 건전한 의사결정을 하는 장학자의 능력에 달려 있다.

여덟째, 변화촉진자이다. 장학자는 공식 또는 비공식적으로 학교조직에 변화를 가져오게 하는 권한을 위임받고 있다. 특히 교육의 질적 변화와 학교교육의 발전은 장학자의 능력에 크게 의존한다. 장학자는 학교체제 안에서 프로그램과 절차의 변화를 가져오게 함으로써 교사의 수업개선에 긍정적인 영향을 미칠 수 있다.

아홉째, 코치이다. 코치는 운동 분야에서 흔히 사용되는 용어이다. 코치는 필요한 전문적 지식, 기술 경험을 가지고 선수들의 운동기량을 높여주기 위하여 직접 시범을 보이고, 선수의 잘못된 행동을 수정해 주고, 새로운 지식이나 기술을 가르치기도 한다. 기술적 코치는 다른 사람들의 지각, 의사결정, 지적 기능을 높여주는 특수전략을 사용하기도 한다. 학교에서 코치 역할은 수업의 실제를 향상시켜 주는 자원인사로서의 행위를 뜻한다. 코치로서의 장학자는 필요한 자원인사가 되고, 평가를 환류시켜 주며, 지원해 주는 역할을 담당한다.

이외에도 장학담당자는 교사의 불쾌감이나 심리적 고민을 해결해 주는 상담자의 역할과 개인과 집단, 부서와 부서, 학교와 대외기관 간의 사이를 조정하고 역할을 조율해 주는 조정자의 역할도 수행해야 한다. 아울러 전문인으로서 지식적, 기술적인 필요를 지원해 주는 자원인사가 되어야 하며, 교사의 수업문제나 교육과정 문제를 교사들과 같이 연구해 나가는 연구자의 역할도 수행해 나가야 한다(김정한, 2004).

제2절 교육전문직의 역할과 자질

교육전문직은 전문가집단인 교사의 교직전문성을 지원·조장하며, 교육행정에 관련된 독자적이고 특수한 직무를 수행하고, 직무수행에 있어 고도의 지식을 토대로 하는 지적·기술적 수월성을 필요로 한다.

교육전문직, 즉 장학담당자의 역할은 장학담당자가 행정기관의 수준상 어떤 위치에서 어떤 일을 하고 있느냐에 따라 여러 가지 형태로 제시될 수 있다. 주삼환(1996)은 장학담당자의 일반적인 역할로서, ① 지도자의 역할, ② 촉진자와 조력자의 역할, ③ 변화대리자의 역할(change agent), ④ 코치의 역할, ⑤ 상담자의 역할, ⑥ 조정자의 역할, ⑦ 전문가의 역할, ⑧ 자문자의 역할, ⑨ 자원의 역할, ⑩ 연구자의 역할, ⑪ 모범자의 역할, ⑫ 관리자의 역할, ⑬ 평가자의 역할 등 다양한 역할을 수행해야 한다고 제시했다.

서울특별시 교육연구원(1995)은 교육전문직의 역할에 대한 연구를 추진하여, <표 4-1>에서 보는 바와 같이 직무 영역별로 기대되는 역할과 자질을 제시했다(이윤식, 2005: 재인용).

표 4-1 교육전문직의 역할과 자질

직무영역	역 할	요구되는 자질
교육정책 영역	최고관리층(교육감·부교육감·국장 등)의 정책기조 논리 구성과 운영을 공식화시키고 이를 위한 참모 기능을 수행한다.	• 교육과 교육정책의 본질, 학교·학생·교사의 제 특성에 대한 깊은 이해가 있어야 한다. • 세계화·정보화의 특성을 갖춘 미래사회가 요구하는 새로운 교육행정철학과 이념을 갖추어야 한다. • 의사결정, 기획, 평가 및 갈등해소 등을 위한 제 기법과 관리능력을 갖추어야 한다. • 조직구성원의 능력과 특성을 활용할 수 있는 지도성을 갖추어야 한다. • 교육혁신을 주도하고 변화를 수용할 수 있어야 한다.
교과지도 영역	교과교육과정 편성·운영에 대하여 지도·조언하고, 교과교육계획, 준비, 수행, 평가에 대해 지도·조언, 안내·시범을 보이며, 교사의 교수-학습활동을 평가한다.	• 교육과정의 구성원리와 구현방법의 일반론에 대한 지식과 각 교과별 교육과정의 구성원리 및 구현방법에 대한 이론적·실천적 지식을 갖추어야 한다. • 교재의 편성에 관한 이론과 실제에 조예가 깊어야 하고, 교과서를 포함한 교재에 대한 평가능력이 있어야 한다. • 교육의 목표와 내용에 정통하며, 교수-학습활동의 문제점 및 해결방안을 설명·시범을 할 수 있어야 한다. • 교육목표 분석과 목표달성도 측정에 관한 이론과 실제에 능통하며, 교사·학생·환경의 상호작용을 이해하고, 상관연구와 원인·비교연구의 방법을 교육평가에 적용할 수 있어야 한다.
생활지도 영역	학생이해, 생활지도, 진로·상담, 수련활동지도 등의 지식과 기법을 개발·보급하고 지도·조언·협조한다.	• 자신을 포함한 모든 인간을 긍정적으로 수용할 수 있어야 한다. • 내면의 생각이나 감정을 정직하게 상대방에게 표현할 수 있어야 한다. • 자신의 일에 대하여 전문성과 소명의식을 가져야 한다. • 생활지도의 주요 영역에 대하여 전문적 지식을 갖추어야 한다. • 연구활동에 대한 전문적 지식을 갖추어야 한다. • 생활지도영역에 대한 정책수립능력과 행정능력을 갖추어야 한다.
학교 경영·관리 영역	학교교육계획수립을 지도·조언하고, 학교경영·관리평가를 하며, 학교운영위원회활동에 관한 협의 및 조언과 학교 및 학부모의 건의사항을 수렴·해결한다.	• 학교교육조직의 자율성을 존중하며 상급 교육기관의 지도방침을 원활하게 적용해 나갈 수 있는 지도성이 요구된다. • 학교교육조직의 특성을 잘 이해하며, 학교조직의 제 관리기법에 능통해야 한다. • 교육현장에서의 각종 교육사태에 잘 대처할 수 있기 위해 융통성 있고 창의적이어야 한다. • 학교가 사회변화의 본질을 이해하고 교육적으로 수용할 수 있도록 지도하는데 필요한 교육행정철학을 갖추어야 한다.

교육연구 영역	교수-학습방법 및 평가, 생활지도, 진로·상담 등에 관하여 연구하고 자료를 개발·보급한다.	• 과학적으로 연구를 추진하고, 교원들의 연구활동을 지도할 수 있는 전문적 지식, 의사소통능력, 인간관계기술을 갖추어야 한다. • 모든 교육현안의 개선과 발전은 교육연구에 기초를 두고 있다는 인식을 가져야 한다. • 전공학위(박사)를 소지하고 연구의 질을 높일 수 있는 능력을 갖추어야 한다. • 긍정적·미래지향적 사고를 가지고, 교육발전에 헌신하겠다는 사명감을 가져야 한다.
교원연수 영역	초·중등교원 및 교육전문직의 전문성 제고와 직무수행능력의 향상을 위한 연수업무를 담당한다.	• 연수대상자와 좋은 인간관계를 형성하고, 각종 교육정보를 효과적으로 제공할 수 있도록 인간관계기법과 대화기법을 갖추어야 한다. • 요구조사와 직무분석을 통해 합리적인 연수계획을 수립할 수 있어야 한다. • 다양한 교수기법과 각종 수업매체를 제작·활용할 수 있어야 한다. • 과정별 연수목표설정과 교수요목 작성을 통해 연수과정을 편성·운영하고, 연수결과를 분석·평가하여 재투입하는 능력이 있어야 한다.

자료: 이윤식(2005), 장학론 - 유치원·초등·중등 자율장학론 -, p. 553에서 인용.

그리고 민주주의를 지향하는 장학행정에서 **장학담당자가 가져야 할 기본 태도**에 대해 교육부는 다음과 같이 제시하고 있다(조병효, 1981).

① 우리는 투철한 국가관과 민주적인 교육관을 확립한다. ② 우리는 더욱 바람직한 인간관계를 형성하는 것을 생명으로 한다. ③ 우리는 지도에 앞서 자기성장을 꾀한다. ④ 우리는 항상 건설적이며 창의적인 장학활동을 한다. ⑤ 우리는 현실적이고 구체적이며 시범적인 활동으로 문제를 해결한다. ⑥ 우리는 점진적이며 계속적인 활동을 통한 꾸준한 노력에 의하여 소기의 성과를 기약한다. ⑦ 우리는 교사와 학생의 성장 및 발달을 조장하는 데 사명이 있음을 자각한다. ⑧ 우리는 장학활동에 있어서 집단적인 과정을 존중한다. ⑨ 우리는 최대의 시간을 교사와 학생을 위하여 봉사한다. ⑩ 우리는 객관적인 방법에 의하여 장학평가를 한다.

한편 **미국 중등학교 교장이사회는 교육행정가의 윤리강령 열 가지**를 제시하고 있다. ① 모든 의사결정과 행동에 있어서 학생의 복지를 기본적 가치로 삼는다(Landers & Myers, 1977). ② 전문적 책임을 정직하고 성실하게 수행한다. ③ 당연한 변화과정의 원리에 따라 개인의 민권과 인권을 보호

한다. ④ 지방 · 주 · 연방의 법에 순종하며 직접 · 간접으로 정부의 전복을 주장하는 단체에 의도적인 지지나 참여를 하지 않는다. ⑤ 교육행정기관의 교육시책, 행정규칙 및 규정을 수행한다. ⑥ 건전한 교육목표와 맞지 않는 법, 정책, 규정을 고치기 위한 적절한 대책을 강구한다. ⑦ 정치적, 사회적, 종교적, 경제적 및 기타의 영향을 통해서 개인의 이익을 위하여 직권남용을 하지 않는다. ⑧ 학위나 전문적 자격증을 오직 공인기관으로부터만 받는다. ⑨ 연구활동을 통하여 전문성을 유지하고 전문성의 효과를 높이도록 노력한다. ⑩ 모든 규약은 만료하거나 포기할 때까지 이를 존중한다.

장학의 성공은 교직원의 이해와 태도를 변화시켜 그것이 곧 행동의 변화를 가져오도록 하는 데 있다. 따라서 장학지도성의 본질은 상호간에 기꺼이 수용할 수 있는 교육목표의 달성을 위하여 개인이나 집단이 공동 노력을 하도록 유도하는 행동이라고 말할 수 있다. 성공적인 장학담당자는 그와 같은 민주적 지도성의 개념에 적합한 인성적 자질과 전문적 자질을 겸비하지 않으면 안될 것이다. **장학담당자로서의 역할기대를 충족시킬 수 있는 사람을 선정함에 있어서는 다음과 같은 인성적 자질이 중요하다** (McKean & Mills, 1964).

첫째, 존경과 신뢰를 얻는 능력(ability to win respect and confidence)**이다.** 뛰어난 능력 · 성실성 그리고 타인의 개성을 존중하는 일이 같이 일하는 사람들의 존경과 신뢰를 얻을 것이다.

둘째, 감정이입과 감수성(empathy and sensitivity)**이다.** 타인의 기분과 반응에 대한 뛰어난 감수성과 성공적인 지도성에 매우 중요한 역할을 한다.

셋째, 정열(enthusiasm)**이다.** 정열의 특성은 전염성이 있어 타인들에게 전파되어 업무를 완수하는 데 큰 활력이 된다.

넷째, 문제 대처력(feeling of adequacy)**이다.** 성공적인 장학담당자는 역경에 직면하여도 낙관적이며 자신이 있고, 꾸준히 노력하여 생산적인 업무 처리 방법을 찾아낸다.

다섯째, 창의성(originality)**이다.** 창의적인 장학담당자는 교사들 속에 파고들어 그들을 기존의 편한 방법에서 해방시켜, 보다 바람직한 것이 남아 있고 보다 생산적인 선택의 여지가 있음을 알려 준다.

여섯째, 유머(sense of humor)**이다.** 대부분의 인간관계는 딱딱한 분위기에서보다는 따뜻하고 스스럼없는 분위기에서 잘 이루어지는 것 같다. 따라서 장학담당자는 이러한 특성을 신장해야 한다.

일곱째, 상대성 가치관(sense of relative value)**이다.** 장학담당자는 균형이 잡힌 그리고 전체적으로 바라보는 감각을 지녀야 한다. 그는 교육목표와 활동방법의 상대적 가치를 평가할 수 있어야 하고, 항상 장기적 발전을 전체적으로 바라보아야 한다.

여덟째, 성실성(sincerity)**이다.** 한 집단이 성공적으로 그 목적을 달성하려면 지도자는 물론 구성원 모두가 성실하게 그리고 헌신적으로 일하지 않으면 안 된다. 장학담당자가 불성실하면 그 집단은 분명히 생산적 능력이 약화된다.

아홉째, 풍부한 자원(resourcefulness)**이다.** 장학담당자는 지성과 훈련 그리고 경험이 풍부하고 뛰어나야 한다. 교직원이 문제해결을 못할 때, 그는 새로운 방법을 찾아내고, 새로운 도움의 자료를 개발하며, 시도해 볼 대안을 제시할 줄 아는 자원인사가 되어야 한다.

교육행정기관이나 학교에서 근무하는 장학담당자가 그의 직위에 요구되는 제 능력을 계발하려고 하면 다음과 같은 전문적 훈련과 경험 그리고 기술과 능력을 갖추어야 할 것이다(McKean & Mills, 1964).

첫째, 폭넓은 교양교육(broad general education)**이다.** 교양교육을 폭넓게 받으면 도량이 넓은 교양인, 곧 여러 교과 분야를 탐구하여 이에 대한 식견을 갖춘 사람, 광범위한 취미를 갖는 사람 그리고 학교나 지역사회에서 여러 사람들을 이해하고 그들과 의사소통을 원활히 할 소양을 갖는 사람이 되는 데 도움이 된다. 교양교육은 일을 추진하는 데 기본도구가 되는 건전한 의사소통의 기술을 제공해 준다.

둘째, 전문성 교육(professional education)**이다.** 장학담당자의 전문성 교육은 직전 교육인 대학시절부터 그 기초교육을 다져야 한다. 그리고 현직에서도 끊임없는 연수를 통하여 장학행정의 핵심 분야인 장학의 기초 이론은 물론 교육과정에 관한 이론과 실제를 터득해야 한다. 또한 장학담당자는 자신의 전문분야에서 특수한 기능을 신장시켜야 하며, 홍보업무, 교수학습의 평가, 연구기술 등 특수분야에서도 높은 수준의 훈련이 바람직하다.

셋째, 교수기술(skill in teaching)**이다.** 전통적으로 장학담당자는 수년간의 성공적인 교수-학습경험을 가져야 한다. 그것은 자기 자신이 직접 교수경험이 있어야만 교사의 역할을 이해할 수 있고, 또 강조할 수 있으며, 학생의 반응과 특성을 본질적으로 통찰할 수 있기 때문이다. 그리고 교원들은 장학담당자의 시범적 교수기술이 그들의 교수문제해결에 도움이 되므로 그의 지도방법을 따르려고 하는 경향이 있다.

넷째, 교육과정 역할에 관한 명확한 인식(clear perception of roles in the educative process)**이다.** 장학담당자는 자기 업무의 진정한 초점이며 바람직한 목적의 하나가 교수-학습의 양과 질을 높이는 일이라는 것을 항상 마음 속에 간직해야 한다. 학교는 오직 교수-학습과정을 위한 환경을 마련해 주기 위해 존재하는 것이다. 장학행정의 궁극적인 목적은 교수-학습과정을 향상 및 발전시키는 것이며, 장학담당자는 이 일이 교사의 사고와 태도 그리고 기술의 변화에서 일어난다는 것을 알아야 하며, 교사들 스스로가 변화하도록 도와주어야 한다.

다섯째, 지도성기술(skill in leadership)**이다.** 장학담당자는 시범에 의해 또는 논리와 지성을 문제에 적용하는 능력에 의해 타인을 지도한다. 또한 그는 어떤 상황에서 집단이 의지하는 사람이 누구이건 그 안에 잠재해 있는 지도성을 알아내고 나타내게 하며 지원해 준다.

여섯째, 학습자료와 교수방법에 관한 지식(knowledge of instructional materials and method)**이다.** 장학담당자는 학습자료의 사용법에 관해서도 많이 알아야 하고, 이러한 학습자료의 활용을 통해서 교수-학습 향상이 되도록 연구를 해야 한다. 그리고 새로운 교수방법에 관한 정보에 밝아야 하며, 각종 연구회에서 만들어낸 새로운 교수방법과 학습자료에 관해서도 알아두는 것이 바람직하다.

일곱째, 생산적 교수-학습 요소를 평가하고 해석할 수 있는 능력(ability to evaluate and interpret factors in productive learning and teaching)**이다.** 유능한 장학담당자는 교수-학습 요소의 평가를 위한 주요 항목을 찾아낸다. 또는 각 교사 및 교사집단과 교수-학습의 기본 요소에 관해 토론할 능력을 가져야 하며, 교사의 취약점을 다룸에 있어 도움이 되도록 그리고 생산적으로 지도해야만 한다.

여덟째, 과정과 결과의 중요성에 관한 인식(awareness of the importance of process and product)**이다.** 장학담당자는 바람직한 변화를 조속히 성취하기 위하여 과정에서 크게 압력을 가하거나, 속임수를 쓰거나, 행정적 권위에 힘입으려는 생각을 해서는 안 된다. 그리고 과정에 사용된 그릇된 수단은 비록 그것이 값진 결과를 가져왔을지라도 결코 정당화될 수는 없는 것이다. 또한 장학행정에 있어서 결과는 매우 중요하다. 왜냐하면 결과로서의 바람직한 변화나 발전은 장학적 노력을 기울이게 하는 방향이 되기 때문이다.

아홉째, 실험과 연구에 관한 숙달(proficiency in experimentation and research)**이다.** 장학담당자는 교수－학습의 질을 향상하기 위한 교육실험과 교육연구에 직접적으로 관여하는 경우가 많다. 그는 학교 내에서 공식적이건 비공식적이건 간에 직접적으로 실험이나 연구에 관여하거나 자문역으로 참여하게 된다. 유능한 장학담당자는 다양한 자원을 개발하여 연구와 실험에 관심이 있는 교원들이 마음대로 활용할 수 있도록 하고, 그와 같은 노력에 자기 스스로가 활용이 되도록 한다.

열 번째, 인성 및 전문성 성장을 계속할 의욕과 능력(willingness and ability to continue personal and professional growth)**이다.** 장학담당자는 필연적으로 전문성의 성장을 계속하지 않으면 안 된다. 그는 전문성을 신장하기 위하여 각종 연수회, 연구협의회, 세미나 등에 참석하기도 하고, 교직・교양・전공과목과 관련된 문헌연구를 하며, 대학원과정을 수강하기도 한다. 또한 장학담당자는 인성 측면에서도 계속 성장하고 발전하지 않으면 안 된다. 완숙하고도 세련된 인간으로서 발전하는 일을 결코 등한시해서는 안 된다.

상기에서 교육전문직으로서의 장학담당자의 자질에 대하여 제 학자들의 견해를 살펴보았다. 교육전문직으로서의 역할을 효과적으로 수행하기 위해 다음과 같은 자세가 요구된다고 할 수 있겠다. ① 최고의 전문성을 구비한 교육적 봉사자로서의 자세를 갖추어야 할 것이다. 폭넓은 교양교육, 새로운 교수기술의 도입, 교수－학습의 양과 질의 고양, 풍부한 학습자료와 교수방법에 대한 지식의 소유, 교육현장의 당면한 문제를 창의적으로 해결할 수 있는 조언자의 역할, 교육정보와 아이디어를 제공할 수 있는 최고의 전문성을 갖춘 봉사자라는 의식과 자부심을 가져야 한다. ② 신뢰할 수 있는 인간관계 조성자로서의 자세가 필요하다. 교사들이 항상 장학담당자에게 조언과 지도를 받을 수 있도록 인간관계를 원만하게 해야 할 것이며, 교사들이 문제점의 해결을 요청할 수 있는 풍토를 조성하는 인간관계가 중요하다. 이를 위해 권위적인 사고에서 탈피하여 평등하고 민주적으로 상담할 수 있도록 하고, 이를 위해 충실한 현직연수와 부단한 자기 연찬의 자세가 요구된다. ③ 교육적 정보의 제공자 및 교육현장 문제해결을 위한 협력자로서의 자세이다. 교육현장의 교사들이 느끼는 문제점과 애로점을 찾아내고, 사전에 감지하여, 그들이 필요로 하는 교육자료와 교육정보를 신속히 제공하여 고민을 풀어주는 교육정보의 제공자 및 중개자가 되어야 한다. 또한 학교현장의 교육자료물을 정리 및 수집해서 노하우(know-how)를 간직해야 한다. ④ 수업장학전문가로서의 인식을 해야 한다. 담당 전공교과지도의 전문가로서 교사들에게 수업지도력을 발휘하고 시범을 보일 수 있어야 한다. 담당 교과의 교육목표를 설정하는 능력을 기르고, 수업계획, 수업진행, 수업평가를 추진할 수 있어 수업지도 측면에서 장학수요자들에게 실질적인 도움을 주고 그들의 문제점을 해결해 주는 데 앞장서는 전문가가 되어야 한다. ⑤ 교육체제의 발전 및 교육의 질 관리를 위한 지도자로서의 자질 향상이다. 교육에 대한 높은 안목과 사명감을 갖고, 지속적인 자기연찬을 통하여 자질을 향상시켜야 한다. 교육적 문제를 정확히 진단하고 정책적 대안을 제시할 수 있으며, 현장교육 개선에 이바지할 수 있는 변혁적 지도성(카리스마, 지적 자극, 개인적 배려)을 발휘할 수 있어야 한다. 결국 장학담당자는 현장교사들이 학교수업현장에서 당면하는 문제들을 전문적인 지식과 기술로서 해결해 주어야만 한다. 따라서 장학담당자들은 항상 새로운 지식과 교수방법의 자질을 갖추고, 이를 교실현장에 제공하여 줌으로써 교육의 효과성을 극대화시켜 줄 수 있는 철학적 자질을 갖추고 있어야 할 것이다.

한편 장학기능을 수행하기 위한 장학담당자의 신분상의 지위와 법적 자격을 살펴보면 다음과 같다. 장학관은 교육부의 학교정책실에서 장학방침의 수립을 비롯하여 교육연구 · 정신교육 · 교과지도 · 생활지도 등에 관한 주요 기획 및 정책개발 그리고 전문적 지도 및 조언을 통한 참모기능을 수행하는 위치에 있으며, 지방교육행정조직에서는 학무행정 계통의 국 · 과장 또는 담당관으로서 교육부에서와 같은 막료적 기능을 수행하되 계선기능을 주로 담당하고 있다(조성일, 2004).

장학관(사)의 자격기준은 <표 4－2>와 같다.

표 4-2 장학담당자의 자격기준

직명 / 기준	자격기준
장학관 · 교육연구관	1. 대학 · 사범대학 · 교육대학 졸업자로서 7년 이상의 교육경력이나 2년 이상의 교육경력을 포함한 7년 이상의 교육행정경력 또는 교육연구경력이 있는 자. 2. 2년제 교육대학 또는 전문대학 졸업자로서 9년 이상의 교육경력이나 2년 이상의 교육경력을 포함한 9년 이상의 교육행정경력 또는 교육연구경력이 있는 자. 3. 행정고등고시 합격자로서 4년 이상의 교육경력이나 교육행정경력 또는 교육연구경력이 있는 자. 4. 2년 이상의 장학사 · 교육연구사의 경력이 있는 자. 5. 11년 이상의 교육경력이나 2년 이상의 교육경력을 포함한 11년 이상의 교육연구경력이 있는 자. 6. 박사학위를 소지한 자.
장학사 · 교육연구사	1. 대학 · 사범대학 · 교육대학 졸업자로서 5년 이상의 교육경력이나 2년 이상의 교육경력을 포함한 5년 이상의 교육행정경력 또는 교육연구경력이 있는 자. 2. 9년 이상의 교육경력이나 2년 이상의 교육경력을 포함한 9년 이상의 교육행정경력 또는 교육연구경력이 있는 자.

자 료: 교육공무원법 제9조와 관련 별표.

비고: 1) 이 표의 '대학'에는 한국방송통신대학교 학사과정을, '전문대학'에는 한국방송통신대학 전문대학과정과 종전의 초급대학 · 실업고등전문학교 및 전문학교를 포함한다.

2) 특수지 근무를 위하여 장학관 · 교육연구관 또는 장학사 · 교육연구사를 임용할 때에는 교육행정경력 또는 교육연구경력을 교육경력으로 갈음할 수 있다.

제3절 장학관과 연구관의 역할

장학이나 연구에서 나오는 기능을 중심으로 장학관 및 연구관의 역할을 분석하는 것은 그렇게 쉬운 일이 아니다. 결국 이들의 직능별 역할을 분석하는 데는 두 가지 방법이 있을 수 있다. 하나는 장학관 및 연구관에 관련되는 관계 법규에 의해서 그 역할을 파악하는 것이며, 다른 하나는 실제 다루는 업무와 관련되는 자료를 수집 및 분석하여 그 역할을 규명하는 일이다. 관계 법규에서는 교육법규 및 교육청 사무분장 규칙에 나타나 있는 업무의 내용을 근거로 하여 그 역할을 규명할 수 있고, 관련 업무에서는 교육부, 교육청, 교육위원회, 교육연구원, 교육연수원, 교육구청 등의 업무 분장을 근거로 관련되는 자료를 수집하여 그 역할을 정리할 수 있었다.

장학관 및 연구관의 역할을 규명하려고 할 때 그 내용 영역을 다음과 같이 제시하고자 한다(정태범, 2005).

표 4-3 장학관 · 연구관의 업무 내용

구 분	업무 내용
교육목표관리	• 교육시책, 제반사항, 장학연구
교육조직관리	• 인사관리, 조직관리
교육과정관리	• 교과지도, 생활지도, 자료개발
교육조건관리	• 재정, 시설, 대외관계
연구개발	• 교과연구, 현장연구, 국제교류
교육성과관리	• 정책평가, 경영평가, 학업관리, 입시제도

자료: 정태범(2005). 장학론. 파주시, 경기도: 교육과학사, p. 315.

상기의 장학관 및 연구관의 업무내용 영역에 따라 관계 법규나 관련 업무에 나타난 역할을 정리하면 <표 4-4>와 같다.

표 4-4 장학관 및 연구관의 역할 수행 내용

내용영역	장학관	연구관
1) 교육목표관리		
• 교육시책	- 국가 주요 정책의 분석 추진 - 제반 국가 시책의 현장 투입 방안 수립	- 교육정책의 입안 및 분석
• 전반적 계획	- 교육계획의 수립 시도 - 현장교육의 개선과 발전책 수립 - 각종 행정업무의 지도 - 교육행정업무의 수행	- 각종 연구계획 수립 - 교육행정업무의 수행
• 장학연구활동	- 장학활동계획의 수립 - 장학지도방법의 개선	- 연구활동계획 - 연구학교지도
2) 교육조직관리		
• 인사관리	- 교육전문직 자질 향상 추진 - 교원의 직능개발(교원연수) - 교장, 교감, 교사의 인사/교원의 근무평정관리 - 학교 관리직 자질 향상 정책 추진 - 교원복무관리/교원 및 학생 포상관리	- 인사제도의 연구
• 조직관리	- 장학행정 조직운영 - 합리적 의사결정 - 의사소통의 활성화	- 연구행정조직연구
3) 교육과정관리		
• 수업지도	- 교과교육의 전문적 지도	- 교육과정의 개발연구
• 생활지도	- 생활지도 및 청소년지도 문제 개선	- 학생생활지도 연구
• 자료개발		- 각종 교육자료개발 - 자료제작 및 운영관리
4) 교육조건관리		
• 재무	- 관장사무의 예산편성	- 연구업무의 예산편성
• 시설	- 시설의 활용	- 학교시설의 연구
• 대외관계	- 유관기관과의 협조 - 교육의 대·내외 홍보	
5) 연구개발		
• 교과연구	- 교육연구의 성과 분석과 보급방안	- 교육연구활동의 지도
• 현장연구	- 현장지도연구	- 교육현장과 이론과의 매개
• 국제교류	- 교육의 국제교류 추진	- 비교교육의 연구

6) 교육성과관리		
• 정책평가	- 장학활동 성과의 분석	- 교육정책의 분석평가
• 경영평가	- 투입과정 산출의 분석	
• 학업평가	- 학생의 성장발달 분석	- 각급 학교의 학력평가
• 입시문제	- 상급학교 진학업무 추진	

자료: 정태범(1996). 장학론. 서울: 교육과학사, pp. 316~317.

<표 4-4>에서 살펴본 바와 같이, 장학관 및 연구관의 역할은 매우 복잡하다. 이러한 업무의 체계적인 수행은 그만큼 어려운 것이 사실이다. 그리고 상위직에 있는 전문직의 역할은 위로는 교육정책의 입안으로부터 아래로는 학교교육의 실천에 이르기까지 그 영향을 미치기 때문에, 전문직적 자질과 능력은 충분히 강조될 수 있다. 특히 장학관의 역할은 교육행정에서 그 중심적 위치에서 있기 때문에 더욱 강조된다. 교육행정에서 교육전문직의 역할은 한 나라의 교육제도를 관리한다는 차원에서 중요하거나, 학교교육활동을 지도한다는 측면에서도 중요하다. 따라서 전문직적 역할을 수행할 사람이 그 전문직적 능력을 갖는다는 것은 필수적이라 할 수 있다. 특히 전문직의 상위직에 있는 장학관 및 연구관은 교육의 중요 정책결정에서 중심적 역할을 한다는 측면에서 그 전문직적 능력의 발휘는 더욱 중요하다고 보여진다.

전문직적 기능을 중심으로 장학관 및 연구관의 역할을 관계문헌을 참고하여 내용영역을 기준으로 정리하면 다음과 같다. ① 교육목표관리 측면에서는 주요 정책의 수립, 각종 계획의 수립, 각종 활동의 추진 등, ② 교육과정관리에서는 교과교육지도, 학생생활지도, 자료개발 등, ③ 교육조건관리 측면에서는 교원의 인사관리, 예산 및 경비활용, 시설의 활용, 대외관계 등, ④ 연구개발에서는 교과연구, 현장연구지도, 국제교류의 추진 등, ⑤ 교육성과 관리 측면에서는 교육정책의 평가, 학업성적, 입시문제 등이 있다.

결국 장학관 및 연구관은 시대의 발전에 따른 교육의 민주화, 전문화, 자율화를 추진하기 위하여 장학행정의 전문적 기능에 근거하여 조직에서 주어진 역할을 수행해야 될 것이다.

제4절 학교장의 역할과 자질

학교장의 학교경영상 지위와 직능은 교육지도측면에서 중핵적인 위치를 차지하고 있다. 이는 학교장이 학교교육의 중심이며 기본이 되기 때문이다. 학교장은 학교교육의 중심이 되어 학교 내·외의 교육활동을 조직화하고 지도하며 조정·통제함으로써 교육의 효과를 최대한 발휘할 수 있도록 한다. 따라서 학교장은 안으로는 학교경영의 최고책임자이며 총괄주재자로서 전반적인 교육활동을 이끌어 가며, 외부로는 내부의 의지를 대표하고 교육적인 책임에 임하는 막중한 임무를 지니고 있다. 초·중등교육법 제20조 1항에 "교장은 교무를 통할하고, 소속 교직원을 지도·감독하며, 학생을 교육한다"고 규정되어 있다. 이는 교장의 교무통할권과 교직원감독권 및 학생 교육권을 규정하는 것이다. 따라서 교장은 학교의 인적·물적 조건을 적절히 정비·활용하고, 교원들이 학생교육에 최선을 다할 수 있도록 지도하고 관리하는 기능을 효과적으로 수행해야 한다. 특히 학생의 교육을 직접 담당하고 있는 교사들로 하여금 충실하게 교육활동에 임하도록 하여 학생들의 성장을 돕도록 지원해야 하는 책임을 갖고 있다.

조성일(2004)은 **학교장의 역할**에 대해서 다음과 같이 제시하고 있다. ① 학교경영전문가로서의 역할, ② 의사결정자로서의 역할, ③ 인화조성자로서의 역할, ④ 관리·기획·평가자로서의 역할, ⑤ 대외적 역할, ⑥ 교육개혁선구자로서의 역할을 수행해야 한다고 제시했으며, **바람직한 학교장상**에 대해서 다음과 같이 제시했다. ① 철저한 교육행정철학을 가져야 하며, ② 건실하고 원만한 대인관을 가져야 한다. 그리고 ③ 명석한 판단력과 과감한 결단력이 있어야 한다. ④ 지속적인 연구 자세와 이론적 배경이 풍부해야 하며, ⑤ 미래지향적이고 거시적 안목이 필요하다고 했다.

그리고 노종희(1992)는 **학교장의 역할**이란 ① 의사결정자로서의 역할, ② 교수지도자로서의 역할, ③ 학교관리자로서의 역할, ④ 인화조성자로서의 역할, ⑤ 기획·평가로서의 역할, ⑥ 기관의 대표자로서의 역할, ⑦ 갈등해소관리자로서의 역할, ⑧ 변화촉진자로서의 역할 등에 대해서 제시했다. 이러한 역할을 성공적으로 수행하는 학교장이 되기 위해서 다음과 같은 폭넓은 자질이 요구된다고 했다. ① 청렴결백, 공정성, 책임감, 협동성, 희생정신, 자신감, 판단력, 진취성, 통솔력, 사교성, 정서적 안정성, 언어유창성 등 사회심리적 특성이 요구된다. ② 확고한 자기신념과 올바른 교육가치관을 소유해야 한다. ③ 조직구성원의 제 능력과 특성을 동원하고 활용할 수 있는 지도성이 필요하다. ④ 교육혁신을 주도하고 새로운 변화를 수용할 수 있어야 한다. ⑤ 아동들에 대한 사랑과 교육애를 가지고 있어야 한다. ⑥ 교육과 교육행정의 본질 그리고 학교, 학생, 교사의 제 특성에 대한 깊은 이해가 있어야 한다. ⑦ 평생학습자로서 자기개발과 자아혁신에 진력해야 한다.

김종철(1987)은 2000년대의 학교장은 다음과 같은 역할이 증대될 것으로 보았다. ① 자율화 시대의 결정자로서의 역할이다. 자율화 시대에 학교가 보다 폭넓은 결정권을 행사함에 따라 교장은 결정자로서의 역할이 증대된다. ② 다원화사회의 대표・통합자로서의 역할이다. 이는 다원화된 가치를 존중하는 사회 속에서 교장은 학교를 대표하고 통합하며, 나아가 지역사회의 통합에도 기여하는 역할이 증대된다. ③ 전문화조직의 관리자로서의 역할이다. 학교가 교원들의 전문화조직으로서의 성격이 커지면서 교장은 전문화조직의 본질을 이해하고 효율적인 관리・운영을 위해서 전문적 지도성을 발휘해야 한다. ④ 화합을 지향하는 갈등의 조정자로서의 역할이다. 학교장은 조직구성원들 사이에 갈등을 극소화하고 그들이 화합과 안정의 기반 위에 공동의 목표를 추구하도록 조정해 주는 역할을 해야 한다. ⑤ 국제화시대의 선도자로서의 역할이다. 국제화의 추세에 적절히 부응하고 능동적으로 대응할 수 있도록 새로운 한국인상을 정립하고 교육해 나가는 데 교장은 선도자의 역할을 담당해야 한다. ⑥ 창의적 학교조직 발전의 촉진자로서의 역할이다. 창의를 앞세우는 학교경영, 학교수준에서의 조직발전, 학교경영에 있어서 기획 및 평가활동 등을 강조하고 촉진해 나가는 교장의 역할이 증대된다.

상기에서 조성일(2004), 노종희(1992), 김종철(1992) 등의 학교장의 역할에 대한 견해를 종합하면, **학교장의 역할**이란 ① 의사결정자로서의 역할, ② 인화조성자로서의 역할, ③ 변화촉진자로서의 역할, ④ 대외적 역할자로서의 역할, ⑤ 교육개혁 선구자로서의 역할 등으로 귀결되고 있다. 학교장의 자질은 ① 도덕적 품성과 건전한 교육관을 가지고 사리를 정확하게 판단할 줄 알아야 한다. ② 심신이 건강하고 폭넓은 교양과 올바른 예절로 우수한 지적 능력과 고도의 창조성을 지녀야 한다. ③ 공정무사하게 모든 일을 처리하는 능력을 지녀야 한다. ④ 교직원과 인간관계가 밀접하게 지내며 사적 생활까지도 관심을 가져야 한다. ⑤ 학교경영계획을 입안할 때 일부 부장교사에게만 맡기지 말고 전 교직원이 참여한 가운데 집단적 사고에 의하여 처리하도록 해야 한다. ⑥ 하달하는 모든 사항은 일관성을 유지해야 한다. ⑦ 교직원의 복지를 위해서 노력하고 인사업무를 공정하게 처리해야 한다. ⑧ 교직원들의 인격을 존중하고 공식석상에서 특정 교사를 지나치게 칭찬하거나 질책 또는 약점을 지적하지 않으며, 교직원들의 노력과 업적에 대하여 깊은 통찰력으로 높은 평가를 해 주어야 한다. ⑨ 교직원들의 건의사항이 교육적으로 부당하다고 생각되는 경우에는 그들이 이해할 수 있는 처리방안을 강구하여야 한다. 결국 학교장은 교직원으로부터 전문적인 면에서의 지식과 능력에 있어서나 인간적 면에서의 인격과 품위에 있어 존경받을 수 있는 지도자가 되도록 배전의 노력을 기울여야 될 것이다.

그리고 학교장은 법적 자격기준에 해당하는 자로서 대통령이 정하는 바에 의하여 교육부장관이 검정·수여하는 자격증을 받은 자이어야 한다(초·중등교육법 제21조). 교장의 법적 자격기준은 초·중등교육법[별표 1]에 명시되어 있다.

표 4-5 교장의 법적 자격기준(초·중등교육법[별표 1])

자격 / 학교별	교 장
중등학교	1. 중등학교의 교감자격증을 가지고 3년 이상의 교육경력과 소정의 재교육을 받은 자 2. 학식·덕망이 높은 자로서 교원자격검정위원회의 추천에 의하여 교육부장관의 인가를 받은 자 3. 교육대학, 전문대학의 학장으로 근무한 경력이 있는 자 4. 특수학교의 교장자격증을 가진 자

초등학교	1. 초등학교의 교감자격증을 가지고 3년 이상의 교육경력과 소정의 재교육을 받은 자 2. 학식·덕망이 높은 자로서 교원자격검정위원회의 추천에 의하여 교육부장관의 인가를 받은 자 3. 특수학교의 교장자격증을 가진 자
고등기술학교	1. 중등학교의 교장자격증을 가진 자 2. 실기교사 자격증을 가지고 9년 이상의 교육경력과 소정의 재교육을 받은 자
특수학교	1. 특수학교의 교감자격증을 가지고 3년 이상의 교육경력이 있는 자로서 소정의 재교육을 받은 자 2. 초등학교 또는 중등학교의 교장자격증을 가지고 필요한 보수교육을 받은 자. 이 경우 특수학교 교원자격증을 가졌거나 특수학교(특수학급을 포함한다)에서 교원으로 근무한 경력이 있는 때에는 보수교육을 면제한다. 3. 학식 및 덕망이 높은 자로서 교원자격검정위원회의 추천에 의하여 교육부장관의 인가를 받은 자
유 치 원	1. 유치원의 원감자격증을 가지고 3년 이상의 교육경력과 소정의 재교육을 받은 자 2. 학식 및 덕망이 높은 자로서 교원자격검정위원회의 추천에 의하여 교육부장관의 인가를 받은 자

제5절 교감의 역할과 자질

교감은 단위학교에서 교장을 보좌하며, 유사시에는 교장을 대리하는 중요한 위치에서 교무를 처리한다. 교감은 교장과 교사들 간에 교량적 역할을 하며, 교사들과 교사들 간에, 교사들과 행정직원들 간에도 교량적 역할을 담당하게 된다. 실질적으로 학교계획 실행 측면에서 실무운영자의 입장에 있는 교감의 역할은 대단히 중요하다. 교장을 보좌하는 교감이 교육활동, 학교경영, 장학활동에 관련하여 자신의 직무와 역할을 어떻게 인식하고 수행하느냐 하는 것은 학교경영과 학교조직효과성에 큰 영향을 미친다.

초·중등교육법 제20조 2항에 "교감은 교장을 보좌하고 교무를 관리하고, 학생을 교육하며, 교장이 부득이한 사유로 직무를 수행할 수 없을 때에는 그 직무를 대행한다"고 규정되어 있다. 이 규정에 의하면, 교감은 교장의 보조기관으로 제 2인자의 위치에 있으면서 교무·학생교육·교장 직무대리 등 세 가지 영역의 직무를 수행하는 것이다(이윤식, 1999).

첫째, 교감은 교장의 지시와 정해진 규정 또는 관례에 따라서 교무를 관리해 나가야 된다. 교무란 학교사무 전반을 의미하는 것으로 학교의 존립 목적인 교육에 관계되는 모든 업무와 일반사무를 포함한다.

둘째, 교감은 교원의 일원으로서 필요시 학생교육을 위해 교육과정운영을 관장하고, 교사를 지도 및 조언하며, 교사들의 업무수행을 위한 지원을 제공해야 한다.

셋째, 교감은 교장 유고 시 학교의 모든 교육활동 및 교직원에 대한 감독권을 행사해야 된다. 여기에는 두 가지 경우가 있는데, 하나는 교장이 일시적으로 출장, 여행, 병가 등으로 출근할 수 없는 경우이며, 다른 하나는 교장이 사망, 퇴직 등으로 후임자 보충 전까지 결원이 되는 경우이다. 이러한 때에는 교감이 직무를 대행하게 되는데, 전자의 경우는 전결규정의 원칙에 따라 대행하고, 후자의 경우는 후임자 보충 시까지 자신의 명의로 권한행사를 하게 된다.

조병효(1981)는 **교감의 역할**을 다음과 같이 제시하고 있다.

첫째, 교장을 보좌하는 일이다. 교직원지도, 기획관리, 교장 보좌, 사무관리, 교무의 조정 및 관리, 교육과정관리, 인사관리, 연수지도, 시설관리, 교장, 교직원 간 조정 등이다.

둘째, 조정하는 일이다. 학교조직에 있어 분업화 및 전문화된 각 구성원의 개별적 노력을 조직의 공동목적을 달성하는데 공헌하도록 행동의 통일과 질서를 확보하는 일이 조정이다. 교감이 조정해야 할 영역은 ① 기획・예산단계에서의 조정, ② 조직・편성단계에서의 조정, ③ 실천・평가단계에서의 조정, ④ 교무분장상의 조정, ⑤ 사무관리상의 조정 등이 있다.

셋째, 지도 및 조언하는 일이다. 교직원들이 학생에 대한 교육활동을 더욱 효과적으로 하도록 도와주기 위해서 교감은 부장교사들과 교사들에 대하여 지도 및 조언활동을 하여야 한다. 교감의 지도 및 조언활동은 학교교육 전 영역에 걸쳐서 이루어진다.

넷째, 교직원에 대한 자원인사가 되는 일이다. 교사들이 교과지도・생활지도・진로지도・사무관리 등의 여러 분야에서 문제점이나 의문에 부딪칠 때 교감은 손쉬운 상담자이며 문제해결자가 되어야 한다. 특히 신임교사,

저경력교사, 교육실습생에게는 좋은 자원인사가 되어야 한다.

상기에서 교감의 역할에 대해서 고찰했다. **교감이란** 교장의 역할과 별 차이가 없으나 학교경영에 대한 결정권이 없고 책임에 대한 최종적인 법적 근거가 주어지지 않으나 2차적 책임을 지고 있다. 따라서 교감은 교직원들로부터 전문적인 측면에서의 지식과 능력에 있어서나 인간적인 측면에서의 인격이나 품위에 있어 존경받을 수 있는 지도자가 되도록 최선의 노력을 해야 할 것이다. 교감은 교내장학에 있어서 교장의 장학기능을 전문적으로 보좌하는 위치에 있다. 교내장학의 계획·시행·평가에 있어 교장의 장학기능을 보좌하고, 적절한 지도성을 발휘하기 위하여 장학담당자에게 요구되는 인화적 기술, 경영적 기술, 실무적 기술을 갖추도록 노력해야 할 것이다.

제6절 부장교사의 역할과 자질

현재 부장교사제도의 전신인 주임교사제도가 법제화된 것은 교육경영의 효율화와 민주화를 기하고 교원의 사기를 앙양하기 위하여 1970년 2월에 교육법시행령을 개정한데서 출발되었다. 이어 같은 해 12월에 문교부 훈령으로 주임교사임용규정을 제정·공포하여, 1971년부터 주임교사제도가 전국적으로 실시되었다. 이후 주임교사임용규정은 수 차례 개정되어 오다가, 1998년 3월부터 초·중등교육법시행령 시행되면서, 주임교사임용규정은 폐지되었다. 주임교사라는 명칭은 보직교사로 변경되었고, 보직교사의 명칭은 관할청이, 학교별 보직교사의 종류 및 그 업무분장은 학교의 장이 정하도록 하였다(초·중등교육법 시행령 제33조 제5항).

부장교사의 일반적 임무는 종전의 주임교사에 관한 문교부 지침(1971. 7)에 따르면 대체로 다음과 같다. ① 교장·교감을 보좌하여 업무를 수행하며 소속직원과 협의·조언한다. ② 소속 직무상의 문제점과 해결안을 교장·교감에게 건의하고 타 주임 또는 관계자와 연락·조정의 업무를 담당한다. ③

교장·교감으로부터 위임받는 업무를 수행한다(이윤식, 2005: 재인용).

부장교사의 종류는 크게 계선조직 상에 있는 학년부장, 참모조직 상에 교과부장, 교무부장, 학생지도부장, 교육연구부장, 독서교육부장, 자연과학부장, 특별활동부장, 윤리사회부장, 교육정보부장, 예체능부장 등으로 구분된다. 학년부장은 계선조직(교장 → 교감 → 학년부장 → 교사) 상에 있으면서 학년경영을 위하여 장학기능을 발휘한다. 참모조직 상에 있는 교과부장들은 교과교육의 효율화를 위하여 교과교사들에 대한 지도 및 조언과 교육정보제공 및 연락·조정활동을 한다. 교무·학생·교육연구·독서교육·자연과학·특별활동 등 직능조직에 해당하는 부장교사들은 관련 직무내용에 따라 교사들을 지도 및 조언하고 있다. 부장교사들이 발휘하는 장학은 명령·감독권이 지배하는 장학활동이 아니라 동료장학의 성격이 강하다.

부장교사의 역할에 대하여 경기도 교육연구원(1997)은 다음과 같이 제시하고 있다.

첫째, 분야별 활동의 거점 역할이다. 학교에는 학교운영을 통할하는 교장·교감의 지도력 하에 각기 다른 기능을 수행하는 여러 하위조직들이 있는데, 부장교사는 그러한 하위조직들로 편제된 분야별 활동의 거점 역할을 수행해야 한다.

둘째, 전문활동의 조력 및 주도 역할이다. 교과조직별로 교사들의 좋은 수업을 위한 교재연구와 교수기술 개발과 교사연찬 등의 전문활동을 조력하고 주도하는 역할을 수행해야 한다.

셋째, 조직 내 상하 연결 및 완충 역할이다. 부장교사는 학교조직 내의 상층부와 하층부, 즉 교장·교감과 교사 집단 사이의 연결고리 내지 연결 통로 역할을 하며, 양자간의 역학적 완충 역할을 해야 한다.

넷째, 일반교사의 대의 역할이다. 부장교사는 교사들의 의중과 요구를 정확히 파악하여 자신이 참여하는 각종 회의나 교장·교감에 대한 자문 활동에서 이를 적절히 반영하여야 한다.

다섯째, 인화 조성의 역할이다. 부장교사는 교사들 간의 인화 조성에 필요한 태도를 모범으로 보이는 가운데 교사 상호간의 닫혀진 마음을 열게 하고 상호간에 우호적 이해와 인간관계가 형성되도록 조력하여야 한다.

여섯째, 학교현장 혁신 촉진자의 역할이다. 변화와 혁신의 시대를 맞아 부장교사는 스스로 발전적인 아이디어를 찾아보며, 교사들의 아이디어 개발을 적극 조장하고, 그것들을 수집·분석·종합함으로써 학교현장을 실질적으로 변화시킬 수 있는 방안을 만들어 가야 한다.

일곱째, 학교 개혁과제 실무추진 주도자의 역할이다. 학교의 전문적 교육활동에서부터 학교사무 혹은 관리업무에 이르기까지 제반사항에 관한 개혁과제 추진 시 실무주도자로서의 역할을 수행해야 한다.

여덟째, 교내 교사문화 쇄신자의 역할이다. 교육의 수월성 추구, 연구와 연찬의 중시, 책임 있는 자율의식과 실천의지, 교직에 대한 헌신감, 상호협동적 태도 등 바람직한 교사문화를 회복·쇄신하는 데 능동적으로 기여해야 한다.

이윤식(1999)은 **부장교사의 자질**에 대하여 다음과 같이 제시하고 있다. ① 다른 교사들에 대하여 군림하기보다는 동료적인 위치에서 솔선수범하는 자세로 리더십을 발휘하도록 노력한다. ② 다른 교사들에 비하여 담당하는 업무와 지도하는 교과에 대하여 높은 지식과 기술 및 능력과 자질을 구비하도록 노력한다. ③ 다른 교사들과 우호적인 인간관계를 맺도록 하며, 교사들 간에 인화조성에 노력한다. ④ 다른 교사들에게 성실하며 긍정적이고 적극적인 자세를 보이도록 노력한다. ⑤ 교장·교감, 타 부장교사 그리고 교사들과의 상하좌우 의사소통이 원활하게 이루어지도록 노력한다. ⑥ 다른 교사들의 능력을 발견하여 그것을 키워주고 활용하도록 노력한다. ⑦ 중간관리자의 역할을 한다는 측면에서 행정활동에 대해서도 적절한 소양을 쌓도록 노력한다.

따라서 부장교사들은 학교조직체계상 교장을 보좌하는 중간관리층으로서 행정상의 관리적 역할과 학교교육의 질적 향상을 위한 참모적 역할을 동시에 담당해야 하는 입장에 있다. 다시 말하면, 학교조직의 수직적 계열과 수평적 계열이 교차하는 위치에서 두 가지 측면의 조화와 통일을 기하면서 업무를 수행해 나가야 한다. 학교조직의 구조를 상부의 관리조직과 하부의 관리조직으로 나눈다면 부장교사들은 후자의 조직에 속한다고 볼 수 있다. 그러면서 부장교사는 실무조직의 역할을 학교 전체 조직상의 중간에 위치하여 수행하게 된다. 부장교사의 위상은 실무적 중간지도자라고 규정할 수 있다.

제7절 장학담당자의 지도성

오늘날 장학담당자는 과거의 권위주의적 지도에서 과감히 탈피하여 내부에서 자연적으로 발생되는 집단 중심의 지도성을 바탕으로 민주주의적 협동을 본질로 하는 지도성을 발휘하여야 한다. 여기서는 지도성의 의미, 기능, 역할 등에 대해서 고찰하기로 한다(정태범, 2005).

첫째, 학교조직이 활성화되고 만족할 만한 효과성을 이루기 위해서는 이에 상응하는 장학담당자의 지도성이 요구된다. 지도성이란 집단이나 조직의 목적을 달성하기 위하여 지도자가 집단에 영향력을 행사하는 과정으로 집약할 수 있다. 이러한 영향력의 행사는 파워를 소유함으로써 가능한 것으로 볼 수 있으며, 학교행정가의 바람직한 지도성은 학교조직의 목적을 효율적으로 달성하기 위하여 교육이념 및 다양한 학문적 식견과 전문성에 근거하여 조직구성원들의 민주적인 참여와 적극적이며 창의적인 의견을 수렴하여 학교구성원들을 위해서 변화촉진자 및 안정유지자로서의 역할을 슬기롭게 수행하는 것으로 볼 수 있다(신재흡, 2002). 결국 지도성이란 모든 상황에서 조직을 운영하는데 작용하는 중요한 변수로 볼 수 있다.

둘째, 지도성의 기능과 역할은 다음과 같다. 장학담당자가 어떠한 지도성을 갖느냐가 실제 장학활동에서 중요한 부분을 차지한다. 장학은 교원의 전문적 자질을 향상시키고 교수-학습방법을 개선하며, 학교경영을 합리화하는 역할을 수행하는데 도움을 주기 때문에 교육행정에서는 가장 핵심적인 기능이라 할 수 있다. 특히 Gross(1961)는 지도성의 기능으로써 목표설정, 목표를 명백히 하고 관리하기, 목표달성을 위한 적합한 수단을 선택하기, 과업을 할당하고 조정하기, 동기를 부여하기, 충성심을 창조하기, 동지애를 불러일으키기 등을 제시하고 있다. 또한 장학담당자들을 포함한 학교경영자의 지도성 발휘에서 유의해야 할 몇 가지 시사점을 제시하면 다음과 같다. ① 지도자는 종합적 기술과 사무적인 기술이 필요하기도 하지만, 조직의 목적 달성을 위해 구성원의 직무의욕을 높이기 위해 인화를 중시하는 지도성이 요청된다(서정화, 1989). ② 경영관리적인 역할 수행보다 수업지도자(instruction leader)로서 역할을 중시하는 지도성 발휘가 요청된다. ③ 민주적인 의사결정과정에서 구성원의 적극적인 참여를 유도하는 지도성 발휘가 요청된다. ④ 조직의 목적 달성을 위해서는 기계적인 합법성에 얽매이기보다는 교원과 학생의 전문성과 교육환경에 초점을 둔 합리적이고 소신을 지닌 지도성 발휘가 요청된다. ⑤ 지도자는 일의 만족과 관련된 환경적인 조건의 개선을 위한 노력이 요청된다. ⑥ 지도자는 긍정적인 인간관을 가지고 구성원 개개인에게 권한과 책임을 위임하여 그들의 능력을 개발 및 활용하는 것이 요청된다. 그리고 Campbell(1968)은 지도성에 대한 기존의 연구결과를 종합하여 교육행정가를 위한 지도성의 책임을 다음과 같이 제시하고 있다. ① 교육의 목적과 학교경영의 목표를 규정하고 결정하는데 목적과 목표를 명료화하는 지도성이 요구된다. ② 효과적인 수업을 위해 "유능한 교사(effective teacher)"를 확보하고 이와 관련된 수업지도성이 요구된다. ③ 학교조직의 여러 다양한 구성원들의 노력을 하나의 완전한 생산적인 단위로 통합시키는 노력이 요구된다. ④ 교사들과 다른 구성원의 능력효과성을 제고하기 위한 조직풍토를 마련하는 노력이 요구된다. ⑤ 교수-학습을 촉진시키기 위해서 적정한 인적·물적 요건을 확보하고 활용도의 제고를 위한 노력이 요구된다.

장학담당자가 갖추어야 할 일반적인 지도성을 기르기 위하여 **Melchor가 제시한 장학의 기본 원리**를 소개하면 다음과 같다(Wiles, 1961). ① 문제파악의 태도이다. 장학담당자는 장학지도에 관한 올바르고 건설적이며 진취적인 태도를 가져야 한다는 것이다. 장학담당자가 이런 태도를 가질 때 교사들도 건설적이고 진취적인 태도를 갖게 된다. ② 창조성이다. 새로운 것을 창조하고 기존의 것을 개선하여 보다 새로운 것에 도전하려는 창조의 원리가 필요하다. 장학담당자는 교사들이 보다 효과적인 지도안과 기술을 발휘하도록 격려하며, 장학지도계획을 변천하는 사회에 맞도록 창안한다.

창조적 장학지도자는 교사들이 자유롭게 교육목표, 교육과정, 학습지도, 교육평가 등에 관하여 현실로부터 사고하여 시작하게 하며, 다른 직원이나 전문가들과 함께 일을 분담하게 하며, 교사 자신이 자율적으로 일을 하게 한다. ③ 협력성이다. 장학담당자는 교육의 기능을 이해하고 '더불어 함께 일하는' 집단과정을 존중한다. 집단은 하나라는 감정이 작용하는 집단과정을 통해서 문제점을 해결한다. ④ 과학성이다. 장학담당자는 문제를 선택하고 파악해서 필요한 사실을 수집하고 분류하고, 각종 해결방안을 모색하여 적절한 방법을 선정한 다음, 문제해결의 기준을 설정하고 가설을 설정 및 검증하면서 해석한 뒤에 추후연구를 계속하는 등 일련의 과학적 방법을 택한다. ⑤ 효과성이다. 효과는 기대했던 것에 대한 정도를 측정하는 문제이므로 평가를 전제로 하여 발전한다.

생각해 봅시다

1. 장학담당자가 구비해야 할 기본 태도에 대하여 생각해 봅시다.
2. 장학담당자의 그의 직위에 요구되는 능력계발에 대하여 생각해 봅시다.
3. 장학담당자의 리더십 발휘 시 유의해야 할 점에 대하여 생각해 봅시다.

참고문헌

강영삼(1994). 장학론. 서울: 세영사.

경기도교육연구원(1997). 초등학교 주임교사 직무수행의 실제. 수원: 경기도교육연구원.

김영식 · 주삼환(1990). 장학론. 서울: 한국방송통신대학교.

김정한(2004). 장학론 -이론 · 연구 · 실제-. 서울: 학지사.

김종철(1987). 2000년대의 한국교육과 학교장의 역할. 한국교육행정학회 15회 학술세미나자료집, 11 ~ 28.

김형관 · 오영재 · 신현석(2000). 신장학론. 서울: 학지사.

노종희(1992). 교원연수 표준교육과정개발연구. 서울: 교육부 중앙교육연수원.

노희정(2010). 학교장의 장학행동, 교사의 장학신념, 장학효과 간의 상호관련성 탐색. 인천대학교 대학원 박사학위논문.

서정화(1989). 교육인사행정. 서울: 세화사.

신재흡(2020). 교육행정 및 교육경영 -학교경영 탐색-. 서울: 동문사.

이윤식(2019). 교원능력개발을 위한 자율장학론. 서울: 학지사.

이윤식 · 권정호 · 김동원 · 이윤희 · 이재석 · 이지연(2014). 인간관계와 리더십. 파주시, 경기도: 양서원.

이윤식(2007). 학교경영과 자율장학. 파주시, 경기도: 교육과학사.

이윤식(2005). 장학론 -유치원 · 초등 · 중등 자율장학론-. 파주시, 경기도: 교육과학사.

이칭찬(1996). 교사론. 서울: 동문사.

정태범(2005). 장학론. 파주시, 경기도: 교육과학사.

조병효(1981). 장학론: 이론과 실제. 서울: 배영사.

조병효(1991). 연수기관의 역할분담과 협조체제. 중앙교육연수원 연구논총, 29 ~ 30.

조성일 · 안세근(2004). 교육행정 및 교육경영. 서울: 재동문화사.

주삼환 · 유수정 · 오형문 · 이기명 · 진재열(2011). 교원의 전문적 능력개발. 서울: 시그마프레스.

주삼환 · 정일화(2010). 학업성취 향상 수업전략. 서울: 시그마프레스.

주삼환(2005). 임상장학. 파주시, 경기도: 한국학술정보(주).

주삼환(1996). 학교경영과 교내장학. 서울: 학지사.

한국교육행정학회(1995). 장학론. 서울: 도서출판 하우.

Campbell, Ronald F., & J. E. Corbally Jr., Ramseyer, John A.(1968). *Introduction to Educational Administration.* Boston: Ally & Bacon, Inc.

Gross, E.(1961). *Dimension of Leadership, Personnel.* New Jersey: Prentice-Hall, Inc.

Havighurst, R. J., & Neugarten, B. L.(1957). *Society and Education.* Boston: Allyn and Bacon. Inc.

Hoy, W. K., & Miskel, C. G.(1991). *Educational Administration: Theory, Research, and Practice.* 4th ed., New York: McGraw-Hill. Inc.

Landers, Thomas J., & Myers, Judith G.(1977). *Essentials of School Management.* Piladelphia: W. B. Sanderders Company.

Lieberman, M.(1956). *Education as a Profession.* New Jersey: Prentice-Hall, Inc.

McKean, Robert C., & Mills, H. H.(1964). *The Supervisor.* New York: The Center for Applied Research in Education, Inc.

Wiles, K.(1961). *Supervision for Better School.* New York: Prentice-Hall, Inc.

05
CHAPTER

장학의 실제

학습목표

1. 교과장학의 모형과 실제에 대하여 설명할 수 있다.
2. 교내자율장학의 모형을 이해할 수 있다.
3. 지구별 장학협의회의 활동을 제시할 수 있다.
4. 교육청 장학의 실제를 설명할 수 있다.

Keyword

교과장학의 모형, 교과장학 지도방법, 교내자율장학, 교내자율장학 모형, 수업지도력, 지구별 장학회, 교육청 장학, 지구협동장학, 요청장학, 초등장학, 컨설팅장학, 혁신지원장학, 특별장학

장학은 교원의 전문적 자질을 향상시키고 교수－학습방법을 개선하며, 학교경영을 합리화하는 역할을 수행하는데 전문적 지식과 기능을 제공하기 때문에 교육행정에서 가장 중요한 기능이다. 교육활동에서 장학의 기능을 제시하면 다음과 같다. ① 장학은 학교의 교과내용이나 학생지도에 대하여 전문적 지도기능을 수행하며, ② 장학은 행정의 계층조직에 따라 학교교육을 관리하는 지도적인 점검기능을 수행한다. 또한 ③ 장학은 교육전문가나 동료교사 등에 의하여 교육활동에서 일어나는 문제를 협동적으로 해결해 가는 협동적 조언기능을 수행한다.

교육현장에서는 교육청이 중심이 되는 시책중심이며 평가위주의 장학과 학교 내에서 학교장을 중심으로 교사들이 협동하여 교육활동에 대한 전문적 자질과 능력을 신장시키기 위하여 이루어지는 교내장학이 병행되고 있다.

따라서 본 장에서는 교과장학의 모형과 실제, 교내자율장학의 이론과 실제, 지구별 장학협의회 운영, 교육청 장학의 실제 등에 대해서 고찰하기로 한다(이윤식, 2005; 정태범, 2005; 정태범, 2002; 주삼환, 1997; 김영식 · 주삼환, 1990).

제1절 교과장학의 모형과 실제

교과장학은 직접적으로 교사의 수업기술을 향상시키는데 크게 기여함은 물론이다. 그렇게 함으로써 장학이 수업개선이라는 본래의 기능을 찾을 수 있을 것이다.

1. 교과장학의 필요성과 담당자

장학의 활성화를 위하여 **교과장학의 필요성**을 제시하면 다음과 같다(정태범, 2005).

① 오늘의 장학 현실을 보면 수업현장에 도움이 되지 않는 실적 및 확인 위주의 형식적인 장학지도가 많이 실시되고 있다. 이러한 관리 위주의 장학행정에서 벗어나 교과교육에 대한 전문적 지도역할을 수행하기 위해서는 장학담당자가 교과교육의 문제점을 협의하고 해결방안을 지도하는 전문적 입장으로 전환되어야 한다. ② 장학지도에서는 현장교사의 피부에 닿지 않는 장학활동이 대부분을 차지하고 있다. 과업중심의 전시효과적인 장학이 이루어져 외부에 나타나는 것만 평가하고 바로 효과가 나타나지 않는 수업이라든가 교사의 전문성 향상 등은 등한시하고 있다는 것이다. 학교현장에서 발생하는 문제점을 해결하고, 현장에 도움을 줄 수 있는 장학으로 탈바꿈하여야 한다. ③ 학교에서 교장이나 교감은 거의 수업지도성이 미약한 처지에 있다. 교장이나 교감은 수업장학이나 임상장학과 같은 교내장학을 통하여 교사들에게 지도 및 조언하는 과정을 갖도록 해야 하나, 전문적 기술의 부족과 제반 여건이 不備하여 실질적인 지도가 이루어지지 못하고 있다. 교장이나 교감은 교과와 다양한 교수자료에 대한 지식과 활용방법을 습득하여 교사의 전문성 신장에 직접적인 도움을 줄 수 있도록 전문적 지도기능을 갖추도록 해야 한다. ④ 교육현장에는 교과장학에 대한 동료장학을 할 수 있는 개방적인 풍토가 되어 있지 못하다. 학교교육은 교사들의 개인적 참여없이는 그 효과를 기대하기란 어렵다. 특히 교과장학에

있어서 같은 교과를 담당하고 있는 동료교사와의 상호지도 및 조언은 교과장학에 있어서 수업의 방법을 개선하고 수업의 질을 향상시키는데 있어서 반드시 필요하다. 따라서 학교장은 학교를 구성하고 있는 조직구성원의 상호협력적인 분위기를 조성하도록 노력해야 한다. ⑤ 우리나라의 장학은 수업개선보다는 체제의 구축과 교육시책의 수행에 초점을 두고 시행되고 있다. 따라서 교과장학지도 시 수업개선을 위한 정보제공, 시범수업 등에 대한 전문적인 지도 및 조언을 담당할 교과전문가가 절실히 필요하다. ⑥ 장학에서는 교과장학을 위한 교과전문가가 교과담당장학사로 충원이 되지 못하고 있다. 전문직으로서의 장학직의 자격기준이 모호하여 일정한 자격만 갖추면 임용될 수 있어 교과장학에 필요한 교과전문가가 임용되지 못하는 경우가 많다. 그러므로 교과별 전문성을 가진 장학사를 확보하여 교과장학이 활성화되도록 노력해야 한다.

한편 교과장학의 담당자는 따로 있을 수 없다. 즉 교과를 담당하거나 교과와 관련되는 자 또는 수업지도자는 교과장학담당자가 될 수 있다. **교과장학의 담당자**를 구체적으로 제시하면 다음과 같다. ① 교내 교과교사이다. 실제교과를 담당하고 있는 교사가 교과장학의 담당자가 될 수 있다. ② 교내 교과부장교사이다. 교과장학의 프로그램의 계획, 연수, 수행에 있어 교내 교과부장교사는 지도적 역할을 한다. ③ 교장과 교감이다. 교장이나 교감은 교과장학의 계획 및 지도와 평가의 전반에 대해 지도하고 교과장학에 필요한 학습매체와 자원을 지원한다. ④ 지역교육청 담당 장학사(관)이다. 지구별 교과협의회와 관련을 갖고 지역 내의 교과장학을 지도한다. ⑤ 연수 및 연구기관의 연구사(관)이다. 교과장학의 문제점을 파악하고 교과장학에 대한 이론 및 실천방법을 보급한다. ⑥ 지구별 교과협의회이다. 지역화 프로그램을 개발하고 지역교육청의 도움을 받아 수업 향상을 위한 연수회 등을 개최한다. ⑦ 대학 및 전문 연구기관의 교과 관련 전문가이다. 교과장학의 이론 개발 및 적용 그리고 교과교육에 대한 연수프로그램 운영을 통하여 학교현장의 교과장학을 지원한다.

2. 교과장학의 모형

교과장학은 교사가 교과를 대상으로 학생을 지도해야 하는 모든 활동을 포함한다. 교과의 개발이나 설계에서는 여러 이론을 근거로 접근방법을 달리하고 있지만 여기서는 교과장학의 모형을 교과활동과 관련지어 교과활동에서 필수적으로 수반되는 요소를 네 가지로 들 수 있다. 이들 요소는 상호작용적이며, 유기적인 관계에 있다. 이들 관계를 모형으로 나타내면 [그림 5－1]과 같다.

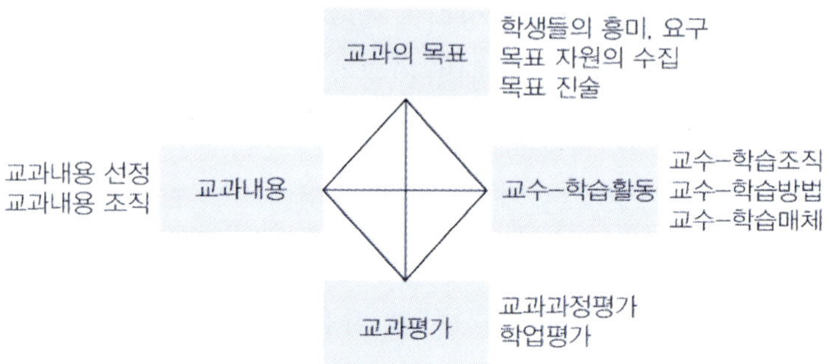

그림 5-1 교과장학 모형

* 자료: 정태범(2005). 장학론. 파주시, 경기도: 교육과학사, p. 439.

첫째, 교과목표단계는 교육을 왜 받아야 하는가에 대한 의사결정을 하는 단계이며 교과목표로서 구체화하게 된다. 교과목표는 교과교육이 지향하여야 할 방향과 목표가 진술되어야 하는 바, 교육철학 및 교과철학, 학습자의 성장 발달, 사회적 요청, 교과의 지식체계 등을 자원으로 하여 진술되어야 한다. 교과장학에서 가장 중요하게 고려되어야 할 것은 학생들에게 어떠한 교육적 성취를 의도할 것인가를 분명히 하는 것이다. 교과목표는 교과활동의 방향을 제시해 주며 어떤 활동을 전개할 것인가를 제시해주고, 그 평가의 준거를 제시해 준다. 학교교육의 목표를 설정하기 위해서는 우선, 자원인사들로부터의 요구분석(needs assessment)을 실시하여야 한다. 요구분석을 통하여 교육목표의 우선순위를 결정하고 우선순위가 결정된 교육목표들을 학교의 교육철학, 학습자 특성, 교사 특성, 교과전문가의 의견 등을 고려하여 구체적인 교육목표를 설정하여야 한다. 이 경우 교육목표의 설정에서는 자연환경, 문화환경, 인적 환경을 고려하여 실천가능한 목표를 진술하여야 할 것이다.

둘째, 교과내용단계는 선정된 교육목표를 달성할 수 있도록 학습자의 지적 수준, 사회문화적 요청, 현존의 교과지식을 고려하여 교육내용이 구성되어야 하며, 특히 각 교과에서의 다양한 지식들을 어떻게 교과교육과 조화롭게 관련시킬 것인가가 고려되어야 한다. 이 단계에서는 교과내용의 선정과 조직을 하는 것이다. 설정된 교육목표를 효과적으로 달성하기 위해서는 학습자의 지적 수준, 사회문화적 요청, 현존의 교과지식을 고려하여 교육내용이 구성되어야 하며, 특히 각 교과에서 다양한 지식들을 어떻게 교과교육과 조화롭게 관련시킬 것인가가 고려되어야 한다. 이는 학습자의 특수한 흥미와 능력 그리고 적성에 맞도록 교육내용을 조직해야 하며, 그 원리는 다음과 같다(정태범, 2005; 김영식 · 주삼환, 1990). ① 교육내용의 조직에는 계속성이 있어야 한다. 이 원리는 어떤 교육목표를 달성하기 위해서는 그 교육내용이 일정기간 동안 계속 반복되어야 한다는 것이다. ② 교육내용조직에는 계열성이 유지되어야 한다. 이 원리는 교육내용의 깊이와 넓이에 있어서 점진적인 증가가 있도록 조직되어야 한다는 것이다. ③ 교육내용의 조직에는 통합성이 유지되어야 한다. 이 원리는 횡적조직에 대한 기본원리이기도 하다. 이 원리는 여러 학습장면에서 얻어진 교육내용들이 서로 분리되어 있기보다는 서로 연결되고 통합됨으로써 효과적인 성장을 보장하도록 하여야 한다.

셋째, 교수-학습활동 과정은 가르칠 교과의 내용이 결정된 다음, 이 내용을 효과적으로 가르칠 수 있는 방법에 대한 계획으로서 교과내용에 따라 다양한 교수방법을 계획할 수 있다. 교과내용의 특성뿐 아니라 학습자 특성, 교사 특성, 교수-학습의 과정 특성 등에 따른 다양한 교수방법을 개발하여야 한다. 교수-학습 조직은 교사의 교수조직 측면과 학습조직의 측면으로 분류하여 살펴볼 수 있다. 교사의 교수조직은 교과전담제, 팀티칭, 협동수업, 교환수업 등의 조직방법이 있으며, 학생의 학습조직은 동질편성, 이질편성, 복식학급, 특수학급, 기타 능력별 학습편성 등의 방법이 있을 수 있다. 이들이 결합되는 방법은 수업목표와 교수-학습방법에 따라 다양하게 이루어질 수 있다. 한편 교수-학습매체 측면은 수업목표의 달성을 위해 필요한 인적 및 물적 자원을 포함한 계획 및 활용의 방법론까지를 포함한다. 효율적인 교수-학습활동을 위해서 종전의 언어적 활동위주의 수업형태를 지양하고, 다양한 교수-학습매체를 활용하여 수업의 효과를 높일 수 있는 계획을 마련하여야 할 것이다. 그리고 교수-학습매체의 활용계획에 포함하여야 할 내용으로서는 각종 매체의 기능과 속성을 파악하여, 교수-학습과정에 적합한 매체를 선정, 활용해야 할 것이며, 매체의 제작과 구입, 관리 및 활용 등의 방안을 고려하여야 할 것이다. 이러한 교수-학습과정에 따라 실제로 수업활동이 전개된다. 구체적인 수업활동을 위하여 수업지도안을 작성하고 수업활동을 전개하여 평가하게 된다. 우선 지도안에는 수업목표의 제시, 수업내용의 정리, 교수-학습활동, 수업평가 등의 계획 등을 포함한다. 이러한 지도안에 따라 각종 교육공학적 자료를 활용하여 실제 수업활동을 전개한다. 마지막으로 수업의 결과를 평가하여 반성한다.

넷째, 교과평가는 교과교육에서 바라는 바의 목표가 성취되었는가를 확인하는 것으로서, 학생들이 설정된 교과목표에 어느 정도 도달되었는가를 평가하는 것뿐만 아니라, 교과목표의 설정, 교육내용의 선정과 조직 및 교재화, 교사의 수업지도기술 등에 대한 평가계획을 포함한다. 자세하게 언급하면, 교과평가단계에서는 학업성취도 뿐만 아니라 교과목표의 설정에서부터 교과평가에 이르기까지의 학업성취도에 작용하는 모든 요소 및 그들의 관계에 대한 평가가 포함되어야 한다. 이러한 관점에서 볼 때 평가는 두 가지 측면에서 이루어져야 할 것이다(이영덕, 1988). ① 학업성취도에 관한 평가이며, ② 교육과정 구성요소에 대한 평가이다. 전자의 경우는 결과의 평가이며, 후자는 교육목표 설정, 교육내용의 선정, 교육내용의 조직, 교수-학습방법 및 평가 자체에 대한 평가로서 계획과 과정의 평가라고도 할 수 있다. 또 전자를 교육과정의 외적 타당성의 검정이고, 후자는 내적 타당성의 검정이라고 할 수 있는데 평가에서는 이 두 가지가 모두 포함된다.

3. 교과장학의 지도방법

교과장학의 지도방법으로는 교과전문가로서의 역할과 수업지도자로서의 역할 등 두 가지로 분류해서 고찰하기로 한다(정태범, 2005; 김영식·주삼환, 1990).

첫째, 교과전문가로서의 역할이다. 교과전문가는 그 교과의 수업과 학습에 대한 전문적 지도 및 조언을 할 수 있는 지식과 기술을 가진 사람이다. 따라서 다음과 같은 교과전문가로서의 능력을 갖추고 있어야 한다. ① 교과전문가는 각 교과수업모델에 따라 수업의 지도·조언능력이 있어야 한다. 장학담당자가 교육과정전문가의 역할을 수행하기 위해서 다양한 교육방법을 습득해야 한다. 수업모델은 교육활동의 설계를 위한 지침이 되고 교육의 목표를 달성하기 위한 교수-학습방법을 명시하고 있다. 또한 모델은 수업을 정당화 해주는 이론 및 근거를 밝히고 그 수업이 어디에 효과적인지를 기술해 주고 있다. 또한 교육과정에 따라 효과적인 수업모델은 달라진다. 따라서 효과적인 장학담당자가 되기 위해서는 무엇보다도 먼저 여러 수업모델을 익히고, 이를 효과적으로 활용할 수 있는 기술을 갖추어야 한다. ② 교과전문가는 수업의 내용, 방법 및 평가에 대하여 전문적인 지도·조언의 능력을 갖추어야 한다. 학생의 학업성취도를 위해 교육과정 및 교수-학습지도의 전문성 신장에 초점이 맞추어진다. 따라서 학교 실정에 맞는 교육과정의 개발, 육성, 운영, 교과지도 시간계획, 수업활동, 수업에 필요한 매체의 활용, 교수지도기술의 개발 및 보급 등을 중심으로 지도할 능력을 갖고 있어야 한다. ③ 교과수업 및 학습의 발전 방향에 대하여 갖추어야 할 지식과 기술로는 수업계획서 작성, 학습단원의 개발, 학습자료센터의 자료 구비, 실험기구의 구입, 회합일정 준비, 임상장학 활동계획, 연례보고서 작성 등을 들 수 있다.

둘째, 수업지도자로서의 역할이다. 일반적으로 학교에서는 교장 및 교감이 수업지도자로서의 역할을 해야 한다. 교육청에서는 장학사가 자기 전공에 대하여는 교과전문가로서의 역할을 해야 하지만 학교 전반적인 장학을 해야 하는 입장에 있을 때 타 교과에 대하여서도 전문적 지도 및 조언을 해야 한다. 특히 학교장의 수업지도성 행위는 교장의 다양한 행위로 구성되는 다차원적인 개념으로 볼 수 있는데, 학교의 핵심적인 생산활동을 수업으로 보았을 때 그것이 일어나는 과정에 따라 교육목표의 설정, 수업조직활동, 수업개선활동, 수업지원활동, 수업성취 확인 등 다섯 가지로 볼 수 있다. 이와 같은 다섯 가지의 수업지도성 차원을 보면 먼저 ① 교육목표의 설정에는 학교 비전의 제시와 함께 교육목표의 명료화가 이루어지며, ② 수업조직활동에는 교사조직, 학습집단조직, 교육과정조직 등이 있다. ③ 수업개선활동 차원에서는 직접적인 수업관찰과 수업의 평가, 교사의 직능개발이, ④ 수업지원활동 차원에는 학습풍토 조성, 교육시설 마련, 학교-가정 간의 연계가 포함되며, ⑤ 학업성취 행위 차원에는 평가결과의 활용과 평가방법의 개선이 포함된다(노민구, 1994). 이러한 학교장의 수업지도성 행위를 볼 때 교장의 수업지도성 행위야말로 교과장학과 밀접한 관계에 있다고 할 수 있다.

4. 교과장학의 방향

교과장학이 추구해야 할 방향을 제시하면 다음과 같다(이윤식, 2005; 정태범, 2005; 김영식 · 주삼환, 1990).

첫째, 교과장학체제의 조직 및 활성화이다. 교과장학은 교육활동의 개선을 위하여 자율적으로 장학사, 교장, 교감, 교사들이 공동으로 노력하는 과정으로 말할 수 있다. 교육현장에서 함께 생활하고 있는 장학사나 교직원들이 상호신뢰 및 협력관계 속에서 참여할 때 교과장학은 활성화될 수 있을 것이다. 그러나 지금까지 교과장학의 체제나 조직이 미흡하고 활성화되어 있지 못한 실정이다. 따라서 교과장학의 정착과 활성화를 위해서 교과장학체제의 조직과 교과장학을 활성화하기 위한 노력이 필요하다.

둘째, 다양한 교수기법 및 평가기법의 도입이다. 교과장학담당자는 교과와 다양한 교수자료에 대한 지식과 활용방법을 알고 있어야 한다. 그리고 이러한 자료를 개선 · 향상시키기 위해 지속적인 연구가 있어야 하며, 각종 연구회 등에서 새롭게 창안된 교수방법을 보급 및 활용하고, 학교조직의 향상 정도를 효과적으로 평가할 수 있는 평가기법이 도입되어야 한다.

셋째, 시범 프로그램(pilot program)의 개발과 현장 적용 및 보급이다. 장학에서는 각 교과의 시범 프로그램을 개발하여 그것을 현장에 적용하려는 노력을 계속해야 한다. 이러한 프로그램은 장학진에서 직접 개발할 수도 있지만, 연구진에서 개발한 내용을 현장에 적용할 수도 있고, 또한 이를 보급하는 역할을 수행할 수도 있다.

넷째, 교과장학을 위한 대안적 방법의 활용이다. 교과장학의 활성화를 위하여 연구교사제, 교과협의회, 교육과정 중심학교 운영 등을 활용할 수 있다. 연구교사제는 교과연구 및 수업을 잘 하는 교사를 선발하여 교과장학을 할 수 있게 하는 제도이며, 교과협의회는 일정한 지역의 교사들로 하여금 교과연구 및 교과수업을 시범적으로 할 수 있는 협의회를 구성하여 교과장학을 활성화시키는 방법이다. 교육과정 중심학교 운영은 어느 지역학교 가운데 하나의 학교를 선정하여 교과연구 및 수업을 연구하는 방안이다. 이외에도 유사한 교과장학의 방법들이 활용될 수 있을 것이다.

제2절 교내자율장학의 이론과 실제

교내자율장학이란 학교의 계획 하에 교사의 교수기술 향상과 전문직적 성장을 위하여 학교 자체로 또는 교육청과의 협동적 노력으로 학교수준에서 실시하는 장학이라고 할 수 있다. 학교수준에서의 장학이기 때문에 교장의 지도력이 중요하다. '교내자율장학'이라고도 하여 '자율'이란 말을 자주 붙이는 것을 보면 지금까지의 학교수준에서의 장학이 다분히 '타율'장학이었음을 반증으로 알 수 있다. 교사 개인수준에서 스스로 실시하는 장학은 교사수준에서의 자율장학이라고 할 수 있는데, 이것도 타율에 대한 반작용으로 나온 말이다.

따라서 2절에서는 교내자율장학의 여건 조성, 교내자율장학을 위한 준비와 계획, 교내자율장학의 모형, 교내자율장학 실시, 교내자율장학기술, 교내자율장학의 제도화, 교내자율장학을 위한 지도력 등에 대해서 고찰하기로 한다(이윤식, 2005; 정태범, 2005; 주삼환, 1997; 김영식 · 주삼환, 1990).

1. 교내자율장학의 여건 조성

교내자율장학의 여건 조성은 다음과 같다.

첫째, 학교장의 교내자율장학 실시의 필요성과 중요성, 그 효과가능성에 대한 확고하고 강력한 신념이 있어야 한다. 교내자율장학이 교장 직무의 최우선 순위이며 교장직을 걸만큼 가치 있는 일이라는 신념이 서야 한다. 그리고 교내자율장학의 효과성을 믿고 반드시 성공할 수 있다는 확신이 서야 한다. 교감이 교내자율장학을 주도하려면 교장으로 하여금 이러한 신념을 갖도록 움직이는 일이 선행되어야 한다.

둘째, 이러한 신념이 섰으면 다음에는 장학담당자 자신들이 먼저 장학에 대한 지식, 방법, 기술, 능력을 갖춰야 한다. 장학에 대하여 잘 알아야 자신감을 갖고 시작할 수 있다. 장학연수, 독서, 사례수집 · 자료수집, 타 기관 방문, 자문자(단)를 활용하는 것도 한 방안이 될 것이다.

셋째, 교내자율장학의 학교문화를 먼저 형성해야 한다. 서로 믿고 신뢰하고, 수직 · 수평으로 협동하고, 자발적으로 참여하고, 무엇인가 배우고자 하는 학교문화가 형성되어야 한다. ① 수직적인 팀 정신, ② 결점 보충에의 초점이 아닌 명확한 비전에의 확신, ③ 동료관계 의식, ④ 신뢰와 지원, ⑤ 공통의 가치와 흥미의 소유, ⑥ 광범위한 참여, ⑦ 평생을 통한 성장 의욕, ⑧ 현재 생활에의 충실과 동시에 장기적 전망, ⑨ 양질의 정보에의 접근 노력과 계속적이고 지속적인 질 개선, ⑩ 개별교사의 자율성 확대 등의 학교문화가 권장된다. 이러한 학교문화 형성에 교장이 문화지도력을 발휘해야 한다. 이러한 밑바탕의 학교문화가 형성된 후 또는 형성되면서(무르익어야) 교내자율장학이라는 송곳이 부드럽게 뚫고 들어갈 수 있는 것이다.

넷째, 이러한 학교문화와도 관련되지만 그중에서도 특히 교사의 동기유발, 자발성과 자율성, 능력 동기에 교내장학이라는 발동의 불꽃을 붙여줘야 한다. 장학에의 교사참여가 교내장학 성패의 관건이 된다.

다섯째, 교사도 교내자율장학에 대한 지식, 이해, 기술을 갖고 있어야 장학 파트너로서의 기능과 역할을 수행할 수 있게 된다. 교내장학이 장학담당자의 솔로 춤이 되어서는 실패할 수밖에 없다. 교사도 교내자율장학의 필요성과 중요성, 자신을 위한 것이라는 점, 장학방법에 대하여 알아야 교내자율장학에 협조하고 참여할 수 있게 된다. 이를 위해서는 장학에 관한 교사연수가 꾸준히 실시되어야 한다.

여섯째, 교내자율장학의 지지기반, 거점을 구축해야 한다. 교내자율장학을 수용하고 지지한 교사집단을 발판으로 하여 교내자율장학을 시작한다는 뜻이다. 교사 전원이 일시에 교내자율장학을 환영하고 찬성하고 나오지 않더라도 지지집단부터 먼저 시행하기 시작하여 이들에게 보상을 해주면서 확대해 나가는 방안도 고려할 수 있다.

상기에서 교내자율장학의 여건 조성에 대한 내용을 정리하면 [그림 5-2]와 같다.

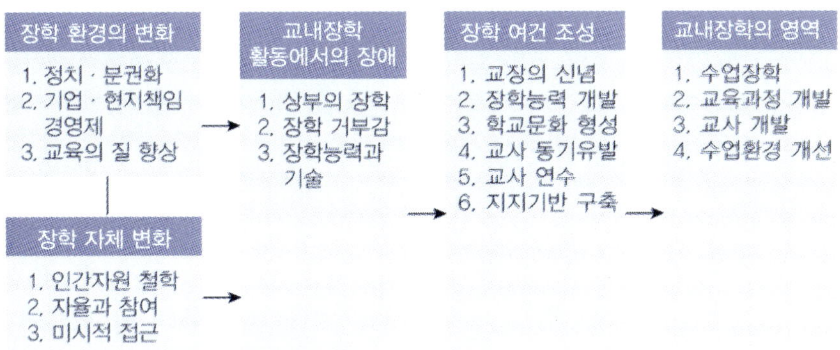

그림 5-2 교내자율장학 여건 조성

* 자료: 주삼환(1997). 변화하는 시대의 장학. 서울: 원미사, p. 150.

2. 교내자율장학을 위한 준비와 계획

교내자율장학의 여건이 조성이 되면, 교내자율장학의 실시를 위한 철저한 준비와 계획을 다음과 같이 세워야 한다(정태범, 2005; 김영식 · 주삼환, 1990).

첫째, 교내자율장학(기획)위원회의 구성을 권고한다. 교장 · 교감, 교무부장 · 교육연구부장 · 독서교육부장 · 특활부장 · 학년부장 · 교사를 참여시켜 연간장학계획을 세워 이를 추진하고, 평가하기 위하여 장학위원회를 구성하여 교내자율장학을 추진해 나가면 일방적인 장학이라는 거부반응을 줄일 수 있고, 또 교사의 입장에서 교사에게 필요한 장학을 해 나가는데 도움이 될 것이다. 학교가 소규모이거나 위원회의 종류가 너무 많아 별도로 장학위원회의 구성이 비현실적이라면 이미 구성된 다른 위원회를 활용해도 좋을 것이다. 장학위원회의 구성을 통해 교내자율장학에 대한 교사의 참여와 지지를 이끌어내는 데 도움이 되길 기대한다.

둘째, 학교교육계획서에 장학계획이 반영되도록 해야 한다. 장학계획을 교육계획서와 따로 작성하거나 장학계획도 없이 장학을 하겠다고 하면 장학은 수용되기 어렵고 교장의 지도력은 신뢰를 받기 어렵다. 장학위원회의 계획과 교사와의 협의와 약속에 의하여 학기 간, 학년 간 장학계획을 학교교육계획서에 일괄적으로 포함시키고 이를 실천으로 옮겨가는 것이 여러 가지로 유리할 것이다. 장학계획 속에서 여러 장학프로그램별로 담당자, 일정, 목적 · 내용과 방법, 평가, 예산 등이 드러나도록 해야 할 것이다. 예를 들면, 임상장학, 동료장학, 자기장학의 대상자와 담당자 등이 계획서에 나타나면 좋을 것이다. 또 수업연구, 공개수업, 교사연수, 현장방문, 교재 · 교구 · 학습환경 개선에 관한 계획은 교내자율장학계획의 중요한 부분으로 포함되어야 할 것이다. 교내순시나 전통적 장학도 개선하여 교사에게 도움이 되는 방향으로 운영될 수 있도록 계획되어 교사들의 수용을 유도해 내야 할 것이다.

셋째, 장학에 관한 정보제공도 중시해야 한다. 장학에 대한 오해를 불식시키기 위한 장학자료, 장학이론 · 방법 · 기술에 관한 정보, 장학에 관한 자원인사 등을 충분히 확보하여 제공해 주면 도움이 될 것이다.

넷째, 지원과 자원의 출처를 준비하는 일을 해야 한다. 교내자율장학에 필요한 인적·물적·재정적 지원과 자원에 대한 계획이 있어야 한다. 또 장학에서는 장학할 수 있는 시간도 귀중한 자원이 된다. 장학협의 시간, 수업관찰 시간, 연수와 현지방문 시간을 어떻게 확보할 것인가를 계획해야 한다. 교사들이 다른 반 수업을 관찰하기 위하여 자신의 반 수업을 포기하거나 자기주도학습을 하게 할 수는 없다.

다섯째, 무엇보다도 교내자율장학에 대한 명확한 비전을 제시하고 장학의 목표를 분명하게 설정하는 일이 중요하다. 비전과 목표가 분명할 때 교사들은 동기유발이 되고 어려움도 잘 참아낼 수 있다. 그리고 협동과 동료의식의 공동가치, 중핵가치가 형성되어 장학이 잘 수용되고 발전할 수 있게 된다.

여섯째, 다양한 장학대안을 마련해야 한다. 학교 형편이 허용하는 범위 내에서 가능한 한 다양한 장학프로그램을 마련하여 각 교사에게 맞는 장학을 해줄 수 있어야 한다. 장학의 개별화로 접근해야 효과성도 높아질 수 있기 때문이다.

일곱째, 교육청의 협조와 지원을 끌어내야 한다. 교내자율장학계획이 잘 되면 교육청의 장학을 면제받을 수 있게 한다든지, 재정적·기술적·행정적 지원을 받아야 교내자율장학계획이 잘 추진될 수 있을 것이다.

결국 교내자율장학은 각 학교 실정에 맞게 장학계획을 세워 학교교육계획에 포함시킬 것을 권고하는데, 교사의 참여와 협조를 바탕에 깔아야 한다는 것을 강조한다.

3. 교내자율장학의 모형

교내자율장학을 위한 계획과 준비의 하나로 여섯 번째로 언급한 다양한 장학대안의 마련과 관련하여 교내자율장학의 모형을 제시하면 [그림 5-3]과 같다.

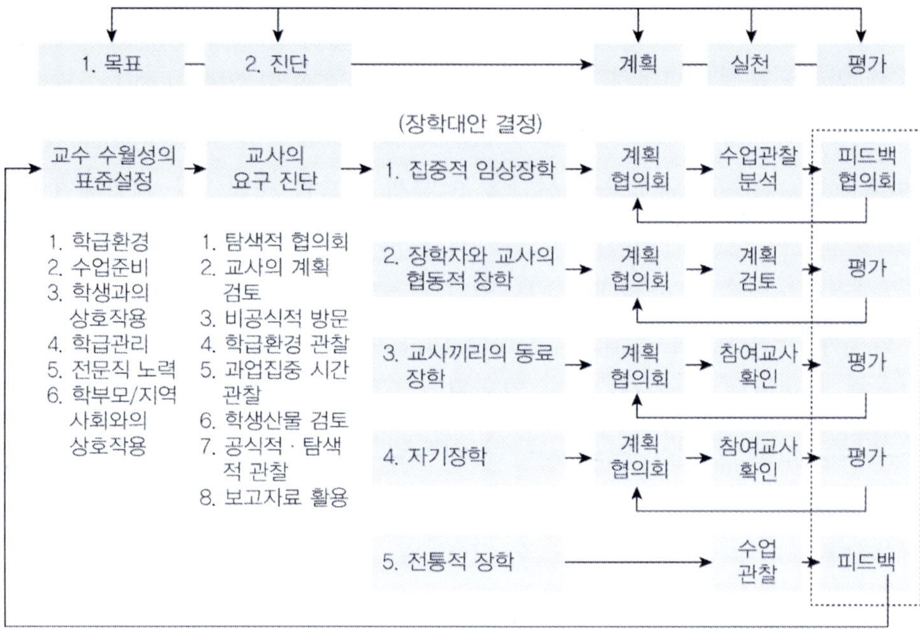

그림 5-3 교사의 필요에 의한 교내자율장학 모형

[그림 5-3]을 구체적으로 설명하면 다음과 같다(정태범, 2005; 이윤식, 2005).

첫째, 장학목표의 설정이다. 교사로 하여금 다음의 각 영역에서 표준 이상의 수월성을 향상시키고 이를 유지하려는 목표를 생각할 수 있다. 이는 학교 전체의 장학목표도 될 수 있지만 여기서는 장학의 개별화 접근이므로 각 교사별 장학목표라고도 볼 수 있다. 주요 장학의 영역은 ① 학급환경, ② 수업준비, ③ 학생과의 상호작용, ④ 학급관리(경영), ⑤ 전문직적 노력, ⑥ 학부모 및 지역사회와의 상호작용 등이 될 것이다. 이 중에서 교사가 특히 원하는 영역이 있으면 그 영역을 우선 시 할 필요가 있다. 특별히 요구하는 영역이 없으면 전반적으로 다루거나 한 영역씩 다루어 나가면 될 것이다.

둘째, 진단단계이다. 장학이란 교사의 장학적 필요에 맞추려는 모형이기 때문에 각 교사에게 알맞은 장학대안을 찾기 위하여 진단을 해야 한다. 과거의 장학이 교사에 대한 개인적 배려 없이 획일적, 일방적, 형식적 장학을 했었기 때문에 교사들이 장학을 배척하거나 거부하는 반응을 보였고, 그래서 장학의 효과도 적었을지도 모른다. 교사의 장학적 필요를 진단하는 방법은 ① 교사와의 탐색적 협의회, ② 교사의 각종 계획검토, ③ 비공식적 교실방문(또는 비공식적수업관찰), ④ 학급환경관찰, ⑤ (수업 중) 과업집중시간 관찰, ⑥ 공식적 탐색적 관찰, ⑦ (각종) 교사의 보고자료의 활용 등이 될 것이다. 이러한 진단자료를 검토해 보면 각 교사에게 어떤 장학을 실시해야 알맞을 것인지 판단하여 결정할 수 있을 것이다. 하지만 교사가 특별히 어떤 장학을 해주기를 요청할 경우는 진단을 간단히 하고, 교사가 요구하는 측면과 장학방법을 선택하도록 해야 할 것이다.

셋째, 장학대안의 결정이다. 교사의 개인적 요구와 장학적 대안을 찾기 위한 진단, 학교의 사정을 고려하여 학교가 제공할 수 있는 장학대안 중에서 각 교사에게 맞는 장학방법을 교사와 협의·선택하여 결정한다. 각 장학대안은 임상장학이 기반이 되는데 이를 얼마나 철저하게 적용하느냐, 느슨하게 적용하느냐에 달려있다. 그리고 장학력을 누구에게, 얼마나 분산시키느냐의 정도의 차이라고 볼 수 있다. 그리고 모든 교사에게 공통적으로 적용하는 것도 있을 수 있고, 개별적으로 특별히 적용하는 장학대안이 있을 수 있다. 우선 교사의 희망을 존중하고, 앞에서 진단결과에 의하여 교사와 협의하여 조정하는 것이 좋을 것이다. 장학대안은 학교의 사정에 따라 다양하게 마련할 수 있으나 일반적으로 ① 주로 교장·교감에 의한 집중적인 임상장학방법, ② 임상장학보다 좀 느슨하고 수평적인 교장·교감에 의한 교사와의 협동적(동료의식적) 장학, ③ 학년부장 또는 교과부장교사의 지도력에 의한 동료장학 또는 동료코치, 2~3명의 동료교사끼리의 동료장학(코치), ④ 교사 자신의 자기주도적인 자기장학, ⑤ 교장·교감에 의한 전통적 장학(수업개선에 초점을 맞춘 개선된 전통적 장학) 등을 생각할 수 있다.

이러한 장학적 대안 외에 ① 수업연구, ② 공개수업, ③ 교사연수, ④ 현장(타교)방문, ⑤ 실험·실연, ⑥ 현장연구(교사), ⑦ 교사와의 상담, ⑧ 신임교사 오리엔테이션, ⑨ 마이크로티칭 등을 교내자율장학의 프로그램으로 선정해서 포함시키면 좋을 것이다. 결국 장학대안은 적용하기 쉬운 것, 교사들이 잘 수용할 수 있는 것, 성공 가능성이 높은 것 등을 우선적으로 고려하여 학교 형편에 맞게 조합하여 마련하고, 중요한 것은 철저한 실천으로 장학적 효과를 거둬야 한다는 점을 강조하지 않을 수 없다.

넷째, 장학대안별 계획 · 실천 · 평가이다. 교사 개인별 또는 집단별로 적용할 장학대안이 결정되었으면 이를 실천하고, 평가하고, 피드백 해주어 교사의 교수기술을 개선하고, 전문성을 신장시키고, 또 장학방법도 발전시켜 나가는 것이다. 수업장학은 대부분이 임상장학에 기반을 두기 때문에 계획협의회-수업관찰-피드백협의회의 과정을 간단하게라도 거치게 된다. 이렇게 해서 장학목표의 한 영역에서 만족할만한 표준 이상의 수준에 도달했다고 판단되면 그 해, 그 학기 동안 그 교사는 개인적으로 노력하게 하고, 다른 교사로 옮겨가서 장학을 하게 되는 것이다. 교사의 필요에 의한 교내자율장학 모형은 과거에 소개되었던 선택적 장학체제와 발전장학과 마찬가지의 논리로 장학의 개별화 · 차별화에 의한 장학수용성과 장학효과성 제고 방안이라고 할 수 있다. 교사의 요구와 수준에 장학의 수준을 맞추려는 것이다. 어려운 여건에서 교내자율장학을 하려면 그만큼 철저한 계획과 준비 하에 학교 형편에 맞는 장학모형을 적용해야 효과를 볼 수 있게 된다. 지금 우리는 교육의 질에 국가의 운명을 걸어야 할 형편이고, 교육의 질 향상을 위해서는 교내자율장학에 모든 기대를 걸어야 할 형편이라는 점을 이해해야 한다.

4. 교내자율장학 실시

교내자율장학을 위한 준비와 계획을 철저히 해서 교내장학 모형에 의해서 교내자율장학을 실시해야 하는데, 그 과정에서도 다음과 같은 몇 가지 지속적인 노력을 해야 한다(이윤식, 2005; 주삼환, 1997; 김영식 · 주삼환, 1990).

① 교내자율장학의 훈련과 연수는 실시과정에서도 지속적으로 계속되어야 한다. 교장 · 교감, 부장교사, 평교사들에게도 장학에 관한 연수가 실시과정에서도 계속되어야 한다. 장학이론을 제공해주고, 시범을 보여주고, 실제로 실습을 하고(예를 들면, 수업관찰방법, 장학협의회방법 등), 실시과정에서 피드백을 제공해 주는 방법을 알게 하고, 장학자와 피장학자의 역할을 서로 바꾸어 가면서 역할극을 하게 한다. 그래서 장학능력과 기술을 서로 익히고, 모두가 교내자율장학에서 자신감을 갖게 하기 위한 연수와 훈련이 계속되어

야 한다. ② 다양한 추수적 지원과 서비스가 제공되어야 한다. 교내자율장학 실시과정에서 중간 피드백을 받을 수 있다면 교내자율장학은 올바른 방향을 찾아가게 되고 교내자율장학은 활력을 갖게 될 것이다. ③ 사고와 행위에 영향을 주게 되는 여러 요인에 관한 연수도 따라야 하고, 특히 교내자율장학에서 실제 사용해야 할 장학기술을 계획적으로 제공해줘야 한다. ④ 교사로 하여금 실험하고 연습할 수 있는 시간과 기회를 마련해 주어야 한다. ⑤ 교내자율장학에 관하여 복습하고 정련할 수 있는 연수회를 잊지 말아야 한다. ⑥ 지지집단, 연구집단에게 충분한 시간과 기회를 제공해 주어야 한다. 그들에게 부닥친 곤란점이 무엇인지 확인하고, 교내장학 실시 중의 문제점에 관하여 공개토론을 할 수 있는 시간도 주어야 한다. ⑦ 교내자율장학의 실시활동에 관하여 검토하고, 필요하다면 수정을 가해야 하고, 이를 위해서 교내자율장학 실시 중 자체 평가를 해야 한다. ⑧ 교내자율장학의 실시 중에도 작은 성공이라도 이루어졌으면 축하의식을 제공해 주고, 공개토론회를 하고, 필요하다면 언론매체를 활용하고, 실시 중의 성공을 알림으로써 교직원의 사기를 진작시키고, 교내자율장학을 더욱 가속시키고, 자신감을 갖게 한다.

5. 교내자율장학의 기술

교내자율장학을 실시하려면 장학에 대한 지식과 이론, 방법을 알아야 할 뿐만 아니라 실지로 장학을 할 수 있는 기술과 능력이 있어야 한다. 그런데 우리나라에서 장학지도자로 하여금 장학기술을 갖출 수 있는 기회가 주어지지 못했던 제도적 모순을 갖고 있다. 교장·교감 자격연수, 직무연수 시 충분히 장학기술을 기를 수 있는 기회가 주어지지 않고 있다. 할 수 없이 장학자가 된 이후에 개인적 노력에 의존할 수밖에 없다.

장학기술에 대해서 다음과 같이 제시하고자 한다(이윤식, 2005; 정태범, 2005; 김영식·주삼환, 1990).

① **교사의 자발성을 불러일으키는 동기유발 기술이 있어야 한다.** 교사들이 스스로 성장하고자 하지 않으면 장학의 효과는 줄어들 수밖에

없다.

② **구체적으로 수업관찰 기술이 있어야 한다.** 교사에게 필요한 정보를 제공해 주려면 정확한 수업관찰을 하여 자료를 수정해야 한다. 표준화된 수업관찰 기록방법을 개발해 내야 한다.

③ **장학은 곧 교사와 장학담당자 사이의 의사소통이라 할 수 있다.** 교사와 학생 사이의 의사소통이 안 되면 교육이 이루어질 수 없는 것과 마찬가지로 장학은 곧 의사소통이라고 할 수 있을 만큼 장학에 있어서 의사소통 기술은 중요하다. 계획협의회, 피드백협의회 등 장학협의회를 많이 해야 하기 때문에 정확한 의사소통 기술이 요구된다. 특히 비지시적 협의회 기술이 중요시된다.

④ **교육과정개발의 기술과 능력이 요구된다.** 교내자율장학에서도 점점 더 교육과정에 관한 기술이 필요하다. 주어진 교육과정을 운영만 하는 것이 아니라 만들어내는 교육과정의 시대가 되기 때문이다.

⑤ **포괄적으로 말하여 인간관계기술, 인간적 기술이 필요하다.** 장학은 사람을 다루는 것이고, 사람을 통해서 학교조직의 목적을 달성하려는 것이기 때문에 인간적 기술이 중요하다.

⑥ **넓게 보아 조직관리의 관리적 기술이 요구되는 것은 더 이상 말할 필요가 없다.** 기획, 인사, 조직, 통제, 의사결정과 관련된 기술을 말하는데 장학을 이들과 분리해서 생각하기는 어렵다.

⑦ **수업과 관련된 전문적 기술은 수업관찰기술 외에도 많이 필요하다.** 수업장학을 하려면 수업기술이 있어야 할 것은 너무나 당연하다. 장학담당자도 교사와 마찬가지로 수업을 떠나서는 더 이상 존재할 수 없다는 것을 알아야 한다.

6. 교내자율장학의 제도화

교내자율장학이 장학의 핵심이 되고 교사의 교수기술을 향상시켜 교육의 질을 올려야 한다고 생각하여 교장·교감이 중심 또는 교육연구부장이 중심이 되어 교내자율장학을 준비하여 실시하였다고 해도 일시적인 것으로 그치고 말면 그동안 교내자율장학을 위해 쏟은 정성과 공이 모두 수포로 돌아가기 쉽다. 지속적으로 교내자율장학을 활성화시키고, 하나의 제도로 굳혀 교내자율장학을 하나의 학교조직문화로 정착시켜야 한다. 그리고 교내자율장학의 계획・준비・실시・평가의 과정에서 교장・교감은 주도적으로 지도력을 발휘해야 한다(이윤식, 2005; 김영식・주삼환, 1990).

첫째, 교내자율장학방법 가운데 각 학교에서 실시하기에 가능한 것, 꼭 실시하고 싶은 것만을 선택하여 학교교육계획 속에 포함시키고, 교육계획대로 실천하고, 평가・반성하는 기회를 가지라고 권고하고 싶다. 교육계획에 빠진 것을 나중에 별도로 집어넣어, 끼워넣고 실천하기는 훨씬 더 어렵다. 교장은 학교교육계획에 의하여 학교경영을 하고, 장학을 한다는 이미지를 심어줄 필요가 있다. 임상장학, 동료장학, 자기장학, 전통적 장학, 수업연구, 공개수업, 교사연수, 현장(타교, 타교실)방문, 실험・시험・실연, 현장연구, 교사상담, 신임교사 오리엔테이션, 마이크로티칭, 교과서클, 연구집단, 동학년(동교과)회, 직원회, 각종 위원회 가운데 선택하여 또는 몇 가지를 결합하여 실천할 것을 학교교육계획서에 반영시켜 제도화시키는 것이 좋겠다.

둘째, 교내자율장학을 제도화하기 위해서는 장학에 대한 계속적인 교내 교사연수를 실시해야 한다고 권고한다. 물론 교내 교사연수 자체가 장학의 한 부분이기도 하지만, 장학 자체의 정착과 제도화를 위해서도 계속적인 교사연수가 요구되는 것이다. 교내자율장학은 교장・교감의 장학에 대한 의욕만으로 성공할 수 있는 것은 아니다. 교사도 장학에 관해서 알아야 하고, 알아야 장학에 대하여 협조하게 되고, 장학에 대하여 교사들의 동기가 유발되어 스스로 교내장학에 참여하여 제도화로 이어지게 된다. 장학에 대한 교사연수는 교내자율장학을 위한 준비과정에서도 필요하고, 실시과정에서도 중요하며, 제도화를 위해서도 반드시 계속되어야 한다.

셋째, 교내자율장학에서 성공적이었거나 협조적이었던 교사에 대하여는 지속적으로 격려와 축하, 보상과 지원을 해주고 또 홍보도 해 줄 것을 권고한다. 노력한 사람과 노력하지 않은 사람을 구별해 주고 인정해 주는 세심한 배려가 있어야 한다. 처음에 지도자가 관심을 보여 잘 되는 것 같이 보이다가도 지도자가 지속적으로 관심을 보이지 않으면 다시 원점으로 돌아가고 허물어지게 된다.

넷째, 교내자율장학의 제도화를 위해서는 교장 · 교감의 계속적인 지원이 있어야 한다. 우선 교사들이 연수하고, 협의하고, 장학할 수 있는 시간을 확보해 주어야 한다. 교장 · 교감 자신에게도 시간이 있어야 하지만 교사들에게도 장학에 쓸 수 있는 시간을 제공해 주어야 한다. 또한 교사들에게도 장학과 관련된 정보를 제공해 주고 지원해 주어야 계속적인 발전을 할 수 있다. 재정 · 시설 · 도구의 지원도 필요하다. 학교에 재정을 투입할 곳이 많겠지만 교육의 본질에 가까운 장학을 위해서 쓰는 것만큼 가치 있는 것도 드물 것이다.

다섯째, 교내자율장학의 제도화를 위해서는 무엇보다도 교육청의 지원이 절대적이다. 교장으로 하여금 교내자율장학을 할 수 있도록 교육청은 우선 교장에게 권위를 실어주고 기술지원, 재정적 지원을 해야 한다. 교장 · 교감에게 장학에 관한 연수의 기회도 제공해야 할 것이다. 장학연구학교, 시범학교도 지정하여 이를 보급하는 일도 생각해 볼 수 있다. 이제 교육청은 교사를 대상으로 직접 장학하기보다는 교장 · 교감으로 하여금 교내자율장학을 잘 하도록 지도하는데 더 힘을 써야 할 것이다. 때로는 교장 · 교감과 협동하여 교내자율장학을 하는 모형도 개발할 필요가 있다. 구체적 실례를 들면, 교장과 교사와의 수업관찰 전 협의 → (교육청) 장학자와 교장의 관찰 전 협의 → 장학자와 교장 둘 다 교사의 수업관찰 → 교장과 장학자 따로 각자 수업분석 → 교장과 교사의 관찰 후 협의회, 장학자는 이를 관찰 → 장학자는 교장 및 교사의 관찰 후 협의회 분석 → 장학자와 교장의 보고협의회로 교육청 장학자와 교장의 협동적 장학을 마치는 것이다.

결국 교내자율장학의 제도화와 관련하여 하나 더 첨가하고 싶은 것이 있다면 새로운 것을 제도화시키는 노력도 해야겠지만, 이미 있었던 제도를 허물지 않고 유지하고 지키는 일도 중요하다는 점이다. 예를 들면, 학습지도안 작성이나 수업연구제도는 교내자율장학을 위해서 좋은 제도였는데, 이런 것이 허물어진다면 복구하기 힘들게 된다. 따라서 교내자율장학의 제도화를 위해서 우선 ① 장학프로그램의 학교교육계획에의 반영, ② 장학에 대한 계속적 교사연수, ③ 계속적 격려와 축하 의식, 보상과 지원,

홍보, ④ 시간・정보・재정의 지원, ⑤ 교육청의 지원 등 다섯 가지를 제안하였다.

7. 교내자율장학을 위한 지도력

모든 일에서 리더의 지도력이 중요하다. 교내자율장학에서 교장 및 교감의 지도력은 절대적이다. 우선 교장 및 교감의 수업적 지도력(instructional leadership)의 중요성을 강조한다. 교장도 학생을 잘 가르치기 위해서 존재한다. 수업에서 지도력을 발휘하지 못한다면 교장의 존재 이유는 사라지게 된다. 그런데 과거에 우리나라에는 교감 및 교장이 되면 수업과는 결별하는 것으로 생각하는 사람들이 있었던 것은 큰 잘못이다.

특히 중・고등학교에서 과거 교사 시절에 교과전공이 있었다는 이유로 교과전공이 다르면 장학을 못하고, 교사의 수업에 관해서도 지도력을 발휘하지 못하는 것으로 착각하였던 것이 잘못이다. 교장・교감은 교육행정가, 장학지도자가 되는 순간부터 더 이상 교사의 신분이 아니다. 모든 학년, 모든 교과교사를 장학하고 지도해 나가야 하는 장학자이고 지도자인 것이다.

그래서 교장・교감은 모든 교과, 모든 학년에서 수업적 지도력을 발휘해야 하기 때문에 교육과 수업에 대하여 더 많이 공부하고 연구해야 한다(정태범, 2005; 주삼환, 1997).

수업지도자로서 ① 자원제공자(resource provider)의 역할을 하고, ② 스스로 수업적 자원(instructional resource)이 되어야 하며, ③ 원활한 의사소통자가 되어야 하고, ④ 가시적인 존재(visible presence)가 되어야 한다. 학교의 모습은 전적으로 교장에 의하여 좌우되고, 효과적인 학교, 좋은 학교에 있어서의 공통점은 교장의 강력한 지도력이었다는 것이다. 지도자는 교사의 욕구를 파악하고, 욕구충족으로 동기유발을 시켜야 한다. 교사의 욕구수준을 높이고 높은 수준의 욕구에 발동을 걸어줘야 한다. 교사가 하는 일에 의의와 의미를 심어주고, 의미있는 교직생활, 의미있는 인생을 영위할 수 있도록 해주어야 한다. 지도자가 되려면 힘이 있어야 하는데 그 힘은 행정가, 지도자로서의 기술과 능력이 있어야 하고, 사람을 다룰 줄 알고, 교육에 대하여 알아야 하고, 상징성을 갖고, 또 교사에게 상징성을 심어줄 수 있어야 하고, 새로운 역사와 전통, 문화를 창조하고, 또 이미 형성된 문화에도 맞출 수 있어야 하고, 도덕적·윤리적으로 흠이 없고, 존경을 받을 수 있어야 한다. 특히 상징적 지도자, 문화적 지도자, 도덕적 지도자가 강한 지도력을 갖는다.

교내자율장학의 학교문화를 형성할 수 있고, 윤리적·도덕적으로 강력한 지도력을 발휘해야 교내자율장학에도 잘 먹혀 들어갈 수 있다. 교장은 관료주의적 권위, 심리적 권위 수준을 넘어, 기술 및 합리적 권위를 거쳐, 교육행정 전문직적 권위, 도덕적 권위를 인정받을 수 있어야 한다. 권위 없이 지도력이 나올 수 없고, 낮은 수준의 권위에 의존하면 지도력은 약해질 수밖에 없다. 빠타제(battering)의 수준을 넘어, 형성해 주는 지도자(building), 접착시키고(bonding), 결합시키는(binding) 지도자가 되어야 한다. 그러면 교사들은 계산해 봐서 이익이 되면 교장의 말을 듣는 수준을 넘어 내적 동기에서, 도덕적 동기에서 교장을 따르게 된다. 지금 교사들은 가지고 있는 능력을 최대한 발휘하지 않고 있다. 교사에게 원래 능력이 없었다고 하더라도 능력을 더 끄집어내기 위해 노력해야 할 입장인데, 문제는 교사들이 가지고 있는 능력, 있는 능력마저도 사용하려 하지 않는데 있다. 무엇에 호소해서 교사의 내적 동기를 유발하고 도덕적 참여를 이끌어 내느냐가 교장의 지도력에 달려 있다.

① 과거에 교육행정가 양성과정에서는 주로 행정가의 손 기술, 발 기술에 해당되는 행정기술을 가르쳐 주기에 노력했고 행정가들도 행정기술에 주로 의존하려 했었는데, ② 이제 행정가들도 머리를 써서(head) 행정을 해야 한다. 행정이론, 교육이론, 장학이론, 지식이 있어야 한다. 손과 머리만 가지고 훌륭한 지도자는 될 수 없다. ③ 따뜻한 가슴이 있어야 한다. 인격과 인품, 윤리성, 도덕성, 양심에서 우러나오는 훈훈한 마음으로 교사들을 지도해 나가야 한다. 하지만 손발(hand), 머리(head), 가슴(heart)이 따로 놀 수 없다. 찬 머리에서 나온 번뜩이는 아이디어를 뜨거운 가슴으로 받아 걸러내서 날랜 손발로 뛰는 행정과 장학을 할 때 훌륭한 지도자, 존경받는 교장이 될 수 있다. 학생, 교사에게만 지·덕·체 조화가 요구되는 것이 아니

라 교장의 지·덕·체 교육행정 지도력도 요구된다. 즉 낮은 수준의 거래적 지도성(transactional leadership)도 필요하고 중요하지만, 이 수준을 뛰어 넘어 더 높은 수준의 변혁적 지도력(transformational leadership)으로 승화시켜 나가야 한다. 거래적 지도성의 형태만 바꾸면 물리적 변화에 비유한다면, 변혁적 지도성은 성질까지 바꿔놓는 화학적 변화에 비유된다. 우리 학교문화에 화학적 변화를 일으켜야 한다.

단위학교의 교육활동은 전적으로 학교장에 달려 있다. 우리의 교육여건이 어렵지만 교장의 수준이 높아지고, 교장에게 권한이 충분히 위임된다면 우리의 교육은 한 단계 더 도약할 수 있다고 믿는다. 결국 권위주의는 배격하는 대신에 오히려 정당한 권위로 교장에게 무게를 실어주어야 교사장학을 하고 학생교육을 효과적으로 할 수 있게 된다. 교장과 교사는 권위를 상호 존중해 주어야 할 것이다.

제3절 지구별 장학협의회 운영

자율장학은 교원들 공동체가 외부로부터의 지시나 간섭 없이 스스로 추진하는 장학활동으로서, 단위학교에 초점을 둔 교내자율장학과 동일지구나 인근지역 내 몇 개의 단위학교간 협동체에 초점을 둔 지구자율장학 두 가지로 분류된다.

본 절에서는 인접한 학교 간 또는 교원들 간에 협력관계를 기초로 추진되는 자율장학활동의 성격을 띠는 지구별장학회의 등장, 지구자율장학의 개념 등을 정리해 본다.

1. 지구별 장학회의 등장

몇 개의 단위학교 간 협동체에 초점을 둔 자율장학의 명칭은 현재 학자나 전국 하급교육청에 따라 다양하게 표현되고 있는 실정이다. 이러한 자율장학의 형태는 지역장학협의회, 지역자율장학협의회, 학교 간 자율장학 등으로 표현되고 있다. 다시 말하면, 조직측면에서는 지역, 지구, 지구별로 다양하게 표현하고 있다. 이는 장학조직 주체가 지구장학협의회인지, 하급 교육청에 따라 지구, 지구별로, 하급교육청 규모에 따라 5~10개 정도의 학교를 하나로 묶는데 따른 규모의 차이와 지리적 여건, 교통 여건을 감안한 데서 지역, 지구로 구분하여 사용하고 있다고 생각할 수 있다. 운영측면에서 보면 장학협의회란 명칭은 거의 같게 사용하나, 경우에 따라서 자율이란 말은 사용하기도 하고 사용하지 않기도 한다. 이는 이러한 자율장학 형태의 조직이 시·군교육청에 의하여 인위적으로 조직된 데 반하여 운영 측면에서는 시·군교육청의 통제나 지시에 의하지 않고 장학조직 스스로 결정한 규율이나 통제에 따라 운영되는 인식의 차이에 기인한 것으로 볼 수 있다.

상기에서 살펴볼 때, 이러한 자율장학형태의 명칭이 혼용되고 있어 교육 현장에서는 혼란이 있을 수 있다. 현행 지구별장학협의회가 학교급별에 따라 광역교육청과 하급교육청별로 조직되어 있다. 고등학교는 광역교육청 단위로 지구별로 조직되어 있고, 초·중학교는 하급교육청 단위로 지구별로 조직되어 운영되고 있다. 이러한 지구별자율장학협의회는 하급교육청이 주관하여 실시하는 종합장학협의회나 교내자율장학이 가지지 못한 유리한 점을 가지고 있다. 즉 정보의 양적인 면에서 교내자율장학보다 유리하고, 협의회의 분위기 면에서 종합장학협의보다 자유스럽다. 아울러 오고 가는데 불편이 없는 가까운 인근 학교 교원 간에 친밀한 인간관계를 맺으면서 서로 유익한 정보를 자유롭게 교류하는 장으로 그 규모가 적절하다 (정태범, 2005).

2. 지구별장학의 개념

지구별장학의 일반적 개념은 "지구(지역) 내의 인접한 학교들 간 또는 교원들 간에 교육활동의 개선을 위하여 학교와 교원들의 자율적인 참여와 협력을 기초로 하여 추진되는 상호협력적인 장학활동"이라 하겠다. 이 활동은 ① 교육프로그램 및 교육정보 교환, ② 교육연구 및 특색사업의 공동추진, ③ 교육현안의 협의 · 조정, ④ 협동적 교육 · 학예활동, ⑤ 교직원 학예 · 친목활동 등을 포함한다.

따라서 지구자율장학의 개념을 그 해당 활동을 포함하여 보다 구체적으로 표현하면(이윤식, 2005), "지구 내 인접한 학교들 간 또는 교원들 간에 교육활동의 개선을 위하여 학교와 교원들의 자율적인 참여와 협력을 기초로 하여, 교육프로그램의 개선을 위하여 학교와 교원들의 자율적인 참여와 협력을 기초로 하여, 교육프로그램 및 교육정보 교환, 교육연구 및 특색사업의 공동추진, 교육현안의 협의 및 조정, 협동적 교육 · 학예활동, 교직원 학예 · 친목활동 등이 추진되는 상호 협력적인 장학활동"으로 볼 수 있다.

이러한 활동을 통하여 **지구자율장학이 추구하는 목적**은 ① 교원의 전문성 신장, ② 학교의 교육력 강화, ③ 학교 간 교육격차의 해소 및 균형발전, ④ 지구 내 교직원의 친목도모, ⑤ 교육에 관한 정보교환 등으로 볼 수 있다. 지구별 장학활동은 광역교육청이나 지역교육청이 단위학교현장을 대상으로 실시하는 장학활동에 비해서, 비교적 자유로운 분위기에서 가까운 이웃학교의 교원들 간에 친밀한 관계 속에서 좋은 지식, 기술, 정보, 아이디어, 경험, 도움, 조언 등을 서로 나누어 가질 수 있는 이점과 학교현장에서 실시하는 교내자율장학에 비하여, 양적으로나 질적으로 보다 많고 좋은 지식, 기술, 정보, 아이디어, 경험, 도움, 조언 등을 서로 나누어 가질 수 있는 장점이 있다.

지구별 장학협의회의 활동은 일반적으로 ① 교육프로그램 및 교육정보 교환, ② 교육연구 및 특색사업의 공동추진, ③ 교육현안의 협의 및 조정, ④ 협동적 교육 및 학예활동, ⑤ 교직원 학예 및 친목활동 등을 포함한다. 이들의 구체적인 활동을 제시하면 다음과 같다(이윤식, 2005).

첫째, 교육프로그램 및 교육정보 교환이다. ① 교육활동 방문 및 참관과 교육프로그램의 교환, ② 수업연구 · 시범수업 공개 및 참관, ③ 학교경영 우수사례 발굴 · 전파, ④ 교육활동 및 학사일정 등에 대한 정보교환 등이 있다.

둘째, 교육연구 및 특색사업의 공동 추진이다. ① 공동연구 및 공동과제

협의·추진, ② 학교별 과제분담연구 및 발표회, ③ 교과연구회활동, ④ 특색사업 공동추진, ⑤ 합동연수·강연회·세미나·발표회 등 개최 등이 있다.

셋째, 교육현안 협의 및 조정이다. ① 학교별 교육현안 협의·조정, ② 지구 교육현안의 협의 및 조정 등이다.

넷째, 협동적 교육·학예활동이다. ① 공동 교육활동 협의·추진, ② 공동 교외생활지도 협의·추진, ③ 공동 학예활동협의·추진(합창대회, 문예백일장, 체육대회, 미술대회, 특별활동 발표회 및 전시회, 과학경진대회 및 전시회, 기념일 행사 등 각종 학예·경연대회 및 행사) 등이다.

다섯째, 교직원 학예·친목활동이다. ① 학교 간 교직원실기대회, 전시회, 발표회 등 학예활동, ② 학교 간 교직원체육대회, 등산대회, 동호인활동 등 친목활동 등이 있다.

그리고 중등학교 지구별 장학협의회의 조직과 운영현황을 소개하기로 한다(이윤식, 2005).

<서울특별시 교육청 중등학교 지구별 장학회의 조직 및 운영>

가. 주안점

교원들의 자발적 참여와 집단사고를 통해 지역 특성에 맞는 창의적 교육활동을 추진하고 학교교육 개혁을 선도한다.

- 교육프로그램 및 교육정보 교환
- 협동적 교육활동을 통한 교육력 제고
- 지구별 교육현안 협의 및 조정

나. 조직 및 방법

(1) 계열별, 지역별 특성을 고려하여 20개 지구자율장학회 구성
  - 지구별로 3~5개의 소지구 자율장학회 운영
  - 지구 및 소지구 자율장학회에 담당장학사 배정

(2) 지구자율장학회별로 간사학교와 부간사학교 선임

(3) 간사학교가 중심이 되어 지역여건을 고려한 독창성 있는 계획을 수립하고 역할을 분담하여 추진

(4) 지구자율장학회 간사학교 교장회를 두어 지구자율장학 업무를 통합 및 조정

다. 운영의 실제

(1) 학교간 방문장학

- 자율장학반 편성: 반장 - 교장 또는 교감
  반원 - 교감, 부장교사, 학부모, 지역인사, 장학사 등
  지구 실정에 따라 소지구 또는 영역별 조직
- 연간 방문장학계획수립 및 추진
- 학교별 교육현안 협의 및 교육프로그램 교환
- 교육활동 상호참관 및 교육프로그램 교환
- 순회교사제 운영
- 지구별 교육현안 협의 및 조정
- 지구별 교내자율장학 우수사례발표

(2) 교육연구활동

- 교과별 수업연구 및 공개(1교 1과목 분담연구 및 공개 권장)
- 학교별 과제분담연구 및 발표회
- 합동연수 및 세미나 등 개최
- 학교별 자율장학계획과 연계활동
- 교과교육연구회 및 교육청 장학기능과 연계활동

(3) 생활지도활동

- 교내·외 생활지도방법 개선 협의
- 교외생활지도반 편성 운영
- 졸업예정자 특별면학지도방법 개선
- 유관기관 및 지역사회와의 협조체제 구축

(4) 학예활동

- 협동적 학예활동을 통한 소질개발 기회 확대
- 합창대회, 문예백일장, 미술실기대회 등
- 외국어듣기 및 말하기 등
- 논술 및 독후감 쓰기대회 등
- 컴퓨터활용 기능 관련 각종 경진대회 등
- 한민족 공동체 의식함양행사(나의 주장 발표, 글짓기, 포스터 그리기 대회 등)
- 체육대회, 특별활동 발표회 및 전시회 등
- 기타 지구별 창의적학예활동 전개
- 학교별로 단위사업을 분담하여 실시

제4절 교육청 장학의 실제

교육청 장학은 지방교육행정조직인 서울특별시, 부산, 인천, 대구, 광주, 울산, 대전광역시, 각도의 교육청 및 그 하부기관인 하급교육청을 중심으로 이루어지는 일련의 모든 활동을 지칭한다. 이들 교육청의 역할은 전문적인 것보다 관료적인 성격이 강하게 작용되고 있다. 따라서 교육청장학은 전문적 지도 및 조언보다는 지시, 감독, 명령이 수반되는 경우가 허다하다. 본 절에서는 경기도 남양주교육청의 장학지도 목적, 기본방침, 장학지도 유형 및 내용, 추진방향, 장학협의내용, 장학지도 실시 연간계획, 장학사별 담당학교 및 담당교과, 지역자율장학협의회 조직과 서울특별시교육청 초등 및 중등장학 기본 계획 등에 대해서 고찰하기로 한다(경기도남양주교육청, 2003).

1. 경기도 남양주교육청

1) 장학지도의 목적

교육의 질 향상을 위한 창의적이고 효율적인 장학활동을 모색하기 위하여 ① 수업중심 장학지도로 수업의 질 향상, ② 자율·책임·창의적인 학교경영 조장, ③ 교육현장 교육과제에 대한 개선방안 모색, ④ 주요 교육시책 추진의 효율성 제고, ⑤ 교육의 전문성과 책무성 제고를 위한 연수·연찬을 강화한다.

2) 기본방침

① 교수-학습 및 평가방법 개선을 위한 수업중심 장학
② 학교장 중심의 자율, 책임의 학교경영 조장
③ 현장지원 및 과제해결 중심의 협의 중심장학

④ 우수사례 발굴 홍보로 교육정보교환 확대
⑤ 장학담당자와 교사와의 상담 및 전 직원 토론장학 협의로 공통 의사소통 기회 확대
⑥ 학교별 요청장학 시 적극 지도
⑦ 사이버 자율장학의 충실
⑧ 장학요원제도 운영으로 장학의 내실화
⑨ 교내자율장학을 강화하여 효율적인 교수-학습방법 개선

3) 장학지도 유형 및 내용

장학지도 유형 및 내용을 제시하면 <표 5-1>과 같다.

표 5-1 남양주교육청 장학지도 유형 및 내용

유형	시기	대상	장학담당자	장학협의 내용
일반장학(학기초)	3, 4, 9, 10월, 수시	초・중	학교담당 장학사	• 학교 현안문제 협의 • 교육활동 추진상황 파악 및 협의 • 교육정보 제공과 문제의 예방 협의 • 교내자율장학 계획・실천 확인 및 평가 • 기타 현장지원 협의
요청장학	학교 요청에 의함	초・중	학교 규모에 따라 배정	• 학교교육과정 운영계획 추진 협의 • 수업참관 및 개별화(학년별) 협의 • 학급경영 우수사례 및 우수교사 발굴 • 특색사업 및 세계화 추진 방안 조언 • 인성, 열린교육 및 기본생활습관지도 • 전직원 참여 토론회 개최(토론장학 협의)
통신장학	수시	초・중	전(全)장학진	• 현장 교육문제해결을 돕는 협의 및 조언(서신, 전화) • 학교경영 도움자료 개발 보급(교수/관리면) • 장학자료 발간 보급 • 교육활동 우수사례 홍보
지구협동장학	연중	초・중	관내장학사	• 남양주협동장학권: 남양주, 양평, 가평, 포천 • 교과 전공별 수업참관 및 수업방법 개선 협의 • 교육정보의 교환 및 일반화 방안 모색 • 학교특색 및 우수사례 홍보

교과별 수업장학(중)	연중	초·중	교과담당 장 학 사	• 학교현황 청취 • 전공교과 수업연구 및 협의 • 주관학교 교육활동 공개 및 우수사례 홍보 • 주제별 과제 협의 및 정보 교환
지구별 지역 자율장학	연중	초·중	학무과장 지역담당 장학사 (관리직/교사)	• 학교 및 지역 현안문제 협의 및 정보교환 • 주관교 우수 교육활동 참관 • 수업공개 및 수업개선 방안 협의 • 특기신장 및 친목활동
사이버 자율장학	연중	초·중	전장학진 (과기계)	• 사이버장학을 위한 여건 조성 • 사이버장학 협조체제 구축 • 사이버 아이디어 공모 • 사이버장학을 통한 효율적인 교수-학습 방법 개선
교내자율장학	연중	초·중	관리직 및 장학요원	• 교내자율장학 계획수립 제출 • 교내자율장학을 통한 효율적인 교수-학습방법 개선 • 교내 자율장학 실천 결과평가(교육청)
특별장학	연중	초·중	전장학진	• 특별한 사안 발생 시

4) 추진방향

첫째, 장학지도 실시일정은 다음과 같다. ① 요청장학은 1일간 또는 오전 및 오후에 요청을 하며, ② 기타 장학은 수시로 실시한다. 둘째, 장학지도 대상 학교 통보는 장학지도 성격에 따라 적절한 시일을 두고 통보한다. 셋째, 장학담당자 구성 측면을 살펴보면, 요청장학 시에는 학교 규모에 따라 적의 구성하며, 기타장학 시에는 학교의 요청에 따라 적의 구성한다.

그리고 장학협의 추진과정을 제시하면 [그림 5-4]와 같다.

구 분	추진과정
일반장학 (학기초)	교육시설환경참관 ➡ 현안문제 파악 ➡ 해결방안 모색 ➡ 교육시설추진상황 확인 ➡ 협의 및 조언 ➡ 결과보고
요청장학	학교 현황 청취 ➡ 생활 및 일반수업 참관 ➡ 지정수업 참관 ➡ 교육계획추진상황 확인 ➡ 수업참관 협의 ➡ 결과 보고
학년장학 (요청)	학교 현황 청취 일반수업 참관 지정수업 참관 수업개선협의 및 조언 학년현안문제 협의 결과 보고

지역자율 장학(초)	학교교육활동 참관 → 수업 참관 → 학교장 인사 및 경영 소개 → 분과별 협의(관리직, 교사) 및 조언 → 결과 보고(교육청) →
교과별 수업장학(중)	학교현황 청취 → 수업 참관 → 분과별 협의(관리직, 교사) 및 조언 → 자료정리 및 결과보고
사이버 자율장학(초·중)	통신망 구축(홈페이지 및 이메일 확보) → 사이버장학 요원의 내용 분류 → 질의응답으로 문제 해결 → 자료정리 및 결과 보고

그림 5-4 장학협의 추진과정

5) 장학협의 내용

장학협의의 내용을 제시하면 다음과 같다. ① 학교 역점 및 특색사업 추진사항 협의 조언, ② 지역 및 학교의 실정을 고려한 학교 교육과정 운영에 관한 협의, ③ 수업중심의 협의 및 조언, ④ 학력 향상 및 평가방법 개선 협의, ⑤ 자율적·민주적 학교운영 협의, ⑥ 전인교육 추진에 관한 협의 조언, ⑦ 영재아교육 추진에 대한 협의 조언, ⑧ 과학교육 및 체육교육 추진상황 협의, ⑨ 지원관리는 ⅰ) 환경관리, ⅱ) 교원, 학생의 복지, ⅲ) 교내장학 및 현직연수, ⅳ) 실행예산 편성 운영(공개경리 기반 조성), ⑩ 교육의 세계화를 위한 추진방안 협의 등이 있다.

6) 장학지도 실시 연간계획

장학지도 실시 연간계획을 초등과 중등을 구분해서 제시하면 다음 <표 5-2>와 <표 5-3>과 같다.

표 5-2 초등학교 장학지도 실시 연간계획

(분교)

구 분	3	4	5	6	7	8	9	10	11	12	계
일반장학	49(2)		수시	수시	수시	수시	51(2)		수시	수시	51(2)
요청장학	학교에서 요청시(수업장학, 학교현안, 시책추진, 학년단위 등) - 시간구애 없음										
지역자율장학		1	1	1	1		1	1	1	1	8
학교경영평가									14교		14교
특별장학	특별한 사안 발생시										
사이버장학	수시	수시	수시	수시	수시	수시	수시	수시	수시	수시	

* 경기도남양주교육청(2003). 으뜸 경기교육 실현을 위한 교육계획. 남양주: 경기도남양주교육청, p. 54.

표 5-3 중학교 장학지도 실시 연간계획

구 분	3	4	5	6	7	8	9	10	11	12	계
일반장학	25		수시	수시	수시	수시	25		수시	수시	25
요청장학	학교에서 요청시(수업장학, 학교현안, 시책추진, 학년단위 등) - 시간구애 없음										
협동장학		1							1		2
수업장학		1	1	1	1		1	1	1		7
학교경영평가									7		7
특별장학	특별한 사안 발생시										
특수학급			1				1	1			3
사이버장학	수시	수시	수시	수시	수시	수시	수시	수시	수시	수시	
수업장학		1	1	1	1		1	1	1		7

* 경기도남양주교육청(2003). 으뜸 경기교육 실현을 위한 교육계획, 남양주: 경기도남양주교육청. p. 54.

7) 장학사별 담당학교 및 담당교과

초등학교와 중학교를 구분하여 장학사별 담당학교 및 담당교과를 소개하면 <표 5-4> 및 <표 5-5>와 같다.

표 5-4 초등학교 장학사별 담당학교 및 담당교과

장학사별	담당학교	담당교과
○○○	덕소, 월문, 조안, 송촌, 도림, 도곡, 광릉, 백문, 수택, 도농, 별내, 동인, 도심	실과, 체육, 도덕, 재량활동
○○○	양정, 가양, 미금, 금곡, 동곡, 수동, 동구, 오남, 인창, 장자, 부양, 토평, 호평	사회, 영어, 특활, 수학
○○○	교문, 구지, 내양, 갈매, 평내, 퇴계원, 도제원, 진건, 와부, 용신, 금교, 장현, 송라	국어 음악, 바른생활
○○○	마석, 가곡, 답내, 금남, 창현, 심석, 풍양, 양지, 천마, 장승, 구리, 화접	과학, 미술, 슬기로운 생활
○○○	초등 병설유치원 및 특수학급 설치교	유아・특수교육

표 5-5 중학교 장학사별 담당학교 및 담당교과

장학사별	담당학교	담당교과
○○○	구리여, 광동, 덕소, 인창, 오남, 와부, 호평	국어, 한문
○○○	교문, 퇴계원, 마석, 삼육, 별내, 도농	수학, 과학
○○○	금곡, 동구, 진건, 심석, 연세, 토평	사회, 기술, 가정
○○○	구리, 미금, 화광, 동화, 수동, 장자	영어, 예체능

8) 지역 자율장학협의회 조직

지역 자율장학협의회 조직을 초등학교와 중학교를 나누어서 소개하면 <표 5-6>, <표 5-7>과 같다.

표 5-6 초등학교 지역 자율장학협의회 현황

지역별	학교명	중심학교	담당장학사
구리지역	구리, 인창, 토평, 부양, 교문, 갈매, 내양, 백문, 동구, 구지, 도림, 동인, 수택, 장자	구리초	○○○
미금・와부지역	양정, 금곡, 평내, 미금, 덕소, 동곡, 조안, 송촌, 월문, 도곡, 도농, 와부, 도심	양정초	○○○
화도・수동지역	마석, 가양, 답내, 수동, 가곡, 금남, 창현, 심석, 천마, 송라, 호평	마석초	○○○
퇴계원지역	퇴계원, 화접, 별내, 장현, 오남, 풍양, 광릉, 진건, 양지, 도제원, 용신, 장승	퇴계원초	○○○

표 5-7 중학교 지역 자율장학협의회 현황

지역별	학교명	중심학교	담당장학사
구리지역	교문, 구리, 구리여, 인창, 동구, 장자, 토평, 삼육	구리중	○○○
미금·와부지역	미금, 동화, 도농, 덕소, 와부, 금곡, 호평	금곡중	○○○
화도·수동지역	마석, 심석, 화광, 수동, 연세	마석중	○○○
퇴계원지역	퇴계원, 오남, 진건, 별내, 광동	퇴계원중	○○○

2. 서울특별시교육청1)

1) 초등장학 기본계획

첫째, 서울특별시교육청 초등장학 추진배경은 다음과 같다.

① 학생 중심의 학교문화 개선을 위한 혁신미래 초등교육 구현

② 학교현장지원 중심의 장학의 혁신을 통해 학교 역량 강화

③ 정책방향으로 창의적 능력 함양교육 강화를 들고 있다.

둘째, 추진 배경의 근거는 다음과 같다.

① **교육기본법 제17조**(국가 및 지방자치단체)

『국가와 지방자치단체는 학교와 사회교육시설을 지도·감독한다.』

② **초·중등교육법 제7조**(장학지도)

『교육감은 관할 구역의 학교를 대상으로 교육과정 운영과 교수(教授)-학습방법 등에 대한 장학지도를 할 수 있다.』

③ **초·중등교육법시행령 제8조**(장학지도)

『교육감은 법 제7조에 따라 장학지도를 하는 경우 매학년도 장학지도의 대상·절차·항목·방법 및 결과처리 등에 관한 세부계획을 수립하여 이를 장학지도 대상학교에 미리 통보하여야 한다.』

④ **선진형 지역교육청 기능 및 조직개편 방안**(교육과학기술부, 2010. 5)

『교육개혁의 현장 착근과 다양한 교육 수요에 부응하기 위한 교육지원청의 현장지원 기능 강화』

1) 서울특별시교육청(2015). 2015 초등장학혁신. 서울: 서울특별시교육청 초등교육과.

⑤ **서울특별시교육청 행정기구 설치조례 시행규칙**(제878호, 서울시교육청, 2014.12)

『초등학교 장학 기본계획 수립』

셋째, 추진방침은 다음과 같다.

① 학생의 발달을 고려한 질문과 협력, 활기 넘치는 교실을 위한 학교 역량 강화

i) 자율장학, 혁신지원장학, 컨설팅장학, 특별장학을 통하여 학교주도의 장학활동이 활성화되도록 여건 조성 및 지원 강화

② 교육공동체의 가능성 최고의 발현을 지원하는 협력적 지원장학 전개

i) 학교 내·학교 간의 정보교환, 상호소통 강화로 교육현안 해결

ii) 학교 현안 상담 및 조기발견·해결지원을 통하여 단위학교의 교육력 제고

iii) 학교 내의 자발적 수업혁신 동아리 발굴, 운영지원

iv) 학교 실정에 맞는 맞춤형 장학지원활동을 통하여 학교현장의 우수사례를 발굴·일반화

③ 지역사회와 소통하고 함께 하는 마을 중심의 학교 역량강화 중점

i) 학교 내·학교 간의 정보교환을 통해 교육 현안 해결, 지역사회 자원활용·자원제공, 학교교육활동을 자율적·협동적으로 추진

④ 평화로운 학교, 세계민주시민 역량 중점의 학교문화지원

i) 학생중심의 학교문화 개선, 토론중심의 학교운영, 다문화학생, 학부모와 함께 영위하는 시민교육을 위한 학교의 역량 제고에 중점을 둔 장학지원

⑤ 교육활동에 전념할 수 있는 열린교육 행정지원

i) 장학업무의 효율적 추진과 책무성 제고를 위하여 학교 담당장학사에 의한 상시 컨설팅 지원체제 운영

ii) 우수 컨설팅장학지원단 구성·운영 교사와 학교의 요구에 부응하는 맞춤형 장학지원을 위해 교육지원청과 연계한 역량있는 컨설팅장학지원단 구성

넷째, 중점 방향은 다음과 같다.

① 소통하고 지원하는 장학 혁신 및 어울림 교육행정

i) 학교－교육청, 학교－학교, 학교－지역사회－교육청 간 협동적 소통지원

- 학교 담당장학사와 학교교육공동체간 관계 맺기 : 2회(3월, 9월)
- 지역 내 학교 간 협동적 교류활동지원

(수업연구, 교육활동, 공동연구, 학생생활지도, 문화 · 예술 · 체육활동 등)

ii) 지역사회와 교육 및 문화 등의 교류를 위한 협력활동지원 : 연중

iii) 지성 · 감성 · 인성을 기르는 학교운영지원

- 학교 교육계획 수립 지원을 위한 초등장학지원계획 보급
- 체계적인 학교지원을 위한 교육전문직 연수 : 2~3회(1월, 3월, 9월)
- 효과적인 학교 운영을 위한 교감 · 담당부장 연수 : 2회(3월, 9월)

② 단위학교의 자발적 요청에 의한 컨설팅장학, 혁신지원장학으로 학교교육 개선

i) 학교교육력 촉진을 위한 지원장학 활성화

ii) 학교경영문제와 교육현안 진단, 대안 마련 및 문제해결 요청 및 지원

- 수업혁신, 학생생활지도, 교육과정, 학교경영, 혁신학교, 학교평가 후속컨설팅 등

iii) 컨설팅장학지원단 구성 · 운영

- 장학지원단 구성 및 연수(학교급별, 영역별) : 2~3월
- 단위학교별 컨설팅장학 : 연 2회 권장

③ 미래 핵심역량을 키우는 수업전문성 신장 지원

i) 단위학교 수업전문성 신장활동 및 교수학습방법 개선지원

- 교내자율장학(동료장학, 자기장학 등) 구성 및 수업공개 : 학교당 2회 이상
- 수석교사 등을 중심으로 한 수업코칭 및 멘토링구성 · 운영

ii) 교원수업역량 강화지원

iii) 컨설팅장학지원단 구성 · 운영 : 교과 및 영역별 구성

- 수업지원단 전문성 강화 : 교육지원청 주관 학기별 1회 연수
- 수업동아리, 저 경력 교사수업코칭 및 멘토링운영지원 : 수시

2) 주요 장학활동

주요 장학활동 추진 배경은 다음과 같다.

① 학교현장의 요구에 부응하고 소통하는 장학체제로 혁신기반 구축

② 질문이 있는 교실, 우정이 있는 학교를 위한 자생적 학교장학문화 지원

③ 정책방향 1-1. 창의적 능력 함양 교육 강화

서울특별시교육청의 주요 장학활동으로 자율장학, 컨설팅장학, 혁신지원장학, 특별장학 등에 대해서 소개하고자 한다.

첫째, 자율장학이다.

① 교사의 내실 있는 수업 전개

i) 학생의 발달과 교과의 특성을 살린 다양하고 창의적인 수업방법 및 평가 전개

ii) 교과수업, 학교활동에 학생의 흥미와 관심, 열망을 반영하여 전개

iii) 지속적인 자기수업 모니터링 등 교사별 수업방법 개선 및 실천

iv) 모든 교육활동을 통해 지성·감성·인성교육을 실천할 수 있는 수업 실천

② 단위학교의 자생적 교원수업 동아리 및 멘토링제 구성·운영

i) 공동연구를 통한 수업공개 및 수업의 질 제고

ii) 교과협의회를 통한 수업 디자인, 나눔, 성찰 등 분석 및 환류

③ 수업방법 개선을 위한 자율장학 활성화

i) 내실있는 수업공개(연구) 실시 및 자발적인 컨설팅장학(수업컨설팅) 시행

ii) 협력학습, 학생 참여형 수업, 주제·체험 중심의 수업 연구 권장

④ 자기장학

i) 녹음·녹화자료 활용을 통한 수업 분석

ii) 각종 교육연구대회 및 교과교육연구회, 전문서적, 논문집 활용, 외부기관 연수, 학술발표회 참여

⑤ 자체연수

i) 교직원의 필요에 의한 자체연수 연간계획수립 : 연수, 강의, 실습, 토론, 세미나, 견학 등

ii) 교육연수원의 맞춤형 연수를 활용한 단위학교의 교수－학습능력 제고

⑥ 수석교사를 활용한 수업역량 강화(배치 학교 필수, 미배치 학교 컨설팅 권장)

i) 수석교사의 시범수업을 통한 수업코칭 활성화

ii) 수석교사를 활용한 컨설팅 및 수업공개, 연수 등의 계획수립 운영

iii) 교과별 목표 － 내용 － 방법 － 평가를 반영한 체계적인 교과지도 계획수립 권장

⑦ 소통하고 지원하는 장학 혁신 및 어울림 교육행정 : 관내 학교간 교류 활성화

i) 교육활동 상호참관(공개보고회, 공개수업 등)을 통한 수업나눔 및 정보교환

ii) 교원, 학생 상호간 문화 · 예술 · 체육 교육활동 참관 및 교류

- 전환기 프로그램 운영 권장

iii) 관내, 인근 지구의 교육 현안 과제 협의 · 조정, 워크숍 실시

둘째, 컨설팅장학이다.

① 단위학교 컨설팅장학 내실화

i) 단위학교별 컨설팅장학계획 수립 운영

ii) 학교 실정과 필요에 따른 컨설팅장학 운영으로 현안 해결

② 컨설팅장학지원단 활용 권장

i) 연 2회 이상 컨설팅장학 실시, 컨설팅장학 실적을 각종 평가에 반영

ii) 학교경영, 교육과정운영, 수업혁신, 생활지도, 혁신학교 등의 영역으로 운영

표 5-8 서울특별교육청 컨설팅장학의 영역과 주요 내용

영역	주요 내용
수업혁신	협력학습, 교과별 수업지원, 창의적 체험활동 운영지원
생활지도	인성교육지원, 진로교육지원, 학교폭력예방 사례, 상담활동지원
교육과정	교육과정운영지원, 창의적 체험활동지원
학교경영	학교경영, 방과후학교, 학교혁신, 예산 활용 등
혁신학교	학교운영, 수업 및 교육과정운영, 공동체교육 등

iii) 컨설팅장학 운영비 예산 편성(2015년 학교회계 예산편성 기본지침 권장사항)

iv) 컨설팅장학 절차

계획 수립 ➡ 컨설팅신청 ➡ 사전협의회 ➡ 컨설팅시행 ➡ 사후협의회

v) 컨설팅장학 사후 협의

- 컨설팅장학의 수행과정, 접근 방법, 변화 결과평가
- 의뢰학교와 지속적인 협력관계 구축

vi) 컨설팅 만족도 조사 후 환류 활동

③ 수석교사를 활용한 교수–학습지도 컨설팅장학 내실화

i) 지속적인 컨설팅을 통하여 학교교육력 제고

ii) 수석교사를 활용한 컨설팅 및 수업 공개, 연수 등의 계획수립 운영

iii) 수석교사를 활용한 신규교사(임용 후 3~5년 이내 및 기간제 교사 포함)와의 컨설팅 및 멘토링제 실시

④ 컨설팅장학의 효과 제고를 위한 다양한 방법구안 및 절차 간소화로 업무경감

셋째, 혁신지원장학이다.

① 학교와 교육지원청 간의 네트워크 구축과 상견례

i) 학교 담당장학사와 학교교육공동체 간 네트워킹 : 2회(3월, 9월)

ii) 학생중심의 학교문화 개선을 위한 혁신업무지원

② 학교의 자발적 지원장학 요청

i) 학교의 교육현안 해결을 위해 교육지원청과의 정보 교환, 상호소통 강화

ii) 학교 현안 상담 및 조기 발견·해결지원을 통하여 단위학교의 교육력 제고

iii) 학교의 자율장학, 수업공개 시 장학사를 자발적 초청 문화

iv) 자발적인 수업혁신 동아리지원을 통해 수업혁신 및 나눔 문화 조성

v) 교육정책의 학교 안착 파악, 장애 요소 파악·지원 등으로 정책의 현장 적응력 제고

넷째, 특별장학이다. 특별장학은 학교 현안 문제해결지원을 통한 학교 교육력과 책무성 제고와 단위학교의 교내자율장학, 컨설팅활동이 미흡한 학교의 장학적 능력을 제고하는 데 있다.

① 대상

i) 특별한 사안이 발생한 학교로 교육활동 전반에 걸쳐 특별지도 및 지원이 필요하다고 교육청에서 판단한 학교

② 시기

i) 특별한 사안이 발생한 경우

ii) 교육활동과 관련하여 특별지도 및 지원이 필요한 경우

③ 세부 추진방법

i) 교육청에서 특별장학계획 수립, 해당 교육지원청과 연계하여 장학반 편성·운영

ii) 특별장학반은 장학 전략 및 현안 해결을 위한 지원 방안을 모색·시행

④ 결과 처리 및 환류

i) 특별장학반은 장학 종료 후 특별장학 결과보고서를 작성하여 업무 담당부서에 제출(장학을 통한 시정 지시 및 시정결과 보고 포함)

ii) 학교의 현안을 확인하고 관련 부서의 협조를 통해 현안이 해결되도록 지원

iii) 장학 종료 후 업무 담당부서에서는 특별장학 시정 결과 보고와 관련하여 지속적인 실천 여부를 반드시 확인

다섯째, 서울특별시교육청의 주요 장학활동지원 일정을 제시하면 다음과 같다.

① 2015 초등장학 기본계획 수립·시행 : 2015. 1월

② 2015 초등 컨설팅장학지원단 구성 안내: 2015. 2월 초

③ 학교 담당장학사와 학교 교육공동체 간 관계 맺기 : 2회(3월, 9월)

④ 지역 내 학교 간 네트워크 구성 : 3월

⑤ 학교/교과단위 수업동아리 구성 운영 : 3~12월

⑥ 지역 내 학교 간 협동적 교류활동 운영 : 4회, 분기별

생각해 봅시다

1. 교과장학의 지도방법과 방향에 대하여 생각해 봅시다.
2 교내자율장학을 위한 준비와 계획에 대하여 생각해 봅시다.
3. 지구별 장학협의회의 운영 실제에 대하여 생각해 봅시다.
4. 교육청장학의 주요 활동에 대하여 생각해 봅시다.

참고문헌

강영삼(1994). 장학론. 서울: 세영사.
경기도남양주교육청(2003). 으뜸 경기교육 실현을 위한 교육계획. 남양주: 경기도남양주교육청.
김세기(1994). 교장=전문직론. 서울: 배영사.
김정한(2004). 장학론 -이론・연구・실제-. 서울: 학지사.
김형관 외(2000). 신장학론. 서울: 학지사.
노민구(1994). "학교장의 수업지도성 행위가 학교효과에 미치는 영향". 한국교원대학교 대학원 박사학위논문.
노희정(2010). 학교장의 장학행동, 교사의 장학신념, 장학효과 간의 상호관련성 탐색. 인천대학교 대학원 교육학박사학위논문.
서울특별시교육청(2015). 2015 초등장학 혁신. 서울: 서울특별시교육청 초등교육과.
서울특별시교육청(2015). 2015 중등장학 혁신. 서울: 서울특별시교육청 중등교육과.
서울특별시서부교육지원청(2015). 2015학년도 서부 초등 장학활동계획. 서울: 서울특별시서부교육지원청.
신재흡(2020). 교육행정 및 교육경영 -학급경영 탐색-. 서울: 동문사.
이영덕(1988). 교육의 과정. 서울: 배영사.
이윤식(2019). 교원능력개발을 위한 자율장학론. 서울: 학지사.
이윤식・권정호・김동원・이윤희・이재석・이지연(2014). 인간관계와 리더십. 파주시, 경기도: 양서원.
이윤식(2007). 학교경영과 자율장학. 파주시, 경기도: 교육과학사.
이윤식(2005). 장학론 －유치원・초등・중등 자율장학론－. 파주시, 경기도: 교육과학사.
정태범(2005). 장학론. 파주시, 경기도: 교육과학사.
정태범(2002). 교육행정의 발전방향. 파주시, 경기도: 양서원.
정태범(1994). 교육행정학: 기초와 발전. 파주시, 경기도: 정민사.
조병효(1995). 현대장학론. 파주시, 경기도: 교육과학사.
주삼환・유수정・오형문・이기명・진재열(2011). 교원의 전문적 능력개발. 서울: 시그마프레스.
주삼환・정일화(2010). 학업성취 향상 수업전략. 서울: 시그마프레스.
주삼환(2005). 임상장학. 파주시, 경기도: 한국학술정보(주).
주삼환(1990). 장학・교장론. 서울: 성원사.
주삼환(1997). 변화하는 시대의 장학. 서울: 원미사.
한국교육행정학회(1995). 장학론. 서울: 도서출판 하우.

06

CHAPTER

교수효과성과 장학

학습목표

1. 교수효과성과 장학과의 관련성을 이해할 수 있다.
2. 효과적인 교수변인을 제시할 수 있다.
3. 교사가 활용할 수 있는 교수전략을 설명할 수 있다.
4. 학업성취에 영향을 주는 교사행위를 열거할 수 있다.
5. 효과적인 교수와 임상장학에 대하여 설명할 수 있다.
6. 교수효과성의 평가에 대하여 설명할 수 있다.

Keyword

교수효과성, 교수변인, 교수전략, 지시적 전략, 중재적 전략, 생성적 전략, 협력적 전략, 교수행위, 효과적인 교수행동, 비효과적인 교수행동, 교사 특성, 완전한 교수법, 교사행동 관찰, 집단장학, 교수효과성평가

교육이 이루어지는 과정 속에서 교사의 역할이 중요하다는 것을 부인하는 사람은 없을 것이다. 교육활동에 투입되는 교육과정이나 내용도 교사에 의하여 이루어지기 때문이다. 그러므로 학교효과성(school effectiveness)도 결국은 교사효과성(teacher effectiveness) 또는 교수효과성(teaching effectiveness)에 달려 있다고 보아야 할 것이다. 그러면 장학과 교수효과성은 어떤 관계가 있는가? 한마디로 장학은 교사가 자기의 교수행위(teacher performance)를 향상시킬 수 있도록 도와주는 것이다(김영식 · 주삼환, 1990).

장학자는 교사들이 학생들의 효과를 높일 수 있는 수업을 계획하고 실천해 나가도록 자극하고 조력해 주어야 한다. 장학자가 교사들에게 필요한 교수기술을 지도할 수 있는 자원인사로서 먼저 해야 할 일은 효과적인 수업과 학습효과에 대한 일반적인 이해의 폭을 넓히는 것이다. 교수에 대한 방법적, 기술적인 면에 대한 강조보다 좋은 교수에 대한 개념적 이해와 분석적인 사고가 먼저 강조되어야 한다. 교수-학습에 대한 개념이 모호하거나 분석적, 추상적 사고의 뒷받침이 되지 않은 교수기술은 시행착오적인 실패를 거듭하게 할 위험이 있다. 결국 장학자는 교실에서 바로 활용할 수 있는 즉시적

이고, 방법적인 훈련을 강화하기 이전에 교사들이 사려 깊게 반성적으로 사고할 수 있는 능력을 기르는데 힘써 나가야 한다(김정한, 2004).

다시 말하면 장학은 교사의 교수행위를 개선시킴으로써 교수효과성, 즉 학생 학습결과를 극대화시키고자 하는 노력으로 볼 수 있다.

따라서 6장에서는 교수효과성의 개념을 밝히고, 효과적인 교수변인, 교수모형과 교수전략의 선택, 효과적인 교수행위, 교수효과성과 장학, 교수효과성의 평가 등에 대해서 고찰하기로 한다(김정한, 2004; Beach & Reinhartz, 2000; Wiles & Bondi, 2000; 남정걸, 1999; 김영식・주삼환, 1990; 주삼환・신익현 역, 1987; Weil & Murphy, 1982; Rosenshine & Furst, 1971).

제1절 교수효과성의 개념

교수효과성의 개념을 파악하려면 먼저 교사의 수행(teacher performance), 교사능력(teacher competence)과 같은 용어에 대하여 알아보고자 한다(김영식・주삼환, 1992).

첫째, 교사효과성이란 교사가 이룩한 결과, 학생이 어떤 특정한 교육목표를 향해 나아간 정도를 의미한다(Medley, 1982). 이 정의에 의하면 교사효과성은 교사의 수행에 의해서 측정되는 것이 아니라 학생의 행위에 의해서 측정될 수 있다. 하지만 학생이 이루어내는 학습결과는 교사가 통제할 수 없는 변인들에 의해서 영향을 받기 마련이므로, 교사효과성은 교사 개인의 안정된 특성으로서가 아니라 교사가 갖고 있는 어떤 특성과 교사 자신이 일하는 상황에 따라 달라지는 다른 요인들 간의 상호작용의 결과로 간주될 수 있다. 결국 교사효과성은 교사의 행동특성이 아니라 학생의 학습행동(결과)에 의해 결정된다.

둘째, 교사수행(teacher performance)은 교실 안이나 밖에서 학생을 가르칠 때의 교사의 행동을 가리킨다. 교사수행은 교사효과성과는 다르다. 교사효과성은 교사가 맡은 학생의 행동에 의하여 정의되는 반면 교사수행은 교사의 행동에 의하여 정의된다.

셋째, 교사능력(teacher competence)은 교사가 소유하고 있거나 교수장면에 활용하는 일련의 지식, 능력, 신념을 의미한다. 교사능력은 교사가 어떤 상황에서 다른 상황으로 옮길 때에도 변하지 않는 안정된 특성이라는 점에서 교사수행이나 교사효과성과 다르나, 교사효과성이 추측되는 근거로 이용되어 왔다는 점에서 교사수행과 비슷하다(윤옥기, 1986).

교사효과성과 관련 개념을 이렇게 이해하고 나면 교수효과성의 구조를 [그림 6-1]과 같다.

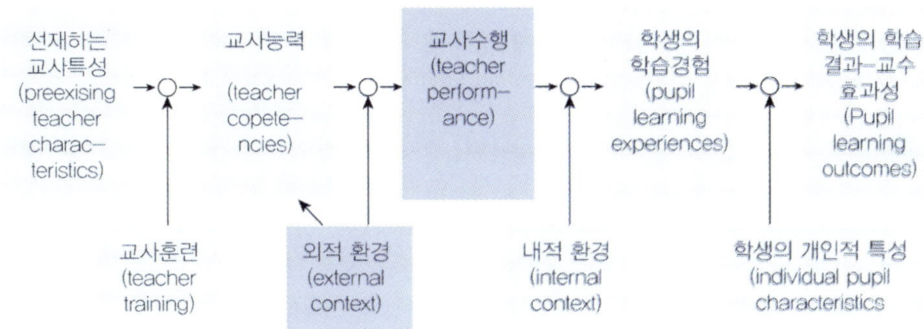

그림 6-1 교수효과성의 구조

자료: 김영식 · 주삼환(1992). 장학론. 서울: 한국방송통신대학교, p. 181.

[그림 6-1]에서 살펴본 바와 같이, 先在하는 교사특성에다 교사훈련의 과정을 통해 습득된 일련의 교사능력은 교수환경(teaching context)과 함께 투입요소로 볼 수 있다. 여기에 외적 환경이 교사수행을 결정짓게 된다.

교수효과성의 구조를 이해하고 나면 우리는 교수효과성과 장학의 관계성을 추출할 수 있다. 단적으로 이 구조 속에서 장학은 학생의 학습결과, 즉 교수효과성을 극대화하기 위해 교사의 수행을 개선하는 것을 목적으로 하는 외적 환경으로서의 성격을 갖는다. 우리가 장학을 교사로 하여금 실제(actual) 교수행위와 이상적(ideal) 교수행위 사이의 차이(discrepancy)를 줄일 수 있도록 도와주는 과정이라고 정의하는 것은 이를 두고 하는 말이다. 여기에서는 장학을 단순히 교사의 교수행위에만 초점을 두는 것은 아니다. 교사의 선재하는 특성이나 교사훈련에 의해 결정되어 안정적인 것으로 여겨지는 교사의 능력, 즉 지식, 신념 등도 장학의 대상이 된다. 이 관계를 굳이 구분하자면 교사의 능력과 수행에 종합적으로 관심을 갖는 것은 모든 장학방법의 대상이 되며, 후자의 수행 그 자체의 개선에 더 역점을 두는 것을 임상장학방법이라고 말할 수 있다.

제2절 효과적인 교수변인

수많은 변인들이 교사의 교수에 영향을 미치고 있다. 교사의 인성, 교과목에 대한 지식, 학생발달에 대한 사회적, 심리적 이해, 교수-학습에 대한 교육학적 이해 등이 주요 변인들이며, 이러한 변인들이 충족되지 않으면 계획된 교육과정을 실행해 나갈 수 없다. 효과적인 교수와 학습을 이끌어 내기 위하여 교사는 이러한 변인들의 상호관계를 이해하고 이를 바탕으로 교수전략을 세우고 집행해 나가야 한다(김정한, 2004).

Wiles와 Bondi(2000)는 효과적인 교수와 관련된 열다섯 가지의 변인들을 제시하고 있다.

첫째, 학생에 대한 지식이다. 학생발달에 대한 이론과 학습효과를 높일 수 있는 이론에 대한 깊은 통찰이 있어야 한다. 학생들이 가지고 있는 지식, 학생들의 배경, 추구하고 있는 목적을 알아야 하며, 특정한 학생의 학습의 한계나 환경, 시설물들의 효과에 대한 이해도 필요하다.

둘째, 목적에 대한 이해이다. 교사들이 가지고 있는 철학, 목적, 목표, 평가기준 등은 어떤 일을 교사가 강조하고, 어디에 우선점을 두는지를 알려 준다. 목적, 목표, 평가기준 등은 바람직한 결과를 얻기 위하여 선택적으로 교수해야 할 것들을 가르쳐 준다.

셋째, 목적과 학습목표이다. 구조화된 학습계획이 많은 학교에서 시행되고 있지만, 장학자는 교사들이 목적 수준의 개념적인 측면과 학습목표 수준의 내용적인 측면을 구분하도록 교사를 도와줄 수 있다. 더 중요하고 선행해야 할 것과 덜 중요한 것에 대한 구분은 교육과정의 균형적 운영과 교육과정의 상호관련성 그리고 시간계획의 합리적 배분에 도움을 준다. 교사들은 국가, 지역, 학교가 기대하고 있는 교육의 결과가 무엇인지를 알고 난 다음 자신이 전공한 교과를 이해하고 가르칠 내용을 조직해 나갈 수 있어야 한다. 교사는 학습목표를 행동적 용어로 기술할 수 있어야 한다. 완전한 행동적 목표는 청중(audience), 행동(behavior), 조건(condition) 그리고 수준(degree)을 모두 포함한 진술이 되어야 한다. 이것을 행동적 목표 진술의 ABCD 원리라고 한다.

넷째, 자원의 적절한 활용이다. 장학자는 교사들이 가능한 자원을 활용할 수 있도록 도와주어야 한다. 교수방법, 미디어, 기술, 수업자료의 선택은 학습의 목표와 밀접하게 관련된다. 장학자와 교사는 가장 적합한 방법이나 기술의 선택준거를 생각하고 학생들의 학습을 자극할 수 있는 교육자료나 기술을 찾는 데 상호협조해 나가야 한다. 수업이나 교수단위는 구조나 형태에 있어서 구별되는 특성을 가지고 있어야 한다. 교수와 범위와 순서는 적절한 교수방법과 진행 속도를 결정하는 근거가 된다.

다섯째, 새로운 과학기술의 활용이다. 21세기 과학기술의 발달로 인하여 학교의 학습과정도 현저하게 영향을 받고 있다. 컴퓨터나 새로운 기자재, 새롭게 설계된 시설물을 어떻게 효과적으로 사용할 수 있느냐가 문제의 핵심이 된다.

여섯째, 학습문화이다. 성취 수준이 높은 학교의 학생, 교사, 행정가가 가지는 특성은 기대를 가지는 풍토, 구성원들이 도덕적으로 함께 일하는 기풍이다. 성공적인 학교는 높은 기대를 가지고 협력적 활동을 조성하는 학교이다.

일곱째, 학급경영 절차이다. 일반적으로 교사가 학생들의 학습(무엇을, 언제, 어떤 순서로, 몇 시에)을 주도해 나갈 때 학습은 상당히 구조화된 환경이 된다. 이와 반대로 교사가 학생을 통제하지 않고 학생들의 활동을 격려하며 잘못된 행동에 대해서 융통성 있는 훈육을 실시하면 학급환경은 부드러워진다. 교사는 자신이 추구하는 학습목표에 적합한 학급경영이나 훈육을 실시해야 한다.

여덟째, 학습공간의 조직이다. 환경이 인간의 행동에 미치는 영향은 매우 크다. 교사가 학생들과의 가까운 인간관계를 맺고 상호작용하기를 원한다면 교사와 학생들과의 공간적 거리는 가까워야 한다.

아홉째, 학습에 대한 구조화된 제시이다. 교사가 의도하는 것이나 학생들에게 지시하고 싶은 것을 자주 구조화하여 제시해야 한다.

열째, 질문의 활용이다. 교사는 학생들의 사고를 구조화시키는 방법으로 질문을 사용한다. 질문은 마음에 있는 생각들을 질서 있게 정리해 볼 수 있는 기회를 제공함으로써 학생들에게 사고할 수 있게 한다. 질문은 학습의 의미를 결정하는 중요한 수업기술이다.

열한째, 학습의욕의 고취이다. 학생들에게 학습하고 싶은 의욕이 일어나게 하기 위해서는 교사가 학생들의 마음을 잡아야 한다. 교사는 학생들이 수업에 몰두하고 있는가를 파악해야 하며, 학생들의 참여 정도를 근거로 수업전략을 개발해 나가야 한다.

열둘째, 발달의 적합성이다. 발달 적합 수준은 학생들이 학습에 성공할 수 있도록 준비된 수준을 말한다. 학생들은 자기가 이미 알고 있는 수준에 따라 학습한다. 누구에게나 어떤 발달단계에서 당면하게 되는 과업이 있으며 학생이 이 발달과업을 완수하게 될 때까지 그 발달과업은 그 학생의 동기유발과 흥미의 핵심이 된다. 학습의 준비성은 모든 학습자들에게 적용되는 개념이다.

열셋째, 학부모와의 대화이다. 학부모들이 학생들의 학교생활이나 학업수행에 미치는 영향은 지대하다. 학부모들은 효과적 학습을 도와줄 수 있는 자원이며 학습 성과를 좌우하는 변인임을 알아야 한다.

열넷째, 기록의 보관이다. 한 교사가 한 학생을 계속 지도할 수 없기 때문에 누가기록이나 일과기록 등 학생발달에 대한 증거물들이 계속 기록, 보관되어야 한다. 이 기록들은 학생의 이해, 지도, 상담의 근거가 되며 특수프로그램에 배치할 때 참고가 된다.

열다섯째, 교수에 대한 평가이다. 평가는 교사들이 계획된 프로그램을 얼마나 성공적으로 수행했는가를 알려준다. 장학자는 공식적 총괄평가와 교정과 성장을 위해 실시하는 비공식적 형성평가에 대하여 교사들과 의논해야 한다. 학생평가에 대한 방법과 도구를 선택, 개발하는 것은 가르치는 방법에도 큰 영향을 미치게 된다.

또한 Rosenshine과 Furst(1969)는 교사변인과 학생의 인지적 성취에 대한 연구물들을 분석한 후 학생의 성취에 긍정적으로 영향을 미치는 열한 가지의 주요 변인을 발견했다.

① 명확성과 교사조직, ② 활동, 자료, 매개물의 다양성, ③ 교사의 열성, ④ 과업지향과 학문중심, ⑤ 학생의 학습기회(과업의 이해), ⑥ 학생의 아이디어를 수업 시 활용, ⑦ 교수 시 비판의 정당화(비판 후에는 칭찬도 함), ⑧ 구조화된 언급을 사용, ⑨ 인지적 수준에 적합한 질문(높은 질문, 낮은 질문), ⑩ 학생들이 질문을 만들도록 격려하거나 질문을 찾도록 유도, ⑪ 교수자료 준비에 도전 등이다.

상기에서 살펴본 열한 가지 변인들은 효과적인 교수를 측정하는 기준으로 사용되고 있으며, 효과적인 교수와 비효과적인 교수를 구분하는 기초자료로도 사용되었다.

그리고 **Weil과 Murphy(1982)는 수업효과성에 관련된 연구물을 분석한 후 수업효과성에 영향을 미치는 변인**들을 제시하면 다음과 같다.

첫째, 교사의 수업행동이다. ① 교사의 과제지향적 행동, ② 교사의 적극적 교수행동, ③ 학업성취에 대한 교사의 기대와 관심, ④ 학습에 대한 학생의 책무성 강조, ⑤ 개방적 및 민주적 학습분위기 등이다.

둘째, 교수-학습의 구조화이다. 교수-학습은 잘 계획되고 체계적, 단계적인 절차에 의하여 수행될 때 수업효과성도 높아진다. Rosenshine(1987)은 체계적이고 단계적인 수업활동을 7단계로 설명하고 있다. ① 수업목표 간략히 설명, ② 과거 학습의 상기, ③ 학습내용의 단계적 제시 및 학습, ④ 구체적인 질문을 통해 학생의 이해 여부 파악, ⑤ 학습 초기단계에 친절한 안내와 지도, ⑥ 요약설명 및 미(未)학습된 학생지도, ⑦ 성취수준에 도달할 때까지 계속지도 등이다. 수업을 하기 위하여 교사는 학생들의 흥미를 유발하고, 학습하려는 태도를 가지게 하고, 학습기술을 가르친 후 학생들이 독립적으로 배운 것을 적용해 보도록 하고, 학생들의 학습경험에 대한 질문에 대답해 주는 일련의 행동을 체계적, 구체적으로 해 나가야 한다.

셋째, 교사와 학생의 상호작용이다. 학생들의 학습참여 의욕, 학습에 임하는 태도, 질문에 대한 학생들의 반응 그리고 반응에 대한 교사의 피드백의 내용과 수준은 교사와 학생의 상호작용을 크게 좌우한다.

넷째, 학생들의 학습수행에 대한 파악이다. 학습자의 실제 학습 시간량과 과업에 열중하는 정도, 질문이나 토의에 대한 참여도, 과업 무관심 정도 등은 수시로 점검되어서 그 원인이 파악되고 적절한 지도가 이루어져야 한다.

제3절 교수전략의 선택

실제 수업에 앞서서 교사는 어떤 내용을 누구에게 가장 효과적으로 가르치려면 어떤 교수전략을 선택할 것인가의 문제에 부딪치게 된다. 여기에서 교수전략이란 교수법, 학습지도법, 교수형태, 수업형태, 교수-학습모형 등 교수-학습과정과 관련하여 적용할 수 있는 교사의 행동유형을 일컫는 개념을 폭넓게 지칭한다.

교육현장에서 일반적으로 활용하는 교수전략을 제시하면 다음과 같다(남정걸, 1999).

① **학습자 위치에서의 교수전략**은 자율학습, 타율학습, 동료학습, 코칭학습, 자기주도학습 등이다.

② **사고활동에서의 교수전략**은 계통학습, 문제해결학습, 발견학습, 탐구학습 등이다.

③ **교수공학적인 측면에서의 교수전략**은 시청각학습, 프로그램학습, 멀티미디어학습 등이다.

④ **학습 및 교수집단의 조직측면**에서는 일제학습, 분단학습, 개별화학습, 팀티칭 등이다.

⑤ **학습활동 측면에서의 교수전략**은 독서학습, 청취학습, 토의학습, 보고학습, 관찰학습, 실험학습, 조사학습, 구성학습, 창작학습, 극화학습, 감상학습, 역할학습, 게임학습, 연습학습, 현장학습 등이다.

또한 Costa(1982)는 **교사가 일반적으로 선택할 수 있는 교수전략**을 다음과 같이 제시하고 있다.

① **지시적 전략**(directive strategy)을 들 수 있다. 학생들이 중요한 사실이나 정보를 획득하고 기억하도록 하며, 기능을 수행하고 시범토록 지시한다. 여기에서 교사는 수업에 관한 모든 것을 결정한다. 목표를 설정하고 수업방법과 수업이 효과적이었는가를 결정하는 준거를 결정하며, 학생들을 동기유발하는 책임을 진다.

② **중재적 전략**(mediative strategy)이다. 학생들로 하여금 추리력과 문제해결력을 개발하도록 도와준다. 교사가 일반목표는 수립하지만 학습방법과 수단은 학생들이 결정하고, 학습의 성공 여부를 결정하는 준거에 대한 책임도 학생이 진다. 학생들은 아이디어를 자유스럽게 표현하고, 남의 의견을 이해하며, 자기뿐 아니라 남의 가치도 인정하고 존중하고, 탐구학습과 발견학습에 의해 개념을 획득·개발하고 이론화한다. 학습의 동기는 내재적인 유발을 중시한다. 학습의 동기는 교사의 상벌 등 외재적 동기유발에 의하기보다는 학습활동 자체의 의미와 의의에 의해서 학생들 스스로 유발된다.

③ **생성적 전략**(generative strategy)이다. 학생들 스스로 새로운 해결책과 개혁방안을 발견하고, 통찰력, 창의력, 혁신과 생산성을 기르고 의사소통능력을 개발하게 하는 전략이다. 학습목표는 교사와 학생이 공동으로 수립하되, 목표달성의 방법과 목표달성 정도의 성공 여부를 결정하는 방법은 학생들이 더 책임을 진다.

④ **협력적 전략**(collaborative strategy)이다. 학생들이 서로 인간관계를 맺고 집단 내에서 협동적으로 학습하게 하는 전략이다. 교사와 학생이 공동으로 수업목표를 설정하되, 협력, 상호의존성, 사회화가 중요시된다. 학생들은 집단으로서 학습의 방법과 그 성공 여부를 결정하는 준거의 결정에 대한 책임을 진다. 협력학습, 역할놀이, 집단적 노력에 의한 결과와 해결책의 생산, 사회적 기능의 개발 등은 협력적 전략이 강조하는 행동목표이다. 학습동기의 근원은 집단에 있으며 규범적이다.

수업을 하거나 장학을 한 결과는 어느 하나의 교수전략만이 최선이 아니라는 것을 알 수 있다. 하지만 어떤 목표를 달성하기 위해서는 그래도 어느 교수전략이 다른 것보다 더 낫다는 것은 분명하다. 그렇다면 수많은 교수전략 중에서 최적의 것을 선택하려면 어떻게 하여야 하는가? 여기에는 수업사태에 영향을 주는 수많은 요인을 고려하지 않으면 안 된다. 교수목표, 교수내용, 학생의 욕구와 학습스타일, 학생의 동기 상태와 문제, 학습집단의 특성, 시설과 교구 및 자료의 이용 가능성, 시간적 및 시기적 조건 등을 고려해야 한다. 여기에 교수방법에 대한 교사의 개인적 선호와 욕구, 과거의 관행과 성공 사례, 동료교사의 의견과 행정적 압력, 장학사의 요구, 교사의 평가 도구상의 지표 등도 아울러 교수전략을 선택함에 있어서 기본적으로 관심을 가지지 않을 수 없는 요인들이다. 결국 수업전략을 선택함에 있어서는 실제 수업사태에 적절한 수업전략을 장학사와 교사의 원만한 합의에 의해서 결정해야 할 것이다(김정한, 2004; 남정걸, 1999).

제4절 효과적인 교수행위

역사적으로 효과적인 교수에 대한 연구들은 학생들의 성취를 향상시킬 수 있는 교수행위가 무엇인지를 찾는 데 노력을 기울여 왔다. 교사가 이러한 효과적인 교수행위에 대한 훈련이 있으면 학생들의 표준화검사 성적도 높아진다고 지적하고 있다. 과정-산출 연구의 결과로 많은 교수행위 목록이 제시되고 있다. 과정-산출 연구들은 교수행위의 기술적 핵심이 무엇인지를 연구하고 있는데, 이것을 효과적 교수의 실행(effective teaching practice, ETP)이라고 한다. ETP는 학생들의 성취를 위해 노력하는 교사들이나 장학자들에게 교수행위에 대한 좋은 지침을 제공해 주고 있다(김정한, 2004).

Beach와 Reinhartz(2000)는 과정-산출연구에서 교사들의 기술적 행위 열 가지를 소개하고 있다.

① **조점의 확립이다.** 교사는 금일 수업에 대하여 학생들의 관심을 집중시키고 이전에 배운 수업이나 과제를 복습한다.

② **수업목적과 목표에 대한 소통이다.** 교사는 학생들이 성취해야 할 목표와 기대되는 학습행동들을 글이나 말로 학생들에게 일러준다.

③ **투입과 모델의 제공이다.** 교사는 정보를 명확히 제시하고 중요한 부분이나 내용을 강조한다. 인지적 기술을 설명하거나 기자재나 자료를 다루는 절차를 보여준다.

④ **명확한 교수의 실시이다.** 교사는 수업내용과 학생들의 능력과 흥미가 일치할 수 있게 정보나 기술을 명확히 그리고 순서적으로 제공해야 한다.

⑤ **이해의 점검과 질문이다.** 교사는 학생들의 이해 수준을 알아보기 위하여 다양한 기술을 사용할 수 있다. 학생들이 성공할 확률이 높은 질문을 많이 하며, 학생들이 대답을 생각하도록 기다려주고 차원이 높은 질문을 한다.

⑥ **독립적 연습의 안내이다.** 교사는 학생들이 배운 정보와 기술을 교실 상황을 벗어난 독립적 상황에서 적용시켜 볼 수 있는 기회를 마련해 준다.

⑦ **평가와 피드백의 제공이다.** 교사는 수업 중에 학생들의 수행을 살펴보고, 필요시 피드백을 제공하거나 잘못 이해된 부분을 고쳐준다.

⑧ **학문적 학습시간의 확대이다.** 교사는 가능한 한 교수-학습시간을 최대화하고 학생들을 학습활동에 전념하게 한다.

⑨ **학급운영과 조직이다.** 교사는 기대되는 행동이 무엇인지를 분명히 하고, 부적절한 행동을 중지시키거나 방지하기 위하여 여러 가지 기술을 사용한다.

⑩ **교수의 다양성 확보를 들 수 있다.** 교사는 교수의 다양성을 확보하기 위하여 다른 전략, 자료, 수업도구를 사용한다.

또한 Sergiovanni와 Starratt(1998)는 학생의 성취에 영향을 주는 교사의 행위를 다음과 같이 제시했다. ① 학급의 규칙을 세워서 교사가 일일이 검토하지 않아도 학생들이 개인적인 요구나 절차상의 요구에 관심을 가지게 한다. ② 학생들에게 높은 성취를 할 수 있다는 기대를 알려준다. ③ 우선 숙제를 점검하고 전 시간에 이용했던 자료를 검토한 다음에 언제나 수업을 시작한다. ④ 새로운 수업내용의 목표를 학생에게 분명히 알린다. ⑤ 시험에 나올(평가에 의해 측정될) 내용이나 기능을 직접 가르친다. ⑥ 새 제재를 가르친 다음에는 질문이나 실제 행동을 통해 학생들이 어느 정도 이해하는가를 검토한다. ⑦ 교사가 학급 순회 중 미처 발견하지 못한 학생들의 성공적인 사태에 대해서도 늘 대비한다. ⑧ 학생이 학습과제에 직접 열중하도록 한다. 학습과제에 열중하는 시간은 학생의 성취에 결정적인 요인이다. ⑨ 숙제를 주어서 교재에 정통하도록 한다. ⑩ 주별, 월별 검토하는 시간을 갖는다.

상기에서 Beach와 Reinhartz(2000), Sergiovanni와 Starratt(1998)의 견해를 살펴본 바와 같이, 교사들이나 장학자들이 교수와 학습과정의 개선을 끊임없이 추구해 나가고자 할 때 이러한 효과적 행위들은 좋은 롤-모델(role-model)을 제공해 줄 수 있을 것이다.

Emmer 등(1984)은 교사효과성 연구들을 요약하여 <표 6-1>과 같이 제시하고 있다.

표 6-1 효과적인 교수행동과 비효과적인 교수행동

구분	비효과적 행동	효과적 행동
1	수업목표에 대한 의사소통 • 수업목적이나 학생들에게 기대하는 바가 무엇인지를 명확히 제시하지 않음	• 수업 시작 시 목적과 중요 목표의 제시 • 학생이 무엇을 알아야 하고 행해야 하는지, 어떤 책임이 있는지를 말함 • 내용을 제시할 때 가장 중요한 아이디어를 강조 • 수업 마지막에 중요점이나 목표를 복습
2	정보를 체계적으로 제시 • 순서대로 정보를 제시하지 못함: 중요한 점을 지나치거나 언급치 않음 • 주의를 주지 않고 한 주제에서 다른 주제로 이동 • 수업과 관계없는 정보 언급, 사소한 것을 말함 • 한 번에 너무 많은 복잡한 정보를 제시하거나 너무 빨리 방향을 전환 • 수업을 깊이 있게 다룰 수 있는 충분한 시간을 남기지 않음	• 학습한 중요점을 요약하고 아이디어나 주제가 바뀔 때 명확히 구분 • 주제에 집중함: 중심 아이디어가 전개될 때까지 복잡한 것은 뒤로 미룸 • 복잡한 내용은 손쉽게 할 수 있는 단위나 크기로 쪼갬: 한 단계 한 단계 방향 제시 • 진행 전 이해 여부 확인 • 활동 시작 시에 적당한 진행 속도를 유지하여 뒤에도 충분한 시간이 있음
3	모호성의 회피 • 구체적인 사례 없이 개념을 제시 • 지나치게 복잡한 어휘 사용 • 부정적 구문의 지나친 사용 • 모호하거나 정의가 되지 않음	• 다양하고 적합한 사례 제시 • 학생이 이해하는 말 사용: 새로운 용어를 정의함 • 구체적이고 정확하고 구체적 목적물을 지적하고 무엇이 왜 맞는지를 말함

4	이해를 점검 • 모두가 이해한 것으로 여기거나 또는 "모두 이해됐지요?", "질문 있습니까?"라고 묻고 확인 없이 다음으로 진행. 시간이 제한되어 있고 학생 질문도 없이 다음 주제로 옮김 • 학습이 느린 학생을 고려하지 않고 몇몇 학생의 의견에 따라감	• 학생들이 다음으로 옮길 준비가 되었는지 질문을 던지거나 학생들의 작업표본을 보고 결정 • 분명하지 않은 부분은 다시 가르침 • 모든 학생들이 이해했는지를 체계적으로 검토
5	연습과 피드백 제공 • 학습한 것 중 일부분에 관련된 과제를 내어줌 • 확인, 검토가 없고, 학생들의 과제물에 대하여 이야기를 나누지 않음 • 수업과제를 주지 않거나 숙제를 내지 않음	• 학생들이 적당한 연습을 함으로써 중요한 목표가 달성되었는지를 확인 • 과제를 검토함으로써 모든 배운 기술과 개념을 강화하도록 함 • 정기적으로 과업을 확인하고 필요한 개념은 다시 설명하고, 필요시에는 다시 가르침

자료: Emmer, Edmund T., & Carolyn M., Evertson, B. C.(1984). Classroom Management for Secondary Teachers. Upper Saddle River. New Jersey: Prentice-Hall, pp. 119-120.

Sergiovanni와 Starratt(1998)는 학습 환경의 재구조화가 필요한 이 시기에 학교교육이 필요로 하는 이상적인 교사를 다음과 같이 기술하고 있다.

① 교사는 모든 아동들이 학습에 성공할 수 있다는 원칙을 확신하여 이 일에 그들의 힘을 바친다.

② 교사는 학습자의 적극적 참여를 통하여 의미 있는 학습이 이루어질 수 있음을 깨닫고, 학습자가 확실한 이해를 위하여 자기를 표현할 수 있는 기회를 제공한다.

③ 교사는 학교 내 다른 교사들과 협력하여 모든 학생들에게 매력적이고, 융통성 있고, 신뢰할 수 있고, 역동적인 학습 환경을 만들어 나간다.

④ 교사는 가르치는 학문 분야의 내용을 잘 알 뿐 아니라 그 분야를 탐구하는 방법들에 대해서도 잘 알고 있다.

⑤ 교사는 메타교육과정(meta curriculum)의 요소들을 알고 있다. 높은 수준의 사고적인 측면, 주요 개념적 골격, 모형들, 학문 분야의 방법들 그리고 메타교육과정에서 학습자의 상대적 숙련도를 나타내 줄 수 있는 학생수행이나 결과가 무엇인지를 알고 있다.

⑥ 교사는 교육과정을 학생들에게 펼치면서 다양한 교수전략이나 의제들을

실무적으로 통제한다.

⑦ 교사는 개인이나 집단이 자율성을 최대한 확대시키고 적극적으로 참여하도록 학습활동을 다양하게 설계한다.

⑧ 대화나 행동연구를 통하여 학생들의 작업을 계속 점검함으로써 어떤 학생이 어려움을 경험하고 있는지를 알아보고, 어려움의 원인은 무엇인지를 분석하고, 학습과업을 성취할 수 있도록 적절히 대응한다.

⑨ 교사는 학부모들과 손잡고 그들의 아이들이 해 나가고 있는 학습과업을 함께 지원해 주는 데 힘쓴다.

그리고 교사의 행위에 관한 연구 중에서 교사의 성격이나 특성 또는 성격 특성, 교사의 자질에 관련된 것이 대다수이다. 물론 성공적이고 효과적인 교수에 기여하는 교사의 특성이나 자질에 관한 합의된 결론은 없다.

하지만 Barr(1996)는 약 50년간의 연구를 통하여 열두 가지의 성공적인 교사 특성을 제시했다.

① 기량의 풍부성(resourcefulness)이다. 독창성, 창의성, 주도성, 상상력, 모험성, 진보성 등이다.

② 지성(intelligence)이다. 예측력, 예리한 지성, 이해력, 정신적 능력, 지적 능력, 상식 등이다.

③ 정서적 안정성(emotional stability)이다. 침착성, 극기(자기 통제력), 확고부동, 냉정, 위엄, 비신경성, 정서적 성숙, 일관성, 성실, 흥분하지 않고 안정되며 통합된 성격 등이다.

④ 배려성(considerateness)이다. 감사, 친절, 우정, 인사성, 동정, 기지, 온화, 유용성, 인내, 인사성, 사려성, 관용성 등이다.

⑤ 쾌활성(optimism)이다. 난관성, 열성, 명랑, 사교성, 유창성, 말하기 좋아함, 유머 감각, 낙천적 기질, 조심성, 활기, 이상주의, 분명성, 표현성, 기지 등이다.

⑥ 객관성(objectivity)이다. 공정성, 불편 부당성, 열린 마음, 편견에서 해방, 정의감 등이다.

⑦ 추진력(drive)이다. 육체적 활력, 정력, 인내, 야망, 근면, 지구력, 동기, 의도성, 민첩, 열성, 신속성 등이다.

⑧ 지배력(dominance)이다. 자신감, 설득력, 결단력, 용기, 독립심, 사회적 인정에 대한 무반응, 결단력, 자기주장, 자기의존 등이다.

⑨ 매력(attractiveness)이다. 의복, 체격, 신체적 결함의 무, 인간적 흡인력, 단정함, 청결, 인간적 매력, 용모 등이다.

⑩ 품위(refinement)이다. 좋은 취미, 겸손, 도덕성, 상례 존중, 교양, 수양, 박식함 등이다.

⑪ 협동성(cooperativeness)이다. 친절함, 태평함, 온화함, 관대함, 적응성, 융통성, 책임성, 신뢰성, 온정성, 비이기주의, 자비로움 등이다,

⑫ 신뢰성(reliability)이다. 정확성, 확실성, 정직, 시간엄수, 책임감, 양심적임, 고통 감내, 일관성, 성실성 등이다.

제5절 효과적 교수와 임상장학[1)]

학생들의 학습결과를 최대화하기 위해 교사의 효과적 및 이상적 수행에 초점을 둔 것이 임상장학으로 볼 수 있다. 교수효과성(teaching effectiveness)을 가져오는 효과적인 교수(effective teaching)에 대한 연구의 발달을 고찰하고자 한다.

1. 교수효과성에 관한 연구발달

여기에서는 교사 특성에 관한 연구, 완전한 교수법에 관한 연구, 과정-결과 연구 등에 대해서 살펴본다.

1) 한국교육행정학회(1995). 장학론. 서울: 도서출판 하우, pp. 221-249; 김영식・주삼환(1992). 장학론. 서울: 한국방송통신대학교, pp. 181-193 인용 및 재정리.

1) 교사 특성(teacher characteristics)에 관한 연구

이 단계는 실제 교수능력이 아닌 성공적인 교사의 특성을 밝혀 보려고 한 것으로 특징지어진다. 이 단계에서 연구자들은 교사가 실제로 가르치는 것을 관찰하지 않았고, 학생의 학업성적을 측정하지도 않았다. 학교행정가들은 가끔 학생들에게 질문하여 그들이 가장 우수하다고 생각하는 교사를 알아내서 그러한 교사들이 갖고 있는 공통적 예언적 특성(common presage characteristics)을 찾아내려고 하였다(윤옥기, 1986).

흔히 초등학교 학생들에게 "좋은" 선생님이 누구인가를 물어서 효과적인 교사와 비효과적인 교사를 대조하는 것이 사례로 볼 수 있다. 이 분야 연구의 대표적인 것으로는 Commonwealth Teacher Training Study(Charters & Waples, 1929)를 들 수 있다. 여기서 밝힌 25개의 특성 중에 상위 6개의 특성을 제시하면, ① 적응성(adaptability), ② 사려성(consideration), ③ 열성(enthusiasm), ④ 판단력(good judgement), ⑤ 정직(honesty), ⑥ 매력(magnetism) 등이다.

하지만 이러한 연구들은 학생들에게 가장 좋은 또는 가장 효과적인 교사라는 인상을 주는 교사의 특성을 기술하도록 한 것에 지나지 않는다. 나아가서 그러한 교사가 가르친 학생들의 학업성취가 그렇지 못한 교사가 가르친 학생들의 학업성취보다 더 높은지를 검증해 보지도 않았다. 이 연구에서 교사들은 후천적으로 만들어지는 것이 아니라 선천적으로 주어지는 것이라고 가정하는 것으로서 先在하는 교사의 특성을 중시하는 것이다.

이에 반해 보다 발전된 것으로 복잡한 교사특성, 특히 교사의 수행을 포함하는 연구들이 있다. 고등학교 학생들에게 그들이 가장 좋아하는 교사의 특성을 묻는 연구가 있다(Hart, 1936). 이때 가장 흔히 언급된 특성으로는 ① 교수기술(teaching skills)이 좋다. ② 유쾌하고, 성품이 좋으며, 인내심이 있고, 신경질적이 아니다. ③ 다정하고, 친하기 쉽고, 냉담하지 않다. ④ 아동에게 관심을 가지며, 그들을 이해한다. ⑤ 편애하지 않는다. ⑥ 성적이나 점수를 주는 데 공정하다는 것이다. 이 목록에서 선재하는 교사의 특성 가운데 교사능력, 즉 훈련을 통하여 습득될 수 있는 특성인 교수기술이 포함되어 있다.

같은 학생들에게 그들이 가장 잘 배운 교사가 그들이 가장 좋아하는 교사와 동일한지를 생각해보도록 하고, 동일하지 않다고 대답한 학생들에게는 가장 효과적인 교사가 가장 좋아하는 교사와 어떻게 다른지를 물었다. 가장 흔히 언급된 특성으로 ① 학생들에게 보다 많은 요구를 한다. ② 보다 많은 교수기술(teaching skills)을 갖고 있다. ③ 교과에 대한 지식을 보다 많이 갖고 있다. ④ 보다 더 학생을 잘 다스린다(has better discipline)이다. 이 목록에는 선재하는 교사특성이 나타나지 않는 면에서 전술한 목록과 아주 다르다. ① 특성은 교사의 수행변인이고, ②와 ③의 특성은 교사능력에 관한 것이고, ④의 특성은 교사효과성 그 자체에 관계된다(윤옥기, 1986).

2) 완전한 교수법(perfect method)에 관한 연구

이 단계는 교수법에 대한 탐구가 특징이다. 즉, A 방법과 B 방법 중 어떤 것으로 가르칠 때 학생들의 학업성취가 향상되는지를 알아보는 방법이다. 전형적으로 서로 다른 학급을 서로 다른 교수법으로 가르치고 나서 학생들의 학업성취를 비교한다. 이 단계는 전 단계와는 달리 교사의 수행에 밀접한 관심을 갖는다.

3) 과정-결과 연구

교사효과성 연구에서 중요한 변화를 가져온 단계이다. 대표적으로 Mitzel(1960)은 교수효과성에 관한 네 가지 변인을 정의한 후, 4변인 중 3변인을 교사효과성에 대한 "예언(presage)", "과정(process)", "결과(product)" 준거라고 했다.

① 예언준거(presage criteria)는 先在하는 교사특성과 교사능력을 포함했고, ② 과정준거는 교사수행(teacher performance)변인에, ③ 결과준거는 교사효과성에 상응한다. 여기에 그는 환경 변인(environmental variables)을 추가하는데 그것은 학생의 학습에 영향을 미치기는 하지만 교사에 의해 통제될 수 없는 다양한 배경적 상황변인을 의미한다. 그런데 이 연구단계는 교사의 수

업에 대한 체계적인 관찰을 강조한 것이 특징이다. 즉 과정준거인 교사수행이 독립변인이 되고 결과준거인 학생 개개인의 학업성취가 종속변인이 되어 수업관찰자에 의해 교사의 수업행위를 관찰 및 측정하였다.

1950년대 Amidon과 Flanders의 연구로 시작하여 Handbook of Research on Teaching(Gage, 1963)은 교사수행(teacher performance)의 측정을 위해 평정척도를 대처할 수 있으며, 추측이 작용할 수 있는 폭이 작은 관찰방법목록(low-inference observation schedules)을 소개하여 측정 면에서 중요한 발전의 가능성을 보였다(윤옥기, 1986).

결국 이러한 교수효과성의 연구방법은 장학의 발전에 아주 중요한 시사점을 주는 동시에 양자 간의 깊은 관계성을 갖게 해준다. 과정-결과연구를 통해 효과적인 교수행위가 무엇인가를 밝히면 곧 그것은 교실에서의 교사의 수업개선을 위해 기초가 된다는 점이다. 그렇기 때문에 특히 임상장학은 주기적인 3단계, 계획협의회(planning conference), 수업관찰(classroom observation), 피드백협의회(feedback conference)를 거쳐 교사의 실제 교실에서의 수업수행에 초점을 둔다.

2. 교수행위 관찰과 임상장학

임상장학은 직접적으로 교사의 수업관찰을 통하여 효과적인 교수행위를 교사들에게 조장하는 것을 목적으로 삼는다. 이러한 관계를 이해하기 위해서는 우선 다음과 같은 **임상장학의 기본 특징과 가정을 기술**하면 다음과 같다(주삼환 역, 1985).

① 수업개선을 위해서는 교사가 특별한 지적 및 행동적 기능을 배워야 한다.

② 장학자의 主機能은 교사에게 이러한 기능을 가르치는 것이다. i) 수업과정에 대한 복잡한 분석적 지각기능, ii) 뚜렷한 관찰적 증거에 의한 수업과정의 합리적 분석기능, iii) 교육과정의 혁신, 실천, 실험 기능, iv) 교수수행기능 등이다.

③ 장학의 초점은 교사가 무엇을 어떻게 가르치느냐에 둔다. 장학의 주요 목

적은 수업을 개선하는 것이지 교사의 인성을 변화시키는 것은 아니다.

④ 수업계획과 분석에서 장학의 초점은 관찰 증거에 의한 수업의 가설을 설정하고 검증하는 데 있다.

⑤ 장학의 초점은 수적으로 적지만 교육적으로 중요하고, 지적으로 교사에게 접근 가능하고, 변화 가능한 수업 측면의 이슈에 있다.

⑥ 장학의 초점은 실패에 대한 비난보다는 건설적인 분석과 수업의 성공적 형태에 대한 강화에 있다.

⑦ 장학의 초점은 관찰 증거에 있는 것이지 비실제적 가치판단에 있는 것이 아니다.

⑧ 계획, 교수, 분석의 순환은 과거의 경험에 바탕을 두어 형성하는 계속적인 것이다.

⑨ 장학은 장학자와 교사가 상호교육적 이해를 추구하기 위한 동료로서 상호작용(give-and-take)의 역동적 과정이다.

⑩ 장학의 과정은 수업분석에 중점을 둔 주로 언어적 상호작용과정이다.

⑪ 각 교사는 수업의 이슈를 주도하고, 자신의 교수를 분석 및 개선하고, 개인적 교수 스타일을 개발할 자유와 책임을 둘 다 가지고 있다.

⑫ 장학은 복잡한 지각, 합리적 분석, 개선의 비교과정에 적응할 수 있고 또 어떤 형태로 된 그 자체이다.

⑬ 교사가 자기수업을 분석하고 평가하는 것과 마찬가지로, 장학자도 자기자신의 장학을 분석하고 평가할 자유와 책임의 양자를 다 가지고 있다.

따라서 임상장학은 구체적으로 교사의 수업관찰을 통하여 ① 교수수업의 현 사태에 관한 객관적 피드백을 제공하고, ② 수업의 문제점을 진단하고 해결하며, ③ 교사로 하여금 효과적인 수업전략 사용기능을 개발할 수 있도록 도와준다.

임상장학에서 교사의 수업행동의 관찰이 주요한 내용이 된다. 이와 관련하여 여기서는 보다 넓게 효과적인 교수행위를 밝히기 위한 관찰영역을 고찰하도록 하자.

1) 교사행동 관찰

교사행동의 관찰은 ① 일반적인 특성을 관찰하는 것, ② 구체적인 교과목에서 효과적인 교수기준, ③ 효과적인 수업전략을 관찰하는 것 등이다.

(1) 일반적 특성

효과적인 교수행동의 특성을 확인하는 최초의 관점은 교사가 교실에서 나타내는 일반적인 특성을 밝히는 것이다. 이러한 관찰연구 중 **Rayans의 연구**를 들 수 있다. Rayans와 그의 동료들은 효과적인 교수에 해당하는 요인을 확인하기 위하여 관찰연구의 광범위한 프로그램을 실시하였다. 그들의 연구에서 세 가지 주요 요인이 발견되었다. 이 요인의 긍정적 極과 부정적 極은 ① 온정성(warm)과 이해성 있는(understanding) 對 냉담적(cold)과 거리감이 있는(aloof), ② 조직적(organized)과 업무적(businesslike) 對 무계획적(unplanned)과 되는 대로(slipslop), ③ 자극주기(stimulating)와 상상력 주기(imaginative) 對 무미건조(dull)와 틀에 박힌(routine)이다. 각 요인의 긍정적 극에 더 가깝게 평정된 교사는 부정적 극에 더 가깝게 평정된 교사보다 더 "효과적(effective)"인 것으로 간주된다.

그리고 교사효과성에 관한 또 다른 주요 연구는 **Flanders와 그의 동료들의 연구**이다. Flanders의 연구는 2개의 대조적인 교수스타일, 즉 지시적·비지시적 교수를 관찰한다. ① 지시적 교수는 교사가 강의, 비평, 권위적 판정, 지시에 의존하는 것이 특징이다. ② 비지시적 교수는 교사가 질문, 학생의 감정 수용, 학생의 아이디어 인정, 칭찬과 격려에 의존하는 것이 특징이다. 그러나 많은 연구에서 "지시적" 교사의 학생들보다 "비지시적" 교사가 가르치는 학생들이 더 잘 배우고 학습에 대하여 더 좋은 태도를 가진다는 것이 밝혀졌다. 그렇지만 Flanders는 지시적 행위와 비지시적 행위 둘 다 좋은 교수에 필요하다는 것을 암시한다. 예를 들면, 곤란한 교육과정 주제를 명백히 하기 위해서는 강의-설명과 같은 지시적 교수전략에 의해서 교사는 학습성과를 올릴 수 있을 것이다. 그러나 이러한 상황에서일지라도 교사는 학생들이 따라오고 있는지 확인하기 위하여 때때로 질문함으로써 강의-설명식을 보다 비지시적으로 만들 수 있다.

연구자들은 지시적·비지시적 교수가 아닌 다른 교사특성을 연구하였다. 이 연구의 대체적 설계는 교사의 교실 내 다양한 측면을 관찰하는 것이다. 또한 이 교사가 가르친 학생을 한 학년 동안 간격을 두고 검사하였다. 표준화성취도 검사를 이 목적으로 사용하였다. 수업기간의 사전과 사후(사례: 학년 초와 학년 말)의 학생점수를 "성취의 향상"을 알기 위하여 비교하였다. 끝으로 어떤 교수행위가 학생의 성취 향상과 관련되는지 알기 위하여 자료를 분석하였다.

Barak Rosenshine과 Norma Furst가 이 연구에 대하여 유용한 검토를 하였다. 이들은 학업성취도의 향상과 일관하여 관련되는 5개의 교사특성을 확인하였다. 우선 두 가지 특성은 교사의 열성과 업무지향인데, 이 두 특성은 Rayans의 연구에서 확인된 것과 일치한다. 셋째 특성은 교사의 명료성이다. 연구자들은 명료성 또는 명료성의 부족을 여러 가지 방법으로 정의하였다. 예를 들면, 교사가 말한 것을 명료하게 해 달라는 학생들의 요구에 교사가 대답하기 위하여 사용하는 시간의 양, 추가적 정보나 질문을 첨가하기 위한 교사의 도움 없이 교사의 질문에 학생들이 반응하는 빈도, 교사의 구두 설명에서 모호한 단어[예: "약간(some)", "많은(many)", "물론(of course)"]를 회피한다. 그리고 Rosenshine Furst의 넷째 교사 특성은 다양성이다. 이 특성은 교사가 사용한 여러 교수자료, 테스트, 교수기구의 수를 세어 봄으로써 관찰할 수 있다. 다른 지표는 교사가 수업에서 이야기하는 인지적 수준을 변화시키는 정도이다. 다섯째 특성은 성취도 검사가 다루는 교육과정 자료를 학생들이 배울 수 있는 기회를 교사가 제공해 주는 정도이다. 이런 의미에서 이 특성을 흔히 성취도 검사가 측정하는 인지적 학습에 초점을 둔 수업활동을 위한 교사의 능력과 호의도라고 볼 수 있다.

(2) 효과적인 교수기준의 관찰

특정 교육과정에서 학생의 학습을 촉진하는 교사의 행위를 밝히려는 연구들이 있다. 이들 중에 대표적인 두 가지 연구를 들어 보면 다음과 같다.

우선 Rosenshine(1976)**이 밝힌 "효과적인 읽기·수학수업과 관련된 수업 행위"의 기준**을 열거하면 다음과 같다.

① 교사가 수업시간을 조정한다.
② 교과서, 학습 워크북, 언어적 상호작용에 의하여 교사가 읽기·수학수업에 수업시간을 바친다.
③ 학생이 자기 속도대로 학습하는 워크북을 포함하여 독자적 학습(seatwork)을 하도록 교사가 부과한다.
④ 교사는 학생을 소집단으로 조직하고 이들의 학습을 감독한다.
⑤ 교사는 활동선택의 이유나 활동선택 기회를 학생들에게 주지 않고 활동을 지시한다.
⑥ 교사는 단지 하나의 답만을 요구하는 직선적인 질문을 한다.
⑦ 교사는 학생들이 비록 모르겠다고 대답하는 때가 있을지라도 질문에 답하도록 학생들을 격려한다.
⑧ 교사는 학생들의 정확한 대답을 즉각적으로 강화해 준다.
⑨ 교사는 학생들이 맞는 답을 한 다음에 새로운 질문을 한다.
⑩ 교사는 학생들이 틀린 대답을 한 다음에는 맞는 답을 알려준다.

Rosenshine은 이를 "지시적 수업(direct instruction)" 양식이라고 명명했다. 그는 ① 학생이 자기들 시간을 조직하도록 하기보다는 교사가 학생시간을 조직하고, ② 개별 독립학습보다는 소집단 학습을 강조하고, ③ 학생의 자기표현을 격려하기보다는 빈번한 연습에 열중하며, ④ 학생 대답에 자주, 즉각적으로 피드백해 줄 것을 요구한다. Rosenshine이 고찰한 연구에 따르면, 만일 교사가 지시적 교수양식을 자주 사용한다면 저학년, 낮은 사회경제적 신분의 학생의 읽기와 수학 성적은 향상될 수 있다는 것이 시사된다.

한편 Berliner와 Tikunoff(1976)**는 초등학교 2학년과 5학년의 읽기와 수학에서, 보다 효과적인 교사와 덜 효과적인 교사를 구별해 주는 21개의 교수행위를 양 차원으로 분류 및 제시했는데, 그중 16개의 항목**은 다음과 같다.

〈효과적인 교사행위〉

① 교사는 학생의 감정과 태도에 대하여 건설적(공개적 · 언어적 · 비언어적)으로 반응해준다.
② 교사는 학생이 말하고, 외우는 것을 적극적으로 듣는다.
③ 교사는 지시나 위협을 주고 또 그것을 따르게 한다.
④ 교사는 주어진 교과의 교수에 자신 있어 보이고, 또 그것을 추구한다는 것을 시범적으로 보여준다.
⑤ 교사는 정기적으로 학생의 진전을 체크하고, 이에 의하여 수업을 조절한다.
⑥ 교사는 긍정적 · 유쾌한 · 낙관적 태도와 감정을 표현한다.
⑦ 교사는 학생의 학습속도를 감지하고, 이에 따라 교수속도를 조절한다.
⑧ 교사는 학생 자신의 학습에 대하여 책임감을 가지도록 격려한다.
⑨ 교사는 수업 중에 일어나는 예기치 않은 사건을 수업적 측면에서 처리한다.
⑩ 교사는 복습, 개괄, 목표 설명, 요약을 통하여 학생들이 학습을 준비하도록 한다.

〈비효과적인 교사행위〉

① 교사는 갑자기, 예를 들면 수업에서 학급관리로 변경시킨다.
② 교사는 다른 사람 앞에서 한 학생을 꾸짖는다.
③ 교사는 "빈(empty)"시간을 "바쁜 일(busy work)"로 메꾼다.
④ 교사는 실천되면 그 결과가 우스꽝스러울 일을 하도록 선언한다.
⑤ 교사는 종종 一罰百戒 방법을 쓴다.
⑥ 교사는 분명한 수업목적도 아닌데 주의집중을 명령한다.

특정 교과목에서 밝혀진 기준은 앞에서 밝힌 일반적인 특성보다는 구체적이라는 점이 중요하다. 그러나 보다 일반적으로 효과적인 교수행위가 무엇이냐의 문제는 또 다른 방향의 접근이 필요하다.

(3) 교수전략

상기에서 교사의 수업수행을 관찰함으로써 평가할 수 있는 다양한 교사 특성에 대하여 논의하였다. 교사가 보다 구체적인 전략과 기술을 사용하는 것을 관찰하는 것도 가능하다. 토의, 강의, 탐구, 암송, 진단처방교수, 행동수정, 독립 학습계약, 시뮬레이션(모의학습), 역할극 등은 능력 있는 교사들이 레퍼토리로 가질 것으로 기대되는 교수전략의 사례이다. 증거가 항상 결정적 결론은 아니었지만 연구결과 일정한 형태의 학습을 진작시키는 데 있어서 이들 각각의 교수전략이 효과적이라는 것을 보여주었다.

각 교수전략은 일련의 기술로 분석될 수 있다. 예를 들면, 암송에서 바람직한 것으로 보이는 기술은 ① 전적으로 지적 수준이라기보다는 보다 고도의 인지적 질문을 하는 것, ② 학생으로 하여금 생각할 수 있는 시간을 가질 수 있도록 질문한 다음, 잠시 休止 가지기, ③ 학생들이 하나의 질문에 대한 그들의 최초의 반응을 발전시킬 수 있도록 도와주기 위하여 계속 추적 질문하기, ④ 학생들의 참여를 고르게 하기 등이다. 이 전략 사용에 있어서 전체적 효과성이 어떤지 교사들을 관찰하고 평정할 수 있고, 또 하나하나의 기술사용에서의 효과성을 관찰 및 평정할 수도 있다.

모든 주요 교수전략은 여러 교육과정 영역에서 몇 개의 다양하고 전문화된 응용을 가지고 있다. 예를 들면, 같은 토의법이라도 교사가 그것을 고도의 인지적 학습을 향상시키기 위하여 사용하느냐에 따라 각각 다른 형태를 가지게 된다. 교과전문가들도 이 방법을 자기들 용도에 맞게 응용하였다. 사회과에서는 공고의 이슈 분석을 위한 법학적 모형에 맞는 다양한 토의법을 개발하였다.

장학담당자가 효과적인 교수행위를 규명하는 것은 교사의 행위만을 대상으로 하는 것은 아니다. 그것은 학생의 행동을 관찰함으로써도 가능하다. 교수효과성은 결국 학생의 행동과 관계되기 때문이다.

2) 학생행동 관찰

교수의 질을 검토하기 위한 또 다른 측면은 교사가 가르치고 있는 학생을 관찰하는 것이다. 이것은 정확성의 측면에서 문제가 있을지 모르나 교사에 대하여 아무것도 알지 못한다 할지라도 장학담당자는 그 교사의 학생들을 관찰함으로써 그 교사의 교수의 질을 판단할 수 있다. 교수의 질을 판단하는 데 작용하는 학생행동이나 수행은 다음과 같이 열거할 수 있다.

① 학생들은 테스트의 성과에 의하여 측정되는 것처럼 교육과정이 의도한 지식, 이해, 기능, 태도를 학습하고 있다.
② 학생들은 교육과정을 학습하는데 있어서 독립적 행동을 보여준다.
③ 학생들은 교사와 동료학생들에 대하여 긍정적 태도를 가르쳐 주는 행동을 보여준다.
④ 학생들은 교육과정과 학교에 대하여 긍정적 태도를 가르쳐 주는 행동을 보여준다.
⑤ 학생들은 학습자로서의 자신에 대하여 긍정적 태도를 가르쳐 주는 행동을 보여준다.
⑥ 학생들은 학급에서 행동의 문제를 보이지 않는다.
⑦ 학생들은 학습하는 동안 적극적으로 교육과정의 학습에 열중하는 것 같다.

상기에서 제시한 항목들은 장학담당자가 하나의 학습단원이나 한 학기 또는 한 학년 동안의 교육과정에서 테스트해 볼 수 있는 것들이다. 특히 ⑦은 일반적으로 학습에 열중하는 시간이 학교 成就史에서 하나의 중요한 요인임을 상기할 때 아주 중요하다.

3) 교사의 계획 관찰

좋은 교수의 기준을 개발하기 위한 셋째 측면은 교사의 계획이다. 만일 교사의 의도와 교수목표를 알지 못한다면 교사의 수업행위의 효과성을 잘못 판단하기 쉽다. 예를 들면, 문답식 수업을 하는 초등학교 6학년 교사를 관찰한 교육자집단을 회상해 보자. 그 다음에 그 집단 중의 한 사람은 너무 많은 지식수준의 질문을 했다고 그 교사를 비평했다. 그 후에 그 교사는 관찰한 집단을 만나서 전날 어려운 課(학습 단위)에 포함되었던 정보를 강화해 주기 위해서 이 학급은 문답수업이 필요하였다고 설명하였다. 그 교사는 학생들이 새로 배운 정보를 반영하고 적용하도록 북돋아주는 다른 학습을 더 가질 예정이라는 것을 설명하였다. 간단히 말하면, 그 교육자집단 중의 한 사람은 교사의 의도를 몰랐기 때문에 교사의 교수수행을 잘못 판단하였던 것이다.

교사의 계획에 대한 노력의 질을 나타내 주는 몇몇 가능한 지표가 있다.

교사가 수업목표, 교육과정자료, 평가방법을 선택하는 데 있어서의 합리성(rationale)의 건전도를 판단하는 것은 가능하다. 교사의 합리성은 그 교사와 대화를 함으로써 그리고 작성된 수업계획을 살펴봄으로써 알 수 있다.

교사의 계획에 대한 다른 중요한 측면은 학생특성의 이용과 수업을 조직하고 개별화하는 능력이다. 좋은 계획이라는 증거는 필요하다면 수업수행의 결과에 의하여 수업계획을 수정하려는 교사의 접근에서 또한 발견된다.

상기에서 장학담당자가 효과적인 교수행위를 발견하는 세 가지 접근방법에 대하여 고찰하였다. 이 밖에도 교실 이외에서 교사의 행동을 관찰함으로써 효과적인 교사의 기준을 파악할 수 있다. 학교활동에 적극 참여하고, 동료와 협조하고. 윤리적 규범에 따라 행동하는 정도가 분석대상이 된다. 그러나 가장 중요한 것은 맨 앞에서 설명한 교사행동을 직접 관찰하는 것이다. 여기에서 지적할 것은 교사행동의 관찰에서 얻어진 기준은 체계적인 효과성 검증에 의해 뒷받침되어야 할 것이며, 장학담당자가 교사에게 일방적으로 제시 및 요구하는 것이 아니라 장학담당자와 교사가 이에 대해 일치된 견해를 갖는 일이 중요하다.

상기에서 주로 효과적인 교수와 장학의 관계에 대하여 임상장학의 관점에서만 다루었다. 하지만 교사의 교수수행을 개선하는 데는 반드시 장학담당자와 교사의 1: 1관계 속에서만 이루어지는 것은 아니다. 보다 다양한 형태의 장학을 통해서 특히 장학담당자가 아닌 동료교사나 자기연구를 통해서도 교사의 수업은 충분히 개선될 수 있다.

3. 효과적 교수를 위한 집단장학

효과적인 교수와 관련하여 위에서 살펴본 임상장학은 교사와 장학담당자의 1: 1관계 속에서 이루어지는 "개인을 통한 장학방법"이라고 볼 수 있다. 그러나 이보다는 학교 내에서의 인적 자원을 통한 집단장학이나 동료장학도 효과적인 교수개선을 위해 유용하게 이용할 수가 있다.

첫째, 동료장학이다. 전문직에서는 상급행정가보다는 동료전문가로부터 더 많은 정보를 얻을 수 있다. 동료는 쉽게 만날 수 있고 서로의 사정을 잘 알 수 있으므로 장학담당자가 갖고 있지 않은 많은 장점을 활용할 수 있다. 따라서 경력이 많고 좋은 수업을 하는 선배교사나 동료교사가 수업관찰을 기록하여 이를 교사에게 보여주거나 이를 가지고 협의를 하면 수업자 자신의 수업을 개선할 수 있다. 이때 관찰자들이 수업관찰기술을 갖고 있어야 하는 것은 당연한 일이다.

둘째, 집단장학이다. 집단장학은 장학담당자가 비슷한 수준에 있는 교사를 집단으로 장학하는 방법이다. 초임교사들은 집단으로 하여 수업기술에 관한 지식을 제공한다든지 수업 중 토론을 활발하게 하고자 원하는 교사들만을 집단으로 하여 수업개선을 도모할 수 있다. 이 외에도 교수행위를 개선하는 방법으로 동교과협의회, 동학년협의회를 활용할 수 있다. 문제는 지금까지는 이러한 협의회들이 거의 행정 및 사무적으로만 활용되어 왔다는 점이다. 그러므로 이러한 협의회를 어떻게 교수의 질적 향상과 관련짓느냐는 중요한 과제가 된다. 이 밖에도 개인적 수업연구나 마이크로티칭 등도 유용한 방법으로 권장되는 것들이다.

제6절 교수효과성의 평가

교수활동의 효과성은 곧 학생학습의 결과에 의해서 밝혀질 수 있다. 하지만 교수효과성에 대한 "과정-산출"연구에 근거하여 보면 교사의 교수행위(과정변인)가 곧 교사효과성(산출변인)의 직접적인 기준으로 볼 수 있다. 따라서 장학담당자는 교사의 교수행위를 관찰함으로써 평가의 정보를 획득할 수 있다. 이것이 임상장학방법에서 제시되고 있는 수업관찰기법이다. 수업관찰은 교사에게 효과적인 교수행위에 대한 정보와 피드백을 제공하는 동시에 평가자료가 된다.

제6절에서는 교수효과성의 기준을 간단히 고찰하고, 교수평가의 두 가지 가정, 즉 과학적(scientific) 기법과 기예적(artistic) 기법을 비교한 후 몇 가지 수업관찰방법을 살펴보기로 한다.

1. 교수효과성의 기준

일반적으로 다음에 제시되는 내용들은 교수효과성을 판정하는 기준으로 상정할 수 있다(주삼환 · 신익현 역, 1987).

① **학습단원별 목적에 대한 설명**: 교사가 학생들에게 학습단원을 통해 나타나게 될 내용을 상세화해 주는 정도를 말한다.

② **활용된 시간**: 교사는 학생들이 학습단원의 목적을 위해 제시된 내용을 다양한 활동을 통해 파악 및 이해, 적용할 수 있도록 긴 시간을 두고 상호작용하도록 한다.

③ **다양한 학습목표**: 학습목표로 제시되는 것들이 교과의 특성에 비추어 다양하게 제시되어야 한다는 것이다.

④ **교수방법의 다양화**: 다양한 학습스타일과 가정배경을 가지고 있는 학생들에게 교사들은 다양한 방법－언어적 · 시청각적 · 실험적 · 역할 연기적 등－으로 가르쳐야 한다.

⑤ **피드백**: 교사는 학생들의 학습곤란을 찾아낼 뿐 아니라 성취감을 맛보고 학습동기를 불어넣도록 적절한 피드백을 제공해야 한다.

⑥ **복습과 개괄**: 학생들이 배운 내용을 확실히 "자기의 것"으로 만들도록 해야 하며, 학습단원을 보다 광범위한 전망에서 이해하도록 하는 기회를 제공해야 한다.

⑦ **결과에 대한 학생들의 책임성 인식**: 이것은 학생들에게 학습에 대해 높은 기대를 갖도록 하는 일과 관련된다. 다시 말해, 학생들에게 높은 기대를 제시하고 학습의 과정에서 여러 가지 예기치 않은 상황이 있을 수 있지만, 학습단원상의 요구를 성취하도록 독려하는 것을 말한다.

2. 교수평가의 가정

교수평가를 포함하여 장학에서 활동되고 있는 평가에서, 그 기본 가정에서 서로 다른 두 가지 형태가 있다. 하나는 科學的 가정이고, 하나는 技藝

的 가정이다.

교사평가에 있어서 두 가정의 비교는 <표 6-2>와 같다.

표 6-2 교사평가에 있어서의 두 가정의 비교

구분	과학적(scientific) 가정과 실제	기예적(artistic) 가정과 실제
1	평가란 교사·학습장면·수업 등의 가치를 결정하기 위한 하나의 과정이다.	평가는 어떤 것에 가치를 부여하는 것이다. 가치를 부여하려면 그것에 대한 이해가 필요하다. 그러므로 평가는 어떤 것을 이해하려는 것이다. 교실에서 무엇이, 왜 이루어지고 있나? 그것은 어떤 의미가 있나?
2	관찰가능한 언어와 행동에 중점을 두고 직관이나 이해는 중요시하지 않는다. 직관은 과학적 특성보다 감정적 특성이 있기 때문에 제한되어야 한다. 또한 이해도 평가과정을 정상궤도에서 이탈시킬 수 있는 사치적 요소이다.	언어와 행동은 의미와 이해를 표현하는 형식에 불과하다. 그러므로 언어와 행동에 중점을 두는 것은 가치가 없다. 평가는 장학자의 직관을 대치하는 것이 아니라 그것을 확충하도록 계획되어야 한다.
3	평가자는 사전계획을 준수하여 사전계획에서 요구한 세부항목에 의거하여 교사를 평가한다.	평가자는 발생되었던 여러 사건으로 하나의 그림, 즉 평가를 만든다. 즉 수업장면의 그림을 그린다. 그래서 사전에 결정되지 않았던 세부항목도 평가라는 그림에 포함된다.
4	사전평가계획표는 가치 있는 요소를 세목화하고 의미와 이해를 정의한다. 이것은 외연적 과정이다.	평가의 포괄적 성격 때문에 다양하고 때로는 모순되는 의미와 이해가 있을 수 있다. 평가자의 업무는 이것들을 확인하고 기술하는 것이다. 수업장면의 그림들은 때때로 의도했던 이상의 효과가 있는 감추어진 교육과정을 나타내기도 한다. 또는 교사나 세부 수업계획에서 의도된 것보다 가치 있는 의외의 결과를 나타내기도 한다. 이것은 내재적 과정이다.
5	평가에서 중요한 것은 교사의 진술된 의도와 학생의 사전계획에 있는 목표이다.	평가에서 중요한 것은 교실에서 교사가 은연중 보여주는 가정과 교사의 지침이 되는 교육과정 진술이다. 이런 과정과 교육기조 진술이 교실의 행동과 실제로 표출되는 방법이 중요하며 이 행동의 효과성과 실제와의 관계성이 중요하다.
6	과학적 접근을 시도할 때 평가자는 주로 방법론에 관심을 갖고 있다. "사전계획된 목표가 교사에 의해 어느 정도 성취되었나 그리고 교사는 수업에서 사전계획된 수준으로 능력을 발휘했나 등을 정확하게 기술하고 측정할 수 있을까라는 데 의문을 갖는다.	기술적 접근을 활용할 때 평가자는 발생되는 중요 사항을 발견하고, 기술하고, 측정하는 데 깊은 관심을 갖고 있다. 이 평가자들은 비록 이런 일들이 중요하지 않고 또한 감정적이라고 다른 평가자들이 주장해도 이 일에 맞는 방법을 선택하려 한다.

7	평가자는 평가척도와 기타 평가요구에 의존한다. 이것들은 평가자를 객관적 입장에 서게 하며, 모든 교사를 동일하게 취급한다. 그리고 평가의 초점을 주요 사건에 두게 한다.	평가척도나 평가도구가 때로는 교실의 문제들을 제대로 이해하지 못하게 방해하고 있으며 평가자와 교사가 평가과정에 인간적으로 참여하는 것을 막고 있다고 믿고 있다. 그들은 평가의 매개변수를 정의하고 필수적인 평가요소를 이해하기 위하여 현장자료를 활용한다. 그들은 VTR, 교사-학생 면담, 손으로 만든 수집품, 평가명세서 등을 사용하며 이것들을 평가도구나 평가척도보다 더 포괄적 방법이라고 생각한다.
8	평가자는 주로 특수 수업활동의 가치와 교사의 가치를 추정하는 데 관심을 갖고 있다. 교사는 평가과정에서 하위자 역할을 하고 평가자는 전문가가 된다. 평가는 평가자에 의해 교사에게 행해지는 중요한 일이다.	평가자들은 이해를 증진시키고 사고를 자극하고 평가받는 교사의 경험을 확대시키는데 主 관심을 갖고 있다. 교사들은 평가과정에서 주요 역할을 맡고 있다. 평가자와 교사는 전문적 역할을 분담하며 평가는 합동으로 이루어진다.
9	평가에 과학적 접근방법을 사용하는 것이 현명하게 느껴지는 경우에도 기술적 측면은 결코 경시될 수 없다.	평가에 기술적 접근방법을 사용하는 것이 현명하게 느껴지는 경우에도 과학적 방법은 결코 경시될 수 없다.

자료: Sergiovanni, Thomas J.(1977). “Reforming Teacher Evaluation: Naturalistic Alternatives,” *Educational Leadership*, Vol. 34 No. 8.

3. 교수평가의 실제 수업관찰

앞에서 밝힌 대로 교수행위를 평가하기 위해서는 교사의 수업을 관찰하여 그것을 효과적인 교수의 기준에 비추어 보는 것이 하나의 방법이다. 이러한 방법은 엄밀히 말해 위에서 살펴본 과학적 접근법을 따르는 것이다. 특히 이것은 임상장학에서 구체적으로 활용되고 있다. 결국 장학담당자는 교수효과성을 증진하기 위한 장학방법을 계속 연구해야 할 것이다.

생각해 봅시다

1. 효과적인 교수행동과 비효과적인 교수행동에 대하여 생각해 봅시다.
2. 성공적인 교사의 특성에 대하여 생각해 봅시다.
3. 임상장학의 기본 특징에 대하여 생각해 봅시다.
4. 교사평가의 과학적 가정과 기예적 가정에 대하여 생각해 봅시다.

참고문헌

김영식 · 주삼환(1992). 장학론. 서울: 한국방송통신대학교.

김정한(2004). 장학론 －이론 · 연구 · 실제－. 서울: 학지사.

남정걸(1999). 장학의 이론과 실제. 파주시, 경기도: 교육과학사.

신재흡(2010). 교육행정 및 교육경영. 서울: 동문사.

윤옥기(1986). 교수효과성에 관한 연구. 논문집. 인천교육대학.

주삼환 · 신익현 역(1987). 인간자원장학론. 서울: 배영사.

한국교육행정학회(1995). 장학론. 서울: 도서출판 하우

Barr, A. S.(1996). "Characteristics of Successful Teacher", Phi Delta Kappan 139(1958) cited in Fred C. Lunenburg and Allan C. Ornstein, *Educational Administration: Concepts and Practices*(2nd ed.). Belmont, CA: Wadsworth Publishing, 460.

Beach, D. O., & Reinhartz, J.(2000). *Supervisory Leadership: Focus on Instruction.* Boston: Allyan and Bacon.

Berliner, David C., & Tikunoff, William J.(1976). "The California Beginning Teacher Evaluation Study: Overview of the Ethnographic Study," *Journal of Teacher Education* 27.

Costa, Art L.(1982). *Supervision for Intelligent Teaching: A Course Syllabus. Orangevale*. CA: Search Models Unlimited.

Emmer, Edmund T., & Carolyn M., Evertson, B. C.(1984). *Classroom Management for Secondary Teachers. Upper Saddle River*. New Jersey: Prentice-Hall, pp. 119-120.

Medley, D. M.(1982). *The Effectiveness of Teachers*. In Research on Teaching, ed. P. L. Peterson and H. J. Walberg, Berkeley, Calif.: McCutchan Publishing Co.

Rosenshine, B.(1987). Synthesis of Research on Explicit Teaching, *Educational Leadership, 43*, 60-69.

Rosenshine, B.(1976). "Recent Research on Teaching Behaviors and Student Achievement," *Journal of Teacher Education*, vol. 27 No. 1.

Rosenshine, B., & Furst, N.(1971). *Research in Teacher Performance Criteria. In Research in Teacher Education*. B. D. Smith(ed,). Englewood Cliffs, New Jersey: Prentice-Hall.

Sergiovanni, Thomas J., & Starratt, Robert J.(1998). *Supervision: A Redefinition*(6th ed.). New York: McGraw-Hill.

Sergiovanni, Thomas J.(1977). "Reforming Teacher Evaluation: Naturalistic Alternatives," *Educational Leadership*, Vol. 34 No. 8.

Wiles, J., & Bondi, J.(2000). *Supervisory: A Guide to Practice*(5th ed.). Upper Saddle River, New Jersey: Prentice-Hall.

07
CHAPTER

교원의 전문적 능력개발

학습목표

1. 질 높은 전문적 능력개발의 의미를 알 수 있다.
2. 성공적인 교직원개발 프로그램의 특징을 설명할 수 있다.
3. 질 높은 전문적 능력개발의 요소를 파악할 수 있다.
4. 전문적 능력개발의 조건을 이해할 수 있다.
5. 전문적 능력개발의 과정을 제시할 수 있다.
6. 교직원개발모형을 설명할 수 있다.
7. 교직원개발과 장학지도성의 역할을 파악할 수 있다.

Keyword

교직원능력개발, 교직원개발 프로그램, 교사능력개발 요소, 교사능력개발 조건, 교사능력개발의 과정, 교직원개발모형, 학교중심 교직원개발, 교사교육센터, 교사교수교사, 총체적 질 관리 접근

장학은 교사의 전문성개발을 통하여 교육의 질적 개선을 성취하려는 활동이므로, 교육현장을 담당하고 있는 교사들을 성장 및 발달시키는 일이 장학의 가장 중요한 과업 중 하나로 볼 수 있다. 하지만 교육자를 위한 포괄적인 전문적 능력개발의 문제는 일반적으로 과거 20년 동안 학교개혁 노력에서 무시되거나 아니면 피상적인 요소로만 여겨져 왔다. 학생의 학업 성취를 증대시키고, 모든 학생들이 성공하도록 도울 수 있게 교육자들을 훌륭하고 충분히 준비교육을 시켜야 한다. 교육자들은 또한 지속적으로 자신의 학습에 몰입하여 급속하게 전개되는 세계에서 다양하고 변화하는 학생집단의 요구를 충족시켜 주어야 한다. 결국 전문적 능력개발에 명확히 초점을 맞춰 진정한 학교개혁을 하고, 시간이 걸리더라도 그러한 개혁을 지속시킬 수 있는 교육자들의 능력을 구축하는 것이 관건이다. 우리가 극적으로 학교와 학교교육을 향상시키려면 교사의 학습과 학생의 성공에 효과를 나타내는 전문적 능력개발 프로그램을 설계하고 실천하는 일을 강조

해야 한다(주삼환 외, 2010).

따라서 7장에서는 질 높은 전문적 능력개발의 정의, 성공적인 교직원개발 프로그램의 특징, 질 높은 전문적 능력개발의 요소, 전문적 능력개발의 조건, 전문적 능력개발의 과정, 교직원개발모형, 교직원개발과 장학지도성의 역할 등에 대해서 고찰하고자 한다(주삼환 외, 2010; 주삼환 외, 2011; 이윤식, 2005; 이윤식, 2007; 정태범, 2005; 김정한, 2004; 강영삼, 1994).

제1절 질 높은 전문적 능력개발의 정의

전문성개발은 교사들에게만 사용되는 용어가 아니다. 다른 모든 조직에도 적용될 수 있다. 더욱이 사회나 조직들이 급격히 변화하고 있는 상황에서는 교사들의 전문적 수준도 향상되어야 하며, 교사들의 자기 성장을 위한 노력도 부단히 전개되어야 한다. 교직이 전문직으로 인정받기 위하여 교사들이 전문인으로서 자신의 책임을 수행해 나갈 수 있는 능력, 자질, 신념, 태도를 가지고 있어야 한다. 교사들은 상황에 적합한 원리에 따라 이를 실천해 나갈 수 있어야 한다(김정한, 2004).

Howey(1977)는 교사들이 교직원개발 활동에 참여해야 하는 이유를 다음과 같이 제시하고 있다.

첫째, 학생으로서 직전교육을 받은 사람이 교직에 진입하여 교사로서 현직에서 원만하게 근무할 수 있도록 계속적인 성장을 유도한다. 직전교육을 통하여 주로 이론적 교육을 받은 교사들은 학교에 와서 가르치면서 교수의 실제를 배우게 된다. 직전교육에서 배운 것은 시작단계에 불과하며, 교수의 원리나 실제를 탐구해 가는 것은 계속적인 교사의 과업이다. 학교에서의 장학도 교사의 계속학습과 그것을 통한 성장에 초점을 두어야 한다. 초임교사들이 성공감을 맛보게 하기 위하여는 학교 내 경험 있는 동료교사들의 도움이 꼭 필요하며, 만일 이들의 도움이 없다면 새로운 교사들은 수년 내 그들이 하는 일에 자신감을 잃게 될 것이다.

둘째, 학급의 특수한 필요를 충족시켜 줄 수 있다. 교직원개발 프로그램은 교사들이 일상적인 학급경영을 보다 전문적으로 해 나갈 수 있도록 도와준다. 예를 들어, 학급의 시험성적을 높여야 할 때 교사들은 새로운 수업에 대한 지식과 기술을 필요로 하게 된다.

셋째, 국가나 교육청에서 정한 원칙이나 목적들을 이행해 나갈 수 있게 한다. 학교수준 경영이 효과적으로 되기 위하여는 교직원, 학부모, 학생이 모두 주어진 목적을 달성하는 데 함께 노력을 경주해야 한다. 학생들의 필요를 충족시키고 교직원 간의 효과적인 팀활동을 협동적으로 실시해 나감으로써 학교는 부여된 사명을 잘 감당할 수 있다. 학교경영의 효과성 증대는 교직원의 전문성개발을 통해 성취될 수 있다.

넷째, 최신의 정보와 기술을 획득할 수 있다. 전문적 지식과 기술은 계속 변화, 발전되고 있고, 최근에 개발되고 있는 지식이나 기술은 대부분 직전 교육에서는 배우지 못한 것이다. 교수하는 조건들이 바뀌게 되면 교사들은 계속적으로 새롭게 되기 위하여 새로운 교수접근모형, 기술, 자료, 교재, 기자재, 프로그램을 소개받을 수 있어야 한다. 교사를 도와주기 위하여 장학자는 새로운 정보를 제공하고, 문제를 토의하고, 새로운 기술을 동료들과 함께 실천하고, 그 기술을 교실에서 활용해 보도록 기회를 제공해 주어야 한다.

다섯째, 직업생애의 성장을 유도한다. 교사들은 교직생활을 해 나가면서 그들이 맡고 있는 학생이나 학교나 지역사회를 위하여 더 유능하게 역할을 수행하기를 원한다. 과거에 교사들은 교직원개발을 수동적으로 수용하는 입장이었지만, 지금의 교직원개발은 교사들이 당면하는 현실적인 문제들을 즉시, 직접적으로 다룰 수 있게 되었으므로 참여하는 구성원 모두의 공동관심사가 되고 있다.

여섯째, 개인의 필요를 충족시킨다. 교사들은 남에게 봉사하는 일 외에 자신의 개인적 성장에도 흥미를 가지고 있다. 전문성개발은 교사들이 새로운 아이디어, 자료, 기자재 그리고 다른 전문인들과 의미 있는 지적, 사회적, 정서적 경험을 나눌 수 있게 기회를 마련해 준다.

교사전문성개발은 교사들이 교실에서의 문제점을 해결해 나갈 수 있게 능력을 개발하고, 특수 교실상황에 적합한 교육과정을 개발하게 하며, 전문적 목표 달성에 필요한 지식과 기술을 습득시키고, 개인이 전문성개발을 계속 추구해 나가도록 자극해 준다. 특히 Sergiovanni와 Starratt(1993)는 "교사의 성장은 기술을 연마하고 최근 개발된 것들을 따라 잡는 것이라기보다 문제를 해결하고 개인이 변화하는 기능에 초점을 둔다."라고 언급하면서 교사들이 새로운 시각을 가지고 학교, 교육과정, 학생들을 바라볼 수 있을 때 전문적 성장이 일어난다고 말하고 있다.

따라서 교사개발은 잘못을 교정하거나 개인의 약점이나 부족한 점을 보충해 주는 과정이라기보다는 교사에게 전문적 성장이 일어나도록 도와주는 발전지향적 과정이라는 점이 강조되어야 한다.

교수-학습의 개선이 이루어지기 위하여는 교사들의 전문적 사고와 의사결정이 필수적이다. 교사들은 전문성을 유지하거나 발전시켜 나가기 위하여 그들의 학문적인 지식을 넓혀야 하며 교육학적인 이론도 이해해야 한다. 전문인으로서 교사는 그들이 지향하고 있는 목적들에 대해서 그리고 그들이 하고 있는 일에 대하여 끊임없이 질문을 제기해야 한다.

전문적 능력개발, 전문성개발, 교직원개발, 계속교육이란 용어들은 상호 교환적으로 사용된다. McCleary와 동료들(1993)은 교직원개발 활동의 성격을 다음과 같이 제시하고 있다. ① 교사나 행정가가 전문성 성장의 필요성을 함께 찾는다. ② 교직원의 효과성 증대와 교육적 목적, 요구와 일치되는 프로그램을 계획, 조직, 조성한다. ③ 개인이나 집단을 살펴본다. ④ 근무수행에 대한 피드백을 제공한다. ⑤ 교정적인 조력을 제공한다. ⑥ 교직원들이 개발활동계획을 수립하고 이에 참여하도록 하며 자기개발을 해 나가도록 한다.

질 높은 전문적 능력개발이란 성인학습자 중심과정과 현장직무 중심과정을 통하여 교사의 성장을 체계적으로 북돋는 지속적인 협력학습과정이다. 이 질 높은 전문적 능력개발은 학생학습 향상에 필요한 교사의 기술과 능력, 깊은 이해의 습득에 초점을 맞춘다. Marsha Speck와 Caroll Knipe(주삼환 외, 2011)는 학교에서 교원의 전문적 능력개발의 초점은 학생의 학습 향상에 두어야 한다는 것이 기본 전제로 보고 있다. 학습자중심 환경이 강조되는 것과 마찬가지로 원리로 교원의 전문적 능력개발도 ① 교사의 일상적인 직무에 초점이 맞춰져야 하고, ② 학습에도 선택과 수준의 여지가 있어야 하고, ③ 협력적 지식과 공유 지식에 기초하고, ④ 효과적인 교수와 평가전략을 적용하고, ⑤ 학습과 개발에 관한 교사의 지식을 확장하고, 교사들의 일상적인 직무에 관한 정보를 제공해야 한다. 문제해결과 실행연구, 숙달, 코치, 리더십 등을 통한 실천기회, 협력적 적용과 함께 전문적 능력개발은 지속적이고 집중적이다. 전문적 능력개발도 교사의 능력과 리더십 능력을 구축하고 학생학습에 영향을 미쳤는지 그 과정에 따라 평가를 해야 한다.

전문적 능력개발에 관한 개념도를 제시하면 [그림 7−1]과 같다.

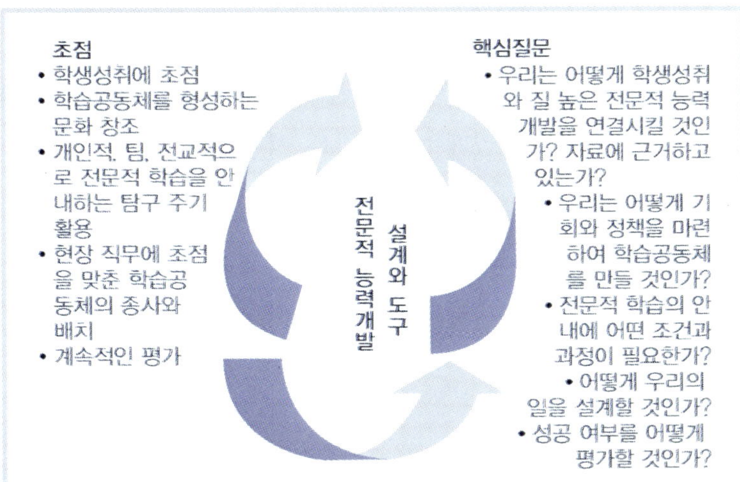

그림 7−1 전문적 능력개발의 초점과 핵심 질문의 개념도

자료: 주삼환 외(2011). 교원의 전문적 능력개발. p. 6.

[그림 7−1]에서 살펴본 바와 같이, 전문적 능력개발의 초점영역과 해당 핵심질문과의 상호작용관계를 시각적으로 알 수 있을 것이다. 전문적 능력개발설계와 도구의 역동성은 향상 과정을 활용하여 학생성취의 산출 추진을 돕는 데 상호연결될 것이다. 질 높은 전문적 능력개발의 과정과 조건이 직선관계가 아니고 상호복합적이라는 점을 알 수 있을 것이다.

또한 Beach와 Reinhartz(2000)는 교직원개발이란 교사들이 학교환경에 역동적으로 적응해 가면서 수업효과성을 높여가도록 교사를 지원해 주는 모든 공식적 또는 비공식적 학습경험으로 보고 있다. 이러한 개발활동은 ① 전문성이나 발달수준과 관계없이 모든 교사를 대상으로 하며, ② 체계적이고 장기적이고 개인적이고 학생 성취지향적이며, ③ 지성을 깨어 있게 하는 새로운 지식, 기술, 태도의 개발을 격려하고, ④ 우월성을 성취할 수 있는 개인적, 전문적 목적을 추구하게 하며, ⑤ 교사들이 새롭게 개발되는 교육과정에 충실할 수 있게 도와준다.

결국 교직원개발이란 결손을 메꾸는 데 있는 것이 아니라 직업 속에서 일을 통하여 성장하고 발달하려는 개인적 욕구에 초점을 둔다. 그래서 교사들이 자기개발을 위하여 필요하다고 느끼는 대안 선택의 폭이 확대된다(김정한, 2004). 교사의 성장은 현재의 수업기술을 연마하고 최신의 교수개발 추세를 배워 나간다는 좁은 기능으로 인식되기보다는 교사가 자기자신을 변화시켜 가는 기능으로, 좀 더 교사가 자신과 학교와 교육과정과 학생들을 이전과 다르게 볼 수 있게 보다 넓은 기능으로 볼 수 있다.

제2절 성공적인 교직원개발 프로그램의 특징

교직원개발에 대한 연구들은 현직교육의 실제에 적지 않은 문제점이 있음을 지적하고 있다. 교직원개발계획이 교사들의 전문성개발 욕구나 발전 욕구를 충족하지 못하고 있고, 자격취득이나 평가를 의식한 연수가 되어서 개인의 능력개발보다는 연수결과에 대한 보상에 관심을 쏟고 있으며, 연수주제선정의 부적절성, 담당자의 전문성 부족, 프로그램 운영의 미숙으로 참여자들의 자발적 호응을 이끌어 내지 못하고 있다. 연수활동이 계속성 없이 일회성에 그쳐서 학교목표 달성을 위한 종합설계와 통합성을 가질 수 없으며, 이러한 여러 문제점들로 인하여 교사들이 발전하려는 의욕과 비전을 상실해 가고 있음이 현실이다. 교직원개발에 관련된 연구들을 보면, 교직원개발에 대한 신념이나 철학, 교사 준비과정, 새로운 구조, 성장을 지원해 주는 학교의 정책 등이 근년에 와서 크게 변화하고 있음을 알 수 있다(김정한, 2004).

Reinhartz, Hadaway와 Trask(1992)는 효과적인 교직원개발과 관련된 여덟 가지의 주요 변인을 지적하고 있다.

① 교직원개발 프로그램은 교사가 중심이 되어야 한다. 교사는 변화를 실천해 가는 주체이며 또한 동반자이다.
② 관련된 모든 사람들을 참여시킴으로써 협력적이고 종합적인 측면을 강조한다.
③ 학교나 캠퍼스는 학생들과 교사들이 의문을 제기하고 탐구하는 중심지가 되어야 한다.
④ 교직원개발은 지역의 요구에 민감하게 반응할 수 있어야 한다.
⑤ 프로그램은 효과적 교수와 교직원개발에 대한 축적된 지식들을 활용해야 한다.
⑥ 교직원개발은 계속적으로 진행되어야 하며, 계속성을 위한 기반이 조성되어야 한다.
⑦ 교직원개발 과정은 개인적, 전문적 발달단계를 반영한 발달적인 것이 되어야 한다.
⑧ 교직원개발은 교사들이 계획과 교수에 반성적인 사고를 할 수 있도록 격려해 주어야 한다.

한편 Rossmiller(1984)는 계속적인 전문성 성장 프로그램을 계획할 때 고려해야 할 요소들을 보다 구체적으로 지적하고 있다.

① 참가자와 프로그램 스폰서 간의 협력적 관계이다. 학교나 지역에 교사전문성 개발자문회를 두어 현직교육 계획수립이 협력적으로 이루어질 수 있게 조장한다.
② 참가자 학습욕구의 파악이다. 참가자의 종합적 요구 분석이 프로그램 계획 전에 있어야 한다.
③ 프로그램 실시를 위한 편리한 장소이다. 참가자가 쉽게 갈 수 있는 장소에

서 프로그램을 실시할 수 있어야 한다.

④ 내·외적 보상 제공이다. 외적 보상으로는 자격증, 승진, 기회, 보수 인상 등이며, 내적 보상으로는 자질을 높이는 일(자아존중)이나 성공(자아실현)의 기회를 제공한다.

⑤ 참가자의 재능과 능력 활용이다. 참가자는 독립적 연구, 역할 시연, 발표 등을 통하여 그들의 능력과 재능을 활용할 수 있다.

⑥ 기술이나 특수 개념에 대한 전문가의 모범적 안내이다. 숙련된 전문가가 실연하거나 시범을 보여주는 것이 프로그램의 통합된 일부가 되어야 한다.

⑦ 학습내용을 종합하고 다양한 상황에서 이를 적용한다. 사례연구, 학교방문, 집단토의 등을 통하여 배운 내용을 통합시키고 상황에 적용하는 기능을 익힌다.

⑧ 학습활동의 계열화이다. 소집단토의, 개인적 상담, 실험, 참가자가 기록하고 분석해 보는 사례연구 등은 개인에게 유익한 활동이 된다.

⑨ 도전적인 역할수행의 경험이다. 역할실연은 전문성개발 프로그램의 통합적 부분의 하나이다. 특히 인간관계나 교수-학습의 절차를 다루는 교사들에게 필요하다.

⑩ 반성의 기회이다. 연구물, 전문서적, 교양관련 독서 등을 통하여 반성적 시간을 가지는 것이 중요하다.

⑪ 활동의 계속성과 논리적 단계의 변화이다. 모든 발표나 활동은 이전에 학습된 것의 기초 위에서 조심스럽게 발전이 계획되고 조정되어야 한다.

⑫ 개인적 도전과 지원이다. 참가자는 도전을 겪으면서 성장한다. 그들이 실패할 때 재도전할 자유를 가져야 하며, 필요할 경우 지원을 제공해야 한다.

⑬ 결과의 평가이다. 인지적, 정의적, 신체 기능적으로 얼마나 발달했는지를 목적에 비추어 평가되어야 한다.

효과적인 교직원개발 프로그램은 건전한 철학적 기초 위에서 이루어져야 한다. 장학자, 교사, 학교행정가들의 가치, 견해, 이론들이 교직원개발 프로그램을 만드는 절차적 지침이 되어야 한다.

Nallia(1984)는 교직원개발에 관련된 건전한 신념들을 다음과 같이 종합하여 제시하였다.

① 모든 교사와 행정가는 성공적이고 존경받는 전문교육자가 되기를 희망한다.
② 교직원들의 지식, 태도, 근무수행은 효과적인 교육프로그램이나 서비스에 가장 큰 영향을 미친다.
③ 전문교육자는 학생들의 요구나 흥미에 적절한 효과적인 방법을 찾는 데 끊임없이 노력한다.
④ 교직원개발은 지역교육청, 학교, 개인 교사의 합동 책임에 의하여 이루어진다.
⑤ 교직원개발 프로그램은 학교교육체제의 종합적 발전계획의 통합된 부분으로 체계적인 계획에 의해 진행되어야 한다.
⑥ 교직원개발 프로그램의 성공 여부는 교사들이 얼마나 계획을 세우는 데 참여했는가에 달려 있다.
⑦ 지역이나 학교의 교직원프로그램은 가능한 한 개별화되어야 한다.
⑧ 교사들이나 행정가들이 존중되고, 그들의 전문성이 인정되고, 그들의 아이디어가 수용되고, 문제의식이 신중하게 취급될 때 그들은 교직원개발 경험을 통해 혜택을 받을 수 있다.
⑨ 교육과정개발과 교직원개발을 통한 전문성 성장은 같은 맥락을 가지고 있다.
⑩ 교직원개발은 학교수업과 서비스의 질 향상에 근본 목적을 두어야 한다.
⑪ 지도적 위치에 있는 교육자들(교육감, 장학사, 교장)의 일차적 책임은 교수-학습효과성을 향상시킬 수 있도록 계획을 실행시키는 데 있다.

좋은 교직원개발 프로그램의 특성들을 정리하면, 개발프로그램 계획 시 교사들이 주도적 역할을 수행해야 하고 정기적이고 계속적인 계획이 수립되어야 하며, 개인에게 필요한 구체적이고 특별한 것에 대한 훈련을 해야 하며, 교사가 적극적으로 참여하여 실연하고 토의하는 학습과정이 되어야 하고, 교육을 실시하는 사람들의 전문성이 보장되어야 한다는 것이다.

제3절 질 높은 전문적 능력개발의 요소1)

교육자는 개념의 단순성과 실천의 복잡성을 인정하고 교육 발전을 지속하기 위한 변화과정을 탐색할 필요가 있다. 변화과정을 나타내는 시각화 그림은 연구물에 의하여 지지되고 실제에 의하여 증명된 상호작용적 구성요소로 구성된 개념적 틀을 보여준다. 지속적인 교육변화 모델을 위한 질 높은 전문적 능력개발의 필수 요소는 [그림 7-2]와 같다.

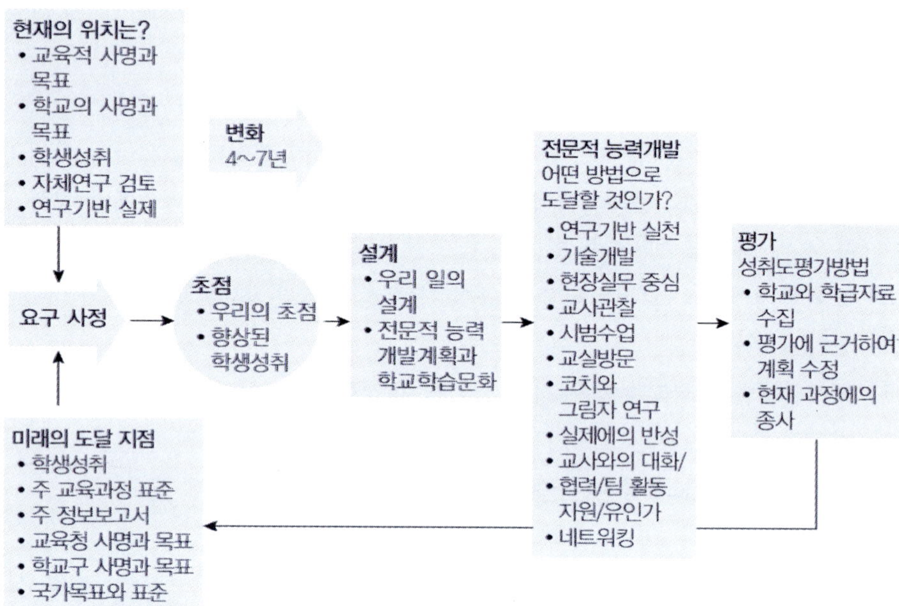

그림 7-2 지속적인 교육 변화 모델을 위한 질 높은 전문적 능력개발의 필수 요소

자료: 주삼환 · 유수정 · 오형문 · 이기명 · 진재열 역(2011). 교원의 전문적 능력개발. 서울: 시그마프레스, p. 8

[그림 7-2]에 나타나 있는 요소들은 현행 교육 실천에서 변화를 가져올 전문적 능력개발 계획을 개발하는 데 필요한 중요한 전체적 요소들을 이해하는 데 도움이 될 기초적 요소로 설계되었다.

---

1) 주삼환 · 유수정 · 오형문 · 이기명 · 진재열 역(2011). 교원의 전문적 능력개발. 서울: 시그마프레스, pp. 7-21에서 인용 및 재정리.

또한 [그림 7-3]은 탐구의 주기적 과정에 대하여 설명하고 있는데, 전체 설계가 효과적이기 위해서는 모든 부분들이 필수적 요소라는 점이다.

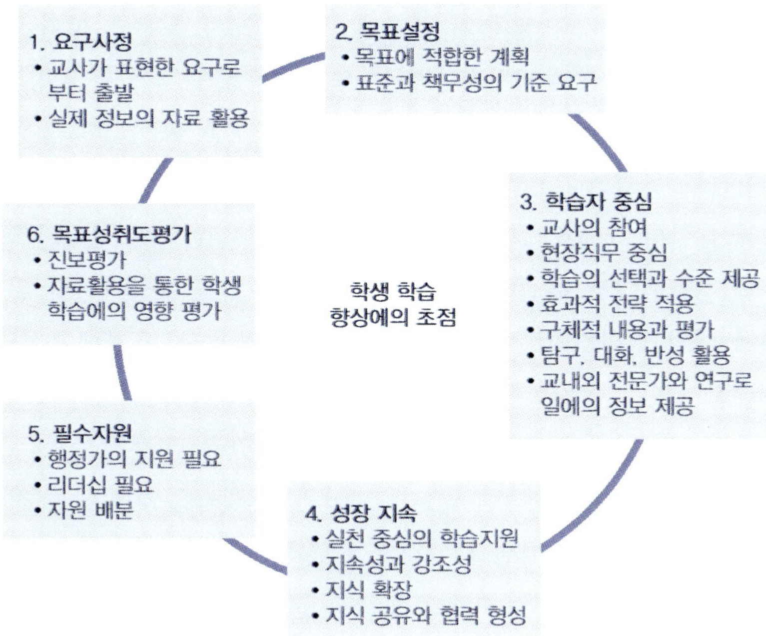

그림 7-3 질 높은 전문적 능력개발의 요소(내용과 과정 모두 포함)

자료: 주삼환 · 유수정 · 오형문 · 이기명 · 진재열 역(2011). 교원의 전문적 능력개발. 서울: 시그마프레스, p. 10.

이러한 요소들은 질 높은 전문적 능력개발을 설계하는 필수적 부분들을 이해하기 위한 프레임을 제공해 준다. 각 요소의 중요성과 연구 및 증명된 실천에 기초한 질 높은 전문적 능력개발에 대한 각 요소의 관계에 관해 각 요소별로 간략하게 제시하면 다음과 같다.

우선 학생학습 향상에의 초점이다. 질 높은 전문적 능력개발은 학생학습과 학생 학업성취를 향상시키기 위한 조건에 초점을 맞추어야 한다. 학생 성공은 잘 계획된 전문적 능력개발의 궁극적인 목표이고 성과이다(Guskey, 2000; Joyce & Showers, 1995). 특히 다양한 우리 사회에서 모든 학생들의 요구가 전문적 능력개발 설계의 모든 측면들과 연결되어야 한다. 우리는 전문적 능력개발 프로그램을 설계하는 과정에서 이러한 목표를 망각할 여유가 없다. 어떻게 학생학습을 향상시킬 것인지에 초점을 맞춘 전문적 능력개발작업은 전문적 능력개발의 목적과 과정 사이에서 발생하는 단절을 방지할 것이다. 이러한 포괄적 목표가 확정되었다면 전문적 능력개발 노력의 내용, 과정, 자료, 평가는 이러한 목표를 지원하는지 여부에 따라 측정될 수 있다. 학생학습을 향상시키지 못하는 요소들은 탈락되거나, 수정되거나, 재설계되어야 할 것이다(Steiner, as cited in Hassel, 1999). 또한 교육청과 학교는 학생학습과 학업성취 향상에 초점을 맞추고 모든 전문적 능력개발계획을 유지해야 한다. 교사와 학교, 교육청은 이루어진 변화와 나타난 향상을 지속시키기 위해 여러 해 동안(3~5년 이상) 학생학습을 향상시키기 위한 특정 영역에 대한 명확하고 지속적이고 체계적인 초점을 유지해야 한다.

그리고 질 높은 전문적 능력개발이 학생의 학업성취에 영향을 미치는 교사의 질에 있어서 즉각적인 증대를 가져올 수 있고, 전문적 능력개발 기회를 통해 계획과 취해진 행동 모두에 있어서, 학생학습 향상에 초점을 유지하는 진정한 중요성을 이해하는 것과 관련해서 학교나 교육청에서 제시할 수 있는 교사의 전문적 능력개발 요소를 좀 더 구체적으로 기술하면 다음과 같다.

첫째, 요구 사정과 목표 설정이다.

① **교사가 표현한 요구로부터의 출발이다.** 전문적 능력개발은 교사들의 표현된 요구와 때로는 절박하게 알고자 하는 요구로부터 출발한다. 학생들에 대한 교사들의 일상적인 일로부터 나타나는 교사들의 표현된 전문적 능력개발 요구에 리더들이 반응할 경우 전문적 능력 성장을 위한 설계는 의미 있고 즉각적인 것이 된다(Lieberman & Miller, 1999). 변화가 일어남에 따라 그리고 전문적 능력개발이 학습환경에 적응함에 따라 리더, 특히 교장은 교사의 이야기를 경청하고, 나타나는 교사들의 요구를 이해할 수 있는 능력을 보유해야 한다. 교사들의 즉각적인 관심이 다루어지고 있지 않을 경우 교사들이 교육청에 의해 부과된 전문적 능력개발에 초점을 맞추는 것은 어려운 일이다. 교사들이 느끼는 필요가 장래 전문적 능력개발을 구축하기 위한 기초이다. 교사들이 느낀 필요와 학생들의 성취도 수준 및 필요가 무엇인지 둘 사이

에 직접적인 연결이 확립되어야 한다. 이러한 연결이 확립되기 위해서는 학생의 작품을 조사하고, 교사들로 하여금 필요한 전문적 능력 성장의 영역을 규정하도록 허용해야 한다. 이것을 수행하기 위해서는 학교리더들이 교사들과 협동적으로 노력하여 내용 지식의 영역과 개별적인 학생 요구를 보다 잘 충족시킬 교육적 기술들로 구성된 교사들의 레퍼토리를 확대하는 영역 모두에서 리더들뿐만 아니라 교사들로 하여금 자기들의 필요를 확인하도록 조력할 다중 경험들을 제공해야 한다(Darling-Hammond & Ball, 1998).

② **실천과 의사결정을 위한 정보에 관한 자료 활용이다.** 학생학습에 대한 책무성의 초점이기 때문에 전문적 능력개발의 설계자들은 학생의 학업성취와 학생의 요구에 관한 자료뿐만 아니라 교사의 능력과 요구에 관한 정보를 사용하여 설계를 해야 한다. 자료분석을 하지 않는다면 전문적 능력개발계획은 잘못된 정보에 기초하게 되고, 필요하지 않거나 유용하지 않은 훈련을 하게 될 수 있다. 교사들에게 학생 학업성취자료를 알려 주는 과정들이 적절하여 교사들로 하여금 자료를 분석하고, 장점과 필요한 향상 사항의 영역을 찾게 해야 한다. 이러한 평가과정은 학생학습과 교사능력에 있어서 격차를 나타낼 것이다. 그런 다음에 어떤 전문적 능력개발을 해야 할 필요가 있는지에 관하여 결정할 때 학생의 작품, 성취도 수준, 성취 표준과의 연결 등을 포함하는 철저한 분석에 기초해야 한다. 전문적 능력개발을 계획할 때 자료를 조사하지 않고 계획서를 작성하여 교사들에게 처방적 활동을 단순히 명령만 하는 경우가 많다. 최근의 유행과 프로그램으로 문제를 교정하려고 시도할 수는 없다. 교사들과 리더들로 하여금 패턴과 경향을 찾도록 요구하는 의미 있는 분석에 기초하여 전문적 능력개발의 요구와 계획을 명백히 해 주는 이해와 정보에 근거한 결정을 해야 할 것이다.

③ **학교와 교육청의 변화 노력과 목표에 따라 체계적으로 계획하기이다.** 진정한 변화와 발전을 하려면 전문적 능력개발계획이 학교와 교육청 전체 목표 및 변화 노력과 체계적으로 연결되어야 한다. 학교와 교육

청의 전문적 능력개발 기회들을 연결시키는 것은 교육청의 방향에 관한 명확한 메시지를 전달하고, 교육청 자원을 보다 잘 사용하도록 지원해야 한다(Joyce & Showers, 1995). 이러한 연결은 학교와 교육청 목표 및 성과에 대한 장기적인 투입에 필요한 만큼 일관되게 제공한다. 학교 전체와 교육청 전체의 계획에 초점이 없고, 연결성과 체계성, 장기적인 계획성이 없어서 하나의 전문적 능력활동으로부터 다음의 활동으로 얼마나 자주 오락가락하고 있는가? 학교 전체와 교육청 전체의 체계 및 구조가 효과적으로 연결되고, 또 교원의 전문적 능력개발이 교원의 경력주기에 적절해야 한다(Darling-Hammond & McLaughlin, 1995). 따라서 전문적 능력개발을 학교 및 교육청의 교육목표와 연계시키는 것이 중요한 변화를 성취하는 데 아주 필수적이다(Steiner, as cited in Hassel, 1999).

④ **표준과 책무성의 기초에 근거한 전문적 능력개발이다.** 전문적 능력개발계획은 표준과 책무성의 기초에 근거해야 한다. 표준은 개발계획, 초점, 전문적 능력개발의 성과 등에 대한 출발점이 된다. 학생들이 표준을 충족시키는 것에 교육자들이 몰입되어 있다면 그러한 교육자들은 표준에 따라 교수할 내용과 능력을 분명하게 이해해야 한다. 전문적 능력개발 계획과 기회는 표준 및 적절한 평가 등과 결합되어야 한다. 그렇지 않으면 교육과정은 고정장치를 가지지 못한다. 교사들은 또한 전문적 능력개발, 학생학습, 표준, 책무성 사이에서 명확한 연계를 발견해야 한다(Sparks & Hirsh, 1997). 전문적 능력개발의 성과에 대한 책무성은 향상된 학생 학업성취 및 학교 향상 등과 관련하여 중요하다. 학교 및 교육청 목표와 결합된 특정한 성과를 통해 그 목적을 나타내는 전문적 능력개발 계획 혹은 활동은 그 가치를 나타내는 중요한 방식을 가진다. 교육자는 더 이상 합당한 책무성 없이 단순히 전문적 능력개발 활동을 지속할 여유가 없다. 전문적 능력개발이 중요하다면 그것은 명확한 성과를 통해서 입증되어야 한다. 전문적 능력개발에 대한 특정한 기대가 중요하다(Guskey, 2000). 참가자들은 달성해야 할 목표와 수행의 필요성을 알아야 한다. 전문적 능력

개발에 투자하는 학교나 교육청은 성과를 요구해야 한다. 그렇지 않으면 왜 투자해야 하겠는가?

둘째, 학습자 중심이다.

① **계획, 실행, 검토, 수정에의 교사 참여이다.** 종종 전문적 능력개발 계획은 외부전문가들이나 교육청 간부 직원 등에 의해 설계된 다음에 떨어지고 있는 학생 학업성취도를 향상시키기 위한 응급조치로 교사들에게 부과하는 식이다. 정기적으로 교사들이 학교와 교육청의 계획, 실행, 검토, 평가, 수정의 과정에 참여하지 못하면, 교사들은 아마 성과를 위하여 몰입하지 않을 것이다(Darling-Hammond & McLaughlin, 1995). 결국 교사들은 전문적 능력개발의 수혜자가 되기 때문에 교사들은 계획에 대한 의미 있는 주인의식과 깊은 이해를 해야 한다(Lieberman, 1995). 향상된 실천에 대한 교사들의 주인의식과 헌신성을 계발하는 일이 전문적 능력개발에 대한 교사진의 긍정적인 참여를 이끌어내는 데 중요하다. 교사들은 새로운 변화에 의하여 영향을 받는 사람들이기 때문에 변화 계획에 참여해야 한다. 그렇지 않으면 교사들의 참여는 아무 의미가 없다. 참여한 교사들은 자기들의 직무지식, 학생학습에 대한 이해, 계획에 대한 헌신에 기초하여 전문적 능력개발에 대해 계획하고, 피드백을 제공하고, 검토하고, 수정할 수 있다. 너무나 흔히 학교리더들은 계획과 전달과정에 참여해야 할 사람들을 참여시키지 않음으로써 전문적 능력개발의 정당성과 효과성을 손상시키는 결과를 초래한다(Corcoran, 1995).

② **학습의 선택과 수준 제공이다.** 전문적 능력개발에서 자신의 학습요구에 기초하여 다양한 학습의 선택사항들과 수준을 선택할 수 있는 선택권을 참여자에게 제공한다. '만인 1처방식(one-size-fits-all)'의 전문적 능력개발 계획으로는 모든 참가자의 욕구를 충족시키지 못한다고 교육자들이 인정하는 것은 학교나 교육청 내에서 발견되는 광범위한 능력차를 가지고 있는 사람들의 전문적 능력개발 계획을 설계하는 데 중요하다(Sparks & Hirsh, 1997). 참가자들의 현재 발달 수준을 이해함으로써 계획자는 초점을 맞춘 영역 내에서 개인의 현재 능력에 기초하

여 향상을 요구할 수 있다. 적절한 수단을 통해 교사들의 발달 수준과 경험을 존중하는 것이 전문적 능력개발 설계에 중요하다. 일단 교사들과 행정가들이 학습의 특정한 필요를 확정했다면 학습의 다양한 선택사항과 전략을 개인들에게 제공하여 자신들의 전문적 능력을 향상시킬 수 있다. 개별적인 교사의 요구와 기술 수준에 기초한 이러한 다중 참여 사항들로 전문적 능력개발을 특정한 영역에 집중시킬 것이다. 상부로부터 교사들에게 부과되는 전문적 능력개발 방식에 교사들은 이미 신물이 나 있다. 이러한 전문적 능력개발 계획은 개인적 장점과 개인적 향상 사항의 영역에 대한 인정에 의해 균형을 맞추기보다는 모든 사람에게 맞는 좋은 것으로 생각하여 똑같은 것을 제시한다. 효과적인 전문적 능력개발은 다중 기회가 주어지고, 다양해야 하고, 또 학습에 교육자들을 적극적으로 참여시킴으로써 진행 중인 과정에 대비해야 한다. 교육청과 학교는 교사들의 필요를 충족시키고 학생의 성과를 향상시키는 질 높은 전문적 능력개발을 실행하기 위해 이렇게 복잡하고 개인별로 차별화된 필요를 인정해야 한다. 교사들이 평가한 요구에 주의를 기울일 경우 교사들은 변화에 대하여 보다 더 몰입을 하게 되고, 전문적 능력개발에 참여하는 데 보다 많은 흥미를 느끼게 된다(Duke et al, as cited in Collins, 1998). 학교 전체의 필요뿐만 아니라 개인의 필요에 대한 이러한 중요한 분석과 이해가 있어야 교사들이 느끼는 필요, 내용지식 수준, 기술 수준 등을 인정하고 전문적 능력개발 노력을 계획하는 일이 가능하다(Guskey, 1999).

③ **교사들의 현장직무에 배어들게 하기이다.** 전문적 능력개발은 교사들의 현장직무에 배어들게 해야 학생들에 대한 교사들의 직무와 학생의 학업성취의 향상과 확실히 연결시킬 수 있다. 전문적 능력개발 계획이 이러한 관련성 및 맥락과 연결되어야 교사들도 현재의 실천에 의문을 제기하고, 반성하고, 분석하고, 영향을 미치도록 한다. 특히 교사들이 학생의 작업과 학습 그리고 증가된 학습을 제공할 수 있는 자신들의 능력을 검토해야 하며 더욱 더 그렇게 된다. 전문적 능력개발은 학교 외부에서 실시하더라도 고립된 사건이 아니라 교사들의

일상 직무와 통합된 일이다. 모든 학습경험들은 모든 현실 직무와 함께 일어난다(Lieberman & Miller, 1999). 이러한 전문적 능력개발은 교사와 학교의 독특한 상황에 근거하여 몰입과 지속적인 성장의 불을 지핀다. 학교가 학습공동체의 생태학을 개발함에 따라 전문적 능력개발은 교사의 전문직 생활의 필수적인 부분이 된다. 그러나 Guskey(1999)가 경고하고 있는 것은 학교 전체의 필요를 정확하게 확인하고 보장하기 위해 이러한 전문적 능력개발의 필요를 보다 심층적으로 분석해야 한다는 것이다. 이러한 중요한 분석에 필요한 것은 공통의 학생학습과 교사들의 기술 격차에 접근하기 위하여 교직원들이 계획하고 팀정신으로 노력해야 한다는 점이다(Guskey, 1999). 전문적 능력개발이 교사 직무생활의 일상적인 통합된 부분으로 간주될 경우 학습의 요구, 적응, 새로운 아이디어와 기술의 발견, 현행 교수실천에 대한 반성 등이 학교문화와 교사, 학교의 일상생활에 내재화되어야 한다.

④ **교과의 교수와 평가에 특수한 내용 담기이다.** 참가자들의 학습 스타일을 이해하고, 학습을 위한 다중전략들을 제공하는 것이 교사 개인의 학습요구에 의한 전문적 능력개발을 충족시킬 필요가 있다. 교육자들이 인정하는 것은 모든 개인들이 동일한 시간에 동일한 방식으로 학습하는 것이 아니라는 점이다. 다양한 효과적인 학습전략(예: 미디어, 인터넷, 시연, 대화, 기타 협력과정)을 사용하여 새로운 정보와 기술을 처리하고, 이해하고, 학습할 수 있는 참가자들의 능력을 향상시킨다. 이러한 다양화로 참가자들이 알고 이해하는 여러 가지 경로의 제공으로 학습의 지식수준을 기대 이상으로 달성하게 된다. 다양한 학습양식들을 가진 상이한 맥락들에서 새로운 정보를 처리하고 내면화하도록 허용한다. 지속적인 성장을 하기 위해서 전문적 능력개발 계획에서는 이러한 다중전략을 포함하여 학습자들의 발달수준과 경력수준의 필요를 경험으로 인정해야 한다(Wood & Thompson, 1993).

⑤ **효과적인 교수 및 학습전략 적용이다.** 전문적 능력개발은 교사들을 위한 교수와 평가능력개발과 함께 특수한 교과내용의 통합을 무시할

수 없다. 새로운 정보와 전략이 특정한 교과영역에서 교수와 평가에 어떻게 영향을 미치는지 구체적으로 밝혀주는 전문적 능력의 성장 기회라야 새로운 학습이 실행되는 방법의 핵심을 이루게 된다. 교실에서 이루어지는 사례가 없는 새로운 교수와 평가기법의 적용에 관한 공허한 언급은 전문적 능력 성장을 촉진시키지 못할 것이다. 교사들은 교과영역에 내재된 풍부한 사례, 모델, 실천, 코치 등을 필요로 한다. 학습에 초점을 맞춘 조직자의 활용과 같은 새로운 문해 전략은 전문적 능력개발 세미나에서 모델이 되어야 하고, 수업 상황에서 실행되어야 하며, 피드백과 정교성을 위해 동료들과 공유되어야 한다. 전략들을 실제 교과내용에 많이 사용하면 할수록 참가자들은 학습을 더욱 잘하게 될 것이다. 평가전략을 포함하면 학생 진보를 평가하는 구체적이고 통합적인 전략을 교사들에게 제공하게 된다. 내용영역을 적용하면 내용과 평가 그리고 전략을 수업에 적용하는 방법 사이의 관계성에 관한 분명한 메시지를 제공해 준다(Darling-Hammond, Ancess, & Falk, 1995).

⑥ **실천 정보를 위한 탐구, 대화, 반성의 활용이다.** 탐구와 대화, 반성의 주기는 학교나 교육청에서 중요한 학습문제를 다룰 때 사려 깊은 논의 수단을 제공해 준다. 탐구 주기에 참여하면 교육자들은 현재 실천과 성과를 검토하게 되고, 이러한 실천에 관한 대화에 참여하게 되고, 연구와 최선의 실천에서 알려 주고 있는 것에 대하여 탐구하게 되고, 교정적 행동을 취하기 전에 공부를 통해 학습한 것을 반성하게 된다. 이러한 탐구과정을 활용하여 실천하면 학생학습은 더욱 효과를 낼 것이다. 교육적 실천에 도전하고 교사들로 하여금 전문적으로 능력을 개발하도록 격려하는 것은 바로 이러한 탐구 주기라고 할 수 있다(Darling-Hammond, 1997; Schmoker, 1996).

⑦ **학교 내외 전문가와 연구자와 함께 한 직업정보이다.** 학교와 교육청에서 전문적 실천을 위한 정보를 얻기 위해 학교 내부와 외부 전문가와 연구결과를 활용하는 데 균형을 이루는 것이 중요하다(Lieberman & Miller, 1999). 학교 내부 실무자들에게 필요하고 귀중한 전문성과 학교

외부 전문성과 연구의 새로운 지식과 전략이 결합되면 하나의 체제로서 건전한 균형을 이루게 될 것이다. 귀중한 내부 교사 전문성을 활용함으로써 전문적 능력 실천에 관한 정보를 얻는 것은 현재 학교에서 진행 중인 전문적 능력개발의 측면을 지속시키는 경험을 얻는 데 도움이 될 것이다. 동시에 외부전문가는 새로운 지식과 코치방법을 제공할 수 있다(Joyce & Showers, 1995, 1996, 2002). 그런 다음에 교사들이 교실에서 시간을 보내면서 전략들을 실행하고, 반성하고, 정교화하는 일을 하면 좋을 것이다. 연구와 외부전문가는 학교환경에 새로운 지식과 실천을 불어넣는다. 이러한 외부 전문성과 정보를 실천가들이 학생과 학교의 상황에 맞게 이해하고 적응해야 한다. 새로운 지식과 전략이 내면화됨에 따라 현행 실천을 교사들이 재검토하고 도전하지 않는다면 변화는 거의 일어나지 않는다. 현재의 실천을 실행하고 정교화하고 또 검토하는 데 도움을 주는 내부 전문성(즉 동료코치, 초보자를 위한 전문가코치, 트레이너에 의한 트레이너 모델)을 활용하면 교사들이 자신의 전문성 수준을 인정하고, 현재 하고 있는 수준에서 동료들과 서로 공유하는 힘을 느끼게 된다. 학교 내부와 외부 전문성과 연구를 결합하는 전문적 능력개발과정을 거치게 되면 전문적 실천은 균형을 이루고 더욱 강화될 수 있다(Liberman & Miller, 1999).

셋째, 성장 지속이다.

① **모델화, 코치, 문제해결에 의한 실천 중심의 학습지원이다.** 새로운 학습을 학습자들이 실행하고, 반성하고, 규칙적 사용으로 통합하기 위해서는 새로운 학습이 모델화와 코치, 문제해결이라는 요소에 의해 지지받아야 한다. 현행의 모델화와 코치의 중요한 요소들을 모델화하거나 포함하지 못한 전문적 능력개발 프로그램은 개인들이 실천을 변화시키는 데 필요한 지속적인 지원을 하기 어렵다(Joyce & Showers, 1995, 1996, 2002). 모델화, 추적연구, 코치, 문제 분석, 실천 조정 등이 거의 없거나 전혀 없는 일회적 또는 단편적인 일로 교사의 운명이 정해진다면 변화는 거의 일어나지 않을 것이다. 스포츠나 음악과 마찬가지로 교직에서도 모델화, 실천, 코치, 성과의 분석 등이 개인의 전

문성을 연마하는 데 도움이 된다. 왜 새로운 교수개념과 전략을 학습하는 것이 이상하게 생각되어야 하는가? 모델화, 실천, 코치, 문제해결의 이러한 중요한 요소들의 공동체로 학교를 확장시켜 나갈 수 있을 것이고, 교수-학습을 지원하는 학습자들의 공동체로 학교를 확장시켜 나갈 수 있을 것이다(Barth, 1990; Lieberman & Miller, 1999; Little, 1993a; Sparks & Hirsh, 1997). 수업의 정상적인 일 속에서 '학습조직'(Senge, 1990)을 지지해 주는 이러한 개념은 교사와 행정가들에게 실천에 있어서 장기적인 변화에 필요한 탐구, 반성, 코치를 위한 시간을 제공해 준다.

② **숙달과 리더십의 기회를 지속하고 집중하기이다.** 개별 교육자들이 개별적으로 성장을 계속해야 한다면 상당한 기간 동안 집중적이고 지속적인 심층적 접근법에 참여하기 위해 다양한 기회를 가져야 한다(Darling-Hammond, 1997). 교육자는 새로운 전략과 새로운 학습을 교실에서 실행하고, 이러한 실천을 반성하고, 학습을 정교화함으로써 새로운 전략과 새로운 학습을 숙달할 수 있는 질 높은 시간이 있어야 한다. 지속적인 노력으로 연구, 실천, 코치, 피드백, 정교화에 의해서만 숙달될 수 있다. 교사들이 숙달을 발전시킴에 따라 교사들은 다른 사람들로 하여금 개념을 이해하고 기술을 개발하도록 도와주는 리더십을 발휘한다. 교사들에 의한 리더십을 장려하는 것은 다른 사람들을 조력하는 데 사용될 수 있는 전문기술을 인정하고, 학교와 교육청의 능력을 구축한다(Kambert, 1998).

③ **학습과 발달에 관한 지식 확장이다.** 학습과 발달에 관한 교사들의 현행 지식을 지속적으로 확장하면 교육자들은 평생교육의 기초를 다지게 된다. 이것이 학교와 교육청에서 학습공동체 개념을 정당화시켜 준다. 학습에 관한 새로운 연구개발을 이해하고, 그러한 새로운 연구가 교실에서 일어나는지 적용하는 방법을 이해하면 마침내 학생성취의 증대에 이르게 되는 실천에 대하여 알려 주고 변화시키는 데 도움이 된다. 교육자로서 우리는 성공적인 것으로 입증되지 않은 실천을 지속하거나, 학습과 아동의 발달수준을 이끌어 내는 새로운 지식을

회피할 여유가 없다(Darling-Hammond & McLaughlin, 1995; Gardner, 1999: Lieberman, 1995).

④ **교사들의 공유지식 형성과 협동이다.** 전문적 능력개발은 협동적 환경 속에서 참가자들의 공유된 지식에 기초해야 한다. 교육자들은 전문적 능력 향상을 위한 계획을 개발할 때 교수진이 보유하고 있는 지식의 폭을 이해하고, 협력적인 방식으로 그러한 지식을 공유하는 방법을 계획해야 한다. 교사들의 직업적 전문지식이 전문적 능력개발 활동을 하는 동안에 이용되지 않는다면 촉진자들은 적대적인 풍조를 야기하게 될 것이다. 외부 전문가들이 교사들을 참여시키기보다는 교사들에게 명령하는 식이라면 협력적이고 집단적인 기초지식의 공유와 확장의 기회는 상실된다. 리더들이 교사들의 폭넓은 지식을 인정하고, 교사들로 하여금 그러한 지식을 공유할 수 있게 하는 협력적인 과정을 구성하는 데 몰입할 경우 리더들은 지속적인 향상과 학습을 육성하는 문화(즉, 실행 연구, 탐구 주기, 트레이너를 위한 트레이너, 동료코치 모델; Joyce & Showers, 1995, 1996; Sagor, 1992; Sparks & Hirsh, 1997)를 형성할 것이다.

넷째, 필수자원이다.

① **필수적인 행정적 지원과 리더십, 이용가능한 자원이다.** 행정적 지원은 질 높은 전문적 능력개발 계획과 실행에 있어서 핵심 요소이다. 행정가들이 전문적 능력개발 계획의 중요성을 이해하고 어떻게 전문적 능력개발이 학생학습에 영향을 미치는지를 이해할 경우, 행정가들의 지원은 보다 더 쉽게 축적된다. 교장은 자신의 리더십활동과 할당된 자원을 가지고 직무의 중요성을 지원하고 인정할 수 있다. 행정가들이 구조화된 시간을 포함한 필요한 자원을 가지고 전문적 능력개발 작업에서 교사들을 지원할 경우, 전문적 능력개발을 진지하게 생각해야 한다는 중요한 신호를 보내는 것이다(Guskey, 2000; Schmoker, 1996). 행정가와 교사의 리더십은 전문적 능력개발 계획과 실행을 위한 우선순위를 확립하는 데 도움을 준다. 교장과 다른 리더들은 새로운 학습을 하고, 이해하고, 지원하기 위해 전문적 능력개발 활동에 참

여하고 여기에 몰입할 필요가 있다(Fullan, 1993). 학습에 대한 담론과 참여를 통해 교사와 행정가들은 학습자들의 공동체를 모델화한다. 리더십도 없고 방향도 없는 전문적 능력개발은 그것을 실행하는 데 필요한 교사와 행정가들의 몰입을 손상시킨다(Little. 1993a). 리더들이 전문적 능력개발에 지원과 자원을 제공하지 않으면서 교사들은 학생학업 성취를 제고하기 위해서 새로운 전략을 실행하고 학습해야 한다는 기대에 목청을 높이는 '혼동스런' 메시지를 받게 되면 교육자들은 쉽게 혼란을 일으키게 된다.

다섯째, 목표 성취도평가이다.

① **자료 활용에 의한 학생학습의 진보와 영향평가이다.** 전문적 능력개발의 목표에 대한 진보를 평가하고, 학생학습에 대한 영향을 평가하는 것은 지속적인 전문적 능력개발의 중요성에 대한 신뢰를 부여하는 책무성의 척도이다. 지금까지의 진보에 대한 평가를 하지 않을 경우 리더들은 전문적 능력개발이 제대로 작동하고 있다는 증거를 갖지 못하게 된다. 자료를 수집하고, 분석하고, 자료의 의미에 기초한 변화를 수행하는 체계적인 계획으로 전문적 능력개발 계획자를 이끌어야 한다(Guskey, 2000). 참가자들이 전문적 능력개발 활동을 좋아하든 싫어하든 간에 평가과정은 보다 더 심화되어야 한다. 평가과정에서 분석해야 하는 것은 교사들의 실천이 향상되었는지 여부와 변화된 실천이 학생학습에 영향을 미쳤는지 여부이다. 교사의 훈련이 교실에서 어떤 효과를 미쳤는가? 학생자료와 특정한 전문적 능력개발의 효과를 장기적으로 검토하는 것이 전문적 능력개발에 대한 학교나 교육청의 투자에 대한 중요한 피드백이 된다. 실천에 대한 이러한 지속적인 탐구 주기가 교육자로 하여금 자료에 기초하여 현행 실천을 의문시하게 하고, 학생학업 성취를 증대시킬 수 있는 교육자들의 능력을 향상시키는 새로운 방법을 추구하게 한다(Darling-Hammond, 1997; Sagor, 1992). 명확한 평가과정이 요구하는 것은 의도된 성과를 위한 진보에 대해 초점이 맞추어진 노력과 책무성 모두이다(Guskey, 2000).

제4절 전문적 능력개발의 조건[2)]

학생성취 향상을 위해 교육과정과 수업, 평가를 개선하려고 교사들이 계속 학습할 때 교사들의 직무 관심은 자신들의 전문적 능력개발 프로그램의 설계(조건과 과정)에 맞춰져야 한다. 교사들은 전문적 능력개발을 단지 교육청의 강요 사항이 아닌 계속적인 전문적 성장 기회로 보아야 하며, 일상생활 속에 효과적으로 배어들도록 해야 한다(Bull & Buechler, 1996; Lieberman & Miller, 2001).

또한 교육청이 교사의 직무 관심을 발표하고 교사의 관심을 집중하기 위한 전문적 능력개발 계획을 수립할 때 교사를 인정하고 교사 요구의 중요성을 타당하게 여겨야 한다. 교사의 직무 관심 이슈는 계획과정과 전문적 학습활동에 영향을 주도록 되어야 한다. 전문적 능력개발 계획에서 교사의 관심을 인정하고 다루기 위해서는 교사의 참여가 허용되어야 하고, 교사로 하여금 주인의식을 갖게 하고, 능력개발의 목적을 이해할 수 있도록 해야 한다. 교사들은 학생학습 향상을 위하여 실제 수업 적용에 의미가 적은 단편적인 활동보다는 총체적인 초점을 잡을 수 있는 전문적 능력개발을 필요로 하는 것이다.

4절에서는 전문적 능력개발의 조건에 대해서 고찰하기로 한다. 일반적으로 전문적 능력개발 조건에 초점을 맞춰 중요한 교사업무가 제공된다. 교사들이 전문적 능력개발 계획과 기회를 인정할 때 시간, 신뢰, 협력, 유인가와 인정, 자원, 리더십과 정책에 관한 의문이 생긴다. 이들 전문적 능력개발을 위한 중요한 조건은 질 높은 전문적 능력개발을 위한 조건적 필수요구를 설계하고 충족시킨다.

교사의 전문적 능력개발의 조건을 제시하면 [그림 7-4]와 같다.

2) 주삼환・유수정・오형문・이기명・진재열 역(2011). 교원의 전문적 능력개발. 서울: 시그마프레스, pp. 71-82에서 인용 및 재정리.

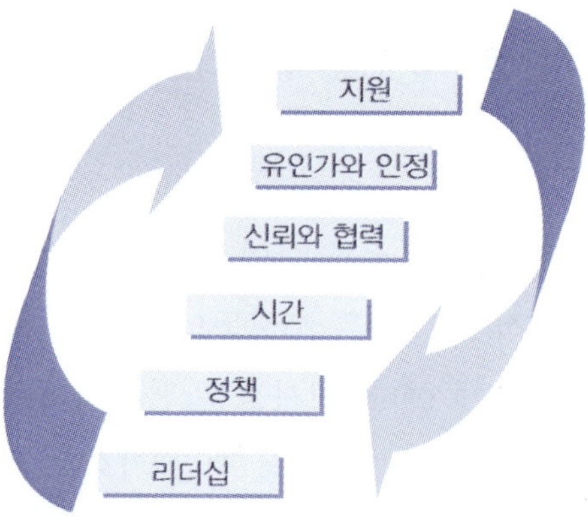

그림 7-4 교사의 전문적 능력개발의 조건

자료: 주삼환 · 유수정 · 오형문 · 이기명 · 진재열 역(2011). 교원의 전문적 능력개발. 서울: 시그마프레스, p. 71.

첫째, 리더십과 정책이다. "모든 학생의 학습을 향상시키는 교직원 능력개발은 계속적으로 수업개선을 안내하는 유능한 학교리더와 교육청리더를 필요로 한다"(National Staff Development Council, 2001). 지속적인 학습을 위한 리더십과 지원은 전문적 능력개발과 효과적인 학교의 유지에 아주 중요한 요소이다. 전문적 능력개발이 학교와 교육청의 철학과 리더십, 조직구조에 배어들 때에만 계속적인 성장의 문화를 꽃피울 수 있다(Loucks-Horsely et al., 1987). 일관된 리더십과 정책이 있어야 향상하려는 전문적 능력개발 노력에 초점을 두려 할 때 갈등을 일으키는 요구의 범람으로부터 학교를 지킬 수 있다(Little, 1993b). 이상적으로 말하자면, 학교와 교육청, 주정부의 향상계획이 전체적으로 연결되고, 학생학습 향상의 목표 속으로 조정되어 들어간다. 마찬가지로 중요한 것은 교육청 정책의 기반 구조가 교사를 위한 전문적 능력개발을 계속 지원하는 리더십의 발휘이다. 교육위원회정책은 학교에서의 향상을 촉진하고 전문적 능력개발의 장애물을 제거해 준다. 교사들은 이들 교육청 정책과 전문적 능력개발계획을 위한 리더십활동을 분명히 이해한다. 교사들은 전문적 성장이 교육청 정책 중에서 얼마나 중요한지 알 수 있는 산증인이다.

정책은 본질적으로 계속되는 전문적 성장과 학생성취를 향상시키려는 학교목표를 인정하는 교육청리더들에게 중요하다. 어떤 교육청 전략계획의 중요한 부분으로서 교육위원회는 전문적 능력개발의 속성인 정책과 표준이 계속 촉진되도록 입안해야 한다(Darling-Hammond & McLaughlin, 1995). 이들 정책은 학생학습 향상을 위한 새로운 전략의 기획과 실행을 위한 지침을 제공할 것이다. 정책은 표준 수립, 교육과정개발과 평가, 실제 평가를 포함한 다른 교사들이 예전에 관리해 온 실제의 많은 영역에서 교사들을 위한 중요한 역할을 창출해야 한다. 아울러 정책은 부분적 교육구조와 과정보다는 교사의 높은 질적 수준의 학습공동체 육성에 자극을 주는 환경에 중점을 두어야 한다. 정책입안자들은 학교환경 배경 내에서 학습하는 교사들을 위한 다양성과 의미의 풍부함과 관련성에 초점을 두어야 한다(Darling-Hammond & McLaughlin, 1995). 교육청의 리더십과 정책환경은 교사에게 명확한 취지를 전달하고, 교육청이 기대하거나 기대하지 않는 학교 향상을 위한 높은 기대의 증가에 따라 검토되어야 한다.

둘째, 시간이다. 개혁이 학교 일정 중에서 아주 사소한 일로 취급된다면 학교에서 완전히 통합된 부분으로 다루어질 수 없다(Purnell & Hill, 1992). 교사들은 전문적 능력개발을 위한 적당한 시간이 최고의 관심사 중 하나일 것이다. 전문적 능력개발을 위한 연수, 토론, 의사결정, 연구집단이나 과업집단, 실행연구의 탐구, 협력에 들어가게 되는 시간에 교사들은 관심을 갖게 된다. 정규 일과시간에 최우선적으로 학생들의 숙제를 검사하고 다음 단원의 학습계획을 세워야 하는데 이런 걸 다 할 수 있겠는가? 보통 날은 요구되는 교수 책임으로 모두 소비되는 데 교사들이 어떻게 계속적인 전문적 능력개발과 학습을 위해서 시간을 낼 수 있단 말인가? 교사들이 함께 일할 수 있도록 스케줄을 잡을 수 있는 시간이 필요하다. 개별교사의 동기나 사적인 시간 활용에 근거한 별개의 자율활동에 해당된다. 교사들이 전문적 능력개발을 위한 질적인 시간을 가지려면, 학교는 일반적인 학사일정 내에서 전문적인 학습을 위한 시간을 편성하거나 학사일정을 연장하여 사용해야 한다.

교사를 위한 전문적 능력개발 시간을 늘리고 교사의 직무 관심을 충족시킬 수 있는 가능한 선택은 무엇인가? 현행 정규 학년도 학사일정 내에서 시간을 조정(재배정)하거나 아니면 학년도나 학사일정을 연장하여 시간을 정하는 몇 가지 모델이 몇몇 연구와 실천사례에서 제시되었다. 이들 모델에 대하여 여기서 간단히 설명하면 다음과 같다.

① 토막시간의 축적 또는 비워 둔 시간

주간 교육시간 동안 축적되거나 누적된 자유시간은 매주 전문적 능력개발을 위한 토막시간으로 활용될 수 있다. 미국의 몇몇 주에서는 토막시간을 축적하는 이 전략의 실행 포기를 요구하기도 한다. 비워 둔 시간을 활용하는 학교는 매주 또는 매월 교사들이 지속적이고 열정적으로 전문적 능력개발 연구를 하게 하는 효과적인 시간으로 발전시켰다.

② 대안적 집단 구성

지정된 교사에게 자유시간을 주기 위하여 한 학급이 아니라 대집단으로 학생들을 불러 모아 동료교사와 함께 일한다. 팀티칭, 규칙적으로 계획된 집단활동, 지역사회 봉사학습은 교사에게 전문적 능력개발을 위한 자유시간을 주는 수단이 된다.

③ 대안적 일정

좋은 학사일정 개선은 팀의 교사에게 전문적 능력개발을 위해 일반적 시간계획을 제공한다. 그리고 협동은 학교장이 유용한 시간을 교사에게 부여할 수 있는 또 하나의 활동이다. 개선된 학사일정 계획은 다음과 같이 서로 다른 배치 아래에서 이행될 수 있다. i) 시작할 때 또는 끝나는 날 일반적 시간계획, ii) 이전 시간에 교사가 계획한 자투리 시간 사용, iii) 다른 시간계획에 다른 시간 추가하기. 그렇게 하면 토막시간을 다른 팀의 교사를 위한 다른 근무일 시간에 유용하게 활용할 수 있다.

④ 추가 직원 배치

학교는 수업일 동안 교사들이 전문적 능력개발 연구를 자유롭게 할 수 있도록 일정한 대리교사를 활용할 수 있다. 이것은 학교 내의 교실에서 교실로 이동할 수 있는 일정치 않은 대리교사를 활용하여 관찰 코치, 멘토링 또는 전문적 능력개발 활동이 포함된 일의 다른 유형을 포함할 수 있다. 교사가 전문적 능력개발에 열중하는 동안 학생들은 일반적 학습활동을 충분히 잘 수행할 수 있다. 교사를 활용하는 더 나은 방법은 행정가가 임시로 교사들의 전문적 능력개발 연구를 위한 명확한 지원의 증거로서 자유시간을 갖는 교사를 대신하는 자원봉사자가 되는 것이다. 관리적 리더는 교실에서 보강에 임함으로써 중요한 일을 하는 동안 직원을 활용하는 데 도움을 줄 수 있고, 학생들을 가르침으로써 그들 스스로 학습하고, 교실에서 학생들과 함께 학습에 참여한다.

⑤ 학교와 대학 간의 협력

이 접근은 매우 포괄적이며, 대학생들에게 수용되거나 학급교사들의 능력을 보조해 준다. 학급 실제와 대학연구의 공유를 포함함으로써, 정통한 교사와 대학 실제 상호간에 교류하는 방법으로 학교와 대학 간의 협력과 전문적 능력개발 활동이 결합된다. 교사, 교생, 대학교의 연구능력은 교수와 학습에 대한 그들의 지식과 능력의 활용에 대한 쟁점이 된다. 이들 협력 유형은 학교와 대학 간의 체계적인 방법으로 풍부한 역할을 하게 한다.

⑥ 전문적 능력개발 시간과 날짜 연장

교육청은 전문적 능력개발을 위한 추가적인 시간이나 근무일을 포함하는 계약을 할 수 있다. 확장된 계약은 연수, 세미나, 교육과정개발과 계획을 위한 시간을 갖게 한다. 그리고 학년도 동안의 계약은 뒤따르는 시간을 추가한다. 또한 코치와 협력, 학습을 위해 필요한 시간과 교사를 위한 수행 개념을 제공한다. 교육과정 목적을 서술하는 협동시간과 평가전략 연마 역시 학교를 위한 뛰어난 연구이다.

⑦ 학기, 학년도 일정 연장

학사일정 활용 선택은 이전에 실행되었던 것보다 더 넓게 탐색되어야 한다. 교사들이 학생과 교실을 떠나지 않은 상태에서 전문적 능력개발을 위한 질 높은 시간을 제공할 수 있기 때문이다. 더 나아가 교육청과 학교는 짧은 여름방학과 학년도 동안 짧은 방학은 전문적 능력개발을 위하여 활용될 수 있다([그림 7-5 참조]).

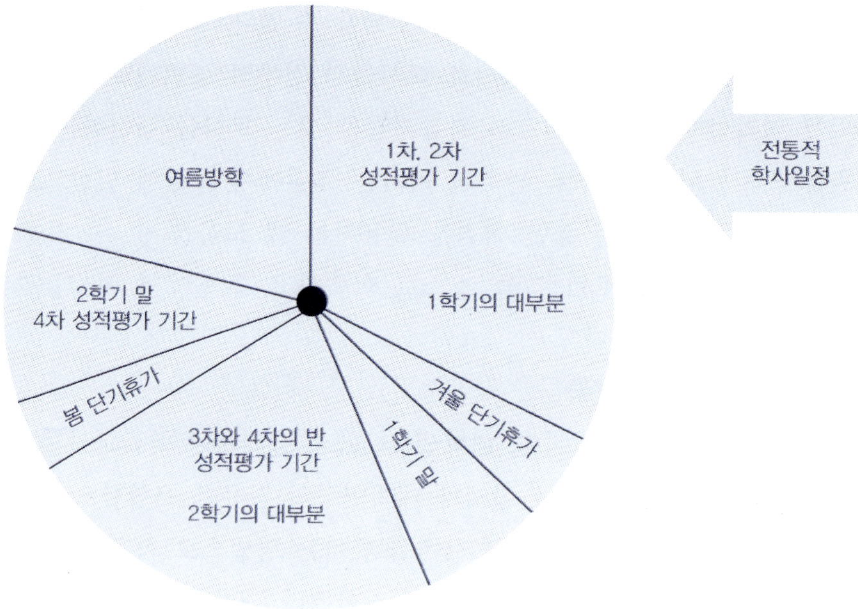

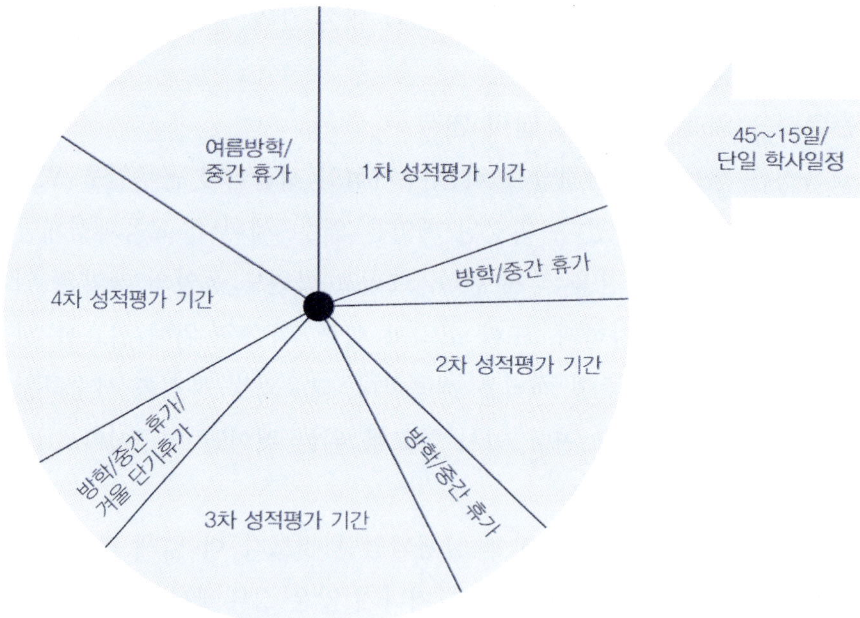

그림 7-5 전통적인 학사일정 대 연중 계속되는 학사일정

자료: 주삼환・유수정・오형문・이기명・진재열 역(2011). 교원의 전문적 능력개발. 서울: 시그마프레스, p. 77.

교사의 전문적 능력개발 측면에서 연중 계속되는 단일 학사일정의 다른 장점은 학생들의 학습을 증가시키는 것이다. 이것은 학생들이 겪은 여름 동안의 학습 손실의 양에 대한 중요한 인정이다. 짧은 여름방학으로 인하여 학생들의 학습 손실이 적어진다(Cooper, Nye, Chalton, & Creathouse, 1996). 그리고 학생들이 학습과 학교로부터 해방되는 연장된 3개월 여름방학을 갖지 않을 때 교사들은 줄어든 재교수자료 준비시간이나 학급관리 시간을 활용할 수 있다. 또한 전문적 능력개발을 위해 활용될 수 있다. 교사와 학생들의 계속되는 학습은 단일 학사일정, 연중 계속되는 학사일정 사용으로 더 잘 제공된다. 전통적 학사일정은 학생들의 농작물을 수확하기 위해 들판에서 일하던 때의 농경시대에 그 뿌리를 두고 있다. 교육자들은 학년도 학사일정을 신중히 보고 활용방법을 고려해야 한다. 개정된 학년도 학사일정에서 전학년도를 통하여 계속적인 전문적 능력개발시간을 발견할 확률이 높다.

전문적 능력개발시간의 사용에 대해 주어지는 상기의 모든 것을 고려하는 교사들은 변화하는 과정에서 협상이 강요되는 것을 깨닫게 된다. 주의회, 주 교육부, 교원노조(협상 합의 포함), 교육위원회와 지역사회, 교육청 정책들이 모두 변화하는 체제에서 유동성 있는 부분이다. 교사들이 학교와 학생학습을 변화시키려면 시간의 사용 문제가 처리되어야 한다(National Commission on Time and Learning, 1994). 계속적인 학습공동체로 학교를 변화시키는 데 있어 시간은 본질적인 요소이다. 교육자와 교육위원회가 일정표 개선 문제의 다루기를 거절한다면 그들은 다음과 같은 과거에 있었던 문제를 강요받게 될 것이다. 즉 교실에서 교사의 실제에 지속적인 영향을 주지 않거나, 조금 주는 기간에 한정되고, 피상적이거나 일시적인 전문적 능력개발활동이 된다.

시간은 지속적인 학습을 위한 중요한 요소이다. 전문적 학습을 하기에 알맞은 시간이 배분되어야 한다. 교사들은 교사자격증 갱신을 위하여 일정 시간의 전문적 능력개발을 이수해야 한다고 주정부로부터 요구받거나, 아니면 대학학점이나 상급 학위취득으로 봉급인상을 받게 될 것이다. 이것은 계획성이 없는 체제이다. 이런 잡동사니의 일부가 되고, 모든 학교교육에 우선해야 한다. 행정가와 교사들은 Bull과 Buechler(1996)가 설명한 바와 같이 탐구기풍을 진작해야 한다. i) 자신의 실제로 검토하고 새로운 것 시도하기, ii) 교과, 교수법, 학생 발달에 대해 학습하기, iii) 자신의 경험에 비추어 학습한 것에 대한 질문하기, iv) 전체적인 학교 향상에 대해 주도면밀하게 생각하기, v) 그 향상을 실천하기 위해 함께 노력하기 등이다. 이러한 일을 하려면 시간은 반드시 제공되어야 하는 아주 중요한 요소이다.

셋째, 신뢰와 협력이다. 신뢰와 협력은 학습공동체 발달과 교사 성장을 위해 제시되어야 하지만, 구축하기에 쉽지 않은 대표적 조건이다. 모든 학교는 고립적으로 일하는 방법으로 교사들을 조직하였으므로 협력을 구축하거나 지속하기 쉽지 않게 되어 있다. 일상적으로 학급 내에서 학생들과 더불어 일하는 교사들은 동료들이나 다른 교사들, 행정가들과 신뢰를 구축하는 상호작용 시간을 충분히 갖지 못한다. 교사들의 경험과 그들의 신뢰와 협력은 변화한다. 지속적인 단체조직의 상호작용 연합 기능이 학교 내에서 조성되어야 한다. 교사들이 전문적 능력개발을 위해 일반적으로 학교 발전 노력과 같이 최선의 노력을 기울일 때 교사, 행정가, 전문직원, 학생과 학부모들이 서로 하나로 결속되어 일정 기간 이상 지속적으로 함께 일할 수 있게 된다. 학교가 학습공동체가 됨에 따라 신뢰와 협력이 개발되고, 모델이 된다. 상호신뢰와 존중의 분위기에서 의사결정, 문제해결, 새로운 아이디어를 찾아 협력하기 위해서는 교사에게 구조적인 기회가 필요하다. 비록 동기화된 교사들이라도 동료의 지원, 신뢰, 참여 없이는 교실에서 지속적인 혁신을 하기 어렵다. 전반적으로 학교는 교사들 간의 생산적인 상호작용과 신뢰관계 없이는 향상되기 어렵다고 할 수 있다.

교사들이 협력하고 자신의 전문적 능력개발에 책임을 지기 위해서는 조직에 신뢰가 있어야 한다. 행정가들은 교사들의 노력을 위한 지원을 하고, 교사들로 하여금 학생들의 성취에 초점을 맞추도록 도와주고, 변화와 노력을 할 수 있는 리더십과 권한을 교사들에게 부여함으로써 신뢰를 형성하도록 도와줄 수 있다. 교사들은 학교 향상을 위해 함께 일할 때 서로 신뢰할 필요가 있다. 코치에서는 피드백과 반성을 받아들일 수 있는 절대적인 신뢰가 요구된다. 신뢰는 학습상황으로부터 두려움을 덜어 줄 수 있다. 교사들은 가르치고 평가하는 새로운 방법을 서로 배울 수 있다고 믿어야 한다. 성실성과 헌신을 포함하여 사람을 신뢰하는 데서 믿음(belief)이 형성된다. 협력과 마찬가지로 신뢰는 점진적으로 형성되어야 하고, 학교수준과 교육청수준의 리더와 교사들에 의해서 지속적으로 강화되어야 한다.

개인적 대화, 잘 계획된 회의, 학교소식지, 신문기사, 학교운영위원회, 최신 웹사이트, 비상시의 지속적인 정보 소통은 학부모와 지역사회의 신뢰 구축에 도움이 된다. 학교에서 학생들에게 영향을 준 어떤 일이 일어났는지 학부모들은 알아야 한다. 그리고 학교는 커다란 변화의 실행 전에 학부모들의 피드백을 요청하고 고려할 필요가 있다. 다른 전문가들(의사, 법률가, 엔지니어)을 신뢰하는 것처럼 지속적으로 학교설비를 다시 정비하고, 일정 변화를 계속하고, 지식을 사용하는 교사들과 행정가들에 대하여 학부모들은 신뢰할 필요가 있다. 학부모들은 교사들이 20년 또는 그 이전에 대학을 졸업했을 전문가로서 그 당시 획득한 지식을 지금도 활용할 수는 없으므로 오늘날 학생들의 요구를 충족할 수 없다고 생각한다. 30년 전 의과대학을 졸업할 때 획득한 지식을 활용할 수 없는데도 오늘날 실력 있는 의사들처럼 교사들도 계속적인 기능 향상 없이 효과적으로 교사 역할을 할 수는 없다. 교사들이 전문적 능력개발에 열중할 때, 학생들의 요구를 충족하는 학습기술과 가능성을 개발할 수 있다는 것을 학부모들은 신뢰해야 한다. 다음 영역에서 새로운 지식의 적합성에 대하여 잘 알고 있어야 한다.

i) 수업전략과 학생의 학습방법
ii) 기술공학의 활용
iii) 학생인구 변화와 더 넓어지는 다양성의 변화 – 그리고 교사들이 이들의 변화된 요구를 충족할 수 있는 방법
iv) 정보화된 시민들과 생산적인 근로자로 만들어 달라는 학교에 대한 새로운 요구

교사들이 지속적인 자신의 학습을 위해 교실을 떠날 때 학부모들은 교사들의 전문적 성장이 궁극적으로 아이들에게 이익이 될 것이라는 점을 신뢰해야 한다. 협력을 얻기는 결코 쉽지 않고, 고립을 깨는 것도 어렵다. Fullan(1993)은 고립, 자율, 협력의 쟁점에 대하여 논의한다. 교사들은 계속 고립을 지킨다. 왜냐하면 고립이 자기들 것이라고 정해진 영역을 제공해 주고, 일할 기회를 주고, 자기들이 원치 않는 감독으로부터 자신을 보호할 수 있기 때문이다. 리더는 홀로 일하고자 하는 교사의 소망을 이해할 수는 있지만, 연구를 함께 공유하고, 학생의 작품을 함께 분석하고, 기술공학을 활용하고, 새로운 교육과정을 개발하고, 교수전략을 새롭게 하는 동료들로부터 지성적 지원을 받는 혜택의 수확 없이 교사는 학생들로부터 나오는 증대되는 학문적 수행요구를 충족시켜 줄 수 없다.

Hargreaves와 Dawe(1990)는 마음으로는 아직 고립주의자인 학교문화에서 피상적 형태의 협력(superficial forms of collaboration)을 행정가가 강요하게 될 때 '위장된 동료의식(contrived collegiality)'을 조심해야 한다고 경고하였다. 학교는 공유 목표에 대한 헌신과 목표 달성을 위하여 함께 일할 필요성의 인정에서 나오는 진정한 협력을 진작시킬 필요가 있다. 다시 말해 일반적인 일정표는 함께 일하는 것이 동학년 수준의 학습계획 공유, 팀 단위 형성, 또는 함께 독서하기와 그들의 학교와 밀접한 관계를 반성하는 것과 같이 교사들 사이의 강요된 협력을 의미한다. 협력 또한 위원회 구성원들이 교육과정이나 학교 예산에 대한 의사결정을 하기 위한 의견의 일치를 구축할 때 명확해진다. 앞에서 언급한 바와 같이 가장 유력한 두 가지 교사 협력모형은 전문적 능력개발과 동료코치의 설계와 실행에서 찾아볼 수 있다. 함께 일하는 그들의 배경에서는 집단 촉진, 같은 영역의 학습능력, 갈등관리 그리고 다른 집단의 과정능력을 돕는 개발과 교수가 계속된다. 그들의 협력적 노력이 학교 내에 근거를 둔 일반적인 고립을 깨뜨린다. 상이한 학교들이 다양한 방법으로 협력 개발 접근을 하지만, 협력을 강화시키는 그들의 관계 육성과 같이 협력적인 직무의 중요성을 인정하는 것이 교사와 학교장에게 중요하다. 학교에서의 협력은 중요하다. 그러나 협력은 교수 실제의 정보를 주는 학교를 넘어 더 넓게 확장되어야 한다. 교사들은 그들이 관심과 억제 수단을 공유하는 다른 교사들과 교육청수준에서 협력할 수 있다. 정부 또는 국가 단체조직의 네트워크를 통하여 교사들과 학교장들은 교육청 또는 지역의 한계를 넘는 문제와 성공을 공유할 수 있다. 미국 작문프로젝트(National Writing Project, 혹은 기타 교과 프로젝트) 또는 본질학교운동(Coalition of Essential Schools: CES라고 하여 Sizer 부부가 창설한 교육철학과 수업방법에 관한 운동)과 같은 정부 또는 국가와 단체조직의 네트워크를 통하여, 교사들과 교장들은 교육청 또는 지역의 한계를 넘어 문제와 성과를 공유할 수 있다. 그들의 포괄성은 그들에게 신중하고 협력적인 환경 속에서 개발하고, 수행과 토론하는 새로운 접근 기회를 제공한다. 논설 발표, 토론을 통한 정보 교환, 대응, 이메일 자동전송 시스템, 새로운 집단과 다른 체제 등의 네트워크는 구성원들이 협의에 참여할 기회를 제공한다. 네트워크체제의 학습공동체는 교사의 고립을 줄이고, 장소와 시간에 관계없이 협력을 증진시킨다.

넷째, 유인가와 인정이다. 모든 교사들은 근본적으로 지속적인 학습의 동기를 갖게 된다. 그러나 교사들의 직업을 통하여 동기를 어떻게 지속시킬 것인가? 교사들에게 의미 있는 동기나 인정은 무엇인가? 인정은 학교와 교육청에 속한 교사의 유용한 연구로부터 그것의 다양한 유형을 인정한다. 교사들이 종종 전문가로 대우받는 것뿐만 아니라 시간과 인정에 반응하는 것은 지속적인 전문적 능력개발을 위한 교사들의 노력에 대한 인정방법이다. 전문적인 교사관리와 교사들의 노력에 대한 인정은 물질적인 것과 저녁식사 또는 그들이 후원하는 활동에서의 다과, 교육과정 단위의 다른 교사들과 함께 일하는 동안 자유시간 제공, 교육위원회 협의에서 공식적인 인정 제공 등을 포함한다. 장학금, 개발활동 참여를 위한 컴퓨터 또는 소프트웨어와 같은 비품, 그들이 참여하는 연수와 관계 있는 국가적인 물품 등은 교사들에게 그들의 전문성 성장 연구에 전망 있는 보상을 제공하여 동기를 부여한다. 이들 동기는 교사들의 참여와 새로운 학습개발을 인정한다. 공개적으로 악의 없이 창조된 교사들의 전문적 능력개발 노력에 대한 인정이 중요하다. 하지만 시간은 교사들의 요구에 가장 큰 동기로 남아 있다. 교사들의 근무일이나 학년도 내의 질적인 전문적 능력개발 시간 확보가 중요하다. 학교 발전을 위해 계속 학습하는 교사를 인정하고 명예롭게 해 주어야 하는 교육감과 학교장은 교사와 행정가, 학부모와 지역사회의 시각에서 전문적 학습을 적법하게 해야 한다.

다섯째, 자원이다. 교사들에게 연구, 교내외에서는 효과적인 실제, 코치와 같은 뛰어난 교직원들에 의한 보조 그리고 전문적 당면 과제의 아이디어 창출, 교육적 방법, 학교조직과 같은 자원을 풍부하게 하는 것뿐만 아니라 적절한 평가도 필요하다. 자원은 기본적으로 학교 향상 노력을 지속시키고 교사와 행정가가 변화를 수행하는 과정에 영향을 준다(Guskey, 2000). 자원이 부족하거나 자원 확산이 너무 빈약하면 잘 설계된 전문적 능력개발 계획의 이행을 방해한다. 목표를 가진 자원은 학교와 교육청의 한계가 있는 자원활용 방법에 가장 큰 효과를 주는 전략이다. 알맞은 자원이 없다면 교사들은 혁신에 환멸을 느끼게 된다. 왜냐하면 교사들이 학습하고 학습한대로 적용하려고 할 때 적절한 교재나 도서, 공급품, 비품, 소프트웨어, 과학기술, 시설 등을 쓸 수 없게 되기 때문이다. 교사들이 직무를 수행하는 곳에서 가능성을 창출할 수 있는 알맞은 자원 없이 전문적 능력개발은 이루어질 수 없다. 컴퓨터 활용과의 연결은 교사들이 드러내 놓고 정보와 보조자원을 탐색할 수 있게 한다. 전자 포럼과 이메일을 통해 교사들은 정보와 아이디어를 공유하여 공통의 이익을 볼 수 있지만, 이를 위해 교사들은 지속적인 기능의 업데이트와 최신의 과학기술과 편리한 접근성이 요구된다. 다시 말하자면, 알맞은 자원의 부족보다 새로운 전략을 수행하는 동기와 열정을 가진 교사들의 노력을 더 좌절시키는 것은 없다. 리더들은 필요한 자원을 제공하고 지원하는 교사들의 전문적 능력개발 연구가 중요하다는 것을 교사들에게 확신시켜야 한다.

제5절 전문적 능력개발의 과정

교사들은 전문적 능력개발 방법과 과정에 관심이 있으므로 새로운 지식, 전략과 작용에 반응하고 배울 기회를 갖는다. 그들 자신의 전문적 능력개발, 학교영역 향상과 교사들 자신의 실제에 적용할 전문적 능력개발 과정 수준의 영향에 대하여 고려해야 한다.

전문적 능력개발 과정의 영향과 활용에 관하여 제시하면 <표 7-1>과 같다.

표 7-1 전문적 능력개발 과정의 영향과 활용

유형	기간	활용 수준	영향 수준
일회성 워크숍	일회적, 일회성	새로운 아이디어와 전략 인정	조금 있거나 없음 5% 미만
워크숍 시리즈	2~3일	인식, 실제	초기 사용, 5% 미만
워크숍 시리즈	3개월~1년	인식, 실체, 초기 실행	실행, 개발 정도
연습, 피드백, 코치	계속적	계속되는 코치	계속적인 사용
직무연수	일상적	실제 연구, 조사, 반성	탐구의 적용
탐구주기, 현장연구	계속적	연구의 적용	쟁점 연구, 산출 이해
네트워크	주기적	인식과 반성, 공유	업무 강화
컨퍼런스	주기적	인식과 공유	조금 있거나 없음
여름 연수기관	주기적	인식, 개발, 실제, 반성	조금 있거나 없음

<표 7-1>은 전문적 능력개발 유형은 목적과 영향 수준을 갖고 있는데, 이 목적과 영향은 모두 학교와 학생의 향상을 위하여 전체적인 설계에 비중을 두게 된다. 다양한 과정이 지속적인 영향을 주기 때문에 새로운 지식과 전략은 교사의 수업에서 적용되고 평가될 수 있다. 내부의 전문가뿐만 아니라 외부 전문가로부터의 아이디어 도입의 균형과 조합은 학교 무대에서의 전문적 능력개발의 실제를 위한 정보로 활용되어야 한다([그림 7-6] 참조).

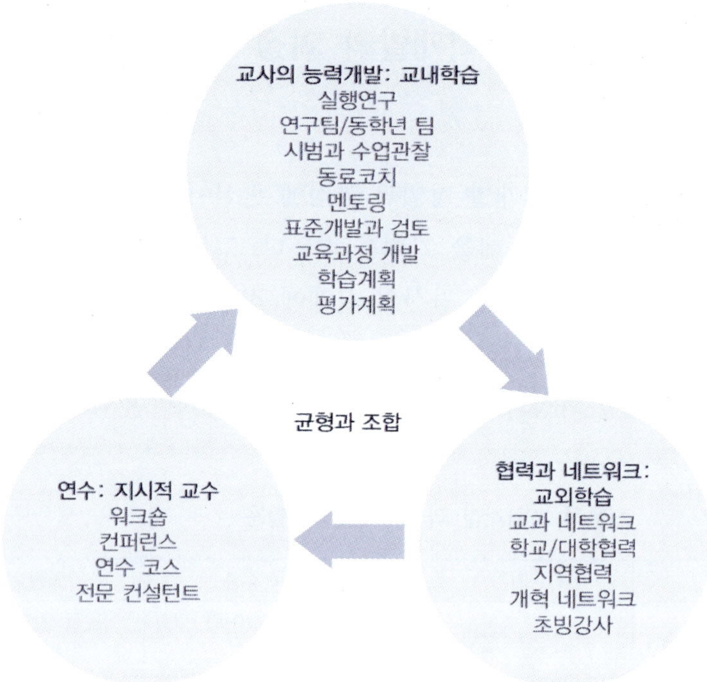

그림 7-6 전문적 능력개발: 전문적 능력개발 실제에서 학습의 균형과 조합

자료: 주삼환 · 유수정 · 오형문 · 이기명 · 진재열 역(2011). 교원의 전문적 능력개발. 서울: 시그마프레스, p. 84.

Lieberman과 Miller(1999)는 ① 지시적 교수(direct teaching, 워크숍), ② 교내학습, ③ 교외학습의 세 가지 능력개발 조직 형식에서 취할 균형에 대하여 언급하고 있다. 이들 전문적 능력개발을 나타내는 조직적 형식은 지원과 압력을 제공하고, 민감한 교사의 전문성 정도를 나타내는 다양한 기재 사항과 결부되어 있으며, 전문적으로 성장하는 교사에게 많은 정보를 제공한다(Lieberman & Miller, 1999). 전문적 능력개발 활동, 상호작용, 연결, 과거의 경험에 더한 구축, 요구 제시, 외부 전문가와 연구가 필요한 정보와 학교에서 전문적 학습을 강화하는 방법에 대한 이해가 중요하다.

우리는 전문적 능력개발과 직접 연결되지 못한 교사학습의 이벤트성 단계의 시대가 사라지길 바란다. 균형과 조합과 밀접한 전문적 능력개발 계획으로 체계적인 방법에 의한 학교 전체의 향상 노력이 결실을 맺기 바란다. 교육자들은 자기 학교의 전문적 능력개발 계획 시 [그림 7-6]을 보아야 한다. 여러분 학교의 전문적 학습에서 균형과 조합에 관하여 얻은 통찰은 무엇인가? 전문적 능력개발의 실제에서 균형과 조합에 관하여 학교 내의 다른 교사들은 뭐라고 말할 것 같은가?

[그림 7-6]을 도구로 사용하여 교사들의 전문적 학습상태(지시적 교수, 교내학습, 교외학습)를 조사하고 평가할 수 있을 것이다. 이들 자료는 학교 전체의 전문적 능력개발 계획의 정보로 사용될 수 있다. 도구는 종종 전문적으로 성장이 필요한 교사와 행정가에 대해 가설을 설정하지만, 오늘날 학교 내 개인적 학습 정도를 평가하는 데는 충분치 못하다. 이러한 평가는 부적당한 활동을 규정한 것보다 학습요구를 충족하는 전문적 성장을 위한 가치 있는 정보를 제공할 수 있다. 또한 교사들이 지닌 구체적인 교육과정에 의한 전문적 기술 또는 경험, 수업전략, 학교와 교육청 내에서 공유할 수 있는 평가에 관한 정보를 자료로 제공할 수 있다. 학교의 교수요인에 관한 지식기반 제창은 교사의 전문적 지식을 타당하게 할 뿐만 아니라 학교와 교육청 관내 지식 공유를 위한 풍부한 자원을 제공하는 효과가 있다.

제6절 교직원개발모형

교직원개발을 설계할 때 장학자는 교육계획을 세우고, 활동을 선정하고, 집단 규모를 선택하는 데 신중을 기하여야 한다. 교직원개발 프로그램은 교사들이 가진 문제들, 해결방안, 전문성을 서로 나눌 수 있는 기회를 제공해야 한다. 아울러 교사들이 교수-학습에 대한 연구나 이론들을 살펴볼 수 있게 해야 하며, 변화나 개선이 학생들에게 미치는 영향을 고려해 볼 수 있는 개발 프로그램이 되어야 한다(김정한, 2004). Wiles와 Bondi(2000)는 교직원개발의 모형을 임상적 모형(Clinical Model), 자질 위주 교직원개발 모형(Competency Based Staff Development Model), 학교중심 교직원개발모형(School-Based Staff Development Model)으로 나누어 제시했다. 여기에 몇 가지 모형 - 동료장학, 코칭, 멘토링, 교사교육센터, 교사교수교사, 총체적 질 관리 접근 – 을 추가하여 고찰하기로 한다.

첫째, 교직원개발의 임상적 방법이다.

① **마이크로티칭이다.** 이것은 교육의 이론과 실제 사이의 간격을 좁히고, 교수의 결점을 수정·보완하기 위한 것이다. 교사가 자신이 교수한 것을 녹화하고, 비평하고, 그 결과를 피드백시켜 교수하는 순환적 과정을 통하여 교수기술을 향상시킨다. 교사나 장학자는 마이크로 티칭의 실험실적 장면을 통하여 어떤 교수기술을 확인하고, 기술하고, 분석하고, 재검증하는 기회를 갖는다. 마이크로티칭은 경험이 부족하거나 수업효과성을 향상시키려는 교사들이 자신의 교수-학습 과정을 이해하며 교사의 자질을 키우는 데 기여하고 있다.

② **임상장학이다.** 전통적 장학에서는 장학자가 수업전문가이지만 임상장학은 교사와 장학자 모두가 수업에 대한 전문성이 있어야 한다. 두 사람은 동료로서 이야기를 나누고, 교사가 해결하고 싶은 교수문제나 관심사가 있을 때 장학자는 교사의 교수행위를 분석하고, 교사가 문제를 명료히 하도록 돕고, 필요한 정보를 제공하며 해결책을 모색해 보도록 도움을 제공한다. 임상장학과정에서 장학자와 교사는 공동 목표를 가지고 함께 일하게 되고, 장학자가 교사의 행위에 상당한 영향을 미칠 수 있으며, 교사가 장학과정을 긍정적으로 생각하게 되는 이점이 있다. 임상장학은 여러 가지 유익한 측면에도 불구하고 교사와 장학자 간의 관계 형성에 상당한 시간과 정열이 소모되며, 1대 1 관계이기 때문에 집단 상호작용을 할 수 없는 한계가 있다. 임상장학은 교사 자신의 발전에 초점을 두고 있으므로 외부의 새로운 아이디어나 기술, 조언을 얻는 것이 지연될 수 있다.

둘째, 자질 위주의 교직원개발이다. 이 접근은 개인에게 초점이 주어지는 모형이며, 모든 교사들에게 정해진 특수한 수업전략이나 기술을 심어주기 위한 것은 아니다. 자질 위주 모형의 다섯 가지 특징은 다음과 같다.

① 교직원 발달을 위한 모든 노력은 학습자인 교사나 행정가에게 초점을 맞춘다. 개인의 특수한 능력을 개발하는 데 필요한 전략을 짤 때 교사를 참여시킨다.

② 교사가 전문적 목표에 도달하도록 도와줄 수 있는 수업모듈(instructional module)을 준비한다. 준거지향적인 수업목표를 개발함으로써 한 사람이 이룩한 자질과 다른 사람이 이룩한 자질은 각각 독립적인 것으로 취급한다. 개발된 자질은 지식, 수행, 결과의 세 가지 준거에 의해 평가된다.
③ 참여자는 진술된 자질을 획득하는 데 필요한 특수 목적을 달성할 날짜를 정한다.
④ 실제 현장에서 활동을 전개해 나간다. 위험요소를 줄이기 위하여 가상적인 환경을 이용하기도 한다.
⑤ 시작할 때보다 끝날 때 필수조건들이 충족되었는가를 점검한다. 목표들이 명확히 정의되어서 관계자들이 그 목표가 언제 성취되었는가를 알 수 있게 한다.

현재 교직원개발의 초점은 자격을 갱신하는 것에서부터 점차 전문성을 개발하는 쪽으로 옮겨 가고 있다. 모든 교직원들은 새로운 자질을 함양하고 현재의 자질을 개선해 나가는 데 힘써야 한다.

셋째, 학교중심 교직원개발이다. 학교중심 교직원개발은 몇 가지 전제 위에서 진행된다.

① 교사들은 자신의 훈련 필요성을 확인하고 명료화하는 일에 참여해야 한다.
② 교사의 성장 경험은 개별화되어야 한다. 이러한 성장 경험은 타인이 강제로 시킬 때보다 학습자 스스로 할 때 더 의미를 가진다.
③ 개별학교는 교육적 변화가 일어날 수 있는 가장 크고 적절한 단위이다.

Lawrence(1983)는 학교중심 교직원개발 프로그램의 운영에서 나타난 결과들을 다음과 같이 제시했다.

① 교사들의 태도는 대학에서 주관하는 현직교육 프로그램보다 학교중심 프로그램에 더 영향을 받는다.
② 학교중심 프로그램에서 교사들은 서로가 돕는 역할을 수행하고, 현직교육의 계획을 세우는 데 함께 참여함으로써 그들이 세운 목표를 더 성공적으

로 달성할 수 있다. 대학 등 외부기관에서 교사의 참여 없이 만들어진 개발프로그램에는 교사들이 소극적으로 참여한다.

③ 교사들의 자기지도를 강조하는 학교중심 현직교육 프로그램은 그 효과성이 매우 높게 입증되었다.

④ 모든 참여자에게 꼭 같은 프로그램을 제공하는 일반연수와는 달리 학교중심 프로그램은 각 개인이 그들의 목표를 달성할 수 있도록 교사마다 각기 다른 연수 경험을 제공해 줌으로써 개별화 연수가 가능하다.

⑤ 학교중심 현직교육에서는 교사들이 적극적 역할을 담당하므로 그들의 목표를 효과적으로 달성할 수 있다. 교사들은 자료를 구성하고, 아이디어를 만들고, 행동을 구안하는 일에 적극 참여한다.

⑥ 학교중심 현직교육은 시범, 실행, 피드백을 강조한다. 교사들이 내일을 위해 처방된 행동이나 아이디어를 배우도록 강조하는 것은 비효과적이다.

⑦ 교사들이 각자 떨어져서 일하는 것보다 서로 조력을 제공하고 도움을 나누는 협력교육이 효과적이다.

⑧ 현직교육이 직원개발을 위한 전체 계획의 일환으로 진행되어야만 교사들이 받는 혜택도 커지게 된다. 전체 계획과 관련이 없는 단편적 프로그램은 효과가 적다.

⑨ 교사들이 현직교육 프로그램의 목표와 활동을 선택할 때 그들은 더 큰 혜택을 받을 수 있다.

넷째, 동료장학이다. 동료장학은 교사들이 동료를 관찰하고, 분석하고, 피드백해 주는 것을 의미한다. 동료장학은 수업개선을 위한 프로그램에서 용이하게 사용될 수 있는 모형 중 하나이다. 동료장학을 비공식적이고 자기 지향적인 활동으로만 보아서는 안 되며 필요시 장학자가 공식적으로 개입하여 교사들이 참여하도록 영향을 미치고 지도와 조언을 제공해 주어야 한다.

다섯째, 코칭이다. 코칭은 교사들이 한 팀이 되어 교수개선을 목표로 함께 일해 나가는 것이다. 코칭에는 몇 가지 모형이 있다. 동료코칭 모형은 교사가 한 짝이 되어 관찰받는 교사의 교수활동을 관찰하고 전략들을 비판해 주는 것이다. 기능적 코칭은 특정한 교수기술을 가르칠 수 있는 자문가가 교사와 같이 일하는 것이다. 도전적 코칭은 교수문제를 해결하기 위하여 집단이 함께 일해 나가는 것을 뜻한다.

여섯째, 멘토링이다. 멘토링은 경험과 지식이 있는 사람이 경험이 적고 지식이 적은 사람을 도와주는 활동이다. 멘토로서 지도교사 또는 숙련된 교사는 교실에서 일대 일로 교사를 지원해 줄 수 있다. 장학자는 가끔 멘토와 멘토의 도움을 받는 사람과 한 팀이 되어 도움을 제공할 수 있다.

일곱째, 교사교육센터(Teacher Education Center)**이다.** 이것은 교사나 장학자의 능력개발과 전문성 신장을 위해 만들어진 곳이다. 교사센터는 대학, 조합, 사적 기업, 정부기관, 공교육체제가 서로 연합하여 교사들의 자질을 키울 수 있는 프로그램을 계획하고 운영해 나간다. 교사센터는 현직교육만을 위해 존재하는 것은 아니며, 교사들의 전문성 성장을 위한 다양한 자료와 프로그램을 마련하고, 어떤 곳에서는 워크숍이나 대학원 코스를 개설하기도 한다. 직전 및 현직 코스 개설, 교수와 장학의 연구, 교사를 위한 특수교육, 워크숍, 자료개발, 특수아동지도, 도서관 운영, 개인교습 등이 교사센터를 통하여 제공된다.

여덟째, 교사교수교사(Teachers Teaching Teachers(TTT) Model)**이다.** 학교에서 교사들을 훈련시킬 수 있는 교사요원을 훈련시켜서 외부에서 자문가를 데려올 때 드는 시간과 비용을 절약하고, 교사와의 래포(rapport)를 쉽게 형성하고, 즉각적인 피드백을 제공할 수 있다.

아홉째, 총체적 질 관리 접근(Total Quality Management(TQM) Approach)**이다.** TQM의 원리는 Deming(1981)에 의해 개발되어 1980년대와 1990년대까지 기업뿐만 아니라 교육계에도 크게 영향을 끼쳤다. 기업의 질을 관리하기 위한 Deming의 열네 가지 원리와 아이디어는 수업지도성의 원리와 매우 유사함을 알 수 있다. Deming은 노동자들이 생산하는 상품의 질을 개선하는 데 참여하기를 원한다고 믿었다. 관리자는 일이 끝난 다음에 상품이 표준에 맞는지를 감독하기보다 노동자들이 일하고 있을 때 상품의 질을 높이도록 하는 것이 더 좋다고 생각하였다. 노동자들이 일하는 현장에서 두려움을 몰아내고 일관성 있게 일을 추진하여 상품의 질을 추구하자는 그의 주장은 교사에게 권한을 위임해 줌으로써 교육의 질적 수월성을 기하자는 운동과 일맥상통하는 점이 있다(Senge, 199).

Brandt(1992)는 TQM의 원리와 장학의 강조점이 유사함을 지적하면서 "경쟁보다는 협력, 외재적 보상보다는 내재적 보상, 사람을 판단하기보다 돕기 위한 평가" 등이 장학과 TQM에서 동일한 원리임을 확인하였다. TQM 운동을 학교에 적용시키려 할 때 네 가지 기본적 기조는 다음과 같다.

① 조직은 그들의 소비자에 초점을 두어야 한다.
② 모든 사람은 개인이거나 혹은 단체이거나 상호 합의에 따라 계속 성장해 나간다는 신념이 있어야 한다.
③ 조직은 체제이며 이 체제 내에서의 교수-학습활동은 하나의 전진하고 있는 과정으로 보아야 한다.
④ TQM의 성공은 참여자들의 책임감에 달려 있으며, TQM 원리의 시행은 하나의 학교문화로 받아들이는 사람들에게 달려 있다(Bronsting, 1992).

교사와 장학자가 TQM 모형을 사용하여 전문성 개발계획을 수립하고 이를 실행해 나갈 때, 그들은 학교의 질을 창조하려는 목적으로 함께 일한다고 말할 수 있다. TQM 운동은 학습은 계속적인 것이며 질을 추구하는 것이 노력의 중심임을 강조한다.

제7절 교직원개발과 장학지도성의 역할

장학자로서의 교장, 교감, 장학사, 경력교사는 교수-학습 개선의 자원인사로서 교사들의 수행능력과 자질을 높여 줄 수 있어야 한다. 자원인사로서의 장학자는 교직원들의 요구를 분석하고, 교직원개발을 위한 계획을 수립해야 하며, 현직교육이 교직원개발로, 교직원개발이 인간개발로 확산해 나갈 수 있도록 개발정책을 유도해 나가야 한다. 교직원개발과 장학의 리더십의 역할로 교직원개발에 대한 요구의 분석, 교직원개발 계획의 수립, 교직원개발활동의 수준 등으로 구분하여 고찰하고자 한다(Wiles & Bondi, 2000).

첫째, 교직원개발에 대한 요구의 분석이다. 교직원개발 활동은 수업의 문제점이나 교사의 흥미와 직결되어 있어야 한다. 수업의 문제나 교사 흥미와 직결된 현직교육 계획을 세우기 위하여 대상자에 대한 요구를 조사하는 과정이 꼭 필요하다. 장학자가 계획을 수립할 때 교사나 행정가에 대한 조사자료나 학교, 지역사회에서 얻을 수 있는 자료를 사용할 수 있다. 교직원개발 프로그램은 수집된 자료를 기초로 해야 하며 잘 조직되어야 하며, 교실 수준의 수업개선을 유도해낼 수 있어야 한다. 교직원개발 활동은 학교나 지역의 교육과정의 운영 및 관리계획의 일부로 통합되어야 한다. 학교지도자들은 가끔 교사들의 요구내용을 분석하지만, 교사들이 언제, 어디서, 어떻게 교직원개발 활동을 전개해 나가는 것이 좋을 것인지에 대하여는 묻지 않는 경향이 있다. 교사의 의견이나 요구를 들어보는 것은 매우 중요하다.

둘째, 교직원개발 계획의 수립이다. 장학의 중요한 목적은 교육의 질을 개선해 보려는 풍토가 지속되도록 리더십을 발휘하는 것이다. 그러므로 장학자는 효과적인 현직교육 프로그램의 계획을 세우고 이를 실천에 옮기는 것은 장학의 생명이다. 교직원개발 계획을 세우는 데 필수적인 단계들은 다음과 같다.

① 요구분석의 실시이다. i) 대상자 확정, ii) 학습자 요구 분석의 전략결정: 목적과 목표, 검사자료, 조사자료, 현직연수 참여 수준과 참여의 본질, iii) 학습자 요구분석의 실시, iv) 확인된 요구나 과업에 대한 우선순위 배정, v) 대상 학습자에 대한 기초정보의 수집 등이 있다.

② 현직연수 실시를 위한 정책 결정이다. i) 대상 학습자, 행정가, 장학자 프로그램 목표 확인에 참여, ii) 장학적 인사나 자원인사를 임명하여 리더십을 발휘하게 함, iii) 예산과 과정에 대한 지침을 개발, iv) 프로젝트 시간계획 수립, v) 현직연수활동, 자료, 자원의 설계 등이 있다.

③ 현직연수 프로그램 목표와 관련 활동들을 평가하기 위한 측정도구의 개발이다. 지도적 인사의 자질평가를 위한 평가방법 설계, i) 현직교육목표나 활동에 대한 형성평가와 감독의 시행, ii) 현직교육목표나 활동에 대한 형성평가와 감독의 시행, iii) 자원요소나 자원들을 평가할 평가수단의 개

발, iv) 현직교육의 목표, 활동, 리더십, 자원인사에 대한 종합평가 실시 등이다.

셋째, 교직원개발 활동의 수준이다. 학교가 발전하려면 교사들이 교수행위를 개선하고 보다 창의적으로 교육을 할 수 있도록 하는 환경이 마련되어야 한다. 교사들이 교실에서 새로운 아이디어나 기술을 마음 편하게 적용시켜 볼 수 있게 해 주는 것이 교사들의 창의성을 자극해 주는 주요 요소가 된다. 장학자는 교사들이 새로운 아이디어를 실험해 볼 수 있도록 절차를 마련해 줄 필요가 있다. 장학자는 교직원개발 활동을 계획할 때 교사들이나 다른 전문인들과 협력적으로 일을 수행해 나가야 한다. 장학자가 교사보다 한 단계 높은 과학적 지식과 분석력을 가지고 있다고 믿는 것은 이미 과거의 가정이 되었고, 최근의 가정은 교사의 전문성을 인정하고 그들에게 권한을 위임하는 것이 더 효과적이라는 것이다.

Wiles와 Bondi(2000)는 교직원개발의 수준을 4단계로 나누고 있다. ① 1차 수준은 지역의 모든 교사와 행정가들에게 필요한 지식과 기술을 교육하며 모든 사람이 참여할 수 있게 한다. ② 2차 수준은 유사한 책임, 흥미, 요구를 가진 학교인사 집단을 대상으로 교육을 실시한다. ③ 3차 수준은 학교교육 프로그램이나 서비스활동과 관련된 개인이나 교직원들의 특수요구를 충족시킨다. ④ 4차 수준은 개인의 전문적 성장과 필요에 의한 개별화된 프로그램을 운영한다.

교직원의 개발 수준을 제시하면 [그림 7-7]과 같다.

수 준	참여의 특성
1차 수준	**지역 전체** 모든 교사와 행정가들에게 적절한 지식, 기술교육 모든 교사와 행정가 참여
2차 수준	**특수 흥미집단** 요구, 책임, 흥미가 유사한 학교 인사 집단에 대한 적절한 지식, 기술의 제공 1차 수준보다는 개별화 됨 집단의 일원으로 참가 집단의 수에 따라 프로그램의 수가 결정됨
3차 수준	**학교교직원** 학교교육 프로그램이나 봉사활동과 관련된 교직원 개인의 특수 요구에 초점 지역 장학인사의 협력과 도움을 받아 교직원이 계획을 수립 지역의 다른 학교와는 독립적으로 계획을 수립하고 실행함 모든 교직원들의 참여가 필수적이지는 않음
4차 수준	**개인 교육자** 개인 요구에 초점 참여자들의 개인적 전문성 개발을 위한 계획 수립의 필요 넓은 범위의 활동들 중에서 적절한 것을 선택할 수 있게 함 다른 수준보다 더 개별화시킴 개인이 전문성 개발에 대한 책임을 짐

그림 7-7 교직원개발의 수준

자료: Wiles, J., & Bondi, J.(2000). Supervision: A Guided to Practice(5th ed.). Upper Saddle River. New Jersey: Prentice Hall, p. 294.

생각해 봅시다

1. 교사들이 교직원개발 활동에 참여하는 이유에 대하여 생각해 봅시다.
2. 효과적인 교직원개발과 관련된 다양한 변인에 대하여 생각해 봅시다.
3. 교직원개발모형의 다양한 유형에 대하여 생각해 봅시다.
4. 교직원개발과 장학 리더십의 다양한 역할에 대하여 생각해 봅시다.

참고문헌

강영삼(1994). 장학론. 서울: 세영사.

김정한(2004). 장학론. －이론・연구・실제－. 서울: 학지사.

남정걸(1999). 장학의 이론과 실제. 파주시, 경기도: 교육과학사.

이윤식(2005). 장학론 -유치원・초등・중등 자율장학론-. 파주시, 경기도: 교육과학사.

이윤식(2007). 학교경영과 자율장학. 파주시, 경기도: 교육과학사.

정태범(2005). 장학론. 파주시, 경기도: 교육과학사.

주삼환・유수정・오형문・이기명・진재열(2011). 교원의 전문적 능력개발. 서울: 시그마프레스.

주삼환・정일화(2010). 학업성취 향상과 수업전략. 서울: 시그마프레스.

Brandt, D.(1992). Overview: Are We Committed to Quality. *Educational Leadership*, 50, 3.

Barth, R.(1990). *Improving Schools from Within*. San Francisco: Jossey-Bass.

Beach, Don M., & Reinhartz, J.(2000). *Supervisory Leadership: Forcus on Instruction*. Boston: Allyn & Bacon.

Bull, B., & Buechler, B.(1996). *Learning Together: Professional Development for Better Schools*. Bloomington: Indiana Education Policy Center.

Collins, D.(1998). *Achieving Your Vision of Professional Development. Tallahassee*. FL: Southeastern Regional Vision for Education.

Cooper, H., Nye, B., Charlton, K., Lindsay, J., & Greathouse, S.(1996). The Effects of Summer Vacation on Achievement Test Scores: A Narrative and Meta-analytic Review. *Review of Educational Research*, 66, 227-268.

Corcoran, T.(1995). *Helping Teachers Teach Well: Transforming Professional Development*(Research Brief No. 16-6/95). Philadelphia: Consortium for Policy Research in Education.

Darling-Hammond, L.(1997). *The Right to Learn: A Blueprint for Creating Schools that Work*. San Francisco: Jossey-Bass.

Darling-Hammond, L., Ancess, J., & Falk, B.(1995). *Authentic Assessment in Action: Case Studies*. New York: Teachers College Press.

Darling-Hammond, L., & Ball, D. L.(1998). *Teaching for High Standards: What Policy-makers Need to Know and be Able to Do*. New York: National Commission on Teaching and America's Future and Consortium for Policy

Research in Education.

Darling-Hammond, L., & McLaughlin, M. W.(1995). Policies that Support Professional Development in an Era of Reform. *Phi Delta Kappan*, 76, pp. 507-604.

Deming, W. E.(1981). *Out of Crisis*. Boston: MIT Press.

Fullan, M.(1993). *Change Forces: Probing the Depths of Educational Change*. New York: Falmer.

Gardner, H.(1999). *Intelligence Reframed: Multiple Intelligence for the 21st Century*. New York: Basic Books.

Guskey, T.(1999). Apply Time with Wisdom. *Journal of Staff Development, 20*(2), 10-14.

Guskey, T.(2000). *Evaluation Professional Development*. Thousand Oaks, CA: Corwin.

Hargreaves, A., & Dawe, R.(1990). Paths of Professional Development: Contrived Collegiality, Collaborative Culture, and the Case of Peer Coaching. *Teaching and Teacher Education*, 6, 227-241.

Hassel, E.(1999). *Professional Development: Learning from the Best - A Toolkit for Schools and Districts Based on the National Awards Program for Model Professional Development*. Oak Brook, IL: North Central Regional Educational Laboratory.

Howey, K. R.(1977). *Organization for Inservice Teachers Education. Syracuse*. New York: National Council of States on In-service Education.

Joyce, B., & Showers, B.(1995). S*tudent Achievement Through Staff Development. White Plains*. New York: Longman.

Joyce, B., & Showers, B.(1996). *The Evolution of Peer Coaching. Educational Leadership*, 53(6), 12-16.

Joyce, B., & Showers, B.(2002). Student Achievement Through Staff Development(3rd ed.). Alexandria, VA: *Association for Supervision and Curriculum Development*, 53(5), 12-16.

Lawrence, Gordon(1983). *Problems of Effective In-service Education*. Monograph, Florida Department of Education.

Lieberman, A.(1995). Practices that Support Teacher Development: Transforming Conceptions of Professional Learning. *Phi Delta Kappan*, 76, 591-596.

Lieberman, A., & Miller, L.(Eds.).(1991). *New Demand, New Realities, New Perspectives. In Staff Development for Education in the 90s*. New York: Teachers College Press.

Lieberman, A., & Miller, L.(1999). *Teachers-Transforming their World and their*

Work. New York: Teachers College Press.

Lieberman, A., & Miller, L.(Eds.).(2001). *Teachers Caught in the Action: Professional Development that Matters*. New York: Teachers College Press.

Little, J. W.(1993 a, June). Excellence in Professional Development and Professional Community. Paper Presented at a Planning Meeting of the U.S. Department of Education Blue Ribbon Schools Program. Washington, DC.

Little, J. W.(1993 b). Teacher Professional Development in a Climate of Educational Reform. *Educational Evaluation and Policy Analysis*, 15, 129-151.

Loucks-Horsely, S., Harding, S. K., Arbuckle, M. A., Murray, L. B., Dubea, C., & Williams, M. K.(1987). *Continuing to Learn: A Guidebook for Teacher Development*. Andover, MA: Regional Laboratory for Educational Improvement of the Northeast and Islands.

Nallia, W.(1984). State of Georgia Study of Teacher Training.

National Commission on Time and Learning.(1994). *Prisoner of Time*. Washington, DC: U.S. Government Printing Office.

National Staff Development Council.(2001). *Standards for Staff Development*(Rev. ed.). Oxford, Oh: Author.

Purnell, S., & Hill, P.(1992). *In Time for Reform*. Santa Monica, CA: RAND.

Sagor, R.(1992). *How to Conduct Collaborative Action Research*. Alexandria, VA: Association for Supervision and Curriculum Development.

Schmoker, M.(1996). *Result: The Key to Continuous School Improvement*. Alexandria, VA: Association for Supervision and Curriculum Development.

Sergiovanni, T. J., & Starratt, R. J.(1993). *Supervision: A Redefinition*(5th ed.). New York: McGraw-Hill.

Sparks, D., & Hirsh, S.(1997). *A New Vision for Staff Development*. Alexandria, VA: Association for Supervision and Curriculum Development.

Reinhartz, J., Hadaway, N., & Trask, E.(1992). Teacher Properation Progress and Educational Change. *Contemporary Education*, 63, 294-297.

Wiles, J., & Bondi, J.(2000). Supervision: A Guided to Practice(5th ed.). Upper Saddle River. New Jersey: Prentice Hall, 294.

Woods, F. H., & Thompson, S. R.(1993). Assumptions about Staff Development Based on Research and Best Practices. *Journal of Staff Development*, 14(4), 52-56.

08
CHAPTER

장학의 평가

학습목표

1. 장학적 평가(교사평가, 수업관찰, 학교효과성평가)에 대해서 설명할 수 있다.
2. 효과적인 장학프로그램 개발 절차에 대해서 이해할 수 있다.
3. 장학자체평가의 방법에 대하여 이해할 수 있다.
4. 훌륭한 장학사의 표준을 제시하고 설명할 수 있다.

Keyword

교사평가, 수업관찰, 학교효과성평가, 장학자체평가, 수업개선 주기, 장학자평가, 효과적인 장학지표, 장학사의 표준, 장학사 업무평가, 장학사 자기평가, 장학프로그램평가

장학자의 범위는 장학사, 장학관뿐만 아니라 교장, 교감, 부장교사까지도 확대된다. 그런데 장학자는 교사를 도와주고(helping) 지원해주는(supportive) 역할과 동시에 감독하고(supervise), 평가하는(evaluating) 역할을 수행한다. 하지만 장학자는 도와주는 역할과 평가하는 두 역할 사이에서 갈등을 일으킨다. 어제는 교사를 평가하고 교실을 방문하고, 오늘은 교사를 돕겠다고 교실을 방문한다고 하면 교사들도 믿지 않을 뿐만 아니라 교장 자신도 역할갈등을 느끼지 않을 수 없다. 인간은 평가를 받는다고 하면 잘 보이려고 하지 않을 수 없다. 그래서 장학에는 쇼가 연출되고, 게임과 숨바꼭질 놀이가 진행되기 일쑤이다. 이러한 상황에서 장학자는 장학적 역할을 수행해야 한다. 장학자는 조력자와 평가자라는 이중적 역할을 하는 "두 얼굴의 사나이"이다. 또는 지킬 박사와 하이드 씨라고 한다.

이 평가라는 "毒"을 줄이는 방법은 평가과정에 교사를 참여시키는 것이다. 예를 들면, 평가기준을 교사와 함께 정하고 또 교사와 함께 정한 객관적 자료에 근거하여 평가하는 것이다. 그리고 공정하고 신뢰롭게 평가함으로써 교사의 평가에 대한 위협과 불안을 줄일 수 있다. 하여튼 장학자는 동서양을 막론하고 조력과 평가의 이중적 역할을 성공적으로 수행하지 않

으면 안 된다. 그래서 "장학평가"라고 하면 두 가지 의미를 갖는다. ① 우선 장학적 평가이다. 즉 장학자가 하는 교사평가, 교수평가 또는 수업평가, 학교평가, 연수평가 등이 여기에 포함된다. ② 다른 의미의 장학평가는 장학에 대한 평가이다. 장학 자체에 대한 평가, 장학사에 대한 평가이다. 여기에서 장학적 평가에 해당하는 교사평가, 수업관찰, 학교효과성평가에 대하여 간단히 제시하고, 장학효과성평가에 대하여 좀 더 구체적으로 기술하고자 한다. 장학적 평가에 대하여 간단하게 다루는 이유는 앞에서 많이 다루었기 때문이다.

따라서 제8장에서는 장학적 평가, 장학자체평가 등에 대해서 고찰하고자 한다(이윤식, 2005; 이윤식, 2007; 정태범, 2005; 김정한, 2004; 주삼환, 1997; 주삼환, 1992).

제1절 장학적 평가

장학적 평가는 장학역할로서의 평가이다. 장학자가 해야 하는 평가로서 교사평가, 수업관찰, 학교효과성평가 등에 대해서 고찰하고자 한다(주삼환, 1992).

1. 교사평가

교사평가의 목적은 ① 채용 여부 결정, ② 인사조치의 시행, ③ 개인의 직무수행 개선, ④ 조직목표의 달성, 권위체계의 통제(Castetter, 1981)라고 할 수 있으며, 달리 표현하면 Rebore(1982)가 말하는 것처럼 ① 교사의 자기발전을 조장하기 위하여, ② 교사의 직무수행 과업을 밝히기 위하여, ③ 교사발전의 필요 부분을 찾아내기 위하여, ④ 직무수행의 향상을 위하여, ⑤ 계속 고용 여부, 보수액 결정의 근거를 삼기 위하여, ⑥ 배치, 전보, 승진의 결정을 위하여라고 할 수 있다. 이러한 교사평가의 목적에 비추어 볼 때 우리나라의 교사 근무평정에는 많은 문제가 있다. 우리나라 교사평가의 현실은 평가의 목적을 하나도 달성하지 못하고 있다. Rebore의 여섯 항목 중에서 한 항목도 달성하지 못하고 오로지 여섯 번째인 "배치, 전보, 승진의 (인사)결정"에 약간 쓰이고 있을 뿐이다. 그것도 승진시킬 사람, 근무성적을 잘 줘야 할 사람을 미리 정해 놓고 거기에 맞추려는 逆算制를 관행으로 적용하고 있는 점은 그 효과성의 문제를 넘어서 윤리적, 도덕적, 인간존중사상이라는 근본적인 문제이다.

그 다음으로 교사평가의 주목적은 최종적인 인사결정보다는 개선과 발전에 있기 때문에 평가기준, 평가과정, 평가결과 등이 공개되어야 할 뿐만 아니라 교사의 참여 속에서 합동적으로 이루어져야 한다. 그래서 교사평가는 총괄평가보다 진단평가와 형성평가에 치중해야 한다.

평가내용에 대부분은 ① 개인적 특성, ② 직무수행과정, ③ 산출물을 들고 있는데 평가의 내용은 평가의 목적에 따라 달라질 수 있다. 결국 교사평가는 교사의 주기능인 교수-학습활동에 치중해야 할 것 같다. 교사평가의 참여자는 교감, 교장으로 되어 있는데, 우선 당사자인 교사가 참여해야겠고 개선과 발전에 목적을 둔다면 동료교사, 학부모, 주민, 학생, 다른 직원으로부터도 좋은 자료와 정보를 받을 수 있다.

평가방법으로는 평가목적에 따라 가능한 한 다양한 방법이 동원되어야 할 것이다. 이를 제시하면 <표 8-1>과 같다.

표 8-1 교사평가목적에 따른 방법

평가방법	평가목적		
	진단 (선발)	형성 (발전)	총괄(보상, 승진, 전보재배치, 해고)
1. 도표식(Graphic Rating Scales)	+		
2. 교사직무수행검사(Teacher Performance Tests)	+		+
3. 관찰체제			
4. 학생 성취도 검사		+	+
5. 목표에 의한 검사		+	+
6. 행동평정척도		+	+
7. 작문식평가	+	+	+
8. 중대사건 기법		+	
9. 체크리스트	+	+	
10. 교수법 모델		+	

11. 서열법	+	+	
12. 면접법	+		
13. 양자 비교법	+		
14. 강제 배분 기법	+		

자료: 주삼환(1992). 새로운 세기의 교장과 장학. 서울: 도서출판 성원사, p. 233.

평가의 과정은 연간계획 또는 수년간의 주기적인 계획에 의하여 이루어져야 한다. 이 과정은 수업개선을 위한 임상장학의 과정과 비슷하며 목표지향적이라는 점에 주의할 필요가 있다. 이 과정을 [그림 8－1]과 같이 나타낼 수 있다.

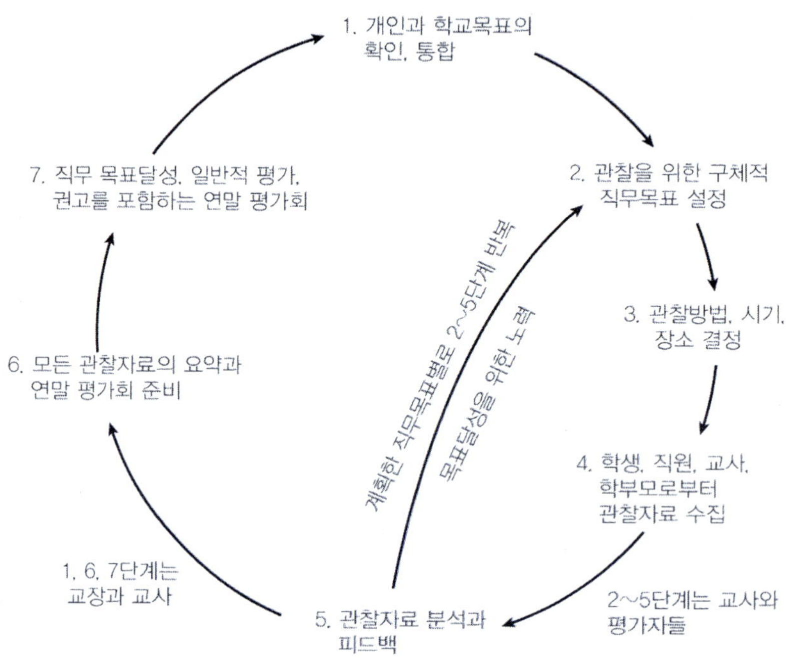

① 개인의 목표와 조직목표의 확인과 통합
② 관찰을 위한 구체적 목표나 활동을 결정
③ 관찰방법, 시기, 장소의 결정
④ 관찰과 자료수집
⑤ 자료의 분석과 피드백
⑥ 관찰자료에 대한 요약과 해석
⑦ 평가결과와 목표 도달 보고 및 교직원 발전을 위한 권고

그림 8-1 교직원 평가와 발전 주기

자료: 주삼환(1992). 새로운 세기의 교장과 장학. 서울: 도서출판 성원사, p. 232.

교사평가자는 장학자(교장, 교감, 장학사 등), 동료교사, 교사 자신, 학생 등 다양한 사람이 될 수 있다.

2. 수업관찰

수업관찰은 장학에 있어서 가장 중요한 활동이다. 임상장학에서도 이 수업관찰을 중심으로 하여 전·후 단계에서 각각 협의회를 하게 된다. 그런데 과거에 이 수업관찰을 체계적으로 하여 정확하고, 신뢰로우며, 객관적이고, 과학적으로 하려는 노력이 적었다. 수업관찰에서 수집된 자료를 분석하여 이를 근거로 교사의 수업개선과 수업기술 향상, 전문적 성장을 돕도록 하여야 할 것이다. 그리고 수업관찰에서 객관적이고 과학적인 자료가 중요하기는 하지만 이것만이 최선의 것은 아니다. 주관적이고 예술적인 자료와 관찰도 중요한 방법이다. 이 양자가 상호보완을 해야 한다.

관찰이란 기록하고 이에 근거하여 판단하는 활동이라고 할 수 있는데, 먼저 ① 기술하고 다음에는 ② 해석하는 두 부분으로 이루어진다. 아울러 수업관찰을 하는 목적은 ① 교사의 강점과 개선의 필요 영역을 진단하고, ② 學習損傷 상황을 발견하고, ③ 객관적 자료를 수집하려는 데 있다. 그러나 이러한 목적을 잊는 경우가 있고 다음과 같은 오해가 있으므로 이를 극복하여야 한다.

〈수업관찰에 대한 오해〉

① 교사는 관찰을 수용하지 않는다.
② 학생의 성취도만이 교사의 효과성을 말해 줄 수 있다.
③ 관찰자는 수업을 방해하고 결코 "정상적" 상황을 볼 수 없다.
④ 관찰 중 기록은 방해가 된다.
⑤ 불시방문하지 않으면 진실을 볼 수 없다.
⑥ 이 모든 특별한 절차를 필요로 하지 않는다.
⑦ 교사보다도 학생에 초점을 맞춰야 한다.
⑧ 단지 녹음기만을 사용하라.
⑨ 교사 자신이 보기만 해고 변화시키려 할 것이다.

관찰자는 정확하고 신뢰로운 자료를 수집하고 관찰하려고 하지만, 다음과 같은 오류의 근원이 있으니 이를 인정하고 조심해야 한다(Good & Brophy, 1987).

〈관찰연구상의 誤謬의 근원〉

① 집중경향성
② 관용의 경향성(인색의 경향성)
③ 초기의 영향(첫인상)
④ 논리적 오류(이론적, 경험적, 개인근거 가정에 바탕을 둔 판단오류)-친절하면 수업효과
⑤ 자아인정 실패(관찰자의 영향 무시)
⑥ 관찰의 분류(분류범주를 크게 해서)
⑦ 특정 행위의 일반화
⑧ 관찰자의 매몰흥미와 가치(관찰자의 편견)
⑨ 피관찰자의 관점을 고려하지 못한 실패
⑩ 비대표성의 군집
⑪ 피관찰자의 반응
⑫ 상황과 맥락 고려의 실패
⑬ 엉성하게 설계된 관찰체제
⑭ 적절한 행동의 빠른 속도 고려 부족
⑮ 적절한 행동의 동시성 고려 부족
⑯ 인간활동의 목표지향 또는 목적성 고려 부족
⑰ 관찰자 표류로 인한 실패

상기의 오류에 대하여 주의한다 해도 아직도 수업관찰에는 많은 문제가 있다. ① 자료수집의 객관성을 보장하기 어렵고, ② 나쁜 교실분위기를 만들 위험이 있고, ③ 물리적, 심리적 거리감의 문제가 있으며, ④ 장학자의 방문으로 수업에 영향을 줄 위험이 있으며, ⑤ 관찰자가 부적절한 수업 참여의 경우가 있으며, ⑥ 교사가 방문자를 소개하거나 환영의 노래를 시키는 등 실수를 하기 쉽다. 그리고 수업관찰자는 빠르게 진행되는 수업장면을 관찰 및 기록하기 위하여 나름대로의 略語, 縮語, 부호, 속기법을 개발하여 사용하면 좋을 것이다.

3. 학교효과성평가

학교의 효과성(school effectiveness)과 교수효과성(teaching effectiveness)의 문제는 교육계의 관심의 대상으로 논의되고 있으며, 많은 연구물이 생산되고 있다. 학교효과성의 연구동향은 영국, 호주, 캐나다, 스칸디나비아 국가들, 미국의 캘리포니아 주와 플로리다 주에서 학교 단위 관리제도를 운영하고 있으며 이러한 흐름이 지속될 것이다. 이를 유럽에서는 "self-managing school", "school-based management", "local financial management"라는 이름으로 알려지고 있다. 그리고 미국에서는 "school-site management", "collaborative school management"라고 하여 학교 단위의 자율학교운영이라고 할 수 있다. 학교 단위 지역교육청이나 광역교육청 단위로 자치를 하던 것을 학교 단위로 자율경영을 하도록 하는 것으로 이렇게 하는 것이 더 효과적이라는 연구에서 나온 세계적인 동향으로 볼 수 있다. 학교 단위에서 학부모, 교사, 교장, 지역사회인으로 구성하는 학교운영위원회(school council)를 두어 여기서 재정권과 인사권을 갖고 자치적으로 학교를 운영하는 제도이다. 운영위원장(governor)이 교장과 교사도 선발하여 임명하고 중앙으로부터 일괄보조금을 받아 학교 실정에 맞추어 예산을 편성하여 교육현장 사정을 잘 아는 사람이 필요한 곳에 돈을 쓰는 것이 더 효과적이라는 것이다(정태범, 2005; 주삼환, 1992).

한편 학교는 개선의 단위(the school as the unit for improvement)이다. 그래서 많은 교육개혁사업이 학교를 단위로 삼고 있다. 장학에서도 전통적으로 학교방문을 중요한 장학방법으로 채택하여 온 것이다. 개선하기 위하여 학교 내 교사, 교장, 교수, 행정, 교육과정, 자료들을 따로따로 개선하려는 것이 아니라 이들을 통합적인 방법으로 다루려 한다(Goodlad, 1984).

Tanner와 Tanner(1987)는 학교를 발전시키기 위해서 다양한 사람들에 의한 자체평가의 중요성을 강조하면서 학교평가를 위한 종합적인 "학교 개선을 위한 발전적 기준 체크리스트는 학교를 아홉 개의 범주로 분류하고 있다. ① 학교철학, ② 행정방침과 실제, ③ 혁신과 개혁: 방침과 실제, ④ 장학풍토, ⑤ 장학역할과 기능, ⑥ 교사의 효과성과 학교풍토, ⑦ 교육과정 개발, ⑧ 현직연수, 직원개발, ⑨ 교수-학습자료, 시설, 서비스이다. 이 체크리스트를 행정가, 장학사 교사들에게 적용하여 그 차이를 발견하고, 이에 대하여 충분한 토론을 거치는 속에서 장학적 효과도 가져오고 학교를 개선할 부분도 찾아낼 수 있을 것이다.

제2절 장학자체평가

우리가 다른 사람을 평가하는 데 많은 시간을 보내는 것이 중요한 것은 아니다. 정말 필요한 것은 우리가 우리 자신을 평가하기 위해서 시간을 보내고, 학생들이 자신들을 스스로 평가할 수 있도록 하는 것이다. 장학에 있어서도 다른 사람과 다른 사람이 하는 일을 평가하는 것도 중요하지만, 장학 자체와 장학자 자신에 대하여 평가하는 일은 더 중요할지도 모른다. 장학 역시 평가활동을 통해서 더 발전할 수 있기 때문이다. 학생들의 성장을 보다 정확한 측정방법으로 평가함으로써 교사와 학생에게 도움을 주듯이 장학지도자와 장학프로그램도 보다 좋은 평가방법을 도입함으로써 많은 도움을 받을 수 있다. 장학담당자들은 일반적으로 자신들의 일이 효과적이라는 생각을 갖기 쉬우나 반드시 그런 것만은 아니다. 문제는 장학평가를 어떻게 보다 더 정확한 장학효과성 평가도구를 개발해야 하는 것이다(김정한, 2004).

그리고 장학평가로 보다 나은 장학프로그램을 개발하기 위한 것이라면 계획－평가－개선의 절차를 밟아야 할 것이다.

1. 효과적인 장학프로그램 개발절차

수업개선을 위한 장학을 하고, 또 이에 적극 참여하기 위해서는 [그림 8－2]의 수업개선주기의 과정을 밟을 것을 권고한다.

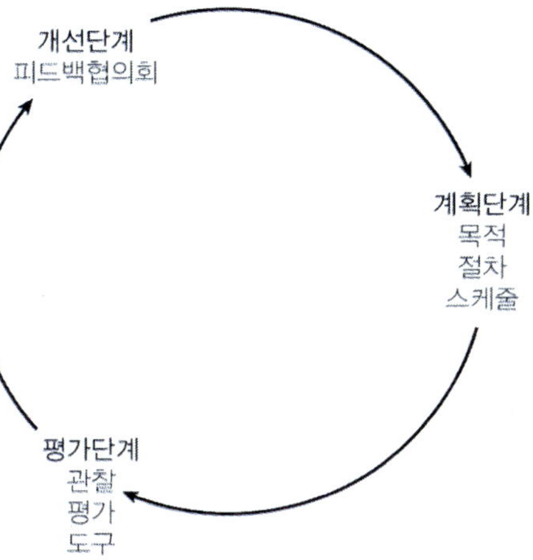

그림 8-2 수업개선 주기

자료: 주삼환(1992). 새로운 세기의 교장과 장학. 서울: 도서출판 성원사, p. 297.

수업개선 주기는 ① 계획단계, ② 평가단계(assessment), ③ 개선단계로 이루지고 있다. 이러한 주기는 장학사와 교사집단, 장학사와 개별교사 간의 의사소통과 공동 의사결정에 근거를 두고 있다. 그리고 이 주기의 핵심은 자기평가, 자기장학, 동료와 학생의 관찰과 평가, 교장과 장학사의 관찰과 평가와 같은 방법으로부터 나온 결과를 피드백하는 데 있다.

수업개선 주기를 고찰하면 다음과 같다(한국교육행정학회, 1995; 주삼환, 1992).

첫째, 계획단계이다. 학교에서 장학프로그램을 실천하기 위한 계획을 세우기 위해서는 학년 초 교사집단과 개별교사와 반드시 만나야 한다. 실제로 오리엔테이션을 실시하는 주기에 교과에 관한 직원회의를 개최하는 것이 좋다. ① 교사평가와 장학에 관한 교육청의 방침과 절차, ② 장학사가 사용하기로 결정한 수업개선 주기에 관한 설명, ③ 교육청의 방침과 수업개선 주기에 관한 토의 등이다. 그리고 이를 토의하는 과정에서 다음 사항을 강조해야 한다. ① 초점은 교사의 인성에 두지 말고 직무수행에 두어야 할 것이다. ② 수업장학은 협동적 장학이다. ③ 계획은 교사의 경험에 따라 달라질 것이다. 초임교사나 경험이 적은 교사는 경험 있는 교사보다 더 종합적인 노력을 받아야 할 것이다. ④ 계획은 피드백과 상방적 의사소통을 강조해야 할 것이다. ⑤ 계획은 반드시 어떤 직무수행 요인을 평가할 것인지 계획해야 한다. 예를 들면, 교사가 학생의 성과와 관련하여 자신의 직무 수행을 평가할 것인가 아니면 학생의 성취도와 태도, 행동과 관련지어 평가하기를 원하는가?

둘째, 평가단계이다. 이 단계는 구체적 목적에 의하여 평가하는 단계이다. 즉 이들 측면에 대하여는 교사집단과 개별교사와 합의를 보아야 한다. 이 단계의 핵심은 수업개선에 필요한 정보를 제공해 줄 수 있는 평가도구를 사용하는 것이다. 예를 들면, 자기장학기법, 자기평가척도와 체크리스트, 교수업적에 대한 동료와 학생의 평정척도 등을 포함하여 다양한 도구를 사용할 수 있고 또 사용해야 한다.

셋째, 개선단계이다. 이 단계에서는 평가단계에서 수집한 자료를 장학사와 교사가 검토한다. 이 단계의 기반은 협의회에 있다. 한 번 이상의 협의회를 교사와 가질 필요가 있다. 협의회의 목적은 평가단계에서 수집된 자료로부터 검토, 분석, 계획을 세우는 데 있다. 이 단계의 핵심은 협의회인데 장학사와 교사의 관계성이 제일 중요하다.

2. 장학자체평가의 적용

장학평가는 주로 ① 장학의 최종 산출물, ② 장학과정의 질, ③ 장학지도자의 기여도에 관심을 갖는다. 그중에서도 첫 번째 최종 산출물에 대한 평가가 가장 중요한 요소이겠지만, 최선의 최종 산출물을 성취하기 위해서는 두 번째의 장학과정의 효과성에 대한 평가를 해야 할 것이며, 세 번째의 장학지도자의 노력과 기여도에 대하여 철저히 평가해야만 한다.

장학프로그램의 질을 평가하기 위하여 이에 영향을 주는 요인이 무엇인가를 밝혀야 할 것이다. 예를 들면, ① 장학프로그램의 조직, ② 수업개선에 참여하는 장학지도자와 시민, 교사, 학생 간의 상호관계성, ③ 장학 인사의 절차, ④ 교사와 장학지도자의 질, ⑤ 수업과 장학프로그램을 좌우하는 많은 기타 요소들을 생각할 수 있다.

1951년 미국장학·교육과정개발연구회가 장학프로그램평가에서의 원리로 제시한 것을 보면 다음과 같다.

① 교육과정개선 프로그램의 구체적 목적의 측면에서 평가를 계획하고 실천해야 한다.
② 평가활동은 프로그램의 통합적이고 계속적인 부분이어야 한다.
③ 평가의 목적은 바람직한 행동변화에 의하여 정의되어야 한다.
④ 평가절차와 달성해야 할 목적에 관한 결정을 할 때에는 그 평가프로그램에 의하여 영향을 받는 모든 인사의 합의에 의하여 이루어져야 한다.
⑤ 평가목적은 신축적이어야 한다. 즉 평가활동에서 필요할 때에는 언제나 검토하고 재진술하고 재방향을 조정해야 한다.
⑥ 평가는 여러 방법으로 획득된 풍부한 기술적 증거에 근거해야 한다.
⑦ 변화에 관한 신뢰로운 증거를 제공해 주는 어떤 절차도 적절하다. 평가절차를 지필검사 도구의 활용으로 제한해서는 안 된다.
⑧ 평가의 핵심적 본질은 사실적 자료에다 가치판단을 적용하는 데서 찾아볼 수 있다.
⑨ 교육과정 개선 프로그램의 목적을 달성하기 위하여 사용되는 수단은 목적추구에서와 똑같이 중요하다. 평가는 수단과 목적 양쪽과 모두 관련되어 있다.
⑩ 평가활동의 의미있는 목적은 자체평가를 달성하는 것이다. 평가계획을 세우고, 또 자체평가의 효과적인 활용을 증대시키도록 평가계획으로 실천해야 한다.

장학의 효과성은 장학프로그램의 즉각적인 산출과 보다 더 장기적인 산출을 통해서 결정되기도 하지만, 장학지도자가 수행하는 활동의 가치를 판단하기 위하여 설계된 기준을 적용함으로써 알 수도 있다. 평가에 활용하는 가장 좋은 방법 중의 하나는 전체 직원과 학급집단, 개별교사와 학생에 의한 "자체평가"이다. 평가의 초점을 개인에게 맞추기보다는 평가과정에 두어야 한다. 평가상황에 개입되는 모든 사람이 평가에 사용할 기준(criteria)의 결정에 참여하도록 배려하는 것이 좋다. 평가의 대상으로는 ① 교수와 함께, ② 학교의 목표, ③ 행정절차, ④ 장학방법(technique), ⑤ 교육 서비스,

⑥ 기타 교육프로그램에 영향을 주는 조건 등을 생각할 수 있다.

장학프로그램을 평가함에 있어서 장학지도자는 다양한 많은 평가기법을 사용하는 것이 좋다. 물론 실험과 검사방법으로 달성할 수 있는 객관적 증거가 중요하기는 하지만, 산출에 대한 주관적 평가도 중요하다. 특히 실험이나 검사방법을 적용하기 어렵거나 불가능할 때는 더욱 그렇다.

3. 장학자체평가의 방법

장학자체평가의 방법에는 ① 학습자에 대한 장학효과, ② 교수에 대한 장학효과, ③ 교사에 대한 장학효과, ④ 장학의 실제조사를 통한 장학효과, ⑤ 평가기준에 의한 장학평가 등에 대해서 고찰하기로 한다(주삼환, 1992).

첫째, 학습자에 대한 장학효과이다. 학교장학의 주목적인 어린이와 학생에게 보다 나은 학습상황을 제공해 주는 것이기 때문에, 장학을 평가하는 가장 효과적인 방법은 학습자에 대한 장학의 효과에 대하여 연구하는 것이다. 그러나 이 방법은 가장 어려운 접근일 것이다. 학생에게 동시에 영향을 주는 요인들이 너무 많기 때문에 학생발달의 변화가 장학에 의하여 일어난 것이라고 확신할 수 있는 방법이 없기 때문이다. 또 다른 연구는 미국 조지아주에서 Franseth가 장학받은 학교 학생과 장학받지 않은 학교 학생의 성취도를 비교한 연구이다. 이 연구에서 장학받은 학교라 함은 교장과 교육장이 제공하는 서비스와 함께 일반장학사(general supervisors)가 장학적 봉사를 제공해 준 학교들이다. 여기서 이들 장학사의 주기능은 진술된 목적에 따라 보다 나은 학교프로그램을 제공해 주도록 교육장과 교장, 교사, 후원자들을 도와주는 것이었다. 이 연구의 결과에 의하면 미국 조지아주 장학사들은 평가와 모든 기능면에서 학생들의 성취도를 향상시켰다는 것이다. 이 연구에 의하면 교장과 교육장이 제공하는 바로 그런 종류, 그 이상의 부가적인 장학서비스가 학생의 성장을 증대시켰다고 보고하였다.

둘째, 교수에 대한 장학효과이다. 장학평가에 활용될 두 번째 방법은 교수에 대한 장학의 효과를 찾아내는 것이다. 장학이 효과적일 때 교사들은 보다 더 일을 잘 할 수 있을 것이다. 그리고 교수효과는 개선되고, 학생들의 학습경험의 폭과 깊이는 확대되어야 한다. 이와 관련해서는 장학의 효과를 측정하기는 곤란하지만 이와 관련하여 약간의 연구가 있다.

미국 오하이오주 교육청 장학사연합회(Ohio Association of County Supervisors, 1968)에서 모든 오하이오주 내의 교육청 장학사에게 질문지에 응답하게 하여 조사연구를 실시하였다. 이들 장학사들에게 그들의 장학적 지도력으로 교육청에 수업개선에 대하여 보고해 주도록 요구하였다. 그 결과 다음과 같은 개선이 있었다고 했다.

<미국 오하이오주 교육청 장학효과성평가>

1. 교육과정 교수
   ① 성적평가, 보고, 진전에 있어서의 향상
   ② 교사와 학생관계 계획의 향상
   ③ 안전교육프로그램의 향상
   ④ 더 많은 단원을 가르침
   ⑤ 학습계획을 더 잘함
   ⑥ 교육에 지역사회 자원활동을 잘함
   ⑦ 보다 다양한 교수기술을 활용함
   ⑧ 보다 더 학생요구에 맞는 준비를 함
   ⑨ 보다 확대된 교육과정을 제공함

2. 수업자료
   ① 수업자료를 보다 더 제공, 배부 활용함
   ② 시청각자료 활용이 개선됨
   ③ 교과서 선정방법을 개선함
   ④ 교육과정 자료센터를 설립하게 됨
   ⑤ 교사들이 전문자료를 더 많이 제공해 주고 또 활용함
   ⑥ 도서관 사서의 활용이 개선됨

3. 학교와 지역사회
   ① 학교에 대한 지역사회의 참여가 향상됨
   ② 지역사회의 전시회와 박람회 등에 학교의 참여가 높아짐
   ③ 학교의 라디오, TV 방송 프로그램이 향상됨

④ 지역사회에 대한 학교를 설명해 주려는 노력이 증가됨
⑤ 교사들의 지역사회활동 참여가 증가됨

4. 학생에 대한 서비스
① 학생에 대한 검사프로그램이 향상됨
② 학생에 대한 생활지도 프로그램이 향상됨

5. 자원활용
① 외부의 자문활용이 증가됨
② 수업목적의 지역 시각자료실의 설립

셋째, 교사에 대한 장학효과이다. 장학평가에 대한 세 번째로 가능한 접근은 교사가 가르치는데 가장 도움이 된 것이 무엇이냐고 질문하는 방법이다. 물론 가설을 검증하기 위해서는 보다 많은 연구를 해야 하겠지만 일반적으로 자신의 장학방법을 개선하고자 하는 장학사는 교사의 의견을 들음으로써 많은 것을 알게 된다. 여러 연구가 있었는데 교사가 장학에서 가장 가치 있다고 지적한 것에 관한 보고가 있다. 그 가운데 하나는 무선표집한 900명의 교사에게 질문지를 적용한 미국 알라바마주 수업장학사와 수업과정 부서(Alabama Department of Supervisors and Directors of Instruction, 1955)에서 실시한 연구이다.

알라바마주 연구에 따르면, ① 장학사와의 협의회를 포함한 교실방문, ② 시범수업, ③ 지진아 등 문제 사례에 대한 도움, ④ 여러 다양한 수업자료의 선택, 확보, 활용과 관련된 도움, 일반적인 교수절차의 향상을 위한 도움, ⑤ 음악·미술 대단원계획, 일과계획과 같은 구체적인 문제에 대한 도움, ⑥ 워크숍과 집단작업에 대한 도움을 늘려달라고 교사들은 가장 빈번하게 언급하고 있다.

그리고 알라바마주 교사들은 ① 개별교사나 소집단교사와의 협의회, ② 교실방문, ③ 집단이 지적한 문제를 해결하기 위하여 교사집단과 함께 노력하기, ④ 학교 간에 아이디어를 교환하고 학교방문과 시범수업 자원인사 확보 계획세우기, ⑤ 학급수업의 조직을 돕기, ⑥ 수업자료의 선전, 확보, 활용을 돕기 위한 개별학교 프로그램에서 장학사가 수업개선을 위해서 가

장 효과적으로 장학할 수 있는 길이라고 언급하고 있다.

교사와 효과적으로 일할 수 있는 장학사의 자질에 대하여 교사들은 ① 교사로 하여금 학생들을 보다 잘 이해할 수 있도록 도와주는 능력, ② 가치 있는 학교프로그램을 계획하는 방법에 대한 지식, ③ 비판을 가하는 기술, ④ 타인의 감정에 대한 세심한 주의력, ⑤ 교사로 하여금 스스로 해결할 수 있도록 도와주는 능력, ⑥ 교사가 하는 일에 대한 이해와 감사하는 태도, ⑦ 어떤 경향성에 대한 포착능력을 자주 언급하고 있다.

미국 알라바마주 교사들은 장학사들이 교육청 내 프로그램을 개선하도록 효과적으로 도와주는 방법으로 ① 수업프로그램의 조직과 개선, ② 좋은 현직연수 프로그램을 개발하도록 돕기, ③ 수업자료의 준비와 활용, ④ 수업프로그램의 여러 단계를 계획하고 평가하기, ⑤ 학교방침을 설정하도록 돕기, ⑥ 교사와 전문적 관계를 개선하도록 돕기 등 여섯 가지를 지적하였다.

교사가 장학사로부터 어떤 서비스를 받고자 원하는지를 장학사가 알게 되면 대단히 유용하다. 교사와의 면접과 질문지를 통하여 장학사가 교사로부터 얻을 수 있는 평가정보는 다음과 같다.

① 선생님 학교의 교육프로그램에 도움이 되는 가장 귀중한 장학 서비스는 무엇이라고 생각하십니까?
② 장학프로그램의 결과로 선생님은 다른 서비스를 더 광범위하게 활용하게 된 적이 있습니까?
  i) 학교 내 다른 서비스
  ii) 학교 외 서비스나 다른 기관
③ 선생님은 금년에 어떤 교수 상의 변화를 가져오는 데 도움이 되었습니까?
④ 장학서비스로부터 선생님은 어떤 도움을 보다 더 받고자 합니까?
⑤ 교사와 장학사의 어떤 협동적인 활동으로 선생님 학교의 수업을 강화하도록 도와줄 수 있다고 생각하십니까?
⑥ 교사와 학생이 함께 일하도록 도와주는 장학서비스의 방법을 제시하여 주십시오.
⑦ 교사와 학부모가 협동하여 함께 일하도록 도와주는 장학서비스의 방법을 제시하여 주십시오.
⑧ 지역사회 자원을 가지고 선생님을 도와줄 수 있는 장학서비스의 방법을 제

시하여 주십시오.

⑨ 교수전략과 기술의 측면에서 선생님을 도와줄 수 있는 장학서비스의 방법을 제안하여 주십시오.

⑩ 다음에 제시된 어떤 활동을 통하여 선생님의 교수를 도와줄 수 있는지 그 장학서비스의 방법을 제시하여 주십시오.

i) 집단협의회와 토의

ii) 개별협의회

iii) 교사의 방문

iv) 방문자 초청

v) 전문서적과 잡지의 독서

vi) 교수자료의 준비

vii) 자문자의 방법

viii) 다른 방법의 일

⑪ 선생님이 중요하다고 느끼는 장학서비스의 강점이나 약점에 대하여 논의하여 주십시오.

넷째, 장학의 실제 조사를 통한 장학효과이다. 장학을 평가하는 네 번째 방법은 장학사들이 좋은 장학의 원리를 어느 정도 따르고 있는지 알아내기 위하여 장학사의 실제를 조사하여 검토하는 것이다. 이에 대하여 미국의 루이지에나주에서 보다 더 정교한 장학평가방법으로 실시하였다(Lonisiana School Supervisors Association, 1958).

이 연구수행의 1단계는 이 연구에 관심을 나타내는 장학사와 교장으로 하여금 한 학년도 전체 중에서 지정한 시간의 활동일지를 보관하도록 요청하였다. 이 일지의 보관과 함께 매일 반나절 동안 일어났던 장학적인 일을 알 수 있도록 기술적인 설명을 기록하도록 하였다. 이 연구에 참여하는 장학사와 교장은 매일 일어난 장학적 사건(일)을 기록하는 기준으로 다음과 같이 다섯 가지를 수용하였다.

① 모든 사실을 포함시킨다. 그러나 질적인 말은 생략한다.
② 사람, 시간, 장소를 포함하여 사건의 배경을 제시한다.
③ 하나의 장학사건을 완전히 기술하기 위하여 무슨 말을 하고, 무엇이 이루어지고, 어떻게 되었는지 충분한 대화내용까지 포함시킨다.
④ 가능한 한 충분한 대화내용까지 포함시킨다.
⑤ 장학사건이 일어난 후 가능한 한 즉시 기록을 한다.

이 루이지애나 연구의 제2단계는 연구 참여자들이 시간별 일지(time log)와 일화적 사건기록으로부터 자료를 조직하고, 반복되는 실제를 확인할 목적으로 자료를 분석하는 일이다. 이러한 연구분석의 결과 다음과 같은 반복되는 장학의 실제를 추출해 낼 수 있었다.

① 많은 장학활동에 교장과 장학사가 함께 일하고 있었다.
② 장학사의 주요 활동은 교실방문이었다.
③ 장학사는 자원인사로 활동하였다.
④ 교사들이 중요한 것으로 간주하는 욕구에 근거하여 장학사는 도움을 주고 있었다.
⑤ 장학사는 비전문가집단과 함께 일하고 있었다.
⑥ 장학사는 교사와 함께 일하는 중에 지원과 이해의 분위기를 조장하고 있었다.
⑦ 자문적 봉사자 장학활동에서 반복적으로 일어나는 형태였다.
⑧ 장학사들은 다른 사람들에게 영향을 주는 문제에 대하여 어떤 결정을 하거나 계획을 할 때에는 관련자의 의견을 나눌 기회를 주고 있었다.

다섯째, 평가기준에 의한 장학평가이다. 장학프로그램의 효과성을 평가하는 다섯 번째 가능한 방법은 평가기준을 적용하는 것이다. 물론 이런 기준은 장학을 평가하기 위하여 특별히 설정하지 않으면 안 된다. 이런 접근의 좋은 점은 장학프로그램의 모든 측면을 평가할 수 있다는 점이다. 적절하고 필요한 기준을 사용하여 장학의 모든 부분을 포함시켜 종합적으로 평가할 수 있다. 또한 평가의 성공 여부는 개인이나 집단이 수집하는 사실적인 증거자료와 그 증거를 근거로 평가할 수 있는 능력에 달려 있다고 볼 수 있다. 수집하는 증거의 객관성을 충분히 확보하면 할수록 그 평가는 보다 정확해질 수 있다. 그리고 장학평가에 참여하는 사람들의 수가 많을수록, 이들 참여자들이 균등하게 능력을 발휘할수록 평가를 통해서 발견한 타당성은 높아질 가능성이 있다. 여러 형태의 측정 도구를 사용한다고 타당성이나 신뢰성이 반드시 높아진다고는 할 수 없으므로 이를 너무 강조할 필요는 없다.

우리는 장학의 효과성평가에 대하여 계속 관심을 기울여야 한다. 다른 나라에서는 장학의 잠재적 효과에 대하여 많은 연구를 하여 제시하고 있지만, 어떤 특정 교육청의 장학이 얼마만큼의 효과가 있었다는 보장을 해주지는 못하고 있다. 그리고 장학의 각 부분을 평가한 점수를 합하여 장학의 전모를 평가하기란 극히 어려운 일이다. 장학프로그램의 요소를 독립적으로 평가하여 그 부분을 개선하기 위한 자료로 활용하는 방안이 좋을 것이다.

4. 장학자평가

장학자라는 사람을 중심으로 하여 장학에 대한 평가를 할 수 있다. 장학자의 태도와 행위에 대한 평가, 장학사의 업무추진에 대한 평가 등을 할 수 있다. 이 평가를 ① 장학자 자신이 자기평가를 할 수도 있고, ② 교사로 하여금 평가할 수도 있으며, ③ 더 간접적인 방법으로는 교사로 하여금 교사 자신에 대하여 평가하게 하여 장학자가 어떻게 장학하고 있는지를 알고자 하는 방법도 있다.

첫째, 효과적인 장학의 지표를 들 수 있다. 교육에 있어서 장학은 부상하는 역할이기 때문에 장학실천가를 위한 효과성을 나타내는 절대적인 지표는 있을 수 없다. 그 대신 장학의 실제를 성공적으로 이끌게 하는 장학의 질과 이해, 기술의 일단들이 있을 뿐이다. 학교상황 속에서 장학의 전반적인 역할은 사람들로 하여금 서로 의사소통할 수 있도록 하고, 수업개선을 위하여 노력할 수 있도록 조정하는 일이다. 여기에 효과적인 장학의 지표로 장학자의 태도와 행위에 관한 목록을 제시하고자 한다(주삼환, 1992).

<효과적인 장학지표>

1. 개인적 자질과 태도

① 장학자는 "교육"이라는 용어에 대한 이해를 반영하는 교육철학을 갖는다.
② 장학자는 전문가로서의 자아개념을 갖는다.
③ 장학자는 새로운 아이디어와 실천에 대하여 개방적이다.
④ 장학자는 교육의 실제를 개선하려는 실험적 조장을 한다.
⑤ 장학자는 수업개선을 위하여 기여하는 모든 개인을 받아들이려고 한다.
⑥ 장학자는 자신의 발전을 계속적인 과정으로 생각한다.

2. 이해와 지식

⑦ 장학자는 출생으로부터 성인에 이르기까지의 인간발달의 기본지식을 갖는다.
⑧ 장학자는 문화적으로 다양한 학생에 대한 이해를 갖는다.
⑨ 장학자는 장학의 역할, 활동의 범위, 책임 문제에 대한 명백한 장학의 정의를 한다.
⑩ 장학자는 유치원으로부터 대학까지의 교육과정에 대한 일반적인 지식을 갖는다.
⑪ 장학자는 사회, 수학, 과학, 언어, 체육, 미술, 독서, 작업-기술을 포함하여 주요 학문과 연구영역에 대한 기본 지식을 갖는다.
⑫ 장학자는 학습의 인지적, 정의적, 심리운동적 차원에 대한 이해를 한다.
⑬ 장학자는 학습이론에 관한 지식을 갖고 있다.
⑭ 장학자는 학교계획과 관리에 영향을 주는 사회적, 정치적 세력에 관한 지식을 갖고 있다.
⑮ 장학자는 행정기술과 조직에 관한 지식을 갖고 있다.
⑯ 장학자는 교육청이 설정한 효과적인 장학실천에 관한 지식을 갖는다.
⑰ 장학자는 학급교사가 전문가로 발전하고자 할 때 부딪치는 문제에 대하여 이해한다.
⑱ 장학자는 전문교사단체와 집단협상을 통한 협상과정에 관한 지식을 갖는다.
⑲ 장학자는 교육의 형식과 자원의 기반을 변경시키기 위한 입법과정에 관한 지식을 갖는다.
⑳ 장학자는 공립학교에 있어서의 특수학생의 요구에 대한 이해를 한다.
㉑ 장학자는 창의성과 재능의 잠재가능성에 관한 이해를 한다.
㉒ 장학자는 자아개념과 다른 학습에 관한 정의적 영향에 대한 이해를 한다.
㉓ 장학자는 학교프로그램을 계획할 때 책무성에 관한 이해를 한다.
㉔ 장학자는 새로운 교수기술 또는 교수절차의 시범을 보일 수 있다.

㉕ 장학자는 완전한 학습계획을 개발할 수 있다.
㉖ 장학자는 학생의 학업성취 발전을 평가하여 기록·보관하는 절차를 시범으로 보일 수 있다.
㉗ 장학자는 기대된 학생의 학업성취에 근거한 학습환경을 설계할 수 있다.
㉘ 장학자는 교육계획, 수업실제, 평가의 모형을 그림으로 그릴 수 있다.
㉙ 장학자는 학급수업에서 인간화 수업방법을 정의할 수 있다.
㉚ 장학자는 학급 수업관리기술을 시범으로 보여줄 수 있다.
㉛ 장학자는 학급수업에서 개별화수업을 정의할 수 있다.
㉜ 장학자는 학생을 평가하고 성적을 매기기 위한 여러 방법을 구별할 수 있다.
㉝ 장학자는 교사들로 하여금 교수의 숙달 정도를 평가할 수 있도록 도와줄 수 있다.
㉞ 장학자는 교육과정과 수업의 변화에 초점을 맞춘 연구설계를 계획하고, 실천할 수 있도록 교사들을 도와줄 수 있다.
㉟ 장학자는 학습센터와 같은 교사제작의 학습자료 개발을 시범으로 보일 수 있다.
㊱ 장학자는 협동교수방법과 다른 "팀"티칭방법을 시범으로 보일 수 있다.
㊲ 장학자는 시험기술과 그 한계에 대하여 기술할 수 있다.
㊳ 장학자는 재정구조, 지역사회의 기대, 인적자원의 측면에서 학교의 제한점을 기술할 수 있다.
㊴ 장학자는 수업방법 또는 교수자료의 효과성을 검사하기 위한 프로그램을 개설할 수 있다.
㊵ 장학자는 학교프로그램의 일과를 짜는 여러 대안을 밝힐 수 있다.
㊶ 장학자는 영근거예산제와 같은 비용분석기술을 적용할 수 있다.
㊷ 장학자는 교육청 전체의 요구사정을 위한 기준을 설정할 수 있다.
㊸ 장학자는 교사평가 프로그램의 기준을 설정할 수 있다.
㊹ 장학자는 수업개선의 장·단기계획을 수립·실행할 수 있다.
㊺ 장학자는 연구 프로젝트 또는 수업 특수 프로그램을 위한 자금 신청서를 준비할 수 있다.
㊻ 장학자는 교육청 내 효과적인 홍보프로그램을 개발할 수 있다.
㊼ 장학자는 고질적인 수업문제점을 밝힐 수 있다.
㊽ 장학자는 수업자료평가를 위한 기준을 설정할 수 있다.
㊾ 장학자는 수업목적과 목표를 설정하는데 교사를 참여시키는 방법을 개발할 수 있다.
㊿ 장학자는 신임교사나 교육청 내에 새로 부임한 교사를 위한 현직연수를 계획할 수 있다.
51 장학자는 수업의 측면에서 학급교사에게 의미 있는 형태로 연구결과를 바꾸어

해석할 수 있다.

52 장학자는 학교에 대한 지역사회의 태도를 진단할 수 있다.
53 장학자는 전문적인 글을 쓰고 편집하는 기술을 시범으로 보여줄 수 있다.
54 장학자는 학교프로그램의 강점과 약점을 평가할 수 있다.
55 장학자는 학급교수의 상호적인 분석을 할 수 있다.
56 장학자는 문제해결을 위한 자료를 활용할 수 있고, 또 교사를 위한 적절한 자료를 찾아낼 수 있다.
57 장학자는 학급교사를 위한 자료를 교과별로 확인하고 분류할 수 있다.
58 장학자는 15분 조언시간에 개별교사를 상담할 수 있다.
59 장학자는 소집단 내 의사소통을 촉진하는 방법을 말할 수 있다.
60 장학자는 학교 내 학습풍토를 조성할 수 있다.
61 장학자는 수업자료 구입청구서를 평가할 수 있다.
62 장학자는 수업개선에 의미 있는 기여를 하는 사람들에게 효과적으로 경청할 수 있다.
63 장학자는 수업상의 최선의 혁신방법과 발전에 관한 정보를 보급할 수 있다.
64 장학자는 학년수준과 학문분과구조를 넘어 의사소통할 수 있는 통로를 개방할 수 있다.
65 장학자는 장기 수업개선을 위한 비전을 제시할 수 있다.
66 장학자는 학생, 교과, 동기 또는 기타 적절한 수업 상 고려할 점에 도움이 되는 연구를 구하고 보급할 수 있다.
67 장학자는 탐색 프로그램에 교사들이 참여하도록 격려할 수 있다.
68 장학자는 교사를 위한 전문적 발전 기회를 확인할 수 있다.
69 장학자는 현직연수 참여자의 요구를 충족시킬 수 있는 자문자를 선정할 수 있다.

장학실제에 관한 이러한 목록을 무한히 만들 수 있겠지만 시간이 지나면서 장학자가 효과적으로 기능을 발휘할 수 있다는 것을 인정해야 한다.

둘째, 훌륭한 장학사의 표준이다. 훌륭한 장학사인가 아닌가를 알아보기 위한 표준(standards)으로 몇 가지 생각해볼 수 있다. 이러한 표준도 자기평가에 유용하게 사용될 수 있다. 장학사의 표준을 제시하면 <표 8-2>와 같다.

표 8-2 장학사의 표준

연번	표준	설명
1	유용한 지식	자신의 장학업무에 관하여 상세하게 알고 있다.
2	언어의 유창성	회화, 서신, 지시, 보고서 등에서 말하고자 하는 바를 분명하고 간략하게 전달하고 있다.
3	탐구정신	업무에 유용한 사실과 자료를 추구한다.
4	분석능력	문제를 분석하고 실제 해결방안을 발견한다. 사물을 통찰한다.
5	건설적인 사고	학생을 위한 교육과정과 수업을 개선하기 위한 건설적 제안을 한다.
6	개방적 사고	다른 사람의 제안을 경청하고 항상 좋은 방법을 채택하려는 준비를 하고 있다.
7	판단	충분한 상식을 갖고 있다. 중요한 문제와 세부 문제를 현명하게 구별한다.
8	인간본성에 대한 이해	훌륭한 교사를 선발하고, 정확하고 공정하게 평가하도록 돕고, 적재적소에 배치하도록 돕는다.

자료: 주삼환(1992). 새로운 세기의 교장과 장학. 서울: 도서출판 성원사, p. 311.

셋째, 장학사의 업무평가를 들 수 있다. 여기서 업무라고 하는 것은 장학사가 하는 일(work)을 말한다. 장학사의 장점과 단점을 분석하기 위하여 장학사가 하고 있는 일에 대하여 자주 평가할 필요가 있다. 장학사는 이미 설정되어 있는 일단의 평가기준에 비추어 보아 자신에 대하여 검사해 볼 필요가 있다. 한꺼번에 종합적으로 검토해 보기보다는 한 번에 적은 수의 기준에 집중적으로 살펴보고 나서 자신이 이상으로 생각하거나 다른 사람들이 극복해야 할 사항으로 권고하는 전문적 행동에 해당하는 태도, 습관, 활동, 행동양식을 발전시키려고 노력하는 것이 좋을 것이다.

넷째, 장학사에게 적용하는 자기평가이다. Kimball Wiles와 John Lovell(1975)은 한 여인이 콤팩트를 꺼내서 입술연지가 제대로 발라져 있는지 거울에 비춰 보듯이 장학사도 강점을 증대시키고 약점을 줄이기 위해 두 단계로 나누어 다음 질문을 스스로 해보아야 한다고 했다. 1단계는 얼마나 자기의 장학활동을 잘 관리하고 있는지에 관한 질문이고, 2단계는 자신의 장학활동의 결과는 무엇인가에 대한 질문을 해보는 것이다.

우선 장학활동의 관리에 관한 질문을 먼저 해보면 다음과 같다.

① 매주일 그리고 매일의 활동을 위한 스케줄을 짜서 활동하는가?
② 나의 스케줄은 방해받지 않으면서도 융통성 있게 운영하는가?
③ 나의 계획이 희망대로 되지 않을 때 화를 내는가?
④ 완성한 일에 대하여 기록하는가?
⑤ 감정을 상하게 되는가? 감정을 잘 통하는가?
⑥ 올바른 비판을 할 수 있는가?
⑦ 다른 사람의 입장에서 보는가?
⑧ 직원들에 대하여 더 많이 알려고 진지한 노력을 하는가?
⑨ 행동으로 옮기기 전에 내 행동으로 영향을 받을 사람들과 상담을 하는가?
⑩ 약속한 대로 실천하는가?

그리고 2단계인 장학에서 성취한 것이 무엇인가에 관한 평가를 하는 질문을 해보기로 한다. 장학의 결과는 가치 있는 변화를 얼마나 가져왔느냐에 있다고 볼 수 있다.

① 얼마나 많은 교사들이 새로운 지도를 실험적으로 사용하고 있는가?
② 문제를 가지고 생각하는 데 있어서 도움의 요청이 증가하고 있는가?
③ 제기된 문제의 본질에 변화를 일으켰는가? 예를 들면 사람들이 문제를 덜 가지고 오는가?
④ 전문적 자료를 요청하는 직원들의 요구가 증가하고 있는가?
⑤ 직원들 간에 자료를 나누어 보고자 하는 사람들이 늘어나는가?
⑥ 직원들이 다가올 문제를 미리 예견하고 대처하는가?
⑦ 이슈가 되는 문제를 결정할 때 증거를 보다 많이 확보하여 활용하는가?
⑧ 직원들 간의 견해차를 더 많이 수용하고 있는가?
⑨ 얼마나 많은 학부모들이 학교 일에 참여하는가?
⑩ 얼마나 많은 교실이 더 매력적으로 꾸며지고 있는가?
⑪ 얼마나 많은 교사들이 전문가 단체에서 활동하고 있는가?
⑫ 얼마나 많은 교사들이 현직연수의 경험을 갖고 있는가?
⑬ 얼마나 많은 교사들이 다른 교사들과 함께 계획을 세우는가?
⑭ 얼마나 더 많은 학생들이 계획과 평가에 참여하고 있는가?
⑮ 보다 많은 비율의 직원들이 프로그램 개선의 책임을 지는가?
⑯ 교직원 회의가 보다 더 교사중심으로 진행되고 있는가?

⑰ 보다 많은 교사들이 광범한 자료를 활용하고 있는가?
⑱ 학생들의 성취도 검사 점수가 어떻게 나타나고 있는가?

우리나라의 장학사들이 이러한 질문에 얼마나 호의적인 반응을 보일지 의문이다. 외국의 기준을 우리나라에 적용하는 데 무리가 있기도 하지만, 우리가 너무나 장학의 본질과 동떨어진 장학을 하고 있는 것도 사실이다. 다음은 이런 질문을 상급자, 교장, 교사, 장학사, 학부모, 지역사회 주민에게 똑같이 하여 집단으로 장학개선에 노력하는 방안을 생각할 수 있다.

그리고 위에서 여러 가지 질문을 해보았지만 장학지도자와 프로그램에 대한 판단의 기준은 결국 다음 네 가지 범주로 집약될 수 있다.

① 프로그램 개선에 학생, 교사, 지역사회인이 보다 더 책임 있게 참여하는지 여부
② 모든 사람에게 기회와 활동을 증대시켜 줌으로써 학교프로그램을 풍부하게 해주는지 여부
③ 학생들의 학습상황을 개선하는 데 학교가 많은 기여를 하는지 여부
④ 지역사회생활을 개선하는 데 학교가 많은 기여를 하는지 여부

장학사의 평가는 보다 많은 집단이 발전할 수 있는 잠재능력을 개발할 수 있는 프로그램을 개발해 내느냐에 대한 평가라고 할 수 있다. 아마 현명한 장학사라면 이러한 자체평가의 결과를 활용하여 자기발전의 계기로 삼을 것으로 믿는다.

다섯째, 교사에 의한 장학사평가이다. 우리는 자기 모습을 비추어 보기 위하여 자주 거울을 사용한다. 교사들이 학생이라는 거울에 자신들이 비치고 있는지 알기 위하여 자기 자신과 가르치는 수업에 대한 학생들의 반응을 조사한다. 물론 학생이라는 거울에 비친 허상이 교사라는 실체와는 다를 수도 있다. 그러나 어떤 연구에 의하면 학생들이 수업관찰한 결과와 성인들이 관찰할 결과의 상관관계가 상당히 높다는 것이다.

이와 마찬가지로 교사라는 거울에 장학사가 어떻게 비치고 있는지 알아보기 위하여 교사에게 질문지를 적용하는 것이다. 교사는 학생과 달라서 좀 더 장학사에 대한 평가를 할 수 있으리라고 본다.

이러한 교사에 의한 장학사평가는 장학사 자신의 발전을 위한 것이지 이를 활용하여 어떤 인사적인 결정을 하려고 해서는 안 될 것이다. 악용되거나 아니면 정확한 평가를 하지 못할 가능성이 있기 때문이다. 어디까지나 장학사 자신의 자기개선과 자기발전을 위하여 스스로 이런 노력을 하기를 권고한다.

<교사에게 적용하는 장학사평가 체크리스트[1]>

나의 장학사는

① 회합과 협의회를 효과적으로 개최한다.
② 소집단의 의견을 존중하면서도 다수결의 원칙을 수용한다.
③ 교직원들 간의 의사소통을 증진시킨다.
④ 교사들의 창의적 활동을 신뢰한다.
⑤ 교사들로 하여금 지도자의 잠재능력을 발휘할 수 있는 기회를 제공해 준다.
⑥ 새로운 방법과 기술을 시도하도록 교사를 격려해 준다.
⑦ 교사로 하여금 일하고자 하는 방법을 스스로 선택하도록 허용한다.
⑧ 교사로 하여금 전문교육자료를 사용 가능하게 해준다.
⑨ 성취와 성공을 다른 사람과 기꺼이 나누고자 한다.
⑩ 항상 우호적이고 접근하기 쉽게 생각한다.
⑪ 유머감을 유지한다.
⑫ 비난을 고맙게 받아들인다.
⑬ 자유토론을 격려한다.
⑭ 행동태도와 직무수행에 있어서 항상 일관성을 유지하려고 한다.
⑮ 사적인 갈등을 일으키지 않고 전문적인 다른 의견을 수용한다.
⑯ 교사의 직무수행을 평가하기 위하여 의미 있는 자료를 수집한다.
⑰ 추수활동을 통하여 자기의 장학효과성을 평가한다.
⑱ 도움을 필요로 하는 교사와 협동적으로 계획을 수립한다.

여섯째, 교사에게 적용하는 자기평가 체크리스트이다. 장학사는 자기가 장학하는 교사로부터 교사에 관한 유용한 평가정보를 얻을 수 있다. 교사들이 자기 자신에 대하여 스스로 어떻게 평가하고 있는지를 알게 되면 간접적으로 자신이 어떻게 장학활동을 하고 있으며, 앞으로 어떻게 장학을

1) Pfeiffer, Isobel L., Dunlap, Jane B.(1982). *Supervision of Teachers: A Guided Improving Instruction.* Phoenix. AZ: Oryx Press.

할 것인지에 대하여 유용하게 쓰일 수 있는 정보가 될 것이다. 그리고 이것은 교사로 하여금 자신의 교수효과성에 관하여 비판적으로 생각하도록 영향을 주는 효과적인 방법이라 생각한다.

<교사에게 적용하는 자기평가 체크리스트>

① 나는 지세한 장기계획과 단위계획을 둘 다 세우고 있는가?
(이하 "나는"이라는 말을 생략함)
② 교실은 매력적으로 꾸며졌으며 가르치는 과목에 맞게 꾸며졌는가?
③ 교실 분위기는 교사와 학생 간의 친밀한 관계와 상호존중감이 감도는가?
④ 학급의 일상적인 세부적인 일을 혼동하지 않고 효율적으로 다루는가?
⑤ 학생들로 하여금 무엇을 할지 정확하게 이해하고 일을 성취하려고 동기유발을 일으킬 수 있도록 분명히 또 효과적으로 과제 부여를 하는가?
⑥ 학생들로 하여금 각 과제의 학급활동의 목적을 이해할 수 있도록 도와주고 있는가?
⑦ 각 학급활동을 학생의 경험과 흥미에 관련지어 지도하는가?
⑧ 학급활동을 계획하고 실행하는 데 학생들을 참여시키는 방법을 알고 있는가?
⑨ 학생들은 수업 중에 대부분 말을 하고 있는가?
⑩ 학생들을 구두보고, 드라마와 역할극, 심포지엄, 공개포럼(forums), 토론회, 패널디스커선(panel discussion) 등의 수업에서 다양한 발표 경험을 가질 수 있는 기회를 갖고 있는가?
⑪ 자주 그리고 간단한 필기활동을 계획하는가?
⑫ 읽을 수 있도록 말끔하게 쓰는 보고서 작성을 요구하는가?
⑬ 학생들로 하여금 정확하게 맞춤법에 맞추도록 하는 책임감을 불러일으키는가?
⑭ 내가 맡은 학생 전원이 도서관을 효과적으로 사용하도록 하고 있는가?
⑮ 학생들로 하여금 사전과 기타 참고자료를 사용할 수 있도록 구체적인 훈련을 시키고 있는가?
⑯ 학생들이 이미 획득하고 있는 어휘에다 계속 의미 있는 새로운 단어를 첨가시켜 나가고 있는가?
⑰ 수업을 독점하지 않고 학생들이 학습할 수 있도록 촉진자로서 역할을 다하고 있는가?
⑱ 독서에 대한 열망적인 흥미뿐만 아니라 독서 향상의 방법을 강구하고 있는가?
⑲ 학생으로 하여금 텔레비전 프로그램과 영화를 현명하고 분별력 있게 활용하도록 돕고 있는가? 이들 프로그램을 학급 수업활동과 연결짓고 있는가?
⑳ 학생들이 흥미와 능력에 도전하도록 다양한 학습활동을 시키고 있는가?
㉑ 수업활동 계획에 현재 발생하고 있는 사건들을 활용하는가?

㉒ 지진아에게 개인적 또는 집단적 도움을 주고 있는가?
㉓ 천재아와 영재아에게 적절히 도전하고 있는가?
㉔ 시청각교육자료를 유익하게 활용하고 있는가?
㉕ 가르치고 있는 학생 하나하나에 대하여 흥미, 재능, 건강, 가정배경, 능력, 장래 목표 등에 대하여 충분히 파악하고 있는가?
㉖ 나의 수업을 보다 흥미있고 적정하게 하기 위하여 지역사회자원을 효과적으로 활용하고 있는가?
㉗ 가르치고 있는 학생들을 좋아하는가?
㉘ 내가 하고 있는 가르치는 일 자체를 좋아하는가?
㉙ 학생들의 부모와 이야기를 나눈 적이 있는가?
㉚ 동료전문가와 함께 협동적으로 일하고 그들로부터 배우기도 하고 또 도와주기도 하는가?
㉛ 학교의 일반적인 책임을 회피하지 않고 적극적으로 참여하는가?
㉜ 교과요목을 개선하거나 교과서 선정을 위하여 구성된 위원회에 참여하여 기꺼이 시간을 바치고자 하는가?
㉝ 학생들이 배우려고 노력하는 것처럼 나 자신도 배우려고 노력하는가?
㉞ 교육청 내 장학사나 행정가의 도움과 충고를 받고자 하는가?
㉟ 전문서적을 읽고, 교육적인 모임이나 대학의 상급과정에 참석하여 스스로 최근의 전문지식을 흡수하려고 노력하는가?
㊱ 학생들의 학습은 잠재능력에 맞는가?

5. 장학프로그램에 대한 평가

장학은 수업개선을 위하여 고안된 것이다. 장학의 궁극적인 질은 수업의 결과에 의하여 결정된다. 학생들의 성취도를 평가하기 위하여 재학 중의 정보에만 전적으로 의존하려고 해서는 안 된다. 신문보도, 고용주의 평가, 추수연구 조사 등에 나타난 성공이나 실패와 같은 수단을 통하여 졸업생을 추적하여 평가할 수도 있다.

그러나 장학의 산물을 평가하기 위해서 교육청으로서는 학생의 학습에서 보여주는 결과에 전적으로 의존하지 않을 수 없다. 그것은 수업프로그램의 질 결정에는 너무나 많은 요소들이 작용하기 때문이다. 평가를 통해서 결과를 향상시킬 수 있다면 평가는 그 원인을 밝혀주어야 한다. 그러므로 평가에서는 장학프로그램의 조직, 장학에 참여하는 사람, 인사에 적용되는 절차, 교사의 질, 지역사회의 특성 등과 같은 요인들에 관심을 기울여야 할 것이다.

장학평가의 프로그램을 개발하기에 알맞은 조직은 교직원과 학생, 관심을 갖는 지역사회 인사의 봉사를 포함하여 협동적 절차를 강조해야 한다. 평가는 모든 교직원의 재능과 가능한 모든 기술과 자료를 인정하고, 또 재능과 자원을 현명하게 활용하고 개발할 수 있다는 것을 인정해야 한다.

상기에서 고찰한 바와 같이, 장학평가를 장학적 평가와 장학자체평가로 나누어 보았다. 장학적 평가에서 교사평가, 수업관찰, 학교평가의 예시를 주로 제시하고, 장학자체평가를 몇 가지 측면으로 나누어 주로 여러 가지 평가도구를 제시하였다.

우리나라에서는 아직 많이 개발되지 못한 부분으로서 우선 외국의 자료를 가능한 한 많이 제시하려고 했다. 하지만 모든 상황과 여건이 다른 나라의 평가도구를 사용하고자 할 때에는 우리의 사정에 맞게 수정 및 보완해야 한다는 점에 주의하여야 한다. 또 하나 중요한 점은 장학의 평가적 기능도 발전시키고 정교화시켜야 하겠지만, 평가에 치중하다 보면 장학의 조장적 기능이 제대로 발전하기 어렵다는 것이다. 그래서 평가도 발전시키는 동시에 교사를 도와주는 데 방해나 장애요인이 되지 않도록 유의해야 한다. 어떻게 보면 평가보다 도와주는 조장적 기능이 더 중요할지도 모른다. 그리고 항상 장학인력이 부족하다고는 말할 수 있지만, 투입한 장학인력의 시간과 정력, 금전에 상응할 만큼이라도 장학적 효과를 거두고 있는지에 관하여 평가적인 노력이 적었다. 장학의 효과성에 관한 진지한 평가가 요구된다. 장학 자체에 대하여 지속적으로 진지한 자기평가를 실시함으로써 우리의 장학을 한 단계 높은 수준으로 발전시킬 수 있으리라 본다.

생각해 봅시다

1. 장학프로그램평가의 원리에 대해서 생각해 봅시다.
2. 학교효과성평가의 여러 변인들에 대해서 생각해 봅시다.
3. 교육청 장학효과성평가에 대한 다양한 변인에 대하여 생각해 봅시다.

참고문헌

김영식・주삼환(1992). 장학론. 서울: 한국방송통신대학교.

김정한(2004). 장학론 －이론・연구・실제－. 파주시, 경기도: 교육과학사.

신재흡(2020). 교육행정 및 교육경영 -학교경영 탐색-. 서울: 동문사.

이윤식(2007). 학교경영과 자율장학. 파주시, 경기도: 교육과학사.

이윤식(2005). 장학론 －유치원・초등・중등 자율장학론－. 파주시, 경기도: 교육과학사.

정태범(2005). 장학론. 파주시, 경기도: 교육과학사.

주삼환・정일화(2011). 학업성취 향상 수업전략. 서울: 시그마프레스.

주삼환(1992). 새로운 세기의 교장과 장학. 서울: 도서출판 성원사.

한국교육행정학회(1995). 장학론. 서울: 도서출판 하우.

Alabama Department of Supervisors and Directors of Instruction(1955). *A Look at Supervision in Alabma*. Monotgomery, Ala: Alabama Department of Education.

Castetter, William B.(1981). *The Personal Function in Educational Administration*(3rd ed.). New York: Macmillan.

Duke, D. L.(1987). *School Leadership and Instructional Improvement*. New York: Random House.

Good, Thomas L., & Brophy, Jese E.(1987). *Looking in Classrooms*(4th ed.). New York: Harper & Row.

Goodlad, J. I.(1984). *A Place Called School*. New York: MacGraw-Hill.

Lonisiana School Supervisors Association(1958). *Lonisiana Supervisors Examine Their Practices*, Mimeographed Bulletin. Baton Rouge, La: The Lonisiana School Supervisors Association.

Ohio Association of County Supervisors(1968). *Significant Improvements in Instruction*. Mimeographed Bulletin. Columbus, Oh: Ohio Department of Education.

Pfeiffer, Isobel L., Dunlap, Jane B..(1982). *Supervision of Teachers: A Guided Improving Instruction*. Phoenix. AZ: Oryx Press.

Rebore, Ronald W.(1982). *Personnel Administration: A Management Approach*. Englewood Cliffs New Jersey: Prentice-Hall Inc.

Tanner, D., & Tanner, L.(1987). *Supervision in Education: Problem and Practices*. New York: Macmillan Publishing Co.

Wiles, K., & Lovell, J.(1975). *Supervision for Better Schools*(4th ed.). New Jersey: Prentice-Hall.

찾아보기

인명

국문

ㄱ

ㅊ

영문

A

B

C

I

J

L

M

N

O

저자소개

■ **신재흡**

전) 한국유아교육·보육행정학회 부회장
한국교원교육학회 감사 및 홍보기금, 대외협력위원장
한국교육정책연구소 전문위원
한국교육재정경제학회 연구윤리위원
한국교육정치학회 감사
한국유아교육보육복지학회 연구윤리위원장
한국교육행정학회 부회장 선출위원회, 조직규정, 윤리위원장
구리시청 보육정책위원
경기도교육청 수석교사 선발위원
서울특별시교육청 학교장 경영능력 평가위원

현) 한국유아교육보육복지학회 부회장
한국교육행정학회 이사
한국교원교육학회 중등교육위원장
한국교육학회 대외협력위원
한국홀리스틱학회 편집위원
한성대학교 교육대학원 교수

〈저서〉
한국 교육행정발달사 탐구(집문당(공), 2005)
학교 경영의 이론과 실제(학지사(공), 2006)
21세기의 다양한 교육리더십(동문사, 2015)
이론과 실제를 겸비한 교직실무(동문사, 2017)
영유아 교사를 위한 교육행정 및 교육경영(동문사, 2019)
교육행정 및 교육경영 –학교경영탐색–(동문사, 2020)

〈논문〉
도덕적 지도성과 임파워먼트가 교직헌신에 미치는 영향 분석(교육행정학연구 25, 2007)
변혁적 지도성과 조직헌신이 조직시민행동에 미치는 영향 분석(교육행정학연구 26, 2008)
학교장의 감성적 리더십과 임파워먼트가 학교조직효과성에 미치는 영향 분석(한국교원교육연구 27(4), 2010)
학교장의 서번트 리더십과 임파워먼트가 조직시민행동에 미치는 영향분석(한국교육연구 19(1), 2013)
감성적 리더십, 학교조직문화, 직무만족 간의 구조 관계(교육종합연구 제13권 제1호, 2015)
경찰대학생 임용. 학사 분리방안 및 졸업정원제 도입연구(한성대학교산학협력단, 2015. 10)
경찰대학 치안정책과정 교육효과 측정지표 개발(경찰대학 경찰교육연구센터, 2016. 12)
한국 중등교육의 국제화 활성화 방안 –한국과 중국의 중등학교 사례를 중심으로–(한국교육정책연구소, 2018. 12)

장학의 이론과 실제

초판 1쇄 인쇄 / 2021년 9월 25일
초판 1쇄 발행 / 2021년 9월 30일

•

저 자 / 신 재 흡
발행인 / 이 중 수
발행처 / **동 문 사**

•

서울특별시 서대문구 홍제원 1길 12
(홍제동 137-8)
Tel: 02)736-3718(대), 736-3710, 3720
Fax: 02)736-3719
등록번호: 1974.04.27 제9-17호
가격: 23,000원

•

ISBN: 979-11-6328-306-5(93370)
E-mail: dong736@naver.com
www.dongmunsa.com